本书出版得到“龙图法律教育基金”的资助

2018

第2辑·总第4辑

师大法学

ECNU LAW REVIEW

华东师范大学法学院　组编

张志铭　主编

田雷　章永乐　执行主编

卷首语

一而再,再而三,紧接着,我们见到了《师大法学》的第四辑。

两年共四辑,我们就有了自己的"历史"。这历史谈不上深厚,但对于我们来说,即便是敝帚,也足以自珍。更何况,"凡是既往,皆为序章",这四辑,并没有因为转化为铅字,印成纸质书,就可以安躺于图书馆的书架上,仿佛一本书获取了"中图法"系统内的编码,就完成了它的使命。作为不乏责任感的学者/作者/编者,虽然身边处处冒出人工智能大数据的高论,但面对铅字和纸质书,我们还是要继续保持学术的分寸和文化的敬畏。万事开头难,在当下的学术体制下做这份工作尤其不易,而吐槽归吐槽,再翻一翻这作为《师大法学》之序章的四辑,我们有信心,开了一个好头。

本辑以"法律与历史"做主题研讨,半年前,我们曾以"无问西东"为旗帜,发出本辑的约稿函。当时,我们将这辑主题研讨的问题意识,做一分为三的学术勾勒,表达出编者之初心:

首先,"历史中的法律"(Law in History)。我们欢迎在中外法律史领域内针对具体问题而展开的研究,毕竟,在谈主义之前,我们要多研究些问题,不能让思想无所附着的"裸奔"。

其次,"法律中的历史"(History in Law)。历史并不是冻结在某个遥远往昔的僵死器物,而是从过往延伸到当下以至于未来的活生生的实践,故此,法律史的研究不能自我封闭,不应停留在博物馆学的阶段,在世界秩序"乱世将临"的历史关头,我们应当像人类学者那样去对历史中的他者(再一次无问西东)做观察,在"法律"中发现一个民族的生存样态和生活方式,思考法律是如何构筑我们的社会秩序和文化生活的。法律与历史的作品,在此意义上,都是做“法律的文化研究”。[1]

最后,我们称为“作为历史的法律”(Law as History),或者“作为法律的历史”(History as Law),通过这种表述,我们意欲开启某些方法论上的追问,谈一谈“主义”。为什么要法律史,在这个学科面临着科研同教学双重危机的当下,是必须予以回应的问题。若是说法学院要以教义学为本,培养青年人像法律人一样思考,那为何还要保留甚至扩充这些埋首故纸堆的科研工作者,为何不把这些冷门绝学推给(比如说)历史系?为什么法学研究不能放弃法律史?与之相关,为什么法学院学生,即便是从入学就立志要做律师的学生,也要学习法律的“历史”?法律史研究有没有边界,若有,边界何在?最终我们能否通过具体的法律史研究回答至为根本的法理问题:什么是“法律”,什么又是“历史”。

起初呼吁“无问西东”,意在表达“法律与历史”用心之高远,在这一方法论自觉下所展开的研究,最终不能局限于目前学科分工体系内中外法制史所被分配的角色。但以上三点所做的陈述,非要按照学术的标准来评判,其实本身就很粗疏,甚至难免“裸奔”之嫌。归根结底,最重要的确实不是如何说,我们在“约稿函”或此处卷首语里寥寥数语,不仅人微,而且言轻,最终还要看怎么做,不能做虚假广告,要在真刀实枪中见真章。

为了更好地推进这一辑的编辑,我们继续了从第三辑开始的路线,在自力更生的基础上,尝试着对外合作,邀请了北京大学法学院章永乐副教授,作为客座执行主编来共同编辑“法律与历史”的专题。实践检验了我们这一策略的正确,正是因为章永乐教授的多方努力,我们才有幸让汪晖、吴飞、赵晓力三位先生成为《师大法学》的作者。众所周知,整整一年前,苏力教授整理他近年来关于中国古代宪制的研究论文,出版了《大国宪制:历史中国的制度构成》,一时间激起广泛反响,也一如既往少不了言辞激烈的批评。2018 年,经现执掌山东大学政治学与公关管理学院的贝淡宁教授同章永乐教授的组织,美国普林斯顿大学出版社也推出了苏力“大国宪制”的英文版,其中收录苏力在古代宪制问题上的主要论文以及汪晖、刘晗、吴飞、赵晓力的批评,我们在本辑中将其中三篇批

[1] [美]保罗 · 卡恩:《法律的文化研究》,康向宇译,中国政法大学出版社 2018 年版。

评文,包括汪晖先生的三万字长文,做中文首发。这些年来,从法治的本土资源,到送法下乡以及法律与文学,再到其实更离经叛道的古代宪制,苏力的论述都成功地做到了让人不吐不快,在中国法学界可谓是独此一家,在此,《师大法学》也光荣地加入批评苏力的行列。

受《师大法学》编辑部委托,我作为执笔人,负责撰写本辑卷首语。而对于《师大法学》编辑部这个群体而言,我们不妨用苏力教授多年前的自我追问来加以自勉:

什么是你的(也即我们的)贡献?

田　雷

2018 年 11 月 16 日于华师大法学院新楼

目录
Contents

西法

论文

书评

论坛

大国宪制

汉唐混合制度及其道德理想

——回应苏力教授的中国宪制论

汪　晖*

苏力在他关于古代中国政治秩序的讨论中，提出一个有别于通常所谓"宪法"或"宪章"的"宪制"概念。根据他的界定，"宪制"即"一国的政治性构成，以及为促使一国得以构成和发生而必须以制度回应的核心政治问题"。那么，究竟哪些问题是"促使一国得以构成和发生而必须以制度回应的核心政治问题"呢？苏力不是从宪法、宪章的观点进行回答，恰恰相反，他试图从前宪法、前宪章的角度给予解释，即宪制问题涉及某一国家如何构成、为什么覆盖特定地区或人群，以及后来被称为立法者的那个人或机构是如何成为立法者的。(《何为宪制问题？——西方历史与古代中国》)因此，宪制问题不是一个区别中国与西方的概念，而是可以适用于研究任何政治共同体的概念，但由于这一概念是对社会共同体的政治构成的描述，而任何一个社会共同体都是在具体历史条件下演进的产物，从而提出宪制问题就是提出不同共同体的政治构成的历史性问题或相对于其他共同体的政治构成的差异性问题。

正是从这里出发，苏力提出了他的两个基本论点：一是表层的，即与大多数热衷于移植西方国家的宪法的法学家和将宪制讨论建立在普世主义论调之上的学者相对立，他认为不同国家的宪制均有其历史性和独特性。二是较深层的，即存在前现代的宪制，而古代中国的宪制是不同于其他国家的文明国家的宪制，它所要处理的核心政治问题包括三个方面：第一，如何让广阔地域内的每个农村村落(相对于希腊城邦)的人们有效合作，并形成内部秩序；第二，如何让

* 清华大学人文学院教授，法学博士。

散落的各农耕村落构成一个国、一个王朝(相对于英国中世纪王朝),并形成有效治理和政治认同;第三,如何处理中原农耕文明与周边游牧或山地文明之间的关系(抵抗、反击、攻击、和亲、纳贡、融入,等等),以形成一个以中原文明为中心的政治文化,使之构成“中国”的要素(相应于制宪时期的美国或当代欧盟)。在这三个核心问题中,尤以第二个问题,即如何超越村落社会的血缘、地缘网络构成超大型政治共同体最为重要。

从宪法、宪章问题转向宪制问题,等同于将政治体的历史构成作为政制的前提。这一转移改变了以欧洲宪章文本为尺度解释中国宪制的目的论的解释方法,进而将中国历史中通常被视为与近代宪制实践相对立的(如宗法分封制、皇帝制度)或不相关的(如文字、度量衡及交通)制度性实践作为理解宪制的重要内容。这是一个重要的方法论上的变化。但是,苏力设定的宪制问题同时又是后设性的,即不是以宪制的历史形成为线索考察中国的宪制,而是以已经历史地成型的中国王朝或中国文明国家为推论的前提,从而其对中国宪制的具体构成的分析带有浓厚的结构—功能主义的方法论特征。我对前一个方面(转向政制的历史构成)持积极态度,对后一个方面(功能主义解释)则感到不满足。这并不是说农耕社会、地域广阔、多元社会等不是理解中国王朝政制的物质性前提,而是说一个文明体的形成不仅取决于其物质性的生产方式、法权、语言等功能性要素,而且还取决于其信仰、仪式、知识的形态和宇宙观等,否则就很难理解一个文明及其政制。如果宪制是“一国的政治性构成”,那么使“国”及其制度安排得以成立的条件就不仅是功能性的,同时也是合理性的或合法性的。这里所说的“合理”与“合法”不是近代主义的范畴,而是一种人类学范畴。例如,离开巫术与王制之间的关系,便难以理解周代的“宪制”;如果离开阴阳五行、天人相关和天人相类学说,就不能解释汉代的宪制;如果离开天道、天理等范畴,也不易理解宋代政治制度的特点。尽管宪制问题是一个超越了法律文本的历史问题,若不能在古典典制及其相关文本中找到相关的范畴和概念去解读这些典制,也就很难真正理解作为一个文明体的中国及其政治构成。正是基于这一理解,这篇文章将以古代中国宇宙观及其变化为线索,解释先秦、汉唐和宋代政治构成的演变。

一、“宗教的”还是“科学的”？巫术的还是王制的？

佛、道二氏，汉唐传注之学，以及以制度论为核心的功利主义儒学，构成了宋代理学在确立自身的过程中力图超越、否定和批判的三个主要对象。对于汉唐经学的批判起源于唐代后期，韩愈、柳宗元、刘禹锡、李翱等重新探讨天人关系，试图对天道、自然、人事提出合理的解释。这一潮流一直延伸到宋明理学内部。韩愈论定“轲之死，不得其传焉”等于勾销了两汉以来经学正统的合法席位，从而越过汉唐经学而接续孔孟儒学也就成为接续道统的不二途径。在宋儒的道德论述中，最为突出的论述方式之一是以三代之治非议汉唐之法、以孔孟之道批判传注之学，从而明确地将汉唐制度及其伦理思想与三代礼乐及其道德论述区分开来。在宋代儒学的语境中，这一三代礼乐与汉唐制度的对比方式遍及政治（封建与郡县）、田制（井田与两税法）、教育（学校与科举）以及军事等各个方面。在先秦礼乐论的框架中，礼乐与制度合二而一，从而如果没有一种道德评价方式的转变，这一将汉代制度区别于三代礼乐的看法就不可能产生。在这个意义上，对于制度的批评首先起源于区分礼乐与制度的历史视野。因此，我们需要追问：为什么宋儒认为汉唐制度及其经学背离了礼乐共同体的道德评价方式呢？这种将三代之礼乐论与汉唐之制度论加以明确区分的历史视野对于理学的形成又有什么意义呢？

汉承秦而起，如何在秦之郡县与封建传统之间、中央集权与分封贵族之间、“中国”旧部与由于帝制扩张而纳入内部的“夷狄”之间形成平衡，成为汉代政治理念的中心问题。这是《春秋》和《周礼》在汉代居于如此重要地位的主要原因，前者可以在历史变化的范畴内提供对于法律、制度和道德的解释，后者能够在一个普遍主义的宇宙论之中展示制度的合法性和原则。汉代儒学通过邹衍之五行学说、[1]《吕氏春秋》之阴阳学说和汉代的科学知识解释天道自然，而后再以天人相感、天人相类的原则为据，将阴阳、五行、四时和象数等范畴作为诠

---

〔1〕 历来人们以为五行说出于邹衍，但饶宗颐综合各种新旧资料认为五行说其实起于子思。具体论证参见饶宗颐：《中国史学上之正统论》，上海远东出版社 1996 年版，第 10 ~ 16 页。

释《春秋》和《周礼》的基本框架和概念。顾颉刚在《秦汉的方士和儒生》中将汉代阴阳学说衍生出的政治学说归纳为三个方面,即源自邹衍的五德终始说、与五德终始说大同小异的"三统说"和按照《吕氏春秋 · 十二纪》的月令制度而产生的明堂说,[1]足见汉代政治学说与阴阳五行观念之内在的联系。从《汉书 · 艺文志》可知汉儒对古代"巫史"传统进行重构和发展的基本方式:将河图、洛书、八卦、周易对于吉凶、祸福、未来、行止等的结构性的数字演算与《春秋》等儒学典籍的历史性叙述联系起来,并从中推衍和发展出适合当世的政治理念。与孔子相比,汉代儒学的重心从对人及其礼仪实践的关注转向了对天与人事、制度之间的对应关系的探讨。如果我们可以将孔孟对"仁"之内在品质的追究视为一种"宗教的态度"的话(这里使用"宗教的"概念只是比喻性的),那么,汉儒对天的理解更接近于一种"科学的态度"——试图通过对天人关系的认识以确立合法性的原则。在这个意义上,在许多著作中被批评为"宗教迷信"或"神秘主义"的汉代儒学反而更具有"科学主义的"特质。

对天、宇宙和自然的描述在汉代思想中占据如此突出的地位,这种自然主义的叙述方式究竟是"宗教神秘主义的",还是"科学主义的"? 是巫术性质的,还是王权性质的? 此一问题需要从巫术与王制的关系开始讨论。殷周礼乐制度体现了氏族、部落等以巫文化为中心形成的血缘共同体与早期国家之间的历史联系:国家制度及其礼仪是从氏族社会的组织、信仰和仪式的基础上发展起来的。从巫到君、从氏族到国家、从直接血缘关系构筑的共同体到以血缘为纽带结构起来的国家共同体——这一制度扩张的过程始终与礼乐体系的发展有着内在的联系。在有关殷周时代的人类学和历史研究中,人们逐渐指认出殷周制度演化过程中的"巫君合一"传统,从而将上古时代的王制与信仰体系视为事物的一体两面。以礼乐王制为天的前提即王为巫首、巫通天人。[2] 在甲骨文中,巫舞同字,象征巫觋手执羽毛或其他法器起舞作法。"舞蹈始终是(巫术的)一种特别重要的因素,但似乎也使用腹语术以及那些教士们借以自释其束缚的

[1] 参见顾颉刚:《秦汉的方士与儒生》,上海古籍出版社 1998 年版,第 2 ~ 4 页。

[2] 参见陈梦家:《商代的神话与巫术》,载《燕京学报》1936 年第 20 期;K. C. Chang, *Art, Myth and Ritual*, Cambridge, Mass, Harvard University Press, 1983, p. 73。

各种幻术手法。"[1]巫术与医术、医药(包括毒药)、祈雨术等有关系,从而巫术内含了对身体、宇宙和天命之间关系的理解。从氏族部落向早期国家的转化过程可以巫君合一为标志:作为人神之间的中介,巫君能够借助于一种异常的或癫狂的状态与神相通。从巫术与早期国家文化的关系看,巫的转化与共同体的组织结构的正规化有着密切的关系,在这一过程中,由巫而史和制礼作乐象征着早期的巫传统逐渐转化为国家的文化的两个环节。

由巫而史和制礼作乐的过程均与"数"的范畴有着内在的联系。根据殷商甲骨卜辞有关占卜活动的记载,商周时代的卜、筮包含双重因素:一方面,它以数的演算替换巫的身体性的仪式活动,作为沟通天人和测定吉凶、祸福、行止的方式;另一方面,它又以测天象的方式记录王事、预测未来,从而成为"史"的起源。[2] "数"可以转化为史,是因为"数"体现了典章制度与天的内在联系,二者均为对人的活动的说明或记述。《曲礼》云:"龟为卜,筴为筮。卜、筮者,先圣王之所以使民信时日、敬鬼神、畏法令也;所以使民决嫌疑,定犹与也。故曰:疑而筮之,则弗非也;日而行事,则必践之。"[3]《郊特牲》又云:"礼之所尊,尊其义也。失其义,陈其数,祝、史之事也。故其数可陈也,其义难知也。知其义而敬守之,天子所以治天下也。"[4]祝、史只通数之形式,不解数的精髓,孙希旦释云:"礼之数,见于事物之末;礼之义,通乎性命之精",[5]因此,"数"本身尚不足以构成天命,它需要制度、礼乐、人情等因素的充实。《仲尼燕居》云:"制度在礼,文为在礼,行之在人乎!"又云:"礼也者,理也。乐也者,节也。君子无理不动,无节不作。"[6]如果卜、筮以数的形式体现了巫文化的"形式化"或"理性化",那么,儒则重视人之"行与事",所谓无理不动、无节不作、管乎人情。数与王制关系密切,而儒则关心具体的礼乐实践过程。

章学诚的"六经皆史"说将《周易》视为"史"更具体地证明早期典籍中的象数关系与先王之制度、仪式和活动有着历史的联系。《文史通义·易教上》论证

[1] [英]李约瑟:《中国科学技术史》(第2卷),科学出版社1990年版,第148~159页。

[2] 参见李泽厚:《说巫史传统》,上海译文出版社2012年版,第21页。

[3] 《礼记·曲礼上》,见《礼记集解》(上),中华书局1989年版,第94页。

[4] 《礼记·郊特牲》,见《礼记集解》(中),中华书局1989年版,第706~707页。

[5] 《礼记·郊特牲》,见《礼记集解》(中),中华书局1989年版,第707页。

[6] 《礼记·仲尼燕居》,见《礼记集解》(下),中华书局1989年版,第1272页。

了易“所以为政典,而与史料同科之义”。[1] 根据他的看法,《周易》为占卜之书,同时又是以数的推演为形式的“史”。深受章氏影响的龚自珍断言:“周之世官,大者史。史之外,无有语言焉。史之外,无有文字焉。史之外,无人伦品目焉。史存而周存,史亡而周亡。……夫六经者,周史之宗子也。易也者,卜筮之史也。书也者,记言之史也。春秋也者,记动之史也。风也者,史所采于民而编之竹帛,付之司乐者也。雅颂也者,史所采于士大夫也。礼也者,一代之律令。……冠昏之杀、丧祭之等,大夫士制度曲仪,咸以为数。夫舍数而言义,吾未之信也。”[2] 构成“史”与“巫”的某种区别的即“史”通过卜、筮——对“数”的掌握——而超越了巫对巫术舞蹈等形式的依赖,礼乐制度的理性化具体地体现为数的形式。

二、阴阳五行说与大一统帝国政治的合法化

龚自珍所谓“舍数而言义,吾未之信也”恰好可以说明汉代儒学综合象数、历史和大义的方式。如果说孔子以仁释礼是要以一种内在精神充实“王制”的内含,那么,汉儒寻觅的却是以卜、筮传统中的天人关系为大一统体制提供合法性。这里以董仲舒(前179~前104)的《春秋繁露》为例。董仲舒联结阴阳五行学术与儒学的思想特点,他的《春秋繁露》包括两个主要思想取向:(1)以《公羊传》的阐释为尺度解释《春秋》的道德/政治原则;(2)以源自邹衍和《吕氏春秋》的阴阳、五行、四时和灾异的宇宙论将那些从《春秋》中引出的道德/政治原则加以重新的解释。这两个方面的结合构筑了一个无所不包而又相互联系的宇宙系统。全书计17卷,通行本为82篇(其中第39、40、54篇不存),大体分为两个部分:前17篇以《公羊传》阐释《春秋》,推导理想的道德/政治模式;第18~82篇以阴阳、五行、四时、灾异等宇宙论模式论证道德/政治的实践和原则如何与宇宙自然的运行完全一致,从而建构出一个以天道运行为框架的,囊括道德、政治和社会生活各领域的宇宙系统。这一部分又可以区分为以阴阳、四时为主和

---

〔1〕(清)章学诚:《文史通义·易教上》,载《章学诚遗书》,文物出版社1985年版,第1页。

〔2〕(清)龚自珍:《古史钩沉论二》,载《龚定庵全集类编》,中国书店出版社1991年版,第99页。

以五行为主的两种类型：天地、阴阳体现了宇宙间的一种对应的等级关系，君臣关系、君民关系都是这一等级秩序的对应物；五行是宇宙间的自然分类，人事间的分工性的专门职能（如官职）和人伦间的规则（如忠孝之道）则是其分类关系的对应物。四时显示了空间、时间和顺序的格局，仁、义、忠、德被描述为天之四德，宇宙和历史的演化在这个结构性的转化中自然地和合目的地发展。为了强化天的绝对性和至高无上的地位，董仲舒展开了礼仪、祭祀（尤其是郊祀）的描述，将国君的礼仪活动直接地与天的意志联系起来。[1] 在上述描述中，包括祭祀在内的礼仪是一种与天沟通的途径，也是展示皇帝至高无上地位和威仪的一种方式。将阴阳、五行、四时等观念与政治、经济和其他社会关系描述为一个自然过程必须有一个前提，即天人之间以某种关系相互关联和交流，此即天人相感和天人相类的原理。以《春秋繁露·同类相动》为例，我们可以断言：

首先，董仲舒的天人感应学说完全是巫术性的。按照弗雷泽（James George Frazer）有关"交感巫术"的论述，"如果我们分析巫术赖以建立的思想原则，便会发现它们可归结为两个方面：一是'同类相生'或果必同因；二是'物体一经互相接触，在中断实体接触后还会继续远距离地互相作用'。前者可称为'相似律'，后者可称作'接触律'或'触染律'。……巫术，作为一种自然法则体系，即关于决定世上各种事件发生顺序的规律的一种陈述，可称为'理论巫术'；而巫术作为人们为达到其目的所必须遵守的戒律，则可称为'应用巫术'"。[2]

其次，董仲舒的天人感应学说又是"科学性的"。他用音乐之和鸣、帝王之兴起为例解释"自然的法则体系"，带有一种以"科学的"观点看待天人关系的取向。李约瑟曾将董仲舒以声学和鸣现象作为划分五类范畴的根据和例证视为科学思想的体现："对那些一点也不懂得声波的人来说，他的实验一定是非常令人信服的，这证实了他的论点，即宇宙间凡属于同类的事物都彼此共鸣或者激励。这并不是单纯的原始无差别状态，即其中任何一种东西都可以影响别的任何一种东西；它是一个紧密吻合的宇宙的一部分，在其中只有一定种类的事

〔1〕 关于《春秋繁露》的研究很多，对于该书的结构性的清晰简要的叙述，参见戴维森、鲁惟一为《中国古代典籍导读》所写的相关条目，见该书第 81～91 页。

〔2〕 ［英］詹·乔·弗雷泽：《金枝》（上），中国民间文艺出版社 1987 年版，第 19～20 页。

物才会影响同类的其他事物。"[1]李约瑟用有机论解释中国思想的特点,但在这里却没有点明声学实验与礼乐制度的内在关系,缺乏对上文所引《佚书》中有关乐之成、德之成与家国天下的关系的洞见。《乐记》所谓"礼以别异,乐以主和"不正是超越"单纯的原始无差别状态"的、能够包容多样性和差异性的礼乐现象吗?在这里,天人感应的巫术观念、天人相类的"科学论述"与礼乐制度之间存在一种有机的和类比的联系,从而天意可以在这三个状态中同时呈现出来。

最后,以上述有机联系为前提,董仲舒提出了物以类相召的观念,为以祥瑞说明帝王的出现提供了条件。"相动无形,则谓之自然。其实非自然也,有使之然者矣。物固有实使之,其使之无形"——帝王的出现既是一个自然现象,又不是一个纯粹的自然现象,因为在这一现象的背后存在着"有使之然者矣"。因此,在自然现象与天意、天命之间存在依存关系,从而观察自然现象成为理解天意或天命的方式。

如果说孔子"述而不作"即以礼乐王制为天,"以仁释礼"即将礼乐制度放置在主体满怀敬畏的实践之中,那么,董仲舒的天人感应学说再一次将礼乐王制的神圣性转化为对自然现象的"科学认知"和自然过程背后的至高意志的"巫术性体验"。在孔子那里,巫之遗产主要体现为一种内在的品质及其礼乐实践,而在董氏这里,巫之遗产却是经由卜、筮传统转化了的有关天的形式化的或"科学化的"表述。[2]但正是这一"科学化的"表述形式使得后人将这一论述的若干内容归结为"宗教神秘主义"。弗雷泽说:巫术是"一种被歪曲了自然规律的体系,也是一套谬误的指导行动的准则;它是一种伪科学,也是一种没有成效的技艺"。[3]然而,只要人类没有充分把握宇宙自然,那么任何有关自然的知识均可以归结为"一种被歪曲了自然规律的体系"。就儒学的道德/政治判断的转变而言,董仲舒显然将道德/政治判断与对自然的认识更为紧密地联系起来,进

---

[1] [英]李约瑟:《中国科学技术史》(第2卷),科学出版社1990年版,第307页。

[2] 《史记·封禅书》《史记·秦始皇本纪》《前汉书·郊祀志上》均提及邹衍弟子羡门高和他的方术等,根据李约瑟的推测,羡门这个词很可能就是"萨满"(shaman)一词的来源,而萨满即巫。[英]李约瑟:《中国科学技术史》(第2卷),科学出版社1990年版,第148~149页。

[3] [英]詹·乔·弗雷泽:《金枝》(上),中国民间文艺出版社1987年版,第19~20页。

而致力于在对自然之天的描述中呈现道德/政治的法则。在这个意义上,汉儒的上述思想方式既是“科学主义的”,又是“神秘主义的”;既是“巫术的”,又是“王制的”。科学主义/神秘主义、巫术/王制的二元论同样是现代性自我确证的产物。

胡伯特(H. Hubert)和莫斯(M. Mauss)有力地论证说:“巫术哺育了科学,而且最早的科学家就是巫术家。巫术从神秘生活的大量裂隙中发生,并从其中取得力量,以便与俗人的生活混合在一起并为他们服务。巫术倾向于具体事物,而宗教则倾向于抽象观念。巫术在与技术、工业、医学、化学等相同的意义上发生作用。巫术实质上是一种做事的艺术。”[1]汉代的天文历算、农学、医学以及化学(由方士求仙丹的实验而发生的对于汞、铅、硫磺等物质属性及其变化规律的认识)都有长足的发展,除了农业发展的需求之外,是否还与汉代交通的扩大(如张骞之通西域)有着内在联系至今不得而知。天象的研究与农时的推定密切相关,汉代对天体结构的理解极为丰富。在三种天体学说中,宣夜说已失传,《周髀算经》及其盖天学说在武帝时代已经流行,而较为科学的浑天说在两汉时代均有出色的研究成果。汉武帝时,落下闳、射姓、邓平、司马迁等人修改《颛顼历》,作《太初历》,以正月为岁首,采用有利于农时的二十四节气,并插入闰月,调整太阳周天与阴历纪月不相合的矛盾,改变了“朔晦月见,弦望满亏,多非是”的局面。[2] 落下闳、耿寿昌等设计的浑天仪为东汉张衡设计新的浑天仪及在观察天象上的进步提供了基础。《史记·天官书》和《汉书·天文志》详细记载了周天二十八宿的名称和部位,汉人从星辰运行中推算出一年的二十四节气,其名称和顺序与后世通行的完全一致。与天文学的发展相伴随的是数学方面的新发现:《周髀算经》记载了用竿标测日影以求日高的方法,发现了勾股定理;《九章算术》虽定型于东汉和帝时期,但形成、修改和补充的过程却要早得多;其中的各种计算方法和数学概念均是在解决田亩计算、土地测量、比例分配、仓库体积、赋税摊派等“与俗人生活混合在一起并为他们服务的”“做事的艺术”。与天文、历法的发展相互呼应,汉代农学已成为专门的知识,《汉书·艺文

---

〔1〕 H. Hubert & M. Mauss, *Esquisse d' une Theorie Gennerale de la Magie*, AS, 1904, p. 56. 转引自[英]李约瑟:《中国科学技术史》(第2卷),科学出版社1990年版,第281页。

〔2〕 参见《汉书·律历志》卷二十一上。

志》记载了九种农学著作,其中崔寔的《四民月令》成书于东汉后期,但在西汉时期,相传为秦国宰相吕不韦所著的《吕氏春秋》的"月令"对于董仲舒等儒者已经产生了巨大的影响。[1] 《吕氏春秋》由纪、览、论三个部分构成,其中最为值得注意的是每个部分的分类形式在天人关系上的象征意义。纪共十二卷,与一年十二个月对应,每卷五篇,共计为六十,符合干支纪年的六十一甲子的循环模式。在纪中,每三卷对应四季中的一季,每一季均有一个中心主题,如春为养生,夏为音乐和教育,秋为战伐,冬为死亡。十二卷首篇借自《逸周书》的"月令"一章,讨论一年中在某一时刻该做何事,以确保国家大事的顺利进行;后接四篇分别探讨相应季节中的恰当的观念和行为。览分八卷,每卷八篇,总数为六十四,与《周易》所论述的八卦和六十四卦相符。论含六卷,每卷六篇,除最后四篇谈论农业问题外,前面的三十二篇以论述仁义之君的行为为中心主题。论的六和三十六总数对应何种自然关系不能确知,但按全书结构,似应必有所指。[2] 在《十二纪 · 纪首》中,除了由十二月构成的四时之外,最为重要的是把阴阳二气运行于四时之中,将五行与四时相互配合,如春为"盛德在木"、夏为"盛德在火"、秋为"盛德在金"、冬为"盛德在水",并在季夏之月(六月)的末段添上"中央土,其日戊己,其帝黄帝,其神后土"的说法,用以弥合四时与五行在数字上的差异。[3] 由阴阳五行构造出来的天是一种介于人格之天和秩序之天之间的存在,它不是人格神,但又有赏罚的能力和意志。

由此出发,我们可以重新理解董仲舒的天人相应的观念。为什么在他那里儒学理想必须与《吕氏春秋》的阴阳观念、邹衍的五行学说、汉代天文学和农学有关周天、四时的"科学发现"结合起来?为什么"数"在儒学中的地位显著上

---

〔1〕 徐复观说:"两汉人士,许多是在《吕氏春秋》影响之下来把握经学,把《吕氏春秋》对政治所发生的巨大影响,即视为经学所发生的影响;离开了《吕氏春秋》,即不能了解汉代学术的特性……"参见徐复观:《两汉思想史》(第 2 卷),华东师范大学出版社 2001 年版,第 1 页。

〔2〕 关于《吕氏春秋》各卷数字及其对应关系的简明清晰的叙述,参见鲁惟一:《中国古代典籍导读 · 〈吕氏春秋〉》,辽宁教育出版社 1997 年版,第 344 ~ 351 页。

〔3〕 参见徐复观:《两汉思想史》(第 2 卷),华东师范大学出版社 2001 年版,第 11 ~ 12 页。徐又论证说,五行原为国计民生所实用的五种材料,后来演变为宇宙间的五种基本元素,并与阴阳二气联系起来,这一过程只能追溯到邹衍。参见徐复观:《两汉思想史》(第 2 卷),华东师范大学出版社 2001 年版,第 182 页。这一观点亦可见李约瑟《中国科学技术史》的相关论述。

升，几乎重新获得了其在卜、筮传统中的地位？（以五行解释“国”之命运源于阴阳家的方式，与子产所谓“礼以顺天，天之道也”的儒学方式形成鲜明对照，而阴阳家的方式可以说直接来自卜、筮传统。）为什么董仲舒对《春秋》大义的发挥和修正必须在秉承天之自然法则的名义下完成？让我们先从《春秋繁露》的天人相通的叙述结构与《吕氏春秋》的关系开始讨论。按照《吕氏春秋》的天人结构，帝王政治与天的规律完全贯通，帝王为天授之职，其行为必须以符合天意为目标，从而政令、行为须顺时而行。天以及体现天意的阴阳、五行、四时，构成了帝王政治的合法性依据和行为规范。《春秋繁露》依循这一逻辑，通过对《春秋》中的各种事例的阐释，表述了天意及其秩序绝对不可违逆的基本原则，为皇权中心主义提供了宇宙论的根据。董仲舒综合《公羊传》与阴阳五行的目的是要以天论的构架为大一统政治提供合法性：以《春秋》附会天意，盖因天是这一宇宙系统中的最高尺度；以《春秋》为孔子为后王所立之法，所以又不得不用附会的方式确认孔子为“新王”；要确立《春秋》作为汉代法的地位，就必须发展出一套特殊的阅读这一文本以猜测“至意”的方式。《公羊传》中本有权变的观念，《春秋繁露》对此加以发挥，[1]因为只有引入权变的观念，董仲舒才能发展出一套阅读和理解《春秋》之微言大义的套路和方法，进而将分封体制下的礼制论转化为郡县体制下的大一统理论。

汉代确立了以皇权为中心的中央集权国家，但“楚汉之际，六国各立后”，贵族分封体制仍然存在，从而汉帝国可以被概括为一种以郡县体制为主体的郡县/封建混合型体制。汉代实行郡国并行体制，以中央集权为特点的郡县体制与诸侯分权之间存在深刻的紧张。汉初曾分封八个诸侯王，后遭翦灭；后又仿周代封建，分封同姓王，再度形成中央皇权与诸侯王之间的冲突。文帝、景帝分别接受贾谊、晁错的建议，削弱诸侯势力，武帝时更颁行推恩令和《左官律》，在各王国中分封子弟，对诸侯国进行分解。[2]《盟会要第十》将《春秋》大义归结为：“辞已喻矣，故曰立义以明尊卑之分。强干弱枝，以明大小之职。别嫌疑之

〔1〕“《春秋》之道，固有常有变。变用于变，常用于常，各止其科，非相妨也。”参见（汉）董仲舒：《春秋繁露义证》，中华书局1992年版，第53页。

〔2〕参见《后汉书·志第二十八·百官五》。

行,以明正世之义。采摭托意,以矫失礼……"[1]所谓强干弱枝,指中央皇权对于诸侯权力的绝对支配性,而尊卑之分、大小之职,也以这一绝对秩序为前提。董仲舒的这一看法改变了《春秋》中天子、诸侯、大夫之间的带有相对性的职分关系,创造了一种与封建关系分割开来的"大一统"观念。"是故《春秋》之道,以元之深,正天之端。以天之端,正王之政。以王之政,正诸侯之位。以诸侯之位,正竟内之治。五者俱正而化大行。"[2]《春秋繁露》所发挥的孔子受命改制说,以及根据阴阳、五行和五德终始说发展出来的赤、白、黑三统之说,均必须在历史权变与新的大一统学说的背景上加以阐释。天的绝对性与皇权绝对主义有着明显的匹配关系。[3] 傅斯年概括道:"西周的封建是开国殖民,所以封建是谓一种特殊的社会组织。西汉的封建是割裂郡县,所以这时所谓封建但是一地理上之名词而已。"[4]在儒者的视野中,西周分封制与汉代封建的区别也可以表述为礼乐与制度的分化,前者体现了封建的价值,后者体现了皇权中心的观念。郡县制条件下的官僚政治体制与礼乐关系相互分离,从而礼乐已经不能作为新的政治体制的合法性前提。

除了皇权中心主义之外,大一统观念还涉及帝国的地域扩张。汉代帝国向周边扩张,它与外部世界的关系达到了前所未有的发达程度,内外关系构成了帝国自我理解的主要尺度之一。帝国扩展了先秦"中国"的范围,大一统观念与夷夏相对化的观念也因此产生了联系,在这一条件下,对《春秋》所含的封建礼仪关系进行改造就是必然的了。董仲舒的夷夏相对论极大地改变了《春秋》和《公羊传》在内外、夷夏问题上的态度。《春秋繁露 · 竹林第三》云:

---

[1] (汉)董仲舒:《春秋繁露 · 盟会要第十》,载《春秋繁露义证》,中华书局 1992 年版,第 141 ~ 142 页。

[2] (汉)董仲舒:《春秋繁露 · 二端第十五》,载《春秋繁露义证》,中华书局 1992 年版,第 155 ~ 156 页。

[3] 冯友兰说:"汉高虽犹封建子弟功臣,然此时及以后之封建,只有政治上的意义,而无经济上的意义。及汉之中叶,政治上社会上之新秩序,已渐定。在经济方面,亦渐安于由经济自然趋势而发生之新制度。《汉书》曰:'其为编户齐民,同列而以财力相君,虽为仆虏,犹无愠色。'由贵族政治之眼光观之,编户齐民,何能同列以财力相君!……"参见冯友兰:《中国哲学史》(上册),中华书局 1992 年版,第 41 ~ 42 页。

[4] 傅斯年:《论孔子学说所以适应于秦汉以来的社会的缘故》,载《傅斯年选集》,第 301 页。

《春秋》之常辞也，不予夷狄而予中国为礼。至邲之战，偏然反之，何也？曰：《春秋》无通辞，从变而移。今晋变而为夷狄，楚变而为君子，故移其辞以从其事。夫庄王之舍郑，有可贵之美；晋人不知其善而欲击之；所救已解，如挑与之战，此无善善之心，而轻救民之意也。是以贱之，而不使得与贤者为礼。[1]

夷夏之辨是《春秋》和《公羊传》的核心命题之一，但在帝国扩张的条件下，重新划定夷夏之别以适应新的内外关系显然是一个极为重要的问题。在董仲舒的相对化的礼仪论与汉代流行的自然学说——尤其是邹衍之舆地学说——之间，我们可以找到以阴阳五行学说装备起来的内外相对论。《史记》卷七十四以《孟子荀卿列传第十四》为题，但邹衍及其学说在其中占据了重要的地位：

邹衍睹有国者益淫侈，不能尚德……乃深观阴阳消息而作怪迂之变……其语闳大不经，必先验小物，推而大之，至于无垠。……先序今以上至皇帝，学者所共术，大并世盛衰，因载其禨祥度制，推而远之，至天地未生，窈冥不可考而原也。先列中国名山大川，通谷禽兽，水土所殖，物类所珍，因而推之，及海外人只对所不能睹。称引天地剖判以来，五德转移，治各有宜，而符应若兹。以为儒者所谓中国者，于天下乃八十一分居其一分耳。中国名曰赤县神州。赤县神州内自有九州，禹之序九州是也，不得为州数。中国外如赤县神州者九，乃所谓九州也。于是有裨海环之，人民禽兽莫能相通者，如一区中者，乃为一州。如此者九，乃有大瀛海环其外，天地之际焉。其术皆此类也。然要其归，必止乎仁义节俭，君臣上下六亲之施始也滥耳。[2]

邹衍感于礼序的混乱而转向对宇宙自然的观察，并将这种自然之学的方法推广到古今中外的政治和礼仪关系之中。他对大小九州的说明提供的是礼仪政治的自然基础和非中心化的中国观念。与邹衍在舆地学的意义上区分大小九州、重新定义中国相呼应，董仲舒一改《春秋》和《公羊传》的传统看法，在大

---

〔1〕（汉）董仲舒：《春秋繁露·竹林第三》，载《春秋繁露义证》，中华书局 1992 年版，第 46～47 页。

〔2〕（汉）司马迁：《史记·孟子荀卿列传第十四》，中华书局 1959 年版，第 2344 页。

一统观念的指导下,展开了夷夏相对化的论述。[1]

大一统观念的第三个方面是天的自然分类与官制的对应关系。汉代大一统与郡县体制密切相关:不同于完全以血缘关系为基本网络的封建体制,郡县制度依赖于皇权与形式化的官僚政治体制所共同构筑的统治模式。秦灭六国而成一统,六国贵族夷为平民,封建、井田和学校等周制也随之瓦解。在这一条件下,以宗法、血缘关系为纽带形成的礼乐论的道德评价体系势必面临根本性的改造,统一帝国的官僚行政体制及其非人格的和功能主义的特性成为汉儒思考、表述和阐释的对象,那些仍然在沿用的礼乐体系已经不再具有周代制度条件下的意义。在礼乐与制度发生分化的语境中,如果要把官僚和法律的功能系统同时理解为一种道德性的谱系,就必须在制度之外寻找合法性和合理性资源。绝对性的天与制度或法律之间的内在联系就是在这一道德困境中发生的。董仲舒依《春秋》先例作《春秋决狱》232 例,即以圣人之微言大义和天意作为断案的根据,这是先秦法家思想在帝国一统体制内的进一步发展。为了赋予汉代制度论以道德理想和道德尺度的意义,董仲舒以象数方式沟通天与官制,《春秋繁露 · 官制象天第二十四》云:

王者制官,三公、九卿、二十七大夫、八十一元士,凡百二十人,而列臣备矣。吾闻圣主所取仪,金天之大经,三起而成,四转而终,官制亦然者,此其仪与?三人而为一选,仪于三月而为一时也。四选而止,仪于四时而终也。三公者王之所以自持也。天以三成之,王以三自持,立成数以为植而四重之,其可以无失矣。……是故天子自参以三公,三公自参以九卿,九卿自参以三大夫,三大夫自参以三士。三人为选者四重,自三之道以治天下。若天之四重,自三之时以终始岁也。一阳而三春,非自三之时与?而天四重之,其数同矣。天有四时,时三月;王有四选,选三臣……尽人之变合之天,唯圣人者能之,所以立王事也。……分人之变以为四选,选立三臣,如天之分岁之变以为四时,时有三节也。[2]

---

〔1〕 邹衍关于大小九州的论述在晚清时期重新为廖平等经学家复活,目的是在地理上阐明中国与外部世界的关系。

〔2〕 (汉)董仲舒:《春秋繁露义证》,中华书局 1992 年版,第 214 ~ 218 页。

所谓“四选”即三公、卿、大夫、士各为一选；所谓“天以三成之，王以三自持，立成数以为植”，即以三为基数，而后面所接之“四重之”则是说三公为三的一重，九卿为三自乘的二重，二十七大夫为三乘九的三重，八十一元士为三乘二十七的四重。四重即三的四次乘积。所有这些官制上的数字均与四时变化的法则相互关联，从而以数为中介，将官制的合法性追溯到天的运行之中。在《春秋繁露·爵国第二十八》中，他又由三公九卿的数字附会出“天子分左右五等，三百六十三人，法天一岁之数”，突出了三百六十这一数字。[1] 三百六十对应着周天三百六十度，是为象天。

在一统与封建的混合关系之中，封建构成了帝国一统体制的附属部分，从而礼乐与制度也不是截然分离的。例如，针对秦汉时代重刑罚的取向，他倡导“立大学以教于国，设庠序以化于邑，渐民以仁，摩民以谊，节民以礼，故其刑罚甚轻而禁不犯者，教化行而习俗美也”。[2] 这是要将郡县一统与三代礼乐之“学”综合为一。再如，董仲舒批判秦“用商鞅之法，改帝王之制。除井田，民得买卖。富者田连阡陌，贫者无立锥之地”，倡导三代之制之一的井田。他比较说：“古者税民不过什一，其求易供。使民不过三日，其力易足”，而当今“田租口赋盐铁之利，二十倍于古。或耕豪民之田，见税什五”，这是富者腐败、荒淫、残暴与穷者穷愁、逃亡以致转为盗贼的根源。他参照井田的构想，但并未以回到井田相号召，而是以权变的精神提议说：“古井田法虽难卒行，宜少近古，限民名田，以澹不足。塞并兼之路，盐铁皆归于民。去奴婢，除专杀之威。薄赋敛，省繇役，以宽民力，然后可善治也”。[3]

《春秋繁露》的宇宙论既提供了一种道德/政治的法则，又提供了一种理解这一道德/政治法则的认识论。对于天人关系的这种神圣化描述明显地改变了周孔时代的礼乐论的叙述方式和结构，表述了新的道德/政治哲学的取向。《春秋繁露·仁义法第二十九》概述了董仲舒的以仁、义为中心的道德/政治理想的

---

〔1〕 参见(汉)董仲舒：《春秋繁露义证》，中华书局 1992 年版，第 238 页。关于《春秋繁露》中官制与数的关系的讨论，徐复观的分析最为精当，这里的讨论参见徐复观：《周官成立之时代及其思想性格》，载《徐复观论经学史二种》，上海书店出版社 2002 年版，第 224～226 页。

〔2〕 (汉)董仲舒：《贤良对策》，载《汉书》，第 2503～2504 页。

〔3〕 《汉书·食货志》。

基本原则：

是故《春秋》为仁义法，仁之法在爱人不在爱我。义之法在正我不在正人。我不自正，虽能正人，弗予为义。人不被其爱，虽厚自爱，不予为仁。……故王者爱及四夷，霸者爱及诸侯，安者爱及封内，危者爱及旁侧，亡者爱及独身。独身者，虽立天子诸侯之位，一夫之人耳，无臣民之用矣。如此者，莫之亡而自亡也。……故曰：仁者爱人，不在爱我，此其法也。义云者，非谓正人，谓正我。虽有乱世枉上，莫不欲正人，奚谓义？……故曰：义在正我，不在正人，此其法也。……君子求仁义之别，以纪人我之间，然后辨乎内外之分，而著于顺逆之处也。是故内治反理以正身，据礼以劝福；外治推恩以广施，宽制以容众。……[1]

董氏在这里表述的道德理想接近于孔子的道德理解，但差别在于：在礼乐论的构架内，孔子将礼乐本身视为一套相互关联的制度，这套制度构成了道德/政治行为的基本规范；而董仲舒的天人感应的构架内，制度性的关系必须服从天意和天命的支配才能获得合法性。前者与天的关系是内在的(礼乐为天)，后者与天的关系是象数对位式的，从而使天意成为需要测知之物，祭祀等礼仪就是测知天意的途径。因此，董仲舒的叙述原则与祖述圣王典制的孔子完全不同，他试图根据变化的历史关系重构制度和礼仪，并以天的名义赋予这一新的制度和礼仪以合法性。在这一宗旨的指导下，“述而不作”和“以仁释礼”均不再构成合适的理论方法。

三、象数与官制

以象数对位为纽带陈述官制与宇宙的关系的方式，在后来被尊为古文经经典的《周礼》中获得了更为系统的表达。天与形式化的制度、法律的这一连接是以礼乐共同体的道德/政治谱系的瓦解为前提的：与礼乐关系不同，制度、法律

---

〔1〕(汉)董仲舒：《春秋繁露 · 仁义法第二十九》，载《春秋繁露义证》，中华书局 1992 年版，第 250 ~ 254 页。

需要一套外在于自身的合法性源泉。西汉、东汉之学有今文、古文之别,但在经学体现的王制论方面又一脉相承。东汉建国时,统治者即重申武帝时颁布的《阿党附益之法》,限制诸侯王的权力。上述限制诸侯王的措施配合着一系列法规,如诸侯王不得窃用天子仪制、诸侯王置吏需用汉制、诸侯王定期入朝朝贡、诸侯王无虎符不得发兵、诸侯王不得在国内私自煮盐冶铸、诸侯王不得与外戚私自交往,等等。[1] 在这个意义上,东汉思想中的天的绝对性和支配性仍然涉及天子与诸侯、百官之关系。[2] 《周礼》原名《周官》,最早以《周官》之名提及它的是《史记·封禅书》,此后《汉书·艺文志》著录"《周官经》六篇",表明该书在汉代已经成为经书。按传统看法,《周礼》产生于公元前二世纪中叶,但到汉代才为人所知,其中混合了许多刘歆、王莽等人的思想,[3] 根据之一即刘歆(前50~23)曾试图立《周礼》于学官。[4]

《周礼》的主要特点是以数的关系组织官制系统,又以官制系统表达政治理想。如前所述,"数"在礼制秩序中的重要性可以溯源至殷商卜、筮传统,又在阴阳家的著作中获得了新的发展。在汉代自然之学的突发性的进步过程中,"数"的重要性还代表了一种以对自然的认知作为体察天意和人事的思想方式,我们也不妨将之称为一种"准科学主义"的认知方式。《周礼》一书以年、月等数字配合阴阳、五行、四时等范畴,在数的关系之上构筑了一个完备的官制体系。值得注意的是:成帝时,刘歆根据《太初历》作《三统历》,规定一年为365.25日,一月为29.53日,已接近今天我们习用的时数,是当时世界上最为精密的历法;他

---

〔1〕 参见白钢:《中国政治制度史》,天津人民出版社1991年版,第246页。

〔2〕 邹昌林认为,春秋以降有所谓古礼与新礼的区分问题,所谓古礼即由《周礼》和《仪礼》综合而成的形式与内容统一的礼仪体系,而汉代以后出现了"以义制仪"的新礼,从而形成了礼义与礼仪的区分。"在《仪礼》这种结构中,宗权是中心,一切都是围绕宗权展开的,而在《仪礼》与《周礼》的统一结构中,君权是中心,作为国家大法的礼制,是以君臣、贵贱的严格等级秩序来展开各种关系的。"参见邹昌林:《中国古礼研究》,文津出版社1992年版,第165页。

〔3〕 《四库全书总目提要》十九卷《周礼注疏》云:"夫《周礼》作于周初……其东迁以前三百余年,官制之沿革、政典之损益,除旧布新,不知凡几。……于是以后世之法窜入之,其书遂杂。"又,关于该书的作者和成书时代,北宋的司马光(1019~1086)、胡安国(1074~1138)、洪迈(1123~1202)和苏辙(1039~1112)等的说法最为特别,他们论定《周官》为刘歆伪造,可以视为晚清康有为的观点的先声。这一说法产生在王安石援《周礼》以变法的条件下,完全缺乏学术史上的坚实根据。

〔4〕 荀悦(148~209)认为,该书书名从《周官》变为《周礼》就是刘歆所为。

对《周礼》的数的关系的解释与周天的数字有着内在的联系。《周礼》以周代官制的结构和组织为中心,共分六个部分:一、天官冢宰(掌管邦治,全面政务);二、地官司徒(掌管邦教,即教化);三、春官宗伯(掌管邦礼,即祭祀等);四、夏官司马(掌管邦政,即军事);五、秋官司寇(掌管邦刑,即刑罚);六、冬官考工记(掌管邦事,即工艺审核记录)。每官下属六十官,六官总计三百六十官,以此周天之度数配四时和天地,完整地构筑一个天人相关的系统。《天官冢宰第一》条下郑注云:"象天所立之官。冢,大也。宰者,官也。天者统理万物,天子立冢宰使掌邦治,亦所以总御众官,使不失职。不言司者,大宰总御众官,不使主一官之事也。"〔1〕按此,官制为象天所立,天官不言司者,表明天体现着一种严格的等级秩序,而众官分设则是按照"事"之分类。政治共同体的运行需要官制及其分工系统,即使在礼乐社会中也同样如此,但以官制表达社会理想则是新的发展。〔2〕 巫史传统以数呈义,而《周礼》通过将官制与数的关系结合起来,从而使官制本身成为表达"义"的方式。以官制表达理想与孔子祖述王制的方式有着形式上的类似,即这两种方式均以一定的制度作为道德理想的依托。但在礼乐论的范畴内,圣王典制本身即礼乐共同体之制度,礼乐与制度合二而一,从而此一制度构成了道德评价的客观依据;而在中央集权体制之下,官制是与封建礼乐相互区分的形式化的职能系统,官制本身并不含有道德评价的意义。通过恢复、重构和发展巫史传统中的"象天"关系,赋予官制以道德的合理性,这一道德理想的构筑过程是以礼乐与制度的分化为前提的。

天及其象数关系论证的并不是皇权本身,而是以皇权为中心的郡县/封建体制。在中央政府,这一体制以三公九卿制为基本体制,丞相等官是行政体系的中心角色;在基层,这一体制以县和乡、亭、里为基本单位,各级政府的政治分

---

〔1〕 参见孙诒让:《周礼正义》(第 1 册),中华书局 1987 年版,第 1 页。

〔2〕 在《周官成立之时代及其思想性格》中,徐复观对此作出了极为精彩的分析,他说:"官制表现政治理想,是在政治思想史中所发展出的一种特别形式。……从《诗》《书》《左氏传》《国语》《周书》及由孔子开始的诸子百家等的有关典籍看,只是从'知人善任''近君子、远小人'这些问题着眼,很少有由官制本身的理想以达到政治理想的思想。以官制表现政治理想,是战国中期前后才逐渐发展出来的,我怀疑始于'三公'一辞之出现。"他又推断说:"王莽、刘歆们顺着以官制代表政治理想的统系,在莽以大司马专政的时候,将政治的共同理想,运用他们可以运用的儒生集团,集此一统系的大成,作实现政治理想的蓝本……"参见徐复观:《徐复观论经学史二种》,上海书店出版社 2006 年版,第 213 页、第 245 页。

工与中央政府略相仿佛,也是行政、司法、军事和财政合一的体制。由于只有一个权力中心,地方政府易于形成对中央权力的离心倾向,从而构成集权与分权的矛盾。郡县体制的运作依靠行政法规和朝廷发布的诏、令、制、敕等。在这样的条件之下,行政和法律体制成为一套功能性的结构,郡县制下的封建失去了周代分封制的真正内涵,从而殷周分封制下的亲亲原则不可能适用于中央集权国家的政治条件,继续援用礼乐论的道德/政治原则无法提供新的以皇权为中心的郡县制度的合法性,而这就是汉儒诉诸君权神授观念为皇权中心主义提供政治合法性的前提。因此,汉代天人感应学说是以皇权为中心的帝国政治共同体的合法性理论。

但是,以严密的象数关系阐述官制系统也表明了官制自身的严格性,从而也包含了限制君权的某种含义。在中央集权制度之下,形式化的法律和官制并不能够自我运作,主要原因是:一、皇帝具有最终裁决权;二、法律制度不完备或有法不依;三、决策带有随意性。〔1〕 武帝时,由加衔领、平、视、录尚书事的大将军、侍中、尚书等组成的"中朝"成为中央决策机构,丞相府作为"外朝"权力受到削弱。光武帝时"虽置三公,事归台阁",〔2〕尚书台比三公权力更大。在这一条件下,以象数的方式建立天意与官制的对位关系,强化官制系统的神圣性,显然也包含尊重中央行政体系、限制任意更改官制、限制干预行政过程的意义。西汉王朝推行的加强皇权和中央集权的政策附带着许多经济和政治的后果。例如,由于允许商人买官,鼓励地主兼营商业,造成了官、商、地主三者合一的局面和由土地兼并引发的农民破产。在这一背景下,王莽以宗法地主为主要社会力量,通过恢复三代之制,重构宗法贵族的世袭制度,此即所谓新政(公元9～23)。新政修改了行政区划和行政建制,恢复了公、侯、伯、子、男五等封爵,重建井田之制,并在商业领域恢复"工商食官",实行五均六管;等等。利用《周礼》及其象天的结构是配合着上述政治实践的,在后来被奉为今文经学的经典《春秋繁露》和古文经学的经典《周礼》之间,我们可以看到某些相似的表述形式,原因之一即它们都试图在天及其象数关系的支配之下,通过对制度本身的严格性

〔1〕 参见徐复观:《徐复观论经学史二种》,上海书店出版社2006年版,第228～232页。
〔2〕 《后汉书》卷四十九《仲长统传》。

的阐述,对皇权的运行提出某些限制性的诉求。

四、宇宙论的转变、皇权中心主义与分权主义政治

北宋道学的形成与唐代后期儒学有关天人关系的讨论有着历史联系,而唐代后期有关天人关系的讨论针对的恰恰是汉代政治和儒学中的天人感应学说。韩愈(768～824)、柳宗元(733～819)和刘禹锡(772～842)从不同方面批判了唐代政治中盛行的着意佞佛、制造祥瑞的现象和以《五经正义》为中心的传注之学,而对于汉代经学的批判其实是这一潮流的延伸。在破除天人感应学说方面,最为值得关注的是柳宗元的《时令论》,它对汉代以降盛行不已的阴阳五行学说给予直接和尖锐的批判:

观《月令》之说,苟以合五事,配五行,而施其政令,离圣人之道,不亦远乎。凡政令之作,有俟时而行之者,有不俟时而行之者。是故孟春修封疆,端径术,相土宜,无聚大众;季春利堤防,达沟渎,止田猎,备蚕器,合牛马,百工无悖于时。孟夏无起土功,无发大众,劝农勉人。仲夏班马政,聚百药。季夏行水杀草,粪田畴,美土疆土功,兵事不作。孟秋纳材苇,仲秋劝人种麦,季秋休百工,人皆入室,具衣裘……孟冬筑城郭,穿窦窖……斯固俟时而行之,所谓敬授人时者也。其余郊庙百祀,亦古之遗典,不可以废。诚使古之为政者,非春无以布德和令,行庆施惠,养幼少,省囹圄,赐贫穷,礼贤者。非夏无以赞杰俊,遂贤良,举长大,行爵出禄,断薄刑,决小罪,节嗜欲,静百官。非秋无以选士厉兵,任有功,诛暴慢,明好恶,修法制……非冬无以赏死事,恤孤寡,举阿党,易关市,来商旅,审门闾,正贵戚近习,罢官之无事者,去器之无用者,则其阙政亦以繁矣。斯固不俟时而行之者也。[1]

《时令论》拆除了政事、制度与天命的关系,从而为人事自身的发展和变化留下了余地。

---

〔1〕 (唐)柳宗元:《时令论》(上),载《柳宗元集》,中华书局 1979 年版,第 85～86 页。

为什么同样是为皇权中心主义的政治体制辩护，董仲舒需要诉诸天人感应学说，而柳宗元却力图瓦解阴阳、五行、四时、灾异、祥瑞与政事、法律、道德的对位关系？首先，董仲舒的皇权是诸侯、贵族和官僚的代表，将天与皇权直接联系起来也是对在汉代仍有重要影响的分封制度的反映，而柳宗元的皇权中心主义却是对贵族制度瓦解过程中社会关系的论证。唐代初年即有分封和郡县之争，其结果是郡县与侯国杂处局面的形成。高宗中年以后，由于中央直接控制军事力量的府兵制的破坏，南衙十六卫仅作仪式之用，朝廷只能依靠北衙禁军。为了沿边军事需要，唐朝设置了节度使，而府兵的破坏直接地导致节度使的武人势力迅速膨胀。平定安禄山叛乱后，朝廷不得不授平乱功臣和降臣藩镇为节度使，从而导致节度使制度遍布全国。在这一背景之下，河北三镇各专其地，拒绝向中央交纳赋税，其他藩镇抗命朝廷，唐王朝逐渐衰亡。柳宗元对于天人感应学说的批评正是发生在这样的语境中，他试图摆脱天命的纠缠而将注意力集中在历史发展的动力和过程之上。

在《封建论》一文中，柳宗元从他所谓“势”的观念出发，将分封制与郡县制视为历史变迁的内在结果，从而否定了任何一种政治制度形式的绝对合理性。在他的视野中，“君长刑政”的形成是早期人类生存斗争的结果，“诸侯之列”是不同的人类部落相互竞争的产物，诸侯相争导致“方伯、连帅之类”的出现，而中央集权的郡县体制则是这一漫长历史进程的产物。柳宗元在此创造了一种以政治形式为中心的历史哲学，其中心任务是论证以皇权为中心的中央集权体制的历史合法性和道德合理性。“则其争又有大者焉。德又大者，方伯、连帅之类，又就而听命焉，以安其人。然后天下会于一……自天子至于里胥，其德在人者，死必求其嗣而奉之，故封建非圣人意也，势也。”“彼封建者，更古圣王尧舜禹汤文武而莫能去之，盖非不欲去之也，势不可也。”[1]作为一种世袭贵族制度，分封制度容易导致割据和战争，又阻碍了贤能的征用，而郡邑制度能够通过有效的等级制度确保贤者居上和不肖者居下。“势”在这里不是天命，而是内在于历史运动的趋势和动力。正是从“势”出发，柳宗元认为郡邑制取代分封制是一个自然的和合理的历史过程。

---

〔1〕（唐）柳宗元：《封建论》，载《柳宗元集》，中华书局1979年版，第70页。

柳宗元之所以要打破天人之间的直接对位关系,除了唐代政治中灾异、祥瑞等观念已经变得极为陈腐而无用之外,另一个原因在于唐代政治结构中包含了浓厚的分封制的内容,而这些分封制度又常常被追溯至《周礼》所确定的周代礼仪。正如上文所述,《周礼》一书的特点是将天人关系以象数对位的方式关联起来。在这一条件下,对周代分封制下的世袭贵族和藩镇势力的批判和否定同时也就成为对于将封建关系永恒化的汉代天人构架的否定。然而,诉诸于"势"这一范畴为新的社会关系提供合理性,势必面临难以克服的困境:第一,"势"变动不居,从而依赖于"势"而产生的社会结构也会受到不断变化的"势"的威胁和解构;第二,以确保贤与不肖的上下等级关系为由论证郡县制度的优越性是一个功能主义的论证方式。总之,天人感应学说的废弃再次突显了如下事实:功能性制度严重缺乏道德资源。

韩愈在天人关系问题上的妥协性观点部分地可以视为对于上述制度与道德合理性之间的分离的反映。在《原人》中,韩愈以"形而上"、"形而下"以及"命于两间"等概念来描述天道、地道和人道,从而将人之道区别于天之道。[1]韩愈明显地把社会秩序和礼仪关系归之于人的创造性活动的结果,但仍然保留了对天和天命的信仰:"夫为史者,不有人祸,则有天刑,岂可不畏惧而轻为之哉!"[2]"三子者之命则悬乎天……故吾道其命于天者以解之"。[3] 他的性三品说也同样被笼罩在天命观的结构里:"后稷之生也,其母无灾,其始匍匐也,则岐岐然,嶷嶷然;文王之在母也,母不忧,既生也,傅不勤,既学也,师不烦。"[4]从天命观的视野出发,韩愈的道统谱系和建立道统的努力本身全部被归结为"天命"使然:"其有作者知教化之所繇废,抑诡怪而畅皇极,伏文貌而尚忠质;茫乎天运,窅尔神化,道之行也,其庶已乎!"[5]如果道统本身亦需要天命的护卫,

---

〔1〕《原道》一篇将"相生相养之道"归之于圣人而非天命——举凡衣、食、住的方式,以及工、贾、医、葬、礼、乐、政、刑等社会分工,均是圣人指导我们进行生存斗争的产物。在《与卫中行书》中,他又说:"贤不肖存乎己,贵与贱、祸与福存乎天,名声之善恶存乎人。存乎己者吾将勉之,存乎天、存乎人者吾将任彼而不用吾力焉。"参见马其昶校注:《韩昌黎文集校注》,上海古籍出版社 1986 年版,第 194 页。

〔2〕(唐)韩愈:《答刘秀才论史书》,载《韩昌黎文集校注》,上海古籍出版社 1986 年版,第 667 页。

〔3〕(唐)韩愈:《送孟东野序》,载《韩昌黎文集校注》,上海古籍出版社 1986 年版,第 235 页。

〔4〕(唐)韩愈:《原性》,载《韩昌黎文集校注》,上海古籍出版社 1986 年版,第 21 页。

〔5〕(唐)韩愈:《本政》,载《韩昌黎文集校注》,上海古籍出版社 1986 年版,第 50 ~ 51 页。

那么,道德论述本身又怎么可能真正摆脱汉代的天人学说的影响呢?

周敦颐、邵雍、张载、程颢和南宋的朱熹在建构他们各自的宇宙论时均不同程度地留有汉代天人学说的印记,在天人问题上,他们面临着与韩愈相似的困境。作为确立北宋天道论的中心人物,周敦颐、邵雍、张载发展了各自不同的叙述途径和关键概念,但又共享一种以整体秩序为中心、从宇宙论中引申出道德和价值的方式。周敦颐(1017~1073)被奉为"道学宗主",他的《太极图说》和《通书》以解易的方式建立具有形而上学和宇宙论双重特征的体系,前者由"无极而太极"的宇宙论归于人极的建立,后者则从天道论及道德心,再由道德心推广而言礼乐,开创了北宋道学合宇宙论、形而上学、道德论和礼乐论为一体的理论方式。《太极图说》以无极、太极、阴阳、五行为天的层次,以五行和万物的关系为第二个层次,以人的世界为第三个层次,以圣人和人极为第四个层次,以天道、地道和人道总括上述几个层面,构筑天人一体的宇宙观。这个"无极而太极"的宇宙本体论为人们提供了无极—太极—阴阳—五行的生成变动的宇宙图景,揭示出天道、地道、人道皆本一理的要旨,从而在一种宇宙论的框架中构筑了一种整体性的秩序观。周敦颐以解易的方式展开宇宙图式的描述,明显地汲取了汉唐时代道家、道教和阴阳家的易学成就。[1] "天以阳生万物,以阴成万物。生,仁也;成,义也。故圣人在上,以仁育万物,以义正万民。天道行而万物顺,圣德修而万民化。"[2]按照这一易学宇宙观,仁、义是天道运行的常理,也是圣人之德的根据。

邵雍(1011~1077)精通象数之学,极其圆熟地运用数来说明宇宙和历史的生成与展开,从而表明他所关心的是隐含在宇宙万象背后而又支配着宇宙万象的整体秩序。在《观物外篇》中,他说:"圆者星也,历纪之数,其肇于此乎!方者,土也。画州井地之法,其仿于此乎。盖圆者,'河图'之数,方者,'洛书'之文,故羲文因之而造《易》,禹箕叙之而作《范》也"。[3] 朱熹后来解释说:"圆者

---

〔1〕《太极图》第二图、第三图分别取自《周易参同契》之水火匡廓图和三五至精图。参见冯友兰:《中国哲学史》(下册),中华书局1992年版,第823页。

〔2〕(宋)周敦颐:《周濂溪集》(第2册),载《通书·顺化第十一》,商务印书馆1936年版,第97~98页。

〔3〕(宋)邵雍:《皇极经世·观物外篇》,上海古籍出版社1992年版,第33页。

星也。‘圆者,《河图》之数’,言无那四角底,其形便圆。”[1]又曰:“《河图》既无四隅,则比之洛书固亦为圆矣。”“方者土也,方者《洛书》之文,言畫州井地之所依而作者也。”他同样以数的关系将宇宙、画州和井田联系起来,认为井田之制“皆法‘洛书’之九数也”,[2]表明邵雍、朱熹的学说和思想中均留有汉代宇宙论的若干因素。邵雍的《皇极经世》与陈抟先天图之关系历来多有论述,但值得一提的是:《先天图》论证八卦和六十四重卦的次序,以象数沟通天、地、人,但又将宇宙万物归结于“心”这一本体之中。如果将他的象数之学与《周礼》或董仲舒的《春秋繁露》进行比较,我们可以清楚地看到两者之间的区别:董仲舒在完整的制度之上构筑了与天的对位关系,而邵氏的象数之学却没有如此明确的与制度的对位关系。邵雍说:“所以谓之理者,物之理也;所以谓之性者,天之性也;所以谓之命者,处理性者也;所以能处理性者,非道而何?是知道为天地之本,天地为万物之本。以天地观万物,则万物为物;以道观天地,则天地亦为万物。”[3]

邵雍“先天学”的一个重要特点是视心为万物之源,不但直接地把道与心关联起来,而且把宇宙秩序放置在“心”的范畴之中。在这个意义上,这一秩序首先是与观察或呈现这一秩序的一种内在视野密切相关的:彻底地回到“心”才能获得有关宇宙本质的知识,因为“心”本身就是宇宙的起源。“天由道而生,地由道而成,物由道而形,人由道而行”,[4]“天分而为地,地分而为万物,而道不可分也。其终,则万物归地,地归天,天归道”。[5]天、地、人、万物是可以分解的,但道却是“一”,是绝对无法分解的秩序,是本体和根源。这个“道”的绝对性和客观性来源于人们通常归入主体或主观领域的“心”:“先天学,心法也,故图皆自中起,万化万事生乎心也。”[6]如果宇宙万物产生于“心”、宇宙图式“皆自中起”,那么宇宙秩序就是内在地生成的,而这个“内在地生成的”秩序恰恰构成了

---

[1] (宋)黎清德编:《朱子语类》(卷六十五),中华书局 1986 年版,第 1611 页。

[2] 前一句见《朱文公易说》,后一句为胡渭《易图明辨》注文。关于河图洛书的数图释义问题,参见金春峰:《汉代思想史》,中国社会科学出版社 1997 年版,第 380 ~ 385 页。

[3] (宋)邵雍:《皇极经世 · 观物内篇》。

[4] (宋)邵雍:《皇极经世 · 观物内篇》。

[5] (宋)邵雍:《皇极经世 · 观物外篇》。

[6] (宋)邵雍:《皇极经世 · 观物外篇》。

无法分解的、不受万物和情境影响的、最为客观的秩序。从这一客观而又内在的秩序视野出发,邵雍提出了"道为太极"和"心为太极"的双重命题,从而在"太极"的意义上将道与心合而为一。[1] 道、太极和宇宙秩序在这里被解释为在我们的内在本心中得以呈现或发现的图式。

邵雍的"心"与个人的主观独特性或者与人类情感的特殊性毫无关系,万物惟心也不是说宇宙万物的最后质料为心。"心为太极"和"万物惟心"意味着宇宙万物根源于一种内在的秩序,从而只有以一种内在的自然秩序的目光或视野出发才能洞察这个秩序。也许我们可以将之归纳为一种存在的秩序或存在的目光。程颢评论说:"尧夫之学,先从理上推意,言象数,言天下之理须出于四者。推到理处,曰:'我得此大者,则万事由我,无有不定'。然未必有术……"[2] 在这里,道、太极、心、理等概念相互关联,"心"不是主观的、内在于我们的肉体的、与我们无时不在波动的情感和判断密切相关的"心",而是一种在心物合一条件下呈现的秩序或本体。邵雍之学具有一种看似矛盾而实质统一的品质,即它一方面带有深刻的命定论色彩,另一方面又极重主体及其认知能力。这两个方面之所以能够综合在一个有关宇宙秩序的描述之中,是因为邵雍判定道、太极、心与理乃是一物,故而人对物的认知不但不能局限于个体的经验,而且需要摆脱人的地位来观物。这就是所谓"不我物,则能物物"——"物物"即以自然秩序或天下之理的视野和目光来观察物,从而这一视野和目光本身具有了客观性。[3] 钱穆将"以道家途径而走向儒家之终极目标"的邵雍的立场归结为"新人本位之客观主义"或"客观的唯心论",[4] 但客观概念似乎仍然不能切中邵雍的思想核心,因为他的"心"包含了对"认识"作为一种存在方式的理解,从而毋宁是"存在论"的。"内在的自然秩序的目光或视野"这一概念也许能够揭示邵雍所谓"物物"的内涵。在这里,"内在的自然秩序的目光"与我们今天称为具有内在

---

〔1〕 参见(宋)邵雍:《皇极经世·观物外篇》。

〔2〕 (宋)程颢:《河南程氏遗书》卷二·上。

〔3〕 参见(宋)邵雍:《皇极经世·观物外篇》。

〔4〕 这种要求在认知实践中否定个体经验、达到与天地合一的境界的方式,"能以心迹相融,把心的范围放宽了,把人的地位提高了,把主观与客观的界线也冲破了",从而开启了朱子"格物致知"的先河。参见钱穆:《濂溪百源横渠之理学》,载《中国学术思想史论丛》(五),台北,东大图书公司1978年版,第60页、第63页、第64页。

深度的自我这一概念有着重要的区别,代表了两种截然不同的秩序观和理解秩序的方法论,但在修辞的层面,这两种不同的秩序观和方法论都带有转向内在的倾向。

张载(1020～1077)之学"尊礼贵德,乐天安命,以易为宗,以中庸为体,以孔孟为法。黜怪妄,辨鬼神"[1],为关学之奠基。在这个意义上,他与先秦礼乐论的联系最为深刻。但是,在张载的思想世界中,礼乐论已经被置于一种新的宇宙论或自然秩序的视野之中了。《西铭》论万物一体、理一分殊,首先确认天地万物与人同为一体,而后归结为天地乃人与万物之本。所谓"民吾同胞,物吾与也"一语真切地揭示了张载思想的核心。[2] 在《正蒙》中,他用"太和"描述万有生成变化之总体,但同时又不满足于这一描述性的概念,进而提出"太虚"为宇宙的本体:"太虚无形,气之本体;其聚其散,变化之客形尔。至静无感,性之渊源;有识有知,物交之客感尔"。[3] 这就是许多学者所说的张载的气一元论或气本论的宇宙观,它表现为"气"("太虚")"聚"而为"物"、"散"而为"气"的思辨结构。气本论突破了道家以无为本体的宇宙论,以致被认为是"直接将当世自然科学的最高成果,同传统的《易传》思想融诸一途,从根本上力辟二氏的'浅妄'的'有无'之说,创立了朴素唯物的、辩证的'气本论'"。[4] 由于承认物与气的外在性和物质性,张载的气本论以及学以致用的主张为认识自然的活动提供了某些前提。[5] 在他的影响之下,关学传统"大抵以实用为贵,以涉虚为

---

[1] 《宋史》(卷四百二十七)。理学家们十分重视礼制,但在理论上却把道德论证与天道论关联起来。这反映了宋代社会的过渡性的特征。在贵族制瓦解的过程中,如何建立真正的道德谱系包含着重要的政治含义。二程多次谈及"宗子法",倡导巩固世家的谱系宗法;张载也承认"宗子法"的必要性,但他似乎更重视的是"宗子法"的功能,而不是"宗子法"作为贵族传统世系的意义。参见(宋)张载:《张载集》,中华书局 1978 年版,第 259 页。

[2] 参见(宋)张载:《正蒙 · 乾称篇》,载《张载集》,中华书局 1978 年版,第 63 页。

[3] (宋)张载:《正蒙 · 太和篇》,载《张载集》,中华书局 1978 年版,第 7 页。

[4] 陈俊民:《关学思想流变》,载《论宋明理学——宋明理学讨论会论文集》,浙江人民出版社 1983 年版,第 109 页。

[5] 张载回答二程"关中之士,语学而及政,论政而及礼乐兵刑之学,庶几善学者"的评论时说:"如其诚然,则志大不为名,亦知学贵于有用也。"参见《二程粹言 · 论学》《二程集》。

戒”,[1]并倾向于在实用的意义上解释“道”。[2] 例如,李复、李冶明确提出“自然之理”和“自然之数”的概念,甚至把天看作运动中的“物”,多少越出了周、邵易学的范畴。[3]

气本论引导人们从世界内部来理解宇宙的本质和根源,从而与出世、归隐的佛、道取向划清了界限。气本论与自然之学的探讨可以视为北宋道学的逻辑结果,因为对道德法则的追究一旦与宇宙论的模式相结合,就会要求一种有关自然秩序的知识形式,在这种知识形式中,每一层次的认识都能被安排在一个演绎等级体系中,而处于这一演绎体系最高位置的就是天道自身。[4] 无论张载的思想有如何的特殊性,构成其气论的更为根本的特点的仍然是一种宇宙秩序的观念,因而不应过分夸大张载的气本论与周敦颐、邵雍的“太极图说”“先天”象数说的区别。周、邵、张三家都试图构筑宇宙本体论以安置道德伦理和心性理论,从而在基本的思想方式上遵循着天、道、性、心的逻辑结构。张载之学的中心意图不是讨论自然哲学问题,而是如王夫之所说“以立礼为本”,[5]从而气本论应该为“正心”“尽性”提供依据。[6] 换言之,以“立礼为本”的张载之学同样必须从自然秩序之中引申出日常伦理实践的法则。这就是为什么《正蒙》17篇遵循了一种内在的逻辑结构或整体秩序:《太和篇》总论万物一体,《参两篇》

[1] 这是张栻评论关学弟子孙昭远的话。参见(宋)张栻:《张南轩先生文集·跋孙忠愍帖》。

[2] 如李冶说:“由技兼于事者言之,夷之礼、夔之乐,亦不免为一技;由技进乎道者言之,石之斤、扁之轮,岂非圣人之所与乎?”(参见《测圆海镜·序》)又如李复认为:“物生而有象,象滋而有数”,“数出天地之自然也。盖有物则有形,有形则有数也”。(参见《潏水集·答曹钺秀才书》)这种观点与邵雍《观物外篇》中所谓“神生数、数生象、象生器”的观点截然相反。参见周瀚光:《浅论宋明道学对古代数学发展的作用和影响》,载《论宋明理学——宋明理学讨论会论文集》,浙江人民出版社1983年版,第544页。

[3] 李冶说:“谓数为难穷斯可,谓数为不可穷斯不可,何则?彼其冥冥之中,固有昭昭者存。夫昭昭者,其自然之数也。非自然之数,其自然之理也。……苟能推自然之理,以明自然之数,则虽远而乾端坤倪,幽而神情鬼状,未有不合者矣。”(参见《测圆海镜细草·序》)李复谈及历法错误引致的“灾异”时说:“此自然之理也。天行不息,日月运转不已,皆动物也。物动不一,虽行度有大量可约,至于累日为月,累月为岁,盈缩进退,不得不有毫厘之差。始于毫厘,尚未甚见;积之既久,弦望晦,朔遂差。”(参见《潏水集·又答曹钺秀才》)

[4] 朱熹批判地继承了张载对气的看法,在《太极解》和《朱子语类》(一、二)中,他叙述了一种地中心的星云说,具体地表述作为太极之理的呈现的自然现象。

[5] 参见(明)王夫之:《张子正蒙注》(卷八),载《船山全书》(一二),岳麓书社1992年版,第335页。

[6] 张载:“由太虚有天之名,由气化有道之名,合虚与气有性之名,合性与知觉有心之名。”参见《正蒙·太和篇》。

至《动物篇》(2～5)分论天、地、人、物的“气化”过程,《诚明篇》至《王谛(应为示旁右帝)篇》计 11 篇则以人道为中心形成人性论、致知论、道德论、政治论,最后之《乾称篇》则再次把“人道”合于“天道”,重申“万物本一”“天人一气”的本体论。“天地之性”与“气质之性”的二分论开启了宋明理学中的一个持久课题,但如果没有“太虚”概念所包含的内在的本质或内在的秩序的含义,上述二分法就缺乏理论的根据。[1] 在这个意义上,张载的气论提供了一种整体性的内在秩序的观念。

上述汉宋天论的粗略比较显示了“天理世界观”确立的思想史意义:第一,道学承续了汉代宇宙论的若干因素,如以象数关联天道与人事的方式、如河图洛书等论题的延续、如由宇宙论而延伸出的“科学倾向”,等等。但在上述延续之中,我们也能够发现深刻的差异和区别:道学宇宙论是在有关宇宙实在的描述和形而上学的描述之间建立起来的,后一方面的内涵越来越居于中心地位。沿着北宋道学的这一方向,二程、朱熹发展了宇宙万物归于一理和理一分殊、物各有理、各当其分的理论,从道德理论内部提出了认识事物的要求。在理学的框架内,物既是外在的事物,也是人的行为。程颐答“格物是外物,是性分中物?”的提问曰:“不拘。凡眼前无非是物。物物皆有理。如火之所以热,水之所以寒,至于君臣父子间,皆是理。”[2]物物皆有理的预设要求对具体事物进行认知,而不是按照天人相关的学说进行象数推理,[3]从而使“物”内在化了。很明显,在形而上学的天理世界中,天与人的对应关系不再如汉代天人感应学说那样具体和明确,天的绝对性逐渐为理的秩序观所取代。第二,沿着初期道学的上述取向,二程提出了天理或理的范畴:理或天理保持了天人之间的内在相关性,但放弃了以自然主义方式建立天人关系的取向,进而将天转化为一种形而

---

〔1〕 张载的“性论”仍偏重于宇宙论,故均列入《诚明篇》中,并无专论,这一点似无疑问。关于张载学术渊源的辩证,参见陈俊民:《张载哲学与关学学派》,台北,台湾学生书局 1990 年版,第 7～14 页。关于张载的心、性观念与宇宙论的关系,参见劳思光:《新编中国哲学史》(三 · 上),台北,三民书局 1981 年版,第 179～183 页。

〔2〕 (宋)程颢、程颐:《河南程氏遗书》(卷十九)。

〔3〕 伊川批评治象数之学的邵雍云:“尧夫之学,先从理上推意,言象数,言天下之理须出于四者。……要之亦难以治天下国家。其为人则直是无礼不恭,惟是侮玩。”参见(宋)程颢、程颐:《河南程氏遗书》(卷二 · 上),载《二程集》,第 45 页。

上学的范畴。程颢曰:“天者,理也。神者,妙万物而为言者也。帝者,以主宰事而名。”[1]在这里,天命的观念被保留下来了,但对天、神、帝之间的区分得到了明确,以此为前提,宋儒得以将天命转化为性和理——性和理即自然之理,其中已经没有汉代天命观的那种天与人之间的对位关系。[2] 第三,理或天理不是由上而下的绝对命令,而是一种内在于宇宙、万物和人自身的有待实现的本质,从而服从天理亦即服从我们的内在之自然。从太极无极的命题,到物各有理的命题,天理概念构成了对单一中心的宇宙论的有力挑战。在天理观的视野内,现实世界的物质性秩序与理或天理存在紧张关系,从而对理或天理的服从既是一种内在的道德行为,又是在物质性秩序之中保持自主性的根据。[3] 由此出发,宋儒确立了宇宙论上的理/气二元论、认识论上的理/物二元论,本性论上的天地之性/气质之性两分法、道德论上的理/欲二分法,以解决所谓应然与实然、价值与事实的矛盾。在这一理气二分的构造中,那种以象数关系直接沟通天人的模式不再有效了。第四,格物穷理的认识论既是修身和自我实现的前提,也是政治共同体自我完善的途径。“致知在格物,则所谓本也,始也;治天下国家,则所谓末也,终也。治天下国家,必本诸身;其身不正,而能治天下国家者,无之。格,犹穷也;物,犹理也;犹曰:穷其理而已也。穷其理,然后足以致之;不穷则不能致也。”[4]天下国家之治依赖于“士”的修身和认知实践,这一转变表明儒学与帝王政治的直接关系松动了,理学是由新型的“士”这一阶层发展起来的,他力图在皇权制度与道德判断之间保持一种紧张性的关系。

总之,从汉代宇宙论到北宋天道观的建立是一个转变,后者不再专注于天人感应和天人之间的象数对位关系,而把关注的中心转向人的内在道德品质和道德行为。由天道观演化为天理世界观或所谓“本性论”则是又一个重要转变,由此儒学的道德/政治实践的尺度和根据发生了深刻的转化。这个转化可以归结为:宇宙论转向内在论,道德/政治实践由顺从天的主宰或命令转向顺从内在

---

〔1〕 (宋)程颢、程颐:《河南程氏遗书》(卷十一)。

〔2〕 如云:“天命之谓性,此言性之理也。……若性之理也,则无不善。曰天者,自然之理也。”参见(宋)程颢、程颐:《河南程氏遗书》(卷二十四)。

〔3〕 “性即理也。所谓理性是也。天下之理,原其所自,未有不善。”参见(宋)程颢、程颐:《河南程氏遗书》(卷二十二·上)。

〔4〕 (宋)程颢、程颐:《河南程氏遗书》(卷二十五)。

之自然,人与世界之间的认识关系由对象数关系的建构转向对于事物的具体认知。在上述两重意义上,我们可以看到宋明理学与孔孟之道之间的相似的道德/政治姿态,但与之相应的政制已经发生了重要变化:天理观的确立是与以皇权为中心的郡县制度的成熟、贵族制度瓦解、郡县条件下重构封建性礼仪、科举制度的正规化、士绅官吏阶层的崛起等历史条件直接相关的。因此,我们需要在宋代政制与汉唐政制的历史变化中理解宋儒向孔孟之学的回归。

综合上述讨论,古代宪制并不只是一套由生产方式、法权构造、语言文字、聚落形态等构成的物质性的结构—功能式的关系,同时也是一套宇宙观、信仰和知识系统。古典宪制不能化约为现代社会科学有关中央—地方、家—国、个人—集体、共同体与共同体的结构—功能关系,而需要在制度与制度运作的意义系统的复杂关系中才能获得理解。事实上,宇宙观、信仰或知识系统也是参与日常生活形式塑造的能动力量,只有把握了其陈述方式及其内涵,才能真正理解特定时代政治构成的原理。

古代中国的文明理想与制度构成

——与苏力老师商榷

吴　飞*

读了苏力老师关于中国古代宪制的五篇宏文，我首先感到非常兴奋。时下谈论宪法与宪制问题的潮流，皆从西方制度传统理论，完全不顾中国传统政治的内在道理，或是将中国古代制度简单斥为专制落后，而无法进行深入研究。在这个意义上，苏力老师这一逆流而上的做法，从中国古代自身的制度传统入手，当然有着非常重大的意义。

苏力老师的研究，首先建立在对西方宪法与宪制深刻的了解之上。《何为宪制问题》一文中对西方宪制的解说相当清楚。他指出宪制问题来自一国的构成，自是不刊之论。不过，这种构成究竟该如何理解，可能还需要进一步思考。苏力老师的理解可溯源到亚里士多德，但亚里士多德在谈国家的构成时，需要从两个方面来理解：第一，国家的人口、疆域、军事作为共同体的形成；第二，政治哲学层面的构成——形式和质料。他在《政治学》第7卷里明确提到了，疆域、人口等职能算是城邦的质料，而城邦的形式乃是其政体，包括君主制，贵族制和民主制。

现代之后谈宪制的问题更深层的理解其实都可以落实到这两个层面。城邦的构成不只是如何整合与管理疆域和人口，它更是一种文明理想，是对美好生活的整体构想。当然，在基督教产生之后，对美好生活的理解已经非常不一样了，政治生活在整体生活中已经不再是最重要的。那个文明理想的构成在根本上交给了上帝和教会。尘世的政治构成是现代宪制。但从文明和民族国家

---

* 北京大学哲学系教授，法学博士。

的问题看来,现代西方的宪制当中也不是只有民族国家,还有文明理想。

若对等的来谈,具体中国的制度构成上面也有一个文明理想,超出最基础层面的所谓宪制。具体的政治制度基于政治理想。我们基本承认现代中国的概念是强行把一个大的文明体压缩为了民族国家,但若理解古代中国,必须还原到它的文明形态,再看其具体的制度构成;若是强行用现代的构成框架来理解文明,就会将本来的文明问题转化为制度问题,会有大大简化的危险。朱老师实际上多少有这样的倾向,理解古代的时候是现代的方式。这可能会有一些问题。下面更详细的来说。

首先,中国古代传统当中的文明理想,是由礼制体现出来的。许多政治制度都由礼制来决定。我们不能简单地谈"齐家治国平天下",需要看到它在封建宗法制度下的层次关系:在封建宗法制度中,等级关系很明显,大夫、诸侯和天子。当时的家和今天的家不一样:"家"就是大夫的采地,有家的大夫也可以成为君。《大学》中的几个层次本来是按照等级来说的:大夫可以齐家,诸侯可以治国,平天下要靠天子。《周礼》一开始就说:"维王建国。"国就是城。天子的王畿和诸侯管辖的国是类似的——都是城。天子治理王畿之内,但这不是"平天下"的意思。天子和诸侯的关系不只是中央地方关系,更有分工关系:诸侯负责具体的政治治理,天子管的更多的是文化和文明的形态。平天下是一个文明理想,而非具体的政治建构。明明德于天下,既不是国际关系,也不是周边民族问题,这些具体问题都是治国层面,但天子是文明理想的问题。

关于宗法封建变迁的理解,我也不很同意苏力老师的理解。苏力老师在书中明确提到,中国古代对于亲缘的利用是机会主义的。这么说,是过于从实用主义的角度来理解了,当然也是有一定的道理的,但总有些不够。我们前面说了,不论是周公还是谁,在制定封建宗法的时候,不仅是从政治稳定角度考虑,还是一种文明理想的体现。人伦共同体当中尤其体现出亲亲尊尊的文明理想。我们在理解这种具体制度时,需要区别文明理想和政治构成。如果完全接受朱老师的具体论述,我总觉得这之上有更高的东西,但在讨论里面比较缺失。

苏力老师在书中着重处理了周秦之变,但我认为周秦之变不仅是历史问题,也涉及更重要的理论问题。苏力老师在另外几篇文章里所写的皇帝制度、书同文、官僚体制等纷纷建立,但仅仅靠"构成国家"的制度支撑的秦帝国却迅速瓦解,而汉帝国之所以未蹈亡秦之覆辙,并不是因为独尊儒术是一种便利的宪制模式,而是因为汉代重建礼制和发展经学的努力将宗法制度的价值内核重新讲了出来,在已经没有宗法制度的情况下仍然能够使三纲发挥作用。汉代做的工作不只是进一步完善秦代的制度构成,更重要的是在理论和文化上提供一个体系。汉代的努力究竟如何理解?我认为这里相当重要的一点是建构经学传统。经过东西汉经师漫长的工作,最后形成的形态集大成于郑康成。若是这样理解,董仲舒只是一个开始,而不是完成。比如,秦代的皇帝和周代天子具有很大的不同。很多周代宗法诸侯的功能由皇帝来承担了。但即便是这样,汉代除了在制度上强化皇帝的权威之外,更重新在经学层面建构了皇帝的礼身份,约等于以前的天子身份,但事实上又很不一样。我们看到的经学文本是在汉代形成和解释出来的。秦汉之后的努力有两方面:一方面是制度上的郡县,大国的制度构成,确实比较类似于"constitution";另一方面是儒生的工作,恰恰是在周代宗法制度已经不复存在之时,汉儒在经学中重新讲出来周代制度的意义,将其附着于汉代的制度之上。汉儒的这种努力是非常值得重视的。所以,在秦汉以降的历史中,虽然表面上看似一个以皇帝为首的官僚体制构成的国家机器,其精神内核却始终是以拟宗法的礼制精神来整合这一制度。而苏力老师将这一精神化约为国家机器构成中的宪制,认为这一切努力都只是为了建构一个庞大的国家,并使这个帝国发挥有效的治理作用,恐怕还是以西方的逻辑来理解中国古代王朝的构成,而未能将中国制度自身的逻辑贯彻到底。

我再稍微谈谈君主与公民的问题,因为这也是苏力老师谈中国古代宪制时非常注意的一个问题。君主问题并非中国所独有,我认为,不理解西方的君主制度,就很难理解民主制度的形成。我们可以看看亚里士多德在《政治学》第1卷里的经典表述:人类出于自然的需要先组成了家庭,再由家庭发展出村落,而最自然的村落就是家庭通过进一步繁衍形成的大家族。他进一步说,所以最早的城邦往往是君主制,这些君主其实就是族长。未开化的野蛮人就是这样的,早期的希腊人也是这样的。但这种君主制的城邦并非真正意义上的文明城邦,文明的城邦的时候必须是村落和村落的联和,而非村落的繁衍扩大。君主制不是真正的城邦。这跟《政治学》第3卷定义公民有关:能够参与到政治治理里面的人。君主制不可能有公民,因为只有一人进行治理。但在第3卷最后,亚里士多德又承认,其实绝对君主制反而可以是最好的政体,这是父亲一样的统治。当然,这需要君主德行超过其他人的总和。他并不是说君主制一定就是坏的,也认为君主制和家长的治理有很大的相似性,但这样的君主制存在固有的问题。君主制也可以是城邦的一种形式,但它不是法治的,与宪制国还是有很大的差别。这种对君主制的理解和中国的理解有非常接近的地方,但也有相当根本的不同。

我国台湾地区杜正胜先生的《周代城邦》就试图证明,周代的城邦形态与希腊非常相似。但为什么周代也不能实行民主制呢?我认为这也还是一个文明理想的问题。按照中国古人的理解,天子之天下就是大家族的无限放大,天子就是一个大家长,所以《丧服四制》和《孝经》中都强调:"资於事父以事君而敬同"。张载也说:"大君者,吾父母宗子。"作为封建宗法架构的是三纲。君为臣纲、父为子纲、夫为妻纲是统一的义务和责任结构,体现在丧服体制上是臣为君、子为父、妻为夫的三年斩衰之服。他们不认为这存在什么理论上的问题,没有亚里士多德那里的困难,虽然君主的继承总会带来一些具体的问题。这种差别的根源在哪里?我认为还需要非常深入地研究。

关于如何在中国语境下理解宪制,这是从清末以来就被不断讨论的问题了。清末立宪之时,曾经有很多关于宪制的讨论,如何将宪制纳入传统结构,或者如何从中国的思想框架中来理解宪制?朱老师现在提出的思路在当时几乎没有。比如,康长素以公羊三世说来变法,就不认为西方体制与传统对接上有什么大的问题,虽然这实际上还是有很大的问题。他说:"窃闻东西各国之强,皆以立宪法、开国会之故。国会者,君与国民共议一国之政法也。盖自三权鼎立之说出,以国会立法,以法官司法,以政府行政,而人主总之。立定宪法,同受治焉。人主尊为神圣不受责任,而政府代之。东西各国皆行此政体,故人君与千百万之国民合为一体,国安得不强!"[1]孙仲容(诒让)写了一本《周官政要》,认为宪制的很多具体问题可以从《周官》里面找到蓝本。在后来准备预备立宪的时候,朝廷分设了宪制、法律、礼学三个馆,三者之间是要相互配合的,即在制定出新的宪法和法律之时,也要对《大清通礼》作相应的调整。礼学馆中的曹君

---

〔1〕 康有为:《请定立宪开过会摺》,载《戊戌奏稿》,宣统三年本。

直(元忠)先生说:“今所谓宪法,就英法语言之,犹言政治法耳,自日本译其书,笔授者乃取《周礼》傅合之曰‘宪法’。殊不知,《周礼》宪法专属刑禁。”“宪法”或“宪制”虽皆为日本人对西文的翻译,“宪”在古代制度体系中却也自有其含义。他随后引《周礼·秋官》中的文字:“布宪掌宪邦之刑禁,正月之吉,执旌节以宣布于四方。”郑注:“宪,表也,谓悬之也。刑禁者,国之五刑所以左右刑罚者。司寇正月布刑于天下,正岁又悬其书于象魏。”再如《管子·立政篇》:“正月之朔,百吏在朝,君乃出令,布宪于国。五乡之师、五属大夫,皆受宪于太史,大朝之日,五乡之师、五属大夫,皆身习宪于君前。太史既布宪入籍于大府,宪籍分于君前。”郑注《周礼》时已经讲得很清楚,“宪”的意思是表。君直又云:“故凡表悬之法,皆谓之宪。”宪,就是悬挂起来供人们看的法令。《周礼》中《天官冢宰》有“悬治象之法”,《地官司寇》有“悬教象之法”,《夏官司马》有“悬政象之法”,《秋官司寇》有“悬刑象之法”。悬于象魏之法,皆为供万民阅读者,是重要的刑禁,但并不是治国的根本原则。当然,君直也承认,“今之宪法,并非《周礼》所谓宪法”。[1] 但今天所谓的宪法是什么呢?君直所批评的陈焯的主张似乎有一定的道理,因为他主张将宪法与礼书合订,则在他看来,今天的宪法与礼是同类的东西。中国的古礼,特别是《周礼》和西方的宪法有类似的功能,但在各自文化体系中的位置和功能都很不一样。若粗略而言,或可把礼制称为中国古代的宪法;但若细致辨析,这个称呼恐怕还是不甚妥当。这里面的关键问题还是,法和礼的地位不同,低于后者。礼是中华文明的架构。文明理想之下有一个宪制的层面。今天再谈宪制问题,是应该充分考虑到这些方面的。

---

〔1〕 以上均见曹元忠:《礼议》,民国丙辰仲秋,南林刘氏求恕斋刊本,卷一。

历史、文化、革命与中国宪制

赵晓力 *

有什么必要讨论“古代中国的宪制”？这是我们阅读苏力教授这本书要问的第一个问题。讨论“古代中国的政治”和“现代中国的宪制”的书汗牛充栋，前者是历史学家的题目，后者是法学家的题目，作为法学家的苏力，为什么要讨论“古代中国的宪制”，难道他不怕像那些讨论“古代中国的民法”的学者那样被问及这样一个问题：“民法”明明是西方大陆法系才有的概念，硬要从中国古代法中找寻“民法”的蛛丝马迹，是否出于“你家有的我家也有”“我们家还古老些”这样一种孩子气的民族主义自尊心吗？

本文试图替苏力回答这个问题。本文认为，讨论“古代中国的宪制”，证明古代中国有一套起自商周、于秦汉奠定的“宪制”，并不是出于孩子气，也不是出于历史学家的好古癖，而恰恰是理解“中华人民共和国宪制”的内在要求。

一、革命、宪法与历史

中国现行 1982 年《宪法》序言的第一句话是：“中国是世界上历史最悠久的国家之一。中国各族人民共同创造了光辉灿烂的文化，具有光荣的革命传统。”

这一句有三个核心词汇：“历史”、“文化”与“革命”。

西方近代成文宪法均是在革命成功的第二天颁布，与过去一刀两断，蕴含“时间从此开始”的时间观，故不言“历史”“文化”，理固当然。比如，美国 1776 年 7 月 4 日《独立宣言》开头写道：“在人类事务的进程中，当一个民族必须解除

---

* 清华大学法学院副教授，法学博士。

她与另一个民族的政治联系,而在世界列国中获得自然法和自然的上帝所赋予他们的独立而平等的地位时,就有一种对人类意见的真诚尊重,要求他们把自己不得已而独立的原因宣告出来。"

托马斯·杰斐逊(Thomas Jefferson)1774年在《英属美利坚权利概览》中曾经论证,历史上萨克森人从北欧森林移居不列颠时就带来了这些权利,而北美殖民地人的祖先从英国移居北美时,又把这些祖先的权利带到北美殖民地。为什么两年后的《独立宣言》却不再把权利的来源归之于祖先和历史,而归之于上帝和自然?

原来,1774年的杰斐逊的要求是:"移民们认为自己应该采用他们过去在母国生活于其下的那套法律体系,而且继续与它联合;拥戴一个共同君主,这位君主因而也就成为连接这样新近增大的帝国的不同部分的中央环节。"那时,英属美利坚人要求的还是政治联合,寻求政治联合才需要诉诸共同的历史权利。而到了要解除这种政治联合的1776年,北美殖民地人要的恰恰是斩断这种历史关联,将美利坚民族和不列颠民族完全置于自然状态中,置于"自然法和自然的上帝"之下。[1]

美国1787年《宪法》的叙事以"我们人民……为美利坚合众国制定和确立这部宪法"开头,表明宪法是当下对于未来的决断;其文本末句为"本宪法于我主纪元1787年,即美利坚合众国独立后之第12年9月17日,经各邦出席代表在制宪会议中一致同意后所制定",这一句将美国独立和耶稣降生相提并论,同样表明了这种斩断与不列颠的历史与文化联系,只服从自然法和自然的上帝的决断。[2]

在《宪法》序言中诉诸历史,是1949年后中华人民共和国几部宪法的发明。从1911年推翻帝制建立共和以来,中华民国的几部宪法,如1912年《中华民国临时约法》、1914年《中华民国约法》("袁记约法")、1923年《中华民国宪法》("曹锟宪法")、1931年《中华民国训政时期约法》、1947年《中华民国宪法》,或者没有序言,或者有序言而完全不言及历史。例如,1947年《中华民国宪法》的

---

〔1〕 参见赵晓力:《自然与历史:美国宪制的悖论》,载《中国法律评论》2014年第2期。

〔2〕 参见赵晓力:《美国宪法中的宗教与上帝》,载《中外法学》2003年第4期。

序言只说:“中华民国国民大会受全体国民之托付……制定本宪法”,和 1787 年美国《宪法》的做法一样。

然而,从 1949 年《共同纲领》开始,一直到 1954 年、1975 年、1978 年、1982 年几部《宪法》,中华人民共和国的《宪法》文本不但都有了序言,而且序言都是从历史叙事开始。

1949 年《共同纲领》序言的第一句话是:“中国人民解放战争和人民革命的伟大胜利,已使帝国主义、封建主义和官僚资本主义在中国的统治时代宣告结束。”

1954 年《宪法》序言的第一句话是:“中国人民经过一百多年的英勇奋斗,终于在中国共产党领导下,在 1949 年取得了反对帝国主义、封建主义和官僚资本主义的人民革命的伟大胜利,因而结束了长时期被压迫、被奴役的历史,建立了人民民主专政的中华人民共和国。”

1975 年《宪法》序言的第一句话是:“中华人民共和国的成立,标志着中国人民经过一百多年的英勇奋斗,终于在中国共产党领导下,用人民革命战争推翻了帝国主义、封建主义和官僚资本主义的反动统治,取得了新民主主义革命的伟大胜利,开始了社会主义革命和无产阶级专政的新的历史阶段。”

1978 年《宪法》序言的第一句话是:“中国人民经过一百多年的英勇奋斗,终于在伟大领袖和导师毛泽东主席为首的中国共产党的领导下,用人民革命战争推翻了帝国主义、封建主义和官僚资本主义的反动统治,取得了新民主主义革命的彻底胜利,在 1949 年建立了中华人民共和国。”

1949 年《共同纲领》所上溯的革命史最为短暂,只到解放战争开始的 1946 年。1954 年、1975 年、1978 年三部《宪法》将这一革命史一直上溯到一百多年前的 1840 年,即鸦片战争发生的那一年。然而,其时对这一革命史的最好叙述,并不在这三部《宪法》序言中,而是 1949 年 9 月 30 日,毛泽东写下的人民英雄纪念碑碑文:“三年以来,在人民解放战争和人民革命中牺牲的人民英雄们永垂不朽! 三十年以来,在人民解放战争和人民革命中牺牲的人民英雄们永垂不朽! 由此上溯到一千八百四十年,从那时起,为了反对内外敌人,争取民族独立和人民自由幸福,在历次斗争中牺牲的人民英雄们永垂不朽!”[1]

1982年《宪法》序言关于革命的叙事模式,采用了毛泽东的纪念碑叙事,只不过把毛泽东的诗人的倒叙体改成了史家的编年体。1954年、1975年、1978年《宪法》序言中对革命史的描述抽象而语焉不详,1982年《宪法》序言的革命史则点出了1840年、1911年、1949年这三个历史时点,以及孙中山、毛泽东[2]这两个历史人物——

“一八四〇年以后,封建的中国逐渐变成半殖民地、半封建的国家。中国人民为国家独立、民族解放和民主自由进行了前仆后继的英勇奋斗。

二十世纪,中国发生了翻天覆地的伟大历史变革。

一九一一年孙中山先生领导的辛亥革命,废除了封建帝制,创立了中华民国。但是,中国人民反对帝国主义和封建主义的历史任务还没有完成。

一九四九年,以毛泽东主席为领袖的中国共产党领导中国各族人民,在经历了长期的艰难曲折的武装斗争和其他形式的斗争以后,终于推翻了帝国主义、封建主义和官僚资本主义的统治,取得了新民主主义革命的伟大胜利,建立了中华人民共和国。从此,中国人民掌握了国家的权力,成为国家的主人。”

随着毛泽东的去世,持续一百多年的中国革命也告一段落;中国现代革命融入了一个更大的历史,那就是全部中国的历史。1982年《宪法》序言在革命史的叙事之前,又加入了这么一句话,作为整个《宪法》的首句:“中国是世界上历史最悠久的国家之一。中国各族人民共同创造了光辉灿烂的文化,具有光荣的革命传统”。

将1982年中国《宪法》的第一句与美国1787年《宪法》的最后一句对比一下不难发现,在美国1787年《宪法》的叙事中,革命(美国独立)在美国具有“开天辟地”的意义,在以往所有的历史中,只有耶稣来到世间这一事件才可以与之相比;而在中国1982年《宪法》中,1840年以来的革命,无论是孙中山领导的革命还是毛泽东领导的革命,都没有如此重大的意义,中国人民本来就有革命传统,1840年以来的革命是中国人民光荣革命传统的继续。但是,与以往的革命

---

〔1〕 毛泽东:《人民英雄永垂不朽》,载《毛泽东文集》(第5卷),人民出版社1996年版,第350页。

〔2〕 其实在1978年《宪法》中,毛泽东的名字已经出现了,因为这时候毛泽东已经去世,已经成为历史的一部分。

不一样的是,20 世纪的中国革命虽然不是"开天辟地",却是"翻天覆地"的,因为以往的革命都只是改朝换代,以一种少数人的统治代替另一种少数人的统治,而 20 世纪中国革命的目标却是实现多数人的统治,也就是人民的自我统治,中国历史上以往的那种少数人统治多数人的统治关系被彻底改变,这种改变,按照强世功教授的解释,就好像天地都颠倒了,所以才是"翻天覆地"的。[1]

1982 年《宪法》序言进一步指出,中国人民的光荣革命传统具有创造光辉灿烂的文化的作用,这是其光荣所在;当然,文化并不仅仅是革命创造的;因为"具有光荣的革命传统"一句接的是"中国各族人民共同创造了光辉灿烂的文化",表明革命只是创造文化的一种方式,而不是唯一方式。

1982 年《宪法》序言隐含的一个意思是,通过包括革命在内的方式,中国文化不断得到更新,避免了因为文化的枯竭而造成的历史的中断或湮没,从而使得中国成为世界上历史最为悠久的国家之一。

这几层意思的一个更为简洁的表述曾经是:"周虽旧邦,其命维新"。[2]

二、宪法时间观

"周虽旧邦,其命维新"与 1982 年《宪法》序言首句所蕴含的时间观,不同于以 1787 年美国联邦《宪法》首句和末句所代表的近代成文宪法的时间观。简单地说,这一时间观包括"过去—现在—未来"三个向度,而非"现在—未来"两个向度。

两向度时间观是上帝创世式的。美国 1787 年《宪法》首句:"我们人民……为美利坚合众国制定和确立这部宪法",正如上帝创世的首句:"要有光"。这是一个当下的决断,只指向未来。正如卡尔 · 施米特(Carl Schmitt)所说,在创建一个新国家时,"这样的宪法是一种有意识的决断;通过制宪权主体,政治统一体自己为自己作出了这一决断,自己为自己制定了这部宪法"。[3]

然而,人民可以模仿上帝,但人民毕竟不是上帝。这一代制宪人民的身体

---

〔1〕 参见强世功:《立法者的法理学》,生活 · 读书 · 新知三联书店 2007 年版,第 93 ~ 103 页。

〔2〕 《诗经 · 大雅 · 文王》。

〔3〕 参见[德]卡尔 · 施米特:《宪法学说》,刘锋译,上海人民出版社 2005 年版,第 26 页。

必将朽坏,到那时,到哪里去寻找人民的意志呢?两向度宪制时间观经常面临宪制中的“杰斐逊难题”:“我们人民”在当下对于未来的决断,受“我们人民”的身体存活期的限制,对于后人来说,我们不是他们,他们也不再是我们,活人不能接受死人的统治,宪法每19年就应该重新制定一次,宪制史于是就变成了革命史。[1]

不同的国家采用不同的方式来处理这一“杰斐逊难题”。法国在大革命之后,至少制定了1791年、1793年、1795年、1799年、1802年、1804年、1814年、1815年、1830年、1848年、1852年、1875年、1940年、1945年、1946年、1958年这么多部宪法或宪法性法律,有的两部宪法之间,根本不足一代人的时间。

而美国则在1787年宪法之后,制定了27条宪法修正案。其中1791年前十修正案和内战后第13、14、15条修正案,按照法国或中国的标准,完全够得上是重新制宪,而不仅仅是宪法修正。还有一些重新制宪其实隐藏在美国最高法院的宪法解释之中。比如,美国最高法院2008年关于美国宪法第二修正案的判决,与其说是解释了第二修正案,不如说在两百年后重新制定了第二修正案。[2]大法官斯卡里亚(Scalia)在此案中运用了“原旨主义”[3]的解释方法。支持原旨主义解释的,其实就是“现在—未来”这种二向度的宪法时间观。表面上看来,原旨解释是要回到过去,追问制宪者的意图或其文字所包含的含义,以解决一个现在的问题,但无论其操作手法多么令人眼花缭乱,其共同之处却在于这样一个置换:

将现在置换为制宪时刻的未来;

将过去置换为制宪时刻的现在。

其实质是将现在面临一个宪法难题的“我们人民”置换为两百多年前的“我们人民”,想象现在的“我们人民”如果是重新制宪,将对这样一个当时或者存在或者不存在的宪法难题作出怎样的决断。经过这样的想象,“原旨主义”就把一

---

〔1〕 参见刘晗:《“二次革命”、连续革命与美国宪法连续性的想象》,载《政治与法律评论》(第1辑),北京大学出版社2010年版,第127~151页。

〔2〕 District of Columbia v. Heller,554 US 570(2008).参见蒋龑:《“枪支条款”还是“民兵条款”:美国宪法第二修正案研究》,清华大学法学院2013年硕士学位论文。

〔3〕 参见赵晓力:《美国宪法的原旨解释》,载《思想与社会》(第4辑),上海人民出版社2004年版,第380~407页。

个个宪法解释问题,转化为制宪问题;法官便可以以宪法解释之名,行革命与立宪之实,“杰斐逊难题”在宪法解释操作层面就可以暂时得到解决。

之所以说是暂时解决,是因为这样的决断其实并不约束未来的“美国人民”。因为未来的“美国人民”也会如同现在的“美国人民”一样,不时进行这样的“时光旅行”,创造一个又一个“制宪时刻”,将过去清零,以排除以往的所有制宪者,在当下为未来作出新的决断。

那么,中华人民共和国的制宪时刻是一个还是多个呢? 是否从 1949 年《共同纲领》到 1982 年《宪法》,存在五部宪法,就有五个制宪时刻呢? 陈端洪教授并不这么认为。中华人民共和国只有一个制宪时刻,那就是 1949 年《共同纲领》制定的时刻,“从 1949 年 9 月 21 日至 1949 年 10 月 1 日这个时段”,〔1〕其制宪权主体“既不是王朝,也不是贵族,而是人民。但是这里的‘人民’不是抽象的,而是阶级化的,是一个以无产阶级为核心的由若干阶级组成的混合主体”。〔2〕 而这个人民被以“非选举的比例代表制”方式组成的第一届政治协商会议的 510 名正式代表所代表。〔3〕

这个说法的一个宪法文本上的证据是,在中华人民共和国的五部《宪法》文本中,只有《共同纲领》指明了制宪者。《共同纲领》的序言写道:“中国人民政治协商会议一致同意以新民主主义即人民民主主义为中华人民共和国建国的政治基础,并制定以下的共同纲领,凡参加人民政治协商会议的各单位、各级人民政府和全国人民均应共同遵守。”此后,从 1954 年开始到 1982 年《宪法》,《宪法》文本都只在标题下注明某年某月某日某届人民代表大会某次会议通过,而不是某年某月某日某届人民代表大会某次会议制定。比如,1982 年《宪法》就是“1982 年 12 月 4 日第五届全国人民代表大会第五次会议通过”。这其实是表明,从相对的宪法,即宪法法律的意义上来讲,中华人民共和国迄今为止一共有五部宪法法律,但从绝对的宪法——宪法就是一个政治共同体的存在方式的意

〔1〕 陈端洪:《制宪权与根本法》,中国法制出版社 2010 年版,第 213 页。

〔2〕 陈端洪:《制宪权与根本法》,中国法制出版社 2010 年版,第 233 页。

〔3〕 参见陈端洪:《制宪权与根本法》,中国法制出版社 2010 年版,第 245 页。

义上讲,中华人民共和国只有一部宪法。[1] 这同一部宪法,分享同一个时间观。

与1787年美国《宪法》和1947年《中华民国宪法》不同,中华人民共和国宪法运用了一种三向度的时间观。它不是上帝创世式的,只包含"现在—未来"两个向度,而是历史生成式的,包含"过去—现在—未来"三个向度。这样一个宪法时间观并不是不承认革命,但中国革命,从汤武革命到中国近代革命的革命者并不模仿上帝,革命可以是翻天覆地式的,却并不是开天辟地式的。革命并不是斩断历史并摧毁以往一切文化,而只是革除以往的历史和文化中那朽坏的部分,革命的成果将形成文化中新的成分。这样一种宪法时间观承认现在是过去的延续,并不把现在和过去截然对立起来。在这种宪法时间观看来,那种试图将过去一刀斩断的宪法时间观是一种"历史虚无主义"。

1954年《宪法》草案的序言曾将1954年《宪法》称为中国的第一部宪法,但在正式通过的文本中,这个说法被改掉了。1954年9月14日,毛泽东在讨论这部《宪法》草案时说道:"过去到现在,中国的宪法有九个(草案不在内):清朝的《宪法大纲》、孙中山的《中华民国临时约法》、袁世凯的《中华民国约法》、曹锟的宪法、《中华民国训政时期约法》、蒋介石的宪法、瑞金工农民主中央政府颁布的宪法、《中国人民政治协商会议共同纲领》、《中华人民共和国宪法》。说这个宪法是'中国第一个宪法',不妥。说它是'中华人民共和国宪法',则名副其实"。[2]

从1949年《共同纲领》到1982年《宪法》,中国宪法所诉诸的历史越来越久远,1982年《宪法》终于将中国的所有历史都纳入自己的叙事,中国现代革命史成为中国革命史的一部分,现代中国成为历史中国的一部分,从这个意义上讲,现代中国的宪制也被纳入从商周、秦汉一直延续到今天的中国宪制的一部分,要理解现代中国宪制,有必要从理解古代中国宪制开始。

---

〔1〕 关于相对宪法和绝对宪法的含义,参见卡尔·施米特:《宪法学说》,刘锋译,上海人民出版社2005年版,第4页。

〔2〕 《毛泽东年谱(1949~1976)》(第2卷),中央文献出版社2013年版,第280~281页。

三、书写古代中国宪制的意义

所以我们认为,苏力对古代中国宪制的书写并不是出自任何民族主义自尊心的动机,也不是出自任何历史学家的“好古癖”。从 1982 年《宪法》序言首句写下“历史”、“文化”、“革命”这三个关键词到现在已有 32 年,而中国学者直到今天才意识到“历史”“文化”“革命”与理解现代中国宪制的内在关联,这一天毋宁说来得太晚。

苏力在“何谓宪制问题”一文中,将古代中国面临的宪制问题归结为三个:

第一,如何令遍布中国大地——无论北方南方——每个农耕村落的人们有效合作,形成内部的秩序并得以长期维系。

第二,基于村落,如何将并不自然构成、也很难构成一个共同体的无数农耕村落整合起来,构成一个国,建立一个王朝,为民众提供基本的和平,实行有效治理,并因此获得民众的广泛认同(归顺)。

第三,如何以中原地区为基础和根据地,有效抵抗、反击甚至主动攻击主要是北方的游牧民族,或者通过其他甚至太“掉价”的方式,如和亲、纳贡甚至割地,与之达成和平共处;或是主动拓展南方,将散落各地的小国寡民逐步融入和纳入以中原农耕文明为中心的政治文化传统中,在各个方面都成为中国的构成要素。[1]

这三个问题分别对应《大学》中“齐家”“治国”“平天下”。其中最重要的是第二个,即“治国”。这个古代中国最重要的宪制问题也一直延续到现代中国,苏力写道:“20 世纪 50 年代……这时传统中国的‘齐家’(乡村秩序)问题之所以消失,仅因为新中国的国家权力向下延伸而成为‘治国’的一部分,而到了 20 世纪末,随着国家政权从乡村的撤出,‘齐家’的问题则以学界的‘村治’,官方的‘农村基层政权建设’的说法重新回到中国的面前。”[2]

---

〔1〕 参见苏力:《何为宪制问题?——西方历史与古代中国》,载《华东政法大学学报》2013 年第 5 期。

〔2〕 参见苏力:《何为宪制问题?——西方历史与古代中国》,载《华东政法大学学报》2013 年第 5 期。

正是“革命”,尤其是20世纪毛泽东领导的革命,将古代中国宪制中的“齐家”问题变成了现代中国宪制中的“治国”问题。而随着改革开放的社会转型,到20世纪末,古代中国的“齐家”又从历史中浮现出来,成为现代中国宪制不得不面对的问题。这样看来,《村民委员会组织法》(1987年试行,1998年、2010年修订)就应该被视为构成现代中国宪制的宪法性法律之一,挖掘其更为深刻的宪制意涵。

中法

“一家之法”“天下之法”

——中国古代的两次法治思潮

马小红*

内容摘要：中国历史上的两次法治思潮，即春秋战国时期的法家法治与明末清初的新法治，都是应历史发展之运而产生的。尽管法家法治提倡“以法为本”，但其宗旨与目的在于维护君主集权，与现代法治南辕北辙，所以被明末清初的启蒙思想家批判为“一家之法”。新法治在批判法家法治的基础上提出了“天下之法”的主张，弘扬了儒家的民本思想。以现代法学的视角考察，法家法治虽然在春秋战国的变革中取得了成功，但我们不能因其历史上曾经取得的成果而否定其对现实法治发展所具有的巨大的消极作用，不能忽视新法治对它的分析批判。新法治思潮是中国原汁原味的启蒙思想的产物，其发掘分析了诸多与现代社会法治契合的中国传统元素，是当前法治发展中应该尤为被关注的传统资源。

关键词：法家法治　新法治　一家之法　天下之法　启蒙思想

中国古代法治思想的发展有过两次高潮，一是春秋战国时期法家法治理论的出现与秦对法家法治思想的实践。我们姑且称为“法家法治”。二是明末清初启蒙思想家更新传统思想，提出以“天下之法”取代“一家之法”的主张。我们姑且称为“新法治”。这两次法治思潮都发生在历史的变革关头，都对历史的发展起到了推进的作用，但是就其实质内容而言两者却大相径庭。法家法治要构建的是一统专制的帝国，维护的是帝王的权力——这在当时无疑具有进步的

* 中国人民大学法学院教授，法学博士。

意义,但是却与近代以来的法治主义南辕北辙。明末清初的新法治思潮在反思历史的基础上,强调“民本”思想,已然带有了近代民主思想的色彩。就其影响而言,新法治思潮远不如法家法治思潮持续的时间长,也不如法家法治思潮影响深远,其局限于思想学术界,未及发展成社会的运动而夭折。探索这两次法治思潮的内容及成败,对于我们今天的法治发展不无裨益。

一、“一家之法”:法家法治思潮

众所周知,春秋战国是“礼崩乐坏”的时期,而礼崩乐坏为法家法治开辟了道路,当富有人情味的“礼治”体系被突破时,法治学说便乘此东风而得到迅速发展。制定条文准确而又规范划一的法律制度成为治理国家的首要手段。诚如梁启超所言:“逮于春秋,社会形势一变,法治主义应于时代之要求,而句出明达。于是,各国政治家咸以编纂法典为当务之急。”[1]春秋战国是“以法代礼”的时期,也是法家法治思潮形成发展时期。

据文献记载,春秋时,齐有“宪法”,[2]楚有“仆区”[3]“茅门之法”,[4]晋有“被庐”[5]“夷蒐”[6]之法。尤其引人注目的是公元前 536 年,郑国的执政子产一改传统的做法,将新制定的刑书铸于鼎上,公之于众,使新兴的法律与以往“礼治”下的礼制与刑罚有了划时代的区别。[7] 战国继续了这一法治发展的趋势,公布法律、实行变法已经成为大势所趋,魏国著名法家李悝总结了各国的立法经验,作《法经》六篇。据《晋书 · 刑法志》记载,《法经》的体例为六篇,集各国变法之大成。李悝之后,各国政治家也纷纷以制定公布法律为变法开道,齐

---

〔1〕 梁启超:《文集之十六 · 论中国成文法编制之沿革得失》,载《饮冰室合集》(第 2 册),中华书局 1989 年版,第 8 页。

〔2〕 《管子 · 首宪》。

〔3〕 《左传 · 昭公七年》。

〔4〕 《韩非子 · 外储说右》。

〔5〕 《左传 · 昭公二十七年》。

〔6〕 《左传 · 文公七年》。

〔7〕 《左传 · 昭公六年》。

国邹衍"谨修法律而督奸吏",[1]商鞅在秦国以《法经》为基础实行变法取得了全面的胜利,秦国由一个落后的国家一跃而为关东六国的劲敌。

与变法及公布法律相伴而来的是法家法治思潮。法家认为与礼相比,法治有明显的优势,归纳起来,法家法治有以下三方面的内容:

(一)强调法治的优越性与必要性

首先,法家认为法治背景下,刑具有公开性。无论是"铸刑鼎"还是制定《法经》,其形式都是将法公之于众,因此法治具有传统礼治无法比拟的公正性。在礼治体系中,"先王议事以制,不为刑辟"。量刑定罪须以礼治的精神为原则,"议"而后定。因此,礼治背景下的"刑"无公正可言。法治则不然:因为法治背景之下,法(制度)是公开的。韩非子给法下的定义是:"法者,编著之图籍,设之于官府,而布之于百姓者也。"[2]法的公开,使"万民皆知所避就",[3]而且可以使"吏不敢以非法遇民,民不敢犯法以干法官"。[4] 法治背景下,法又是客观的。法家认为法是国家颁布的客观的言行准则,其所代表的是大多数人的"公"利。齐法家将法比喻成"尺寸也,绳墨也,规矩也,衡石也,斗斛也,角量也"。[5]一言以蔽之,法是国家的权衡、人们行为的准则,其不允许任何人挟"私"而随意轻重。法的公正性还表现在法家主张的"法不阿贵""刑无等级"上,即韩非子所言:"刑过不避大臣,赏善不遗匹夫"。[6] 公开、客观、公正是法治优于礼治之所在。

其次,法家认为法治比礼治简单易行,易于操作,对治理乱世可以起到立竿见影的效果。在法家眼中,儒家繁琐的道德说教对拯救乱世、安民治国来说如同儿戏。儒家要建设的道德王国在"人多物寡"的春秋战国之世,在人性膨胀、趋利避害的兼并竞争时代是可望不可及的幻想。韩非子认为提倡礼治、道德不仅无补于世,而且隐患无穷。他提出:"古今异俗,新故异备。如欲以宽缓之政,

---

[1] 《史记·田完世家》。
[2] 《韩非子·难三》。
[3] 《商君书·定分》。
[4] 《君书·定分》。
[5] 《管子·七法》。
[6] 《韩非子·有度》。

治急世之民,犹无辔策而御悍马,此不知之患也。"[1] 拯救乱世,唯有"定分止争",而"定分止争"的最佳方法莫过于法治。商鞅与慎到几乎用了同样的例子与语言说明天下争战不休的原因:"一兔走,百人逐之,非以兔[可分以为百,兔由名分之未定]也。夫卖[兔]者满市,而盗不敢取,由名分已定也。"[2] 定分才能止争,才能建立起秩序。儒家的圣人"制礼作乐",道家的圣人"随其自然",而法家的圣人则是"设法立制"而"定名分",商鞅言:"故圣人必为法令置官也、置吏也,为天下师,所以定名分也"。[3] 法治不仅有"定分止争"的功能,而且简单易行,"以法治国,举措而已"。[4] 君主只要遵循法令,违法者罚,遵法者赏,天下便可以达到治理。法治使君主从复杂的人情网中解脱出来,不必整日埋头于道德环境的营造与自身的修养,而将精力放在发展国家实力上。蒋礼鸿评商鞅富国强兵之道时言:"商君之道,农战而已矣。致民农战,刑赏而已矣;使刑赏必行,行而必得所求,定分明法而已矣。他无事矣。"[5]

最后,法家认为法治较人治更有利于社会的长期稳定。法家认为法治可以确保国家的长治久安。针对春秋战国时的法治思潮,儒家认为举贤人与建法制相比,前者更为重要。因为国家的安危实系于君主一身。有了贤人,才能有好的法律,法律才能得到准确执行。此外,儒家不相信世上有万全的法律,法律的漏洞需要"人"去弥补。鉴于此,儒家更注重统治者的自身修养与表率作用。人治相对法治而言,更符合儒家的理想。法家对儒家的贤人政治亦持否定态度。法家认为,实行人治而将国家的兴衰存亡完全系于君主一人身上是不明智的,因为君主大都为中庸之材,如同尧、舜那样的圣君与桀、纣那样的暴君都是"千世而一出"。法治提倡"缘法而治",正是以中庸之主治理天下为前提的,制度越完善,天下就越容易治理。若"废法而待尧、舜,尧、舜至乃治,是千世乱而一治也"。有尧、舜则治,无尧、舜则乱,天下势必处在长久的混乱之中。相反,若君主实行法治,中庸之主亦可"缘法而治",只有"桀、纣至乃乱,是千世治而一

[1] 《韩非子·五蠹》。

[2] 《商君书·定分》。"[　]"号内字据《治要》补。参见蒋礼鸿:《商君书锥指》,中华书局 1986 年版。

[3] 《商群书·定分》。

[4] 《管子·任法》。

[5] 蒋礼鸿:《商君书锥指》,中华书局 1986 年版,第 19 页。

乱"。法治与人治的区别就在于此:任人治则必待如尧、舜那样的贤君出,是"千世乱而一治";任法而治也须待桀、纣那样的暴君出,故是"千世治而一乱"。[1]不仅如此,法家进一步论证道,即使如尧、舜那样的圣君贤人,也不可能只依靠个人品格、才能去治理国家,就如同能工巧匠在工作时也离不开规矩、绳墨一样,圣君贤人也要依靠法律去治理天下。

(二)强调历史发展的规律,阐述实行法治的必然性

法家认为历史的发展自有其规律,不以任何人的意志为转移。同时,他们还认为"好利恶害"是人类无法改变的本性,[2]但值得注意的是,法家并不将"好利恶害"视为"恶",而是强调国家的治理应该顺应人性。法家对好利恶害的人性不仅不悲观,反而窃喜,以为正是因为"人性有好恶"所以"民可治也"。[3] 治民的方法就是顺民好恶之性,设法立制,实施法治。根据人性,法家得出了"威势之可以禁暴,而厚德之不足以止乱"[4]的结论。

首先,法家认为实行法治是历史发展的必然结果。战国后期法家集大成者韩非继承了前期法家对历史的划分,将历史的发展大致划分为上古、中世、当今三大阶段,并指出各代的不同特色:"上古竞于道德,中世逐于智谋,当今争于气力"。[5] 法家认为,不同的时代,有不同的治国方式。若以上古的"道德"治理中世或当今之世,必为后人所笑。针对儒家赞美的尧舜圣王之道,韩非论道:"然则今有美尧、舜、汤、武、禹之道于当今之世者,必为新圣笑矣"。[6] 法家告诫世人:"法古则后于时",[7]即抱着传统不放,以上古、中世之道行于当今的人必然会被时代所抛弃。法家主张顺应历史潮流,变法图强。用韩非的话来说就是:"明主之国无书简之文,以法为教;无先王之语,以吏为师;无私剑之捍,以斩首为勇。""境内之民,其言谈者必轨于法。"[8]法家对历史发展规律的分析,无

---

〔1〕 参见《韩非子·难势》。

〔2〕 参见《商君书·错法》。

〔3〕《商君书·错法》。

〔4〕《韩非子·显学》。

〔5〕《韩非子·五蠹》。

〔6〕《韩非子·五蠹》。

〔7〕《商君书·开塞》。

〔8〕《韩非子·五蠹》。

疑宣告了礼治时代的结束与法治时代的到来。

其次,法家还认为实行法治是人性的必然产物。因为"趋利避害"是人之本性。齐法家举例说:商人不辞劳苦,日以继夜地奔波各处,是因为"利在前也";渔夫不畏深海巨澜,宿夜于船上捕捞,是因为"利在水也"。[1] 法家断言,世上绝没有儒家所宣扬的那种无缘无故的忠、孝、节、义等道德。父母子女、君臣百姓之间的关系都可用"利""害"二字解释,比如君臣之间不过是"臣尽死力以与君市,君垂爵禄以与臣市"。[2] 在赤裸裸的利害关系中,君主以礼、以德去治理国家,无异于负薪救火。

在从人性方面论证法治的必要性时,战国中期以前的法家有一个明显的缺陷,就是他们没有解释历史上为什么存在过"礼治",为什么在上古、中世时代,人们好利恶害的本性未引起争乱而使得"礼治"取得过令人羡慕的成绩。战国后期的韩非用"人口论"弥补了这一缺陷。韩非认为,德治、人治、礼治只适应于物质极大丰富的古代。物质的丰富使百姓不必争抢便可生活得很安逸,所以统治者也无必要处心积虑地设法立制以治民。而"当今之世",人口的急剧增长使物质显得相对贫乏,而物质的贫乏刺激并膨胀了人们好利的本性,道德的感化、礼乐教化及统治者的自律在膨胀了的人性面前早已失去效用,不用严刑峻法不足以止乱。[3] 人口的发展、人性的制约使法治不仅成为必要,而且成为必然。

(三)强调法治具有礼治无法比拟的可行性

法家法治理论在春秋战国形成思潮并为各国君主所接受的原因在于其具有极强的实用性和可操作性,即法家为法治的推行设计了种种途径,这是其他学派望尘莫及的。法家认为要实行法治必须具备以下条件:

首先,立法要完善,将国家运行与社会生活皆纳入法的轨道。齐法家认为"宪律制度必法道,号令必著明,赏罚必信密"。[4] 从考古发掘的战国秦律来看,在法家法治理论指导下形成的秦国法律确实十分完备,用秦始皇自诩的"皆

---

[1] 《管子·禁藏》。

[2] 《韩非子·难一》。

[3] 参见《韩非子·五蠹》。

[4] 《管子·法法》。

有法式"[1]来形容并不过分。

其次,必须树立法律的权威,严格依法办事。为了树立法律的权威,商鞅提出"一赏""一刑""一教"。一赏,就是要求君主出于公心,只赏有功于农战、有功于国家的人,而不可"爱其私",以破坏法制。一刑,就是要求君主依照法令惩处违法之人,而不可随意轻重。一教,就是要求君主取缔一切与法令不相合的言论学说,用法统一人们的思想。法家虽然认为君主的权力至高无上,但他们同时也反对君主以个人喜怒而违法破律,他们指出君主以喜怒治国,是天下混乱、百姓怨恨的原因:"君人者舍法而以身治,诛赏夺予从君心出矣。然则受赏者虽当,望多无穷;受罚者虽当,望轻无已。君舍法而以心轻重,则是同功而殊赏,同罪而殊罚也。怨之所由生也"。[2]

再次,君主必须要善于并准确地运用赏、罚,以赏、罚为杠杆推动法治的实行。法家认为赏与刑是君主手中的"二柄"。[3]"有功必赏,有罪必罚"是君主治臣、治民的基本原则。在赏罚的运用上,法家强调应"厚赏重罚""少赏多罚"。厚赏,可以使民心甘情愿地为君、为国效死力;重罚,可使民知国法的威严,因而不敢冒犯。也只有厚赏重罚才能充分利用人们的好利恶害之心,使人们不惜一切代价追逐奖赏,宁死也不敢冒犯法律。商鞅言:"赏厚而信,刑重而必","赏诛之法,不失其议,故民不争"。[4]

最后,君主必须"以法为本",法、势、术三者结合。法家认为,法应成为君主治国的原则,这就是"言行不轨于法令者必禁"。[5]法也是君主衡量官吏的标准,官吏无论其人品、才能如何,以守法为贵。在"以法为本"的原则基础上,君主还必须具有能够推行法治的"势"(权势)与"术"(办法),这就是法、势、术结合。韩非总结了前期法家思想后,认为:"抱法处势则治,背法去势则乱"。[6]

除法、势结合外,法家还强调法与术的结合。"徒术而无法,徒法而无术"皆

[1] 《史记·秦始皇纪》。
[2] 《意林》引《慎子》。
[3] 《韩非子·二柄》。
[4] 《商君书·修权》。又参见蒋礼鸿:《商君书锥指》。
[5] 《韩非子·问辩》。
[6] 《韩非子·难势》。

不可达到天下的治理。[1] 术,是指治国的方法与推行法治的技巧。韩非认为申不害虽精于术,但“不擅其法,不一其宪令,则奸多”。[2] 商鞅虽重视法令,但“无术以知奸”[3]以致聪明反被别人利用,自己落了个被车裂的下场。因此,术不仅是推行法治的保障,而且也是用法之人得以自保的保障。法家所言的“术”,主要是君主治臣、治人之术。法家对术的研究十分精细。总体来说,术有两类:一类是公开之术,如选任官吏采用“循名责实”之法,即考核官吏的政绩是否与其职位相符,是否胜任职责;另一类则是君主“藏于心中”之术,法家认为君主为了保住自己的权势,可以不择手段地对付威胁自己权位的大臣,如对功高震主的人可行饮食暗害之术,对有谋反嫌疑或心怀不轨的人可行暗中刺探之术;等等。法家言术,虽强调了法术结合,但却不免有自相矛盾之处,尤其是“藏于心中”的御臣之术,早已打破了“有功必赏,有过必罚”的法治原则,违背了“以法为本”的宗旨,实为法家法治理论中的糟粕。

公元前 221 年,漫长的儒法之争终于以法家法治胜利而告结束。推行法家法治理论最为坚决、变法最为彻底的秦统一了中国,一个不同于夏、商、西周分封制的新型政权诞生了。统一后的秦王朝,继续以法家法治理论为指导,崇尚法治,实行重刑。陶醉于胜利之中的秦统治者迷信法家法治达到了顶点。秦始皇根本没有意识到法家法治的致命弱点:严酷的刑罚激化了社会矛盾,使人们视君主为寇雠。重刑主义及法势术结合的思想使法治变为君主主导下的“刑治”,法成为君主权力的附庸,成为君主维护自身利益的御用工具。这也是黄宗羲将秦以后的法称为“一家之法”的原因。

二、“天下之法”:明末清初的新法治思潮

自汉代儒学被统治者奉为正统后,法家法治遂被逐出庙堂,法治不仅受到汉代思想家、政治家的批判,而且受秦暴政之累,在两千年的历史中遭到全社会的反感和疏远。时至明末清初,思想界出现了新的气象,在儒家民本传统思想

---

〔1〕 参见《韩非子 · 定法》。
〔2〕《韩非子 · 定法》。
〔3〕《韩非子 · 定法》。

的基础上产生了具有近代启蒙意义的思想家。以黄宗羲为代表的启蒙思想家的理想是要变“一家之法”为“天下之法”，启蒙思想家的“新法治”思想是对法家法治的反动。

新法治思想的主要内容有以下几点：

（一）变“一家之法”为“天下之法”

“天下者，非一家之私”是启蒙思想家的基本政治主张。

黄宗羲分析了原本为天下人的天下之所以落入君主手中的原因，提出了“一家之法”与“天下之法”的概念。黄宗羲认为“三代已下”，也就是秦以来的法，尽为一家之法，一家之法是法家法治的本质，其核心是将帝王一家一姓的利益置于天下人的利益之上，使视天下人为草芥的君主专制制度“合法”化。法家法治将天下之权归于君，将天下之利归于君，以君主之大私为天下之大公，本为天下之主的天下之人在一家之法的束缚下成为君主的“奴隶”。法家法治以君主的是非为是非，随君主喜怒的变化而变化。例如，“秦变封建而为郡县，以郡县得私于我也；汉建庶孽，以其可以藩屏我也；宋解方镇之兵，以方镇之不利于我也”。[1] 从一家之法中，看不到一丝一毫为天下、为民众的公心。法家法治实际上成了天下人的桎梏。这种剥夺天下人利益的一家之法，在黄宗羲眼中是“非法之法”。而“天下之法”是将天下之利归诸天下之人的法，“天下之法”的社会就是黄宗羲憧憬的新法治社会。

黄宗羲对君主制和维护君主制的法进行了尖锐批判。首先，他认为君主制是造成天下苦乐不均的根源。君主制下，日夜劳作的百姓饥不得食，寒不得衣，劳不得息。终日无所事事的达官贵人却享尽荣华富贵，为所欲为。一家之法使苦乐不均的制度合法化，故为“非法之法”。其次，君主专制是造成天下战乱不息的根源。一家之法将天下人的天下藏于君主的“筐箧”之中，其利所在，天下人所共知。为了争夺天下，战争不可遏制。君主为保君位，更是不惜将天下人置于战争的苦难之中。一家之法使天下生灵涂炭，故为“非法之法”。最后，一家之法将皇帝变成了孤家寡人，皇位无时无刻不被人觊觎，宫廷政变、宦官专

〔1〕（清）黄宗羲：《明夷待访录·原法》。

权、骨肉相争无法避免。皇室宗族“远者数世,近者及身,其血肉崩溃在其子孙矣”。[1] 一家之法最终连帝王的家族与帝王自身都无法保全,故为“非法之法”。

鉴于此,黄宗羲认为,要端正君民的关系,首要之务是要铲除“一家之法”,建立起将天下之利归之于天下之人、“天下之法”盛行的新法治社会。

(二)变“有治人,无治法”的人治为“有治法而后有治人”的法治

新法治理论颠倒了传统的“人治”与“法治”的关系。中国古代社会中,无论是主张人治的儒家学派,还是主张法治的法家都不否认帝王至高无上的地位,法家法治强调的是君权之下的法治,法律的平等最终演变为皇权下的平等。儒家人治论者认为,“有治人,无治法”[2] 是千古不易之理。黄宗羲对皇权至上持有否定态度自不待言,对“贤人治国”亦持怀疑态度。面对根深蒂固的人治观念,黄宗羲明确地说:“论者谓‘有治人,无治法’。吾以谓有治法而后有治人。”[3] 黄宗羲所言之法,从概念上说已与传统的法有所不同。黄宗羲认为以往的法是一家之法,在一家之法的桎梏下,人才难以脱颖而出。即使有能治之人,也“终不免其牵挽嫌疑之顾盼。有所设施,亦就其分之所得,安于苟简,而不能有度外之功名”。[4] 只要不废除一家之法,就不会有“治人”的出现。黄宗羲认为人才的标准首先是能为天下人服务,这在一家之法的统治下是无法做到的,因为一家之法使人才变为帝王一人的奴仆而无法服务于天下。只有天下之法盛行之时,才能出现真正的为天下人谋利的人才。有了天下之法,才有了人才的用武之地。天下之法不仅有利于人才发挥才能,而且还能助中庸之主治理好国家,并遏制恶人为奸。

由此可以看出,黄宗羲“有治法而后有治人”的法治思想与法家法治有着本质的区别。因为他否定了帝王凌驾于法律之上的权力,君与民由此而被共同纳入“法治”的范畴。法律面前人人平等的观念在此已经萌芽。

---

[1] (清)黄宗羲:《明夷待访录 · 原君》。

[2] 《荀子 · 君道》。

[3] (清)黄宗羲:《明夷待访录 · 原法》。

[4] (清)黄宗羲:《明夷待访录 · 原法》。

(三)限制君权,加强宰相、大臣与地方的权力

在启蒙思想家的"天下之法"的法治蓝图中,君民关系的平等打破了传统政治的格局,因而君与臣、中央与地方的关系都不可避免地发生了变化。在启蒙思想家看来,臣与君"名异而实同"。君为民而设,臣亦为民而设。臣"出而仕之也,为天下非为君也;为万民非为一姓也"。[1] 因而迎合君意不可谓臣,杀身殉君不可谓臣。以往所强调的"君为臣纲"将臣变成了一家一姓的奴仆,这正是君主制度下人才的悲哀。黄宗羲认为新的君臣关系应是师友的关系。臣不以君主的是非为是非,而以天下的兴亡为己任。在新法治的社会中,因为君臣关系的平等,君权被大大削弱。

黄宗羲设计的君相关系是新法治社会中君臣关系的典型。君主之下的宰相已不是往日一人之下、万人之上的一身二任的奴仆和权贵,而是与君权制衡的政府首脑。新法治社会中的国家机构是君下设宰相一人,主理政务。参议政事数人,因事而设,无定员。宰相与参议政事应"每日便殿议事"。下设六科给事中,主管百官的奏章,择其可用者进呈宰相,宰相再以此告知天下,并与天下人同议可否。宰相开府,下设政事堂。政事堂由新进士或暂无官职的待诏者主之。宰相权力的加强,大大削弱了专制制度下的君主强权政治。[2]

就中央与地方的关系而言,启蒙思想家一致主张因地因俗而设法,地方应有一定的自治权,突破了"大一统"的传统模式。王夫之"分权"而治的模式是"天子之令不行于郡,牧刺史之令不行于县,郡守之令不行于民"。[3] 地域不同,习俗不同,则法不同,以此来体现法为万民之意。黄宗羲在《明夷待访录》的"方镇"篇中更是一反传统的君主专制主义集权制度,认为"唐之所以亡,由方镇之弱;非由方镇之强也"。他建议在较为边远的地方设立方镇,方镇的属官由方镇自行聘任,上报中央备案。中央不干预方镇的经济军事,田赋商税任其自行征收,兵甲任其自行组建,甚至政教张驰都可"不从中制"。方镇对中央的义务是"每年一贡,三年一朝"。黄宗羲所言的方镇与古代社会专制制度下的方镇已完全不同。君主专制制度下的方镇是中央集权的异化物,其本是中央为加强对

---

〔1〕(清)黄宗羲:《明夷待访录·原臣》。

〔2〕参见(清)黄宗羲:《明夷待访录·置相》。

〔3〕《读通鉴论·十六》。

地方的控制而设,但方镇的力量一旦发展到一定程度,便会反过来对中央集权形成威胁。当中央权威削弱后,方镇便会群起逐鹿,将国家推向战争,“分久必合,合久必分”的动荡因此而不可避免。而启蒙思想家主张的新法治社会中的方镇,是因一方之地,为一方之民而设,其目的在保一方安宁。因而它可以克服“强弱吞并”的专制之弊,有效地体现民意。新法治社会中的方镇,可以解除中央政府对边远地区“鞭长莫及”之忧,可以使地方官府专心致力于一地的发展与建设,避免以强凌弱、争夺皇权的战争。地方权力的加强,对天下有五利:“统帅专一,独任其咎,则思虑自周,战守自固以各为长子孙之计,一也。”“一方之财自供一方,二也”。“一方之兵自供一方,三也。”“各有专地,兵食不出于外,即一方不宁,他方宴如,四也。”“外有强兵,中朝自无顾忌,五也。”[1]

黄宗羲以相权、臣权限制君权,以地方分治削弱中央集权的制度设计,最终目的在于使民意可以有渠道得以充分表达。

(四)学校议政,是非公诸舆论

启蒙思想家新法治的蓝图是以法保护而不是剥夺天下人的利益,人们从法律中得到的不再仅仅是秩序的约束,而且更有利益的付予。传统的“治人”之具成为人们权利的保障,而服务于天下之人的“天下之法”必以天下人的是非为是非。因此,以舆论制约政治是新法治社会的重要特色。根据传统的经验,启蒙学者认为天下是非集中体现于学校之中,欲知天下人之意,必须重视并发挥学校的“议政”作用。

黄宗羲在《明夷待访录》的“学校”篇中详细论述了学校在新法治社会中应有的作用与地位。上古之时,学校的设立不仅仅为“养士”,即培养人才。学校最重要的作用在于代表民众,议论是非,因此“天子之所是未必是,天子之所非未必非,天子亦遂不敢自为非是而公其非是于学校”。君主制确立后,学校议政的传统被抛弃,天下无不以天子的是非为是非,学校议政的权利被剥夺殆尽。于是,东汉曾有三万太学生“危言深论,不隐豪强”,要求解除党锢;宋代主战派李纲遭贬,诸生则“伏阙捶鼓,请起李纲”。这实为上古学校议政的遗风。黄宗羲认为,当时太学生的是非代表了天下人的利益。若东汉朝廷能听太学生之

---

〔1〕(清)黄宗羲:《明夷待访录·方镇》。

言,解除党锢,则君主可安;宋朝廷能顺应民意,起用李纲,则江山可保。但遗憾的是,君主制下,学校的议政不仅得不到朝廷的响应,反而得罪于当局。学校因而逐渐成为“科举嚣争,富贵熏心”的场所。

天下之法将恢复是非“公于学校”的传统。为此,黄宗羲建议学校长官——太学祭酒的地位应与宰相并重。天子、朝臣每月初一应到太学听祭酒讲论时政,“政有缺失,祭酒直言无讳”。地方应设郡县学,由学官主持。每月初一、十五郡县官应至学府听学官讲学。对郡县官的不当行为,学官有责任“小则纠绳,大则伐鼓号于众”。更为新颖的是,黄宗羲理想中的学校是独立于朝廷的机构,其长官不由朝廷与官府任命,而由众人推举产生。郡县学官由“郡县公议,请名儒主之”。太学祭酒则应推举当世大儒或致仕宰相担任。独立于朝廷的学校才能保证舆论的独立与公正,才能充分发挥出舆论的监督作用。

启蒙思想家的新法治蓝图是批判传统的产物,但同时又是继承传统的产物。对学校在政治上寄予厚望即为传统思想的弘扬。中国自古号称“礼仪之邦”,孔子以“师”之名而荣登千古圣人的宝座,天、地、君、亲、师,在人们心目中,唯有“师道尊严”可与君权的威严相提并论。因此,在中国欲制约君权,非师莫属。以学校监督朝政,是中国古代“分权”的最佳途径,其可以利用士人的议政来制止权力的过分膨胀,而且更主要的是有利于提高人们对削弱君权这一崭新思想的心理承受力,改变人们无限崇拜权力的习惯。与“师”相比,“法”在中国古代始终处于名轻实重的地位,黑暗的司法现实使人们对言法者深恶痛绝。商鞅、韩非、秦始皇皆因重视法治而留下千古骂名。历史的发展也屡屡证明,法网滋彰之日,便是乱世亡国之时。启蒙思想家区别了“天下之法”与“一家之法”,但启蒙思想家由于从传统中无法找到“天下之法”的具体模式,所以他们只是笼统地论述了“天下之法”的根本原则。在启蒙思想家的法治国中,以教代法是其最突出的特色。教化流行之时,便是“天下之法”建成之日。因此,启蒙思想家的法治在区别于传统法治的同时,亦与我们今天所讲的法治有所不同。

君权有限,教化流行,制度简化,人的素质提高,这就是启蒙思想家理想的新法治社会。最可贵的是在启蒙思想家的新法治社会中,法治并不以烦琐周备的条文作为标志,更不是以法家法治的“重刑”主义为特征,而是把社会的安定、人们的幸福感作为标准,由此也许可以避免人沦为制度的奴隶的不幸。这正是中国传统法文化遗产中的精华所在,其对我们现实中的法治建设以及对世界法治的修订也不无借鉴意义。

三、两次法治思潮的启示

当我们梳理法家法治与新法治思潮的发展沿革时会发现,中国的启蒙思想家在弘扬民本传统时的主要阻力恰恰来自法家法治。这一历史现象给我们的启示是,在寻找现实中法治发展的传统动力时,我们也许应该首先对历史上发生的两次法治思潮进行反思。

(一)对春秋战国法家法治思潮的评价

梁启超关于"法治主义"的定义是:"能大有造于国家者,非仅恃英雄圣贤自身之力,而更赖有法以盾其后也"。[1]

梁启超又认为中国的法治思想发端于管子,中后期法家法治在学理上吸纳了儒、墨、道三家的观点:"法家成一有系统之学派,为时甚晚,盖自慎到、尹文、韩非以后。然法治主义则起原甚早。管仲、子产时确已萌芽,其学理上之根据,则儒道墨三家各有一部分为之先导"。[2]

梁启超以"法治"归纳和阐释先秦法家思想并非只是望文生义,因为与儒、道、墨三家学说比较,法家确实具有显著的"重法"特征。但应该注意的是,法家法治决不可与近世"法治"同日而语,因为发源于西方的近世法治,目的在于"制约权力";而法家法治,目的却在于"加强集权"。尽管在某些形式和具体的主张上法家法治与近代法治有一致之处,但二者的宗旨、目的及要建成的社会模式都是截然不同的。其实梁启超本人也认识到了这一点,在《先秦政治思想史》的最后一段,梁启超说,法治主义有其普遍的"短处",即"过信国家权力","妨害个性发展","逼着人民在法律范围内取巧",而法家法治主义又有其特有的"短处",即"问法律从哪里出呢?还是君主,还是政府","法律万能,结果成了君主

〔1〕 梁启超:《文集之十五 · 中国法理学发达史论》,载《饮冰室合集》(第 2 册),中华书局 1989 年版,第 72 页。

〔2〕 梁启超:《专集之五十 · 先秦政治思想史》,载《饮冰室合集》(第 9 册),中华书局 1989 年版,第 132 ~ 133 页。

万能"。[1] 因此,我们在评价法家法治的时候,应该注意这样几个问题:

第一,法家法治中的"法",是维护君主集权制或专制制度的法,所以法家法治与我们今天的民主法治有着根本的不同,其既不体现"民主"的精神,也不承认法律具有"至上"的权威。相反,法家法治所需要的是对权力的顺从与敬畏。

第二,法家法治中的"法",法律只是其中重要的内容,但并不是全部内容,尤其后期法家更着重讲"势"与"术"。在法家的学说里,君主与法的关系是君主凌驾于法律之上,法是君主的御用之器。当然,君主也不是不受法的制约,但这种制约是有限的,在中国古代社会,它甚至不如"礼"更能有效地制约帝王权力。

第三,由于法家法治与君主专制密切相关,所以在中国古代社会中如果过分强调"法治",就会形成暴政而不是民主,如同《汉书·艺文志》所言,法家的学说"及刻者之为,则无教化,去仁爱,专任刑罚而欲以致治,至于残害至亲,伤恩薄厚"。在崇尚法家法治的秦朝,法治几乎就是"刑治"。

第四,我们不能因法家法治学说在历史与现实社会中的消极作用而否认春秋战国时的法家法治对社会发展的贡献;同样也不能因为其在历史上曾有过的积极作用而否认其在现实中的消极影响。

(二)对明末清初新法治思潮的反思

启蒙思想家的新法治,由于没有受到外来思想的干扰,是从传统中更新出的新思想,所以其更贴近中国的现实,当然也显出某些方面的幼稚。

从启蒙思想家的"法治"蓝图中,我们已经可以隐约地体悟到中国自生的近代法的模式一定不同于西方。在启蒙思想家的"法治"国中,东方传统的优秀成分将得以充分的发扬。法治国中的"法"并不繁密,相反,法治完善的标志应是"法愈疏而乱愈不作"。[2] 道德的自律仍是社会追求的目标和社会控制的主要手段。法律的公正与人之常情密切相关,人们对法律的遵循是自觉自愿的,而不是被动的、受制于人的、不得已的。但令人遗憾的是,启蒙思想家的民本与法治主张在学界的兴起仅是昙花一现,瞬间便逝,这不仅是中国发展,而且也是世

---

〔1〕 梁启超:《专集之五十·先秦政治思想史》,载《饮冰室合集》(第9册),中华书局1989年版,第217页。

〔2〕 (清)黄宗羲:《明夷待访录·原法》。

界发展的遗憾。

明末清初,中国社会变革未能成功,启蒙只限于思想,未形成运动的原因是多方面的。中国古代社会的模式是:自给自足的小农经济;至高无上、高度集中的皇权;统一人们思想的儒家道德观;鼓励人人进取的科举制度……完备的制度一旦付诸实施,社会便会呈现出安定祥和的气氛。因此,人们相信只要有一个圣明的君主,就会造出一个田园诗般的社会。在中国古代的社会生活中,大多数人感受不到西方中世纪的那种压抑,因而对启蒙思想家提出的带有民主色彩的主张也就不免反应冷淡。人们的最高境界是国泰民安,是现实中的人际和谐,舒适安逸。若将传统的"民本"与启蒙思想家的"民本"相比较,人们似乎更寄希望于传统。人们希望得到的是统治者的体恤,而不是与统治者的平等。

启蒙思想夭折的客观原因是强大的传统观念使工商业的发展举步维艰。当有识之士提出"工商皆本"时,更多的人则会以传统的重农轻商思想加以反驳。经营工商被人歧视,新的经营方法受到人们的怀疑,更多的人宁愿将钱财藏在地窖中也不愿将其用于扩大再生产。更多的有钱人将钱用于添置田地,以本守末;或用于畸形消费,醉生梦死。这种风气竟一直持续到清朝末期。"如海盐张元济先生经营商务印书馆,发展印刷事业,当时遗老们认为:'张菊生(张元济)侍郎,经营书商,是一件异事'。"[1]明末清初工商业所受到的压抑更是自不待言,而传统政治对工商业发展的干涉也愈演愈烈。明末,宦官四处奔走征商,以满足皇帝的贪欲,贵族官吏也大肆搜刮。在朝廷的盘剥下,许多从事工商业的人被迫歇工罢市,新型的经济关系总是处在风雨飘摇之中,得不到充分发展。正值此时,经济、文化发展落后于汉人的满人入关,取得了统治权。落后的满人,对汉人的文化倾慕不已,他们对新型的经济关系难以容忍。因此,清初工商业的发展一再受到严厉的限制。雍正明确晓谕天下:"农为天下之本,而工贾皆其末也。"而后他又告诫官吏:"平日留心劝导,使民知本业为贵,崇尚朴实,不为华巧。"[2]康熙时,大学士李光反对商人集资开矿,公然提出:"请著令:止土著贫民无职业职事者,许人持一铫,而越境者有诛。"此建议被康熙采纳后,一些将

---

〔1〕 (清)杨钟羲:《雪桥诗话》。转引自谢国桢:《明末清初的学风》,人民出版社 1982 年版,第 68 页。

〔2〕 《清世实录 · 五七》。

资金投入开采业的富豪皆悔之不及。文献记载:“一时大豪辇金谋首事者,皆啮指自悔。”[1]清初的重农抑商政策有力地支持了逐渐走向瓦解的小农经济,明末以来出现的新型的生产关系不仅没有得到扶持发展,反而遭到摧残与压抑,小农经济得以恢复,使启蒙思想家的新思想在民众中无法普及,新法治的蓝图也只好藏之名山,以待来者。

启蒙思想夭折的主观原因是启蒙思想家自身的弱点。启蒙思想家虽然对传统进行了史无前例地批判与反省,但他们自身也深受传统的束缚。有时,他们的思想与言行常常不一致,言行的保守削弱了其学说的战斗力。例如,启蒙思想家对“忠君”的思想都有程度不同的批判,但自身却又都以明朝的遗民自居,身退山林,独善其身。这种传统的处世方式极大地限制了其学说的传播。又如,受传统的束缚,启蒙思想家未能对“科学”给予足够的认识。重人文是中国古代学术一大特色,自然科学除服务于政治的天文历算为统治者重视外,其余的则被视为可有可无的雕虫小技。明末清初,西方先进的科技已开始向中国渗透,但这新时代将要到来的标志不仅没有引起中国朝廷的重视,而且也没有引起先进的启蒙思想家的重视。李约瑟引用胡适的话对比了这一时期中西方学术的差异:“胡适曾把这一时期的古典文学的复兴和欧洲同时发生的科学运动作了明晰的对比,他说:‘在顾炎武诞生前四年,伽利略发现了望远镜,并利用它革新了天文学,而开普勒则发表了他对火星研究的结果和他关于行星运动的新定律。当顾炎武研究语言学,并重新订正了古字音的时候,哈维则出版了论血液循环的巨著,而伽利略则出版了天文学和科学方面的两大著作。在阎若璩开始对史书进行考证前十一年,托里拆利完成了他有关气压的伟大实验。接着,玻意耳发表了他在化学上的实验结果,并确定了玻意耳定律。在顾炎武完成他的划时代的巨著《音学五书》的前一年,牛顿已创立了微积分,并完成了对白光的分析。顾炎武在 1680 年为他的语言学著作的定稿写了序言,而牛顿则在 1687 年发表了他的《原理》’。胡适接着道,两者所用的研究方法极端相近,可是所研究的领域却有很大的差异。西方人研究星辰、球体、斜面和化学物质,中国人则研究书本、文学和文献考证。”“中国的人文科学所创造的只是更多的

---

〔1〕(清)平步青:《霞外捃屑·二》。

书本上的知识,而西方的自然科学却创造了一个新世界。”[1]由于缺少近代科学的支持,中国启蒙思想家无力彻底地更新传统,他们对旧制度、旧观念的批判虽然十分凌厉,但其说服力较西方的启蒙学说远为逊色。

启蒙思想家新法治理想的夭折,延缓了中国历史发展的进程,中国由古代向近代的转折因此而受挫,这确实是历史留给人们的遗憾。但启蒙思想的出现证明了中国社会的自我更新能力。因而,梁启超论此时的启蒙思想:“不独近世之光,即置诸周秦以后二千年之学界,亦罕或能先也。”[2]

中国古代社会的两次法治思潮都是应历史发展之运而产生,从结果上来看,法家法治由于秦王朝的统一和尊崇而在历史上获得了成功,对中国社会的发展产生了深远的影响。即使汉以后思想家、政治家对法家法治思想始终持批判态度,但自秦之后,二千年的中国制度是儒法合流的制度,是秦制的延续也是众所周知。而明末清初的新法治思潮因为种种原因未能在实践层面展开,其引发的思想学术反思及对学界的震动很快为康雍乾盛世的国学复兴所湮没,以致本应在近代大放光彩的中国原汁原味的启蒙思想常常被近代以来的学界所忽略。

---

〔1〕 [英]李约瑟:《中国科学技术史》,科学出版社 1975 年版,第 311 ~ 312 页。

〔2〕 梁启超:《文集之七 · 论中国学术思想变迁之大势》,载《饮冰室合集》(第 1 册),中华书局 1989 年版,第 84 页。

何以、何谓及如何现代之宪法中的现代化诉求*

——以宪法《序言》中的“国家任务”为视角

杨　凡**

内容摘要：本文乃选取宪法《序言》中的“国家任务”条目，切入宪法中的社会主义现代化诉求。对何以社会主义、何以社会主义现代化进行了前提性的史观重述。进而透过经史合参的视角，尝试以中国传统哲学中的“名实”和“体用”逻辑，新解“新旧关系”下的“现代”义理。其目的在于将诸如现代国家与现代公民的立宪主义二元辩证，统一于“现代中国”这一“惟精惟一”的议题之中。继而用这种统一的辩证来释读宪法总纲与宪法权利的结构性关联，以此求得传统哲学诠释方法论的实在生命。再辅之以释义中国现代化的联盟性主体，将人的要素补入现代化的主题进程之中，期以昭彰现代化诉求上的人、事合意。

关键词：社会主义现代化建设　国家任务　名实之辩　执两用中　现代中国　阶级联盟　知识分子

1980年8月30日，中国共产党中央委员会向第五届全国人民代表大会第三次会议主席团提交《中国共产党中央委员会关于修改宪法和成立宪法修改委员会的建议》（以下简称《建议》）。《建议》指出：“1978年第五届全国人民代表大会第一次会议通过的中华人民共和国宪法，由于当时历史条件的限制和从那时以来情况的巨大变化，许多地方已经不适应当前政治经济生活和人民对于建

* 本文系2014年度国家社会科学基金重大研究项目“文化法治体系建设研究”（14ZDC024）的部分研究成果。

** 天津理工大学马克思主义学院（法政学院）讲师，法学博士。

设现代化国家的需要。为了完善无产阶级专政的国家制度,发展社会主义民主,健全社会主义法制,巩固和健全国家的根本制度,切实保障人民的权利和各民族的权利,巩固和发展安定团结、生动活泼的政治局面,充分调动一切积极因素,发挥社会主义制度的优越性,加速四个现代化建设事业的发展,需要对宪法作比较系统地修改。"〔1〕正是一种"社会主义现代化建设"转型下的宪制转向。此后,尽管宪法《序言》第七自然段有过数次修改,但"国家的根本任务",即"集中力量进行社会主义现代化建设",总体来说却自始未曾有过半点动摇。也可以说,党领导下的人民制宪,乃至党和国家的全体活动,或说党和国家的活动全部,始终有着一个根本性的目标导向。而若追溯中华人民共和国成立以来的历部宪法,则不同历史条件下的国家任务,或者说是"新时期的总任务"的调整,往往又是彼时整部宪法条文变动的基础,主导着整部宪法条文变动的基本方向和具体内容;甚至可以说,现行宪法之前的历部宪法,正是对不同历史时期新的国家任务的宪制回应。〔2〕凝练"国家任务",变迁中的中国宪法文本得以呈现出一个变中不变的稳定结构;凝望"国家任务",变动中的中国宪制义理得以呈现出一个以万变求不变的历史逻辑;凝聚"国家任务",则变法中的中国宪制伦理又得以呈现出一个以不变应万变的未来愿景。而这个关键的不变之处,或者说不变的关键之处,在本文看来,正是自近代以来,中国国家现代化或者说现代化中国的国家追求。是故,中国宪法中的现代化诉求亦为中国历史与中国社会之根本诉求这一点,真实不虚、应予详审。

---

〔1〕《中国共产党中央委员会关于修改宪法和成立宪法修改委员会的建议》,载肖蔚云、王禹、张翔编:《宪法学参考资料》(上册),北京大学出版社 2003 年版,第 66 页。或如 1980 年 9 月 15 日下午,叶剑英主任委员在宪法修改委员会第一次全体会议暨宪法修改委员会成立大会上的讲话:"总之,现行的宪法已经不能很好地适应我国社会主义现代化建设的客观需要,立即着手对它进行全面的修改,是完全必要的"。参见许崇德:《中华人民共和国宪法史》,福建人民出版社 2003 年版,第 562 页。

〔2〕比如 1978 年《关于修改宪法的报告》便有如下内容:"……第四,这次修改宪法,根据新时期的总任务,对于巩固社会主义经济基础,高速地发展社会生产力,作了明确的规定。第五,实现新时期的总任务,不但需要有一个经济建设的高潮,而且需要有一个文化建设的高潮。宪法修改草案对这一点给予了充分的注意。大力发展教育事业,坚持'马克思主义在各个思想文化领域的领导地位'的规定和'百花齐放、百家争鸣'的方针。"参见叶剑英:《关于修改宪法的报告》,载《人民日报》1978 年 3 月 8 日版。

一、何以现代化之法历史中的中国现代化

(一)作为"史记宪法"的宪法《序言》

学界素有"宪法序言的历史叙事"一说。[1] 而身处《序言》第七自然段的"国家根本任务"也确有其承前启后并起承转合的史观和逻辑。本段四句,本句上接"我国将长期处于社会主义初级阶段",下牵"中国各族人民将继续在中国共产党领导下",在不断丰富和完善的科学社会主义理论的指导下,"把我国建设成为富强、民主、文明的社会主义国家"。而上句所言之"社会主义初级阶段",又论断于本段第一句之"中国新民主主义革命",及随之开始的"社会主义事业"建设。本段之后,相续阶级新况、祖国统一、统一战线、民族团结与外交国策,是以分述内外矛盾的形式要言国家任务得以完成的必要条件。本段之上,正是"中华人民共和国成立以后,我国社会逐步实现了由新民主主义到社会主义的过渡"。而远及中华人民共和国成立,甚至1840年以来,特别是20世纪以来"中国发生了翻天覆地的伟大历史变革",则可知在这个历史悠久的国家里,各族人民不仅仅创造了光辉灿烂的文化,更具光荣的革命传统。援引人民英雄纪念碑背面的碑文——"三年以来,在人民解放战争和人民革命中牺牲的人民英雄们永垂不朽;三十年以来,在人民解放战争和人民革命中牺牲的人民英雄们永垂不朽;由此上溯到一千八百四十年,从那时起,为了反对内外敌人,争取民族独立和人民自由幸福,在历次斗争中牺牲的人民英雄们永垂不朽"——可谓中国宪法乃是一部"史记"的宪法。它以独有的史叙证明了人民革命的历史正当性,证明了中华人民共和国的历史必要性,证明了中华民族未来延续的历史必然性。复《序言》结尾重提"国家根本任务",明示"本宪法以法律的形式确认了中国各族人民奋斗的成果,规定了国家的根本制度和根本任务,是国家的根本法,具有最高的法律效力"。诚如学者所言,"规范生成于现实,现实生成于历史","通过制定宪法来构建现代中国,就是中国宪制史的中心内容"。[2]

---

〔1〕 参见孟庆涛:《宪法序言的历史叙事》,载《理论月刊》2012年第7期。

〔2〕 高全喜:《中国宪制史要旨》,载《中国法律评论》2015年第4期。

然则记史的“技艺”亦有颇多可观之处:“由历史叙事过渡到基本政治经验的总结和对未来的规划,再以中国人民的口吻宣示了几个根本原则和理想。行文自然流畅,克服了直接宣示的生硬、突兀。”[1] 甚至正是这样一种“史记的宪法”,成为中国宪制、中国政制,乃至中国宪制的正当性基础。盖因“历史在我国宪法序言中被赋予论证宪法本身及由宪法所授权力的正当性、合法性的重要功能”。[2] 更何况作为“史记”宪法的宪法《序言》,更有一个《序言》本身作为一变迁历史的问题,而在《序言》之为“序言”并《宪法》之为“宪法”的价值论层面,充实着文字的历史理据,夯实着规范的历史根基。由此也可以说,作为“史记宪法”的宪法《序言》,其中存在一个《序言》内容上的“记史”维度和一个《序言》自身变动上的“史记”维度。前者主要承担“史记宪法”铭记与正名的功能,乃是“史记宪法”之铭记与正名的载体,是新的渊源、新的传统,甚或是所谓新的“道统”;[3] 后者要在肩负“宪法纪史”工作,乃是“史记宪法”之承前与启后的笔墨,必将成为新的史料、新的意义。二者动静交替、内外呼应、相互印证、交叠若干,同构并统合着中华人民共和国的历史叙事。而以 1982 年制宪为分水岭,《序言》中的“国家任务”又可分为“前 30 年”的全盘面修改,以及“后 30 年”的修正案修改(见表 1):

表 1 “国家任务”核心条目之历次版本

1954 年《宪法》	从中华人民共和国成立到社会主义社会建成,这是一个过渡时期。国家在过渡时期的总任务是逐步实现国家的社会主义工业化,逐步完成对农业、手工业和资本主义工商业的社会主义改造。
1975 年《宪法》	社会主义社会是一个相当长的历史阶段。在这个历史阶段中,始终存在着阶级、阶级矛盾和阶级斗争,存在着社会主义同资本主义两条道路的斗争,存在着资本主义复辟的危险性,存在着帝国主义、社会帝国主义进行颠覆和侵略的威胁。这些矛盾,只能靠无产阶级专政下继续革命的理论和实践来解决。

〔1〕 陈端洪:《论宪法作为国家的根本法与高级法》,载《中外法学》2008 年第 4 期。
〔2〕 谢维雁:《论宪法序言》,载《社会科学研究》2004 年第 5 期。
〔3〕 参见高全喜:《中国宪制史要旨》,载《中国法律评论》2015 年第 4 期。

续表

1978 年《宪法》	第一次无产阶级文化大革命的胜利结束,使我国社会主义革命和社会主义建设进入了新的发展时期。根据中国共产党在整个社会主义历史阶段的基本路线,全国人民在新时期的总任务是:坚持无产阶级专政下的继续革命,开展阶级斗争、生产斗争和科学实验三大革命运动,在本世纪内把我国建设成为农业、工业、国防和科学技术现代化的伟大的社会主义强国。
1982 年《宪法》	中国新民主主义革命的胜利和社会主义事业的成就,都是中国共产党领导中国各族人民,在马克思列宁主义、毛泽东思想的指引下,坚持真理,修正错误,战胜许多艰难险阻而取得的。今后国家的根本任务是集中力量进行社会主义现代化建设。
1993 年修正案	我国正处于社会主义初级阶段。国家的根本任务是,根据建设有中国特色社会主义的理念,集中力量进行社会主义现代化建设。
1999 年修正案	我国将长期处于社会主义初级阶段。国家的根本任务是,沿着建设有中国特色社会主义的道路,集中力量进行社会主义现代化建设。
2004 年修正案	我国将长期处于社会主义初级阶段。国家的根本任务是,沿着中国特色社会主义道路,集中力量进行社会主义现代化建设。

巡览"国家任务"核心条目的历次版本,[1]一则国家任务之前必有一历史阶段的自我界定,其"断代史"的叙史手法一如《序言》第二自然段至第六自然段的编年体例,足见记史方式上的用心良苦;又 1982 年《宪法》之后修改模式的重新选择,也可看出中国宪法之规范属性的凸显,以及对于立法科学化的追求。而这本身也已然成为一种历史,理应作为中国宪法变迁历史的一部分融入中国宪法史学的研究之中。也正因为这样一种已然成为一段完整历史的制宪并修宪的变迁,使尽管颇受后人诟病其内容的 1975 年《宪法》和 1978 年《宪法》,也不能完全因为其不合时宜而全盘尽弃。因为即使就内容而言,无论社会主义革命还是社会主义建设,1975 年《宪法》和 1978 年《宪法》都统合在一个"发展中

〔1〕 还有学者合 1949 年《共同纲领》第 1 条和第 3 条的规定为《共同纲领》中的国家目标和任务,即"为中国独立、民主、和平、统一和富强而奋斗,取消帝国主义特权,没收官僚资本,变封建半封建土地所有制为农民土地所有制,保护公私财产,变农业国为工业国"。参见蔡定剑:《宪法精解》,法律出版社 2006 年版,第 19 页。

的社会主义”名下,而成为社会主义之一个阶段、一个部分、一种方式。[1] 更为重要的是将其如实记录在案,而不是将其切割撇清,能够将社会主义的正反经验教训完整地保留下来,真正为后人保留下一个虽不完善但却完整的社会主义历史。则在一个有着“史笔如铁”、不讳成败的文史古国里,更有着一种“慎终追远、民德归厚”的传承意义。至于何以社会主义现代化?亦即为什么是社会主义的现代化这样一个前提?这种前提究竟是一种预设甚至假设,还是有着别的什么原因,便确实需要参考所谓的“宪制发生学”,[2] 深入考察宪法变迁背后的历史缘由来予以充分考量了。当然,这也未曾脱离“史记宪法”、宪法“史迹”的范畴。

(二)为什么是社会主义现代化?

现行宪法《序言》第七自然段:“国家的根本任务是,沿着中国特色社会主义道路,集中力量进行社会主义现代化建设。”“国家根本任务”本句有两个关键词,即社会主义和现代化建设。也可以说,国家的根本任务便是社会主义现代化,或者更准确地说,经过社会主义革命与建设数十年来经验教训的总结,我们的现代化必须是,也只能是中国特色的社会主义现代化。那么这里似乎,也确乎有一个前提性的问题,那就是何以社会主义,亦即为什么要社会主义,而不是别的什么主义。在我们的党政主流文宣当中,社会主义乃是历史的选择、人民的选择,但其实我们的宪法《序言》有着一个更为严谨的历史推论,即从《序言》第二自然段至第五自然段中华人民共和国之成立述事,曾经深受本国封建主义、官僚资本主义和外国帝国主义压迫的中国人民,在中国共产党的领导下,一步一步从半殖民地、半封建社会的历史泥沼当中爬了出来,站了起来。因此,用我们今天的话来讲,不能再走“封闭僵化的老路”和“改旗易帜的邪路”,而只能走社会主义的道路,走中国特色社会主义的道路。

---

〔1〕 即如有学者所列举之多项“八二宪法”条款,谓“这些实际上都是‘七五宪法’和‘七八宪法’的某些要素在‘八二宪法’中的残存”。“因此,‘八二宪法’不是对‘五四宪法’的简单回归,而是共同纲领、‘五四宪法’、‘七五宪法’和‘七八宪法’的选择性的历史叠加”。参见翟志勇:《八二宪法的复合结构》,载《环球法律评论》2012 年第 6 期。

〔2〕 作为高全喜教授政治宪法学中的一个核心概念,“宪制发生学”又常常与其所谓的“早期现代”一词连用,并认为“现时代的中国还处于一个转型社会,还处于一个从前现代到现代的历史转变阶段。因此,研究早期现代的法政经验,对我们今天致力于促进中国现代政制的良性转型具有重大的启发意义”。参见高全喜:《战争、革命与宪法》,载《华东政法大学学报》2011 年第 1 期。

对此,“五四宪法”宪草《报告》还有一个更为详尽,也更为深远的“历史经验的总结”:“我们提出的宪法草案,是中国人民一百多年以来英勇斗争的历史经验的总结,也是中国近代关于宪法问题和宪制运动的历史经验的总结”。[1]其历史节点可详化为晚清无能、外强入侵、甲午战败、康梁变法、同盟建会、预备立宪、辛亥革命、袁氏篡权、军阀混战、曹锟伪宪、十月革命、工运肇起、中共建党、联俄联共、改组国党、联合北伐、蒋氏背叛、内战大开、中华人民共和国成立。最后“长期的革命斗争证明,中国共产党指出的由新民主主义到社会主义的道路是惟一能够救中国的道路”。并认为一百多年革命与反革命的激烈斗争表现在国家制度上,便是“从清朝、北洋军阀,一直到蒋介石国民党所制造的伪宪”同“资产阶级民主共和国宪法”及“人民共和国宪法”三者之间的宪制斗争。而且人民共和国的宪法又只能是社会主义的宪法,而不能永远停留于新民主主义的宪法,如《共同纲领》。对此,以上所引之“五四宪法”草案报告当中也有其专门的说明:“或许有人想到一条维持现状的道路,即既不是资本主义的道路,也不是社会主义的道路,而是既有社会主义,又有资本主义,将我们现在所处的状态维持下去。……这究竟是否可能呢?社会主义和资本主义两种相反的生产关系,在一个国家里面互不干扰地平行发展,是不可能的。中国不变成社会主义国家,就要变成资本主义国家,要它不变,就是要使事物停止不动,这是绝对不可能的”。而如果“坚持要使中国走资本主义的道路,势必要同帝国主义国家联系起来,而帝国主义者却不会让中国成为独立的资本主义的国家,只会使中国成为帝国主义和封建买办阶级统治的殖民地”,“所以我国只有社会主义这条唯一的光明大道可走,而且不能不走,因为这是我国历史发展的必然规律”。[2]

---

〔1〕 刘少奇:《关于中华人民共和国宪法草案的报告》(1954 年 9 月 15 日在第一届全国人民代表大会第一次会议上的报告),载《宪法学参考资料》(上册),北京大学出版社 2003 年版,第 17 页。

〔2〕 刘少奇:《关于中华人民共和国宪法草案的报告》(1954 年 9 月 15 日在第一届全国人民代表大会第一次会议上的报告),载《宪法学参考资料》(上册),北京大学出版社 2003 年版,第 21 ~ 22 页。或如学者所论,“辛亥革命后,中国在形式上已经建立了共和体制,但对于建立一种什么样的共和体制,并未达成一致意见,因此,反对官僚资本主义的斗争实际上是对共和体制的定义权之争。今天看来,国共之争、中华民国与中华人民共和国之争,焦点并不是民族国家问题,双方对建立一个中华民族的民族国家没有分歧,所争的乃是中国到底应该建立一个什么样的共和国”。参见翟志勇:《宪法中的“中国”——对民族国家与人民共和国意象的解读》,载《文化纵横》2010 年第 6 期。

从新民主主义的《共同纲领》到 1954 年中华人民共和国第一部宪法,正是通过制定宪法的形式确立了社会主义。当然,尽管"真正推动中共制宪更直接的原因是斯大林向中共的建议",[1]就是说,从某种意义上说,正是斯大林的建议,才促成了社会主义在中华人民共和国的落实。但于"大历史"深处着眼,则社会主义之于中国而言,确乎有着不同寻常,甚至舍此无它的意义。应该说,社会主义是不同于以往任何政体内容的国家制度,是一种特殊的"国别体",这是社会主义的中国的历史意义、历史新意。它是社会主义的中华人民共和国能够屹立于世界民族国家之林的基础,更是社会主义的中华人民共和国能够挺立于中华民族历史长河之中的根据,是中华人民共和国这个新生的国家政权之所以存在的道义正当性。也就是说,因为反封建、反帝、反官僚资本,而与那个衰朽不堪的封建帝制相告别,也与那种强权横行的资本主义国家相区别;既要从封建的泥沼中爬出来,也要在列强的殖民下站起来,非此而难成一现代社会,非此亦难成一现代民族、现代国家。[2] 甚至辛亥革命之所以最终失败,正是因为"他们没有一个彻底的反对帝国主义和封建主义的纲领,没有广泛地发动和组织可以依靠的人民大众的力量,因此他们不能取得对于帝国主义和封建主义的彻底胜利"。[3] 而"中国人民在过去被人们讥笑为'一盘散沙'……革命使人民的意志和力量集中起来"。[4] 或者说,在这条通往独立自主的道路上,需能从内外两个方面做自己真正的主人,既要摆平敌人,更要摆平自己。但接下来的,也更为重要的是社会主义将如何继续、如何走、如何继续走的问题。这就必将进入一个"社会主义现代化"的问题视域。因为社会主义终究得是一个现代化的社会主义,即对于社会主义中国而言,其终极目标只能是,也必须是现代化的

---

〔1〕 蔡定剑:《宪法精解》,法律出版社 2006 年版,第 25 页。

〔2〕 对此,曾任"八二宪法"起草委员会副主任委员的彭真就曾经反问:"不破封建主义、不破资本主义,社会主义怎么立起来呀?"似可代表那一代中国领导人对于社会主义国体选择的一个思考的出发点。参见彭真:《关于学术讨论的几个问题(一九六五年九月二十三日)》,载《彭真文选》,人民出版社 1991 年版,第 355 页。

〔3〕 刘少奇:《关于中华人民共和国宪法草案的报告》(1954 年 9 月 15 日在第一届全国人民代表大会第一次会议上的报告),载《宪法学参考资料》(上册),北京大学出版社 2003 年版,第 18 页。

〔4〕 刘少奇:《关于中华人民共和国宪法草案的报告》(1954 年 9 月 15 日在第一届全国人民代表大会第一次会议上的报告),载《宪法学参考资料》(上册),北京大学出版社 2003 年版,第 28 页。

社会主义中国。或者说,如果社会主义是中国人民的唯一选项,那么,现代化又是社会主义中国的唯一出路。在"古今中外"这个问题上,最终必是"中外"之争融进"古今"之辨。[1] 而本文所聚焦的,当首先是"现代化"如何进入中国宪法的视野,也可以说,中国宪法中的"现代化"从何而来?

(三)宪法中的社会主义"现代化"从何而来?

现行宪法除规定"国家的根本任务是,沿着中国特色社会主义道路,集中力量进行社会主义现代化建设"以外,尚有"逐步实现工业、农业、国防和科学技术的现代化"一语,以此构成了一个指涉更为具体的社会主义现代化建设的主范畴。也可以说,"四个现代化"便是社会主义现代化建设事业的集中代表。而巡览"四个现代化"入宪的来由,则会发现其重入中国社会的视野乃为"拨乱反正"、重开乾坤之根本义举和根本依据。1982 年 9 月 1 日,中国共产党第十二次全国代表大会召开,邓小平致开幕词并宣布大会主要议程三项,第一项便是"审议第十一届中央委员会的报告,确定党为全面开创社会主义现代化建设新局面而奋斗的纲领"。[2] 随后大会报告更是以《全面开创社会主义现代化建设的新局面》为题,指出"这次代表大会的使命,就是要通过对过去六年历史性胜利的总结,为进一步肃清十年内乱所遗留的消极后果,全面开创社会主义现代化建设的新局面,确定继续前进的正确道路、战略步骤和方针政策"。中国共产党在新的历史时期的总任务则是"团结全国各族人民,自力更生,艰苦奋斗,逐步实现工业、农业、国防和科学技术现代化,把我国建设成为高度文明、高度民主的社会主义国家"。[3] 而其作为党和国家根本任务的社会主义现代化建设,自此已经过一段长时间的思考。例如,"我们当前以及今后相当长一个历史时期的

---

〔1〕 近代中国的历史也确实如此,对于中国来说,鸦片战争以及一系列对外战争,"其根本的意义是通过外部刺激,激发了中国的古今之变,即战争为中国打开了一个建立现代中国的道路。尽管这个道路历经曲折、饱受屈辱,但毕竟为现代中国的构建扫清了障碍"。"即从中西之战占据主导演变为古今之战占据主导。"参见高全喜:《战争、革命与宪法》,载《华东政法大学学报》2011 年第 1 期。

〔2〕 邓小平:《中国共产党第十二次全国代表大会开幕词》(一九八二年九月一日),载《邓小平文选》(第 3 卷),人民出版社 1994 年版,第 1 页。

〔3〕 许崇德:《中华人民共和国宪法史》,福建人民出版社 2003 年版,第 556 页。

主要任务是什么？一句话,就是搞现代化建设。能否实现四个现代化,决定着我们国家的命运、民族的命运。……社会主义现代化建设是我们当前最大的政治,因为它代表着人民的最大的利益、最根本的利益。"[1]而"这是我国历史上的一个伟大的转折"。[2]《解放思想,实事求是,团结一致向前看》更是将实现四个现代化比喻为"一场深刻的伟大的革命"。[3] 因为"社会主义制度优越性的根本表现,就是能够允许社会生产力以旧社会所没有的速度迅速发展,使人民不断增长的物质文化生活需要能够逐步得到满足。……如果在一个很长的历史时期内,社会主义国家生产力发展的速度比资本主义国家慢,还谈什么优越性？"[4]入宪之后的"社会主义现代化建设"更强调到无以复加:"我们的政治路线,是把四个现代化建设作为重点,坚持发展生产力,始终扭住这个根本环节不放松,除非打起世界战争。即使打世界战争,打完了还搞建设。"[5]

实际上,无论于时于势还是于"左"和"右",甚至无论历史、当下与将来,社会主义现代化建设恰恰都是一个最具"中道",因而最具"正道"的国家伦理。因为在社会主义现代化建设这一点上,邓小平理论和毛泽东思想是高度一致的,"后 30 年"和"前 30 年"之间是一以贯之的,甚至"这 60 年"与"那 100 多年"之间也是一脉相承的。因为这 100 多年来的改良、革命、建设,乃至运动和改革,无非都是要使中国这个曾经的文明古国重新焕发生机和力量,无非都是要使中国这个自完全封建到半封建半殖民的边缘大国重新觉醒并崛起。就此

---

〔1〕 邓小平:《坚持四项基本原则》(一九七九年三月三十日),载《邓小平文选》(第 2 卷),人民出版社 1994 年版,第 162 ~ 163 页。

〔2〕 邓小平:《坚持四项基本原则》(一九七九年三月三十日),载《邓小平文选》(第 2 卷),人民出版社 1994 年版,第 159 页。

〔3〕 邓小平:《解放思想,实事求是,团结一致向前看》(一九七八年十二月十三日),载《邓小平文选》(第 2 卷),人民出版社 1994 年版,第 152 页。

〔4〕 邓小平:《高举毛泽东思想旗帜,坚持实事求是的原则》(一九七八年九月十六日),载《邓小平文选》(第 2 卷),人民出版社 1994 年版,第 128 页。

〔5〕 邓小平:《建设有中国特色的社会主义》(一九八四年六月三十日),载《邓小平文选》(第 3 卷),人民出版社 1994 年版,第 64 页。

而言,革命本身也正是中国现代化的一部分,甚至是一个重要的部分。[1] 中国现代化在血与火的革命当中成长,在血与火的革命当中淬炼。在"将革命进行到底"的历史指涉当中,不仅仅是要将即刻的胜利进行到底,也不仅仅是要对即刻的敌人革命到底。而是在实现整个中华民族伟大复兴这条道路上,虽然"几千年以来的封建压迫,一百年以来的帝国主义压迫,将在我们的奋斗中彻底地推翻掉",[2]但"夺取全国胜利,这只是万里长征走完了第一步",还须在物质和精神、国家与公民的双向维度上,持续不断地双重脱贫、脱困。遂从"工业化"到"建设现代化工业国"、从"完整的工业体系"到"独立的国民经济体系"、从"四化"概念的提出到完整表述、从设想"两步走"和捍卫"四化"的坚韧斗争,到"四

---

〔1〕 关于革命正当性的塑造,亦可以参见高全喜:《战争、革命与宪法》,载《华东政法大学学报》2011年第1期。甚至,革命本身也是宪法的一部分。因为"回顾中国近代以来之历史,可以发现在宪法问题上有一个比较奇特的现象,那就是每部宪法背后都存有'革命'的推动力"。参见孟庆涛:《革命与秩序——以中国1975年宪法为例》,西南政法大学2005年硕士学位论文,引论。而有关宪法文辞上的革命释义,则有所谓推翻"三座大山"乃中华人民共和国立宪与立国的基石和出发点的说法。例如,"推翻三座大山不是简单的革命宣传口号,而是对新民主主义革命作出的最为精当的理论概括,以至于推翻三座大山具有一种无可比拟的言语力量,激发起国人的革命热情:反抗帝国主义是一场民族/国家革命,目标是实现领土完整和主权独立;反抗封建主义是一场社会革命,目标不仅仅是平均地权,同时还要彻底摧毁传统社会结构,与旧中国彻底决裂,反抗官僚资本主义是一场政治革命,是国共两党争夺统治权的斗争。民族/国家革命、社会革命和政治革命的联袂登场,牵涉古今中西不同层面上的诸多问题,可谓三千年未有之大变局,注定了近代中国革命的极端复杂性,所谓牵一发而动全身,这种复杂性是理解近代中国革命、立宪与建国的基础性框架"。且"中国的全面革命不同于英、美、法、俄等国的革命。英国的光荣革命仅仅是统治权之争,是一场政治革命,基本上无涉主权问题和社会问题;美国革命是一场殖民地脱离宗主国的分离运动,类似于一场民族/国家革命,但基本上无涉社会革命和政治革命;法国革命和俄国革命类似于中国革命,涉及社会革命和政治革命,但其深度和广度都不及中国,而且两个国家都不涉及严重的民族/国家革命问题。因此,无论将中国革命视为第三世界的民族解放革命,还是视为一种农民/共产主义革命,都不足以概括中国革命的复杂性"。参见翟志勇:《新中国宪法序言中的革命叙事》,载《二十一世纪》2012年第3期。

〔2〕 毛泽东:《将革命进行到底》,载《人民日报》1949年1月1日版。实际上,宪法文本本身已然清楚地"证明"了这一段近代革命历史的光荣。例如,自宪法"序言"第二段至第五段,"在这个依次否定的过程中,我们再次看到了'革命'这个关键词,这170年的政治与社会变迁,正是靠着革命叙事串联起来的,这就解释了为什么第一段将'光荣的革命传统'与'光辉灿烂的文化'并举"。参见翟志勇:《宪法中的"中国"——对民族国家与人民共和国意象的解读》,载《文化纵横》2010年第6期。

个现代化"战略目标在新生社会主义国家的首次成型;[1]此后再从十一届三中全会后到"十四大"前,由"四个现代化"到中国式全面现代化目标的提出;从"十四大"到"十六大"前,确定以社会全面进步协调发展为现代化目标;再从"十六大"至今,确定并最终写入宪法的富强、民主、文明与和谐的"四位一体",[2]以经济现代化为主体,以制度和文明现代化为辅翼的社会主义现代化便自始未曾中止过。而前以国家工业化及人的全面改造为目标,后以现代国家治理能力与人的全面发展为新旨的国、民双重现代化也自始未尝终止过,甚至如"建国之后的朝鲜战争、中苏冲突可谓民族/国家革命的延续;土改、'破四旧'可谓社会革命的延续;反右、'文革'可谓政治革命的延续"。[3] 其中那些对于如何社会主义及如何社会主义现代化的错误知行,至少也在反向的角色和意义上为依然行进着的社会主义现代化提供着反面的参照与边界,并由此"相反相成"地成就着中国特色社会主义的现代化。

二、何谓现代化之法哲学中的中国现代化

(一)新旧关系的哲学表述

"从现代性的视角来看,宪法序言所隐含的以现代史形态展现的历史和哲学基础,实际上正是中国现代性问题的一个表现。"[4]诚如上文所言之极具中国特色的"史记宪法",而以此定性我国宪法"序言"的经验论意义,可谓允当恰切。而对更具本体论意义上的法哲学的析读,则不仅有助于辅证现代化的中国经验,也能在视域延展的过程当中,镜鉴经验中国的现代化探索。更遑论在我国宪法当中,尚有"辩证唯物主义和历史唯物主义"哲学观的直接植入。则深思

---

〔1〕 参见陈答才:《论周恩来对中国现代化理论与实践的贡献》,载《陕西师范大学学报》(哲学社会科学版)2011 年第 4 期。论以周恩来为代表的中国共产党第一代领导集体对中国现代化理论及实践的贡献,还可参见陈雪薇:《周恩来对中国社会主义建设道路的探索》,载《中共中央党校学报》1998 年第 1 期;曹应旺:《周恩来的四个现代化思想研究》,载《当代中国史研究》1996 年第 1 期;韩亚光:《周恩来与四个现代化目标的提出》,载《当代中国史研究》2006 年第 1 期。

〔2〕 汪小宁:《论中国现代化战略目标的演进路径》,载《求索》2012 年第 3 期。

〔3〕 翟志勇:《新中国宪法序言中的革命叙事》,载《二十一世纪》2012 年第 3 期。

〔4〕 孟庆涛:《宪法序言的历史叙事》,载《理论月刊》2012 年第 7 期。

有关中国现代化的法哲学原理便可以且必要。兹引用以下文字,助以理解中国宪法变迁之中那些有关现代化诉求的起伏变奏:

"把辩证唯物主义的过程论思想贯彻到底,就要坚持新陈代谢是宇宙间普遍的永远不可抵抗的规律。一切过程的总的方向和基本趋势是新事物的产生与旧事物的灭亡。所谓新事物,是指合乎历史发展总趋势的、进步的、必然向前发展的、具有远大前途的东西。旧事物则是历史发展过程中逐渐丧失其存在必然性的、日趋灭亡的东西。新事物必然取代旧事物,是由新旧事物的本质特点和事物发展的辩证本性所决定的:第一,新事物符合历史的前进方向,适合于它存在的历史条件。对于旧事物来说,新事物既是促使其灭亡的因素,又是其赖以存在的因素。新事物必然克服旧事物,而旧事物却无法克服、无法消除新事物。第二,新事物是在旧事物的'母胎'中孕育成熟的,它否定了旧事物中消极的、过时的、腐朽的东西,却吸取、继承了旧事物中积极的、仍然适合新的历史条件的东西,并且添加了一些为旧事物所不能容纳的新东西,因而它在内容上比旧事物丰富,在形态上比旧事物高级和复杂,具有旧事物所不可比拟的优越性和强大的生命力。第三,在社会历史领域内,新事物是社会上先进的、富有创造力的人们创造性活动的产物,它从根本上符合绝大多数人民的利益,反映着社会生活进步发展的要求,因此最终能够得到绝大多数人、特别是有远大前途的先进社会势力的支持,为社会生活演进的进程所肯定。"〔1〕

尽管对于"现代化范式"的特别指称与由此而来的专门批判已为前人所详论,即如邓正来教授乃以"现代化范式"特指"西方现代化范式",而警惕并批判中国知识界早已自被动而主动地接受、承认进而推进的"中国之西方现代化"。〔2〕但若暂且搁置现代化的"中西之争",则现代与古代之"今古之别"并贯穿二者之间的新旧逻辑,反倒并不是个问题。因此,摘选哲学原理中的新旧伦理,用以注解"现代"的概念,尚无显著争鸣因而不妥之处。当然,我们尽可以将此理解为一种所谓的政治的"背书",确切地讲,是中国共产党的政治的"背

---

〔1〕 肖前:《马克思主义哲学原理》(上册),中国人民大学出版社 1994 年版,第 161 页。

〔2〕 参见邓正来:《中国法学向何处去——构建"中国法律理想图景"时代的论纲》,商务印书馆 2006 年版,第 98 ~ 107 页。

书”,但作为党领导下的革命与建设,其理论上的哲学抽象正是“备注”中国现代化,或说正是“备注”现代化中国的实质性伦理与主体性认知。然则反观现代化的中国历史,则强调“新陈代谢是宇宙间普遍的永远不可抵抗的规律”“一切过程的总的方向和基本趋势是新事物的产生与旧事物的灭亡”“新事物必然取代旧事物”“新事物必然克服旧事物”,进而非新即旧、立新必须破旧的社会实践却往往盖过,甚至抛弃新生于旧、熔新铸旧这样的原初义理。或者说单单只提“唯物辩证法所揭示的事物的前进发展,实质上就是新事物战胜旧事物。只有新事物反对旧事物的斗争,才能推动事物的前进,与此相反的斗争则正是阻碍事物前进的力量”这样的斗争哲学。[1] 又或单单只将矛盾的同一性锁定在有条件的相对,而将矛盾的斗争性归义为无条件的绝对,[2] 继而造成新旧事物之间非此即彼的不可调和。

本来,关于运动、变化、发展的马克思主义哲学义理乃是经由列宁参酌黑格尔而传入中国,其说“黑格尔在谈到概念的否定之否定过程时说:它从简单的规定性开始,继之而来的规定性就愈益丰富、愈益具体。因为结果包含着自己的开端,而开端的进程用新的规定性丰富了结果”。“它不仅没有因为自己的辩证的前进而丧失什么,也没有丢下什么,而且还带上一切收获,使自身不断丰富和充实起来”。[3] 而考诸黑格尔本人著作,其理义大要更可谓一脉相传:

“这种前进是这样规定自身的,即它从单纯的规定性开始,而后继的总是愈加丰富和愈加具体。因为结果包含它的开端,而开端的过程以新的规定性丰富了结果。……普遍的东西在以后规定的每一阶段,都提高了它以前的全部内容,它不仅没有因它的辩证的前进而失去什么,丢下什么,而且还带着一切收获和自己一起,使自身更丰富、更密实。”[4]

当然,尽管原旨于此,但我仍然坚持革命,乃至彻底的革命有它历史的合理之处,盖因彼时若不彻底的革命,则中国仍旧不能从自己的历史隧道当中爬摸

---

〔1〕 参见肖前:《马克思主义哲学原理》(上册),中国人民大学出版社 1994 年版,第 247 页。

〔2〕 例如,“有条件的相对的同一性和无条件的绝对的斗争性相结合,构成了一切事物的矛盾运动”。参见《毛泽东选集》,人民出版社 1991 年版,第 333 页。

〔3〕 《列宁全集》(第 55 卷),人民出版社 2017 年版,第 199 ~ 200 页。

〔4〕 [德]黑格尔:《逻辑学》(下卷),杨一之译,商务印书馆 1976 年版,第 551 页。

出来。而中国人,即使如胡适之一般的所谓"新文化运动"领袖,"骨子里实在是位理学家"。[1] 或仍旧不过如蒋介石一般,仍将"四维八德"的"礼义廉耻""忠孝仁爱信义和平"奉为一个现代的中国人立身处世的圭臬,即仍旧不过是在宋明理学、陆王心学的"宇宙即我心,我心即宇宙"当中操练所谓的人心和天理,仍旧只是在那一套"推心置腹"当中去读来读去、揣来度去地"螺蛳壳里做道场"。本质上仍旧只是在所谓的德治,或者说是在礼治当中去人治、去治人,亦即仍旧是个换汤不换药的国家与国民。而我更钦服的是"把改革当作一种革命"、[2]"改革是中国的第二次革命";[3] 是改革改革、改字当头、改自有革;是"胆子要大,步子要稳,走一步,看一步",且改革开放,"改革需要继续开放"。[4] 由此而将变革的目的合于开放的精神之中。亦在坚持变革的现代化诉求当中保持"政统"秩序的稳定性,或在保持"政统"秩序的稳定性当下坚定现代化变革的持续性。并在对内改革与对外开放的"摸着石头过河"中,打磨着理想与现实和事实与规范间的契合。

(二)"名实之辨"的"中国特色"

其实,有关革命与改革的逻辑关系,更不妨以中国传统哲学的"名实关系"

---

[1] 唐德刚:《胡适口述自传》,广西师范大学出版社 2005 年版,第 261 页。

[2] 邓小平:《我们把改革当作一种革命》(一九八四年十月十日),载《邓小平文选》(第 3 卷),人民出版社 1994 年版,第 81~82 页。

[3] 邓小平:《改革是中国的第二次革命》(一九八五年三月二十八日),载《邓小平文选》(第 3 卷),人民出版社 1994 年版,第 113~114 页。

[4] 邓小平:《改革是中国的第二次革命》(一九八五年三月二十八日),载《邓小平文选》(第 3 卷),人民出版社 1994 年版,第 113 页。又说有"两个开放,即对外开放和对内开放,这个政策不会变,我们现在进行的改革是两个开放政策的继续和发展"。许崇德老先生也认为,1982 年宪法亦是"根据改革开放已经全面展开的事实,规定了今后国家的根本任务是集中力量进行社会主义现代化建设。而在"1993 年宪法修正案"当中,更是在"坚持社会主义道路"之后增写"坚持改革开放"。参见许崇德:《中华人民共和国宪法史》,福建人民出版社 2003 年版,第 856 页。是所以今日之中国,改革与开放本就互为前提与基础,不可须臾相分离,甚至在我看来,无开放之策便难成改革之功,无开放之实更难有改革之果。古往今来并不乏"改革"运动,然则 40 年前开启的这一幕社会主义现代化建设,何以要名之以"改革开放"、改革并开放?至少从改革开放总设计师的初衷来看,开放之于改革,开放之于社会主义现代化建设,实有其举足轻重的关键性作用。就此而言,开放亦应是"八二宪制"的重要伦理。

看待之,〔1〕亦即也可以说,改革改革、改字当头,是以改带革。恰恰是将变革、变动持续下来、坚持下去,将改革、变革的国策稳定下来。而其关键之处便是这个"名存实亡",甚至是对这个"名存实亡"的反用。由此也可以说是"以名固实""以名正实","正"这个要持续改革、变革的实质,"正"这个必须"持续"推进、坚持推进中国现代化的实质。是所以"白猫黑猫,捉得住老鼠的就是好猫"。回到中国的现代化,比如上引邓正来所说的中国法制的现代化,实则又极易与"西方现代化范式"的"现代化"混为一谈,而在自觉不自觉的"以名乱实"的"名存实亡"之间逐渐丢失中国现代化的"中国"主体性。〔2〕 当然,邓正来的批判主要集中于学术理论界,而在持守中国主体性的方面,制度实践者确实是在久久为功,而不曾稍有停滞。远有 1956 年《论十大关系》的提出,以至于渐次主动区别于

〔1〕 作为名家最为著名的典故,"白马非马"的思想史意义在于,正因为"白马非马"能够予以证立,方才有了观念史上的"一生二,二生三,三生万物"。即正是因为有了"白马非马"这一"名"的成立,这一"名"的独立,方才有了"白马"作为"白马",而非"马"之独立意义。比如,作为佛教中国化之标程意义的"白马驮经",乃经由一匹或为偶然事件的"白马",而使得"白马驮经"这一特殊之"名"成为佛教中国化,乃至整个佛教发展史上极具里程碑意义的事件,成为一个对于中国佛教而言"开天辟地"的事件,成为一个开立一种新型佛教之"果实"的"名头"、"名号"与"名义"。笔者曾西游洛阳白马寺并口占四句:白马本非马,此经是真经,驮来指大乘,东土即心明,其首寓中国化了的佛法虽非印度佛教之本法本意,然则经由中国化之后大乘佛教得以于中国深根固蒂、散叶开枝,并能辅弼名教、宏化众生,其所言所述之"经"并所耕所耘之"行"便足为"真经"、实行。这便是"名存实亡",进而以名继实,及至以名创实、以名立实的"名"的意义。便是以名立实能够为后世人文观念的传承与拓展,开立、开辟出一条"有名,万物之母"的文明,或可谓"文名"的道路。亦是弟子问"卫君待子而为政,子将奚先?"而孔子对之以"必也正乎名"的微言大义。

〔2〕 其言"中国法学之所以无力为评价、批判和指引中国法制/法律发展提供一幅作为理论判准和方向的'中国法律理想图景',进而无力引领中国法制/法律朝向一种可欲的方向发展,实是因为中国法学深受着一种我所谓的西方'现代化范式'的支配,而这种'范式'不仅间接地为中国法制/法律发展提供了一幅'西方法律理想图景',而且还致使中国法学论者意识不到他们所提供的并不是中国自己的'法律理想图景'"。邓正来:《中国法学向何处去——构建"中国法律理想图景"时代的论纲》,商务印书馆 2006 年版,第 3 页。而其问题又有大致相同之处:"第一,把西方国家发展过程中的问题及西方理论旨在回答的问题虚构为中国自己发展进程中的问题;第二,把西方论者迈入现代社会以后所抽象概括出来的种种现代性因素倒果为因地视作中国推进和实现现代化的前提性条件;第三,把中国传统视为中国向现代社会转型的基本障碍而进行整体性的批判和否定;第四,忽略对西方因其发展的自生自发性而不构成问题但对示范压力下的中国发展却构成问题的问题进行认真且仔细的研究;第五,在西方的理论和观念未经分析和批判以及理论预设未经中国经验验证的情况下就把它们视作当然,进而对中国的种种问题做非彼即此的判断;等等。"参见邓正来:《中国法学向何处去——构建"中国法律理想图景"时代的论纲》,商务印书馆 2006 年版,第 87 ~ 88 页。

苏式社会主义发展模式，而如学者所论，"如果毛泽东在他那个时代照搬照抄苏联，搞高度集权的计划经济，搞深度倾斜的工业化国家，那就不可能为邓小平主政之下的中国保留下充满活力的底层经济自由体"。[1] 近如 1982 年立宪后的历次修宪，便将"中国特色社会主义"置于"国家根本任务"当中至今，而再未有过半点的动摇。是以"中国特色社会主义"之"知"，并"集中力量进行社会主义现代化建设"之"行"，而合于"国家根本任务"之"理"。实际上，"中国特色社会主义"及"社会主义现代化建设"之于宪法中的"国家根本任务"，实为"一体"之"两用"。

其实"历史地看，现行宪法的实践与中国特色社会主义理论的发展有着密不可分的内在联系。中国特色社会主义概念的提出开启了改革开放的大幕，随之出台的现行宪法则是对这一新的历史开始的法理确认和法制记录"；而论"中国特色社会主义"的政法意义，则"作为马克思主义中国化新的时代产物，中国特色社会主义既坚持了社会主义政法制度的主体独立性，更开拓实践了中国特色的理论和制度创生道路；既与西方宪制模式划清了界限，也彻底挥别了唯一社会主义的教条义理"。[2] 甚至"中国特色社会主义"更具"名副其实"的"改制"意义。所谓"周虽旧邦，其命维新"，其文义在于，尽管周朝是一个承袭了以往国家主权、领土、人民与文化传统的旧邦，但它有自己新的使命、新的命制（制度）、新的命名，以及新的治国理念与治国逻辑。中国，"旧邦"无疑；但其使命、命制又总能"苟日新，日日新，又日新"，也必然并必须"苟日新，日日新，又日新"，否则便无法适存于精神与物质、意识与存在、观念与现实的历史命理之中。所以说"中国特色社会主义"的命制又是"新命"的代表，它高高举起一个历史意义的中国，同时又将它轻轻放落在当下国体之上，并以"特色"二字统合特色的中国与特色的社会主义，这一国家与国体两造，既在主体性的认知上面坚贞自守，也在发展论的调适上面不断养修。你既可以说它是"古内圣

〔1〕 甘阳：《通三统》，生活·读书·新知三联书店 2007 年版，第 23 ~ 38 页。

〔2〕 杨凡：《中国特色社会主义理论下的宪法实践》，载《天津法学》2015 年第 4 期。

开出新外王",[1]你也可以说它是对中国优秀传统文化的继承和弘扬。例如,"文化中国在当下的政治表现"。[2] 实际上是对传统政治文化的一种"自我扬弃"。与此同时,中国特色社会主义理论还是一个有着巨大理论与制度开放性的概念。我们立足于社会主义,同时更注意"拿来"人类社会一切优秀文明和制度成果。这便是"特色"二字的精髓,也是"改革开放",即中国的改革需要开放的一种政治哲学含义。在此意义上,我认为"八二宪法"的开放精神更值得高度关注和深度开掘。

当然需要强调的是,作为"马克思主义中国化"的当代成果,"中国特色社会主义"既是改革开放的理论产物,也是改革开放的理论总结;既以一种"新名"定义着当下中国的一种"新命",实际上也是在以这种"新命"延续着社会主义同样也在、也须不断运动、变化、发展、前进的"常理"。总而言之,它直接统合地辩证于"前30年"的革命与建设,并自觉坚持和矫正"前30年"的经验与教训。正

---

〔1〕 借港台新儒家所谓"老内圣开出新外王"一说而来。牟宗三先生在其《政道与治道》一书中写道:"儒教要与现代政治哲学接通,必须在内圣外王这一传统范畴内进行局部改造;改造的关键是让内圣自我坎陷,让外王从'内圣主观功能运用地想'转为'客观制度之架构地想';外王由此转弯,平面铺开,形成政道与治道的'对待之局';原儒天下为公的托古理想,通过内圣坎陷、外王转弯、政道与治道呈对待之局这三步'人工的曲折',演成一个世俗化、非道德化的现代模式;只有这样,老内圣开出新外王,儒教完成局部观念的改造工程,上可续原儒之原旨,下可接现代政治之民主模式,中国政治文化的现代化方是护本有望,亦是改造有望了!"参见牟宗三:《政道与治道》,吉林出版集团有限责任公司2010年版,第38页。其本意在于以古圣贤的情怀与修养熔铸现代民主与科学的理念与精神,在儒家仁仁的旧邦故土之上,构建起现代公民的美德与现代政治的伦理,并结出实实在在的良政果实。本文虽无意探讨个人成贤作圣的内圣修为和推己及人的外王事功,也无意深究内圣、外王之间如何天心默运、"推手"共治这一类本质上仍然属于内圣范畴的存养功夫。但借此"新老"之"名",寓意中国古今政制之新旧逻辑,而仅将"老内圣"唤作"古内圣",以示"不薄古人厚今人"的人伦义理。

〔2〕 参见钱锦宇:《宪法序言、国家梦想与政制建构——"中国梦"的宪法学阐释》,载《法学论坛》2013年第4期。因为"国家不仅仅是政治法律共同体,同时也是历史文化共同体,作为政治法律共同体,国家可以更迭,呈现为代际性,但作为历史文化共同体,国家必须而且只能是连续性的。历史文化共同体是政治法律共同体的母体,而后者是前者的当下存在,两者互相依存,共同构筑了国家的完整面相。任何一个国家必然同时展现出这两种面相、两种属性,中国尤其如此"。翟志勇:《宪法中的"中国"——对民族国家与人民共和国意象的解读》,载《文化纵横》2010年第6期。

如前引所示,其实"改革的动力早在原体制内部就产生了"。[1] 而回观"前30年"的中国宪制实践,"摸着石头过河"的改革义理其实也早已长存其间。如前所引,从"工业化"到"建设现代化工业国";从"完整的工业体系"到"独立的国民经济体系";从"四化"概念的提出到完整表述;从设想"两步走"和捍卫"四化"的坚韧斗争,到"四个现代化"战略目标在新生社会主义国家的首次成型;对它们的规范与确认,"五四宪法"和"七八宪法"都未曾缺席过。此正是社会主义发展阶段之不断定义与调适,之于左右宪法当中"国家任务"之不断定义与调适的意义所在。由是可知,在改革开放的"以名立实"之前,"名副其实"政经努力也未曾有过半点的懈怠。也由此可知,在"前30年"与"后30年"之间,亦确乎存在"同出而异名"、殊途并同归的宪制哲学义理。而在我看来,打通这种义理,不独对于政治上的"前30年""后30年",且对于宪制上的"前30年""后30年",也同样有着辩证统一的法哲学意义。因为作为立国、建国之最高并最基本的规则与秩序,宪法不仅需要统合一个文本中的多元价值,同样还需要统合整个实践中的动态纠葛;不仅需要统合一个单一平面时空下的多元矛盾,更需统合一个纵深历史视域下的新老问题。这样的宪法并这样的宪制和宪治才不是僵化僵死、本本教条的学问。总之,援以中国哲学中的"名实"义理,我们确乎也能够看到前引黑格尔所谓的"带着收获而前进的提高和丰富",以及马哲原理教科书当中所说的那种"新孕于旧并又去旧容新"的辩证统一,其实毋宁是一种统一的辩证。或者我更愿意将其理解为是一种统一之下的辩证。实际上,对于今天的中国而言,所谓"辩证统一","统一"远较"辩证"更具时代的必要性。在秩序初步形成之下的中国,更需要"一心一意搞建设,全心全意谋发展",更需要一种"统一"而不是"辩立"的政治哲学观。当然,作为"辩证"方面的一个宪制证据,"国家任务"在1982年宪法之后的彻底稳定,实在也是对某些学者所谓"终

---

〔1〕 周其仁:《产权与制度变迁——中国改革的经验研究》,北京大学出版社2004年版,第6页。相反意见如诺奖获得者科斯等人,认为"中国市场体制改革起源"于所谓的"四个边缘革命",即农村的包产到户、城市的个体工商业、乡镇企业和经济特区。"它们都在政府掌控的范围之外爆发。四种革命中的主角均来自社会主义中的边缘";因为"20世纪80年代中国市场化经济转型主要是由非国营经济引导的,而国家引导的改革开放并没有成功拯救失去活力的国营经济。"参见[英]哈罗德·哈里·科斯、王宁:《变革中国:市场经济的中国道路》,徐尧、李哲明译,中信出版社2013年版,第74~75页、第213页。

结革命与去革命化”之作为现行宪法历史价值之一的一个有力支持。[1]

(三)“执两用中”的“中国”义理

笔者亦曾就“中西宪制”及“今古宪制”(儒家宪制)之争而引“中国特色社会主义”之“名”来重新思考“何以中国”的义理。[2] 谓持以“改革开放”的“开放”义理,则“实事求是的看待中国特色社会主义宪制,才能解放思想地理解中国特色社会主义的民主政治,也才能够理解中国之‘中’,乃执‘姓社’与‘姓资’之两,而用乎于人间正道之‘中’”。是所以“中国特色社会主义宪制”之“名”当“名副其实”于中国特色社会主义的民主政治实践。或说“中国特色社会主义理论下的宪法实践有着社会主义法治实践的鲜明色彩,其所走过的历史过程本身,就已然与西方宪制道路与宪制模式大相径庭。而其中所积累下来的经验、所催生出来的问题也已然成为中国特色社会主义实践的一个重要组成部分。由此,论中国特色社会主义宪制的存在与意义当不言自明”。而“对于第二个问题,我的回答是:中国特色社会主义就是今日中国之儒家,中国特色社会主义宪制才是今日中国之儒家宪制。舍此,不会也不该再有其他任何形式的儒家宪制”。“也正因如此,我们才能真正领会现行宪法开篇第一句话:‘中国是世界上历史最悠久的国家之一。中国各族人民共同创造了光辉灿烂的文化,具有光荣的革命传统’。”而特别针对台湾国民党以“道统”绑架“法统”、“政统”,乃至“正统”的行为,我亦特言:“需知传统不是‘铁桶’,更不是随意操之己手以为斗争工具的意识形态;模范不是‘模具’,更不是看死几个圣人便可作自我标榜的偶像泥胎。传统的延续不是依靠某些人,而是依靠广大多数的人。传统的生命力也不仅仅只存在于某些个体的生命当中,而是根植于广大多数人民群众的精神需求深处。传统从来不是某位或某些圣贤的家事。但能以实事求是的言行‘直道而行’于人民的事业,便与儒家坦坦荡荡的‘直道’精神分毫不差。不需要,也不应该另起炉灶。中国之‘国’,乃合历史于当下之‘国’”。

---

[1] 通过宪法“终结革命与去革命化”,乃是政治宪法学学者高全喜教授的一个重要而“抢眼”的学术知见,并阐述于多处研究论作之中。参见高全喜:《革命、改革与宪制:“八二宪法”及其演进逻辑——一种政治宪法学的解读》,载《中外法学》2012年第5期。

[2] 参见杨凡:《中国特色社会主义理论下的宪法实践》,载《天津法学》2015年第4期。

实际上这里开出了两种思考逻辑,即作为研究对象的思考逻辑和作为方法论的思考逻辑,只是前者存于后者当中,或谓后者之作为前者的载体。对于前者,即对“何谓中国”的解读,其实也是理解本文“国家任务”的根本前提。循以上文所谓“合历史于当下之‘国’”,可谓“国家任务”的宪制变迁更逐渐回归到一种务实稳健的文本措辞,并因此遵循着一种稳定的调适,或者说稳重的变动的义理。也就是说,从“九三宪法修正案”开始,从“我国正处于社会主义初级阶段”到“我国将长期处于社会主义初级阶段”,我们开始对社会主义的发展有了一个日趋稳健而务实的定义。而不复昨日那般,将社会主义,进而将社会主义中国的“国家任务”置于一种随时革命并随时革命性的知行之中。使“实事求是”的政经哲学真正得以在国家宪法的层面找到了最为恰当的表达方式;亦由此将“拨乱反正”的政经智慧以一种国家发展观的光明表述昭彰于国家拱顶之上。甚至通过1999年及2004年修正案,而将这种政经哲学并智慧彻底地稳固下来,稳固下改革开放的宪制成果,亦稳固下改革开放本身这样一条政经智略。而循以上文所谓“用乎于人间正道之‘中’”,则可谓“国家任务”的宪制定义亦始终追寻着一条“人间”的道路,并大致可以分为“人民”与“公民”两种思路并两个阶段。前者有如“人民共和国”的建立,及“以人民的名义”所定名并定立的“为人民服务”的国家机构,甚至独具中国特色的宪法《总纲》条目。它是团结军民、重铸国家的需要;〔1〕更是凝聚共识、开拓未来的必要。它集中反映了社会主义国家宪法之集体主义属性。〔2〕后者则谓人权入宪、私有财产保护、人格尊严、人身自由、信教自由、住宅不受侵犯、通信自由和秘密受到法律保护,等等。总之,谓公民权利之日趋重视并公民权利意识之日趋觉醒。〔3〕是所以从集

〔1〕 论宪法之“团结功能”,可参见张劲:《团结的宪章——宪法的中国意义》,载《政法论坛》2014年第1期。

〔2〕 论宪法之“集体主义”属性,可参见陈明辉:《中国宪法的集体主义品格》,载《法律科学》2017年第1期。

〔3〕 对于公民宪法权利意识的观察,可参见韩大元、王德志:《中国公民宪法意识调查报告》,载《政法论坛》2002年第6期;韩大元、秦强:《社会转型中的公民宪法意识及其变迁——纪念现行宪法颁布25周年》,载《河南省政法管理干部学院学报》2008年第1期;韩大元、孟凡壮:《中国社会变迁六十年的公民宪法意识》,载《中国社会科学》2014年第12期。

体到个人,并最终走向“每个人的全面而自由的发展”。[1] 二者并经由“法律面前人人平等”而一手牵起“人民”与“公民”两端,同构集体与个人、国家与社会的“共和”愿景。[2]

对于后者,即对“何以中国”的认知,实则更具方法论上的治学意义。回到中国宪制中的“国家任务”,其设定与调适实际上都是在探索和回答一个有关如何建设一个新的中国的根本问题,亦即回答和探索如何建设一个既有别于传统中国又不同于西方世界的新的中国的问题?这才是国家宪法规定“国家任务”的根本原因。实际上这就构成了一个如何既传承又超越、既“青出于”而又“胜于”的政治主义哲学,甚至存在主义哲学的问题。而延续我之所谓的“何谓中国”“何以中国”的中国哲学义理思考,则《中庸》当中所谓“执两用中”的政治哲学含义或许能为这个“何谓/何以”的解答提供一条更具中国气性、更具纵深人文意义、更具文明传承意义的诠释路径。“子曰:舜其大知也与!舜好问而好察迩言,隐恶而扬善,执其两端,用其中于民。”“执两用中”本自儒学的“内圣”修养,后世学者却不断做“外王”的解读。原因便在于这个出入内外的“中”,自始便有着一种自内而外,并最终能够不仅包容而且超越“原本之内”的能力,是一种“青出于蓝而胜于蓝”的主体的本体性超越——由此我们也能极容易地发现,上文所引黑格尔之“带着一切收获和自己一起前进”的发展论也正是这一“中”的义理。实际上,这是一种出于矛盾而又高于并能统合矛盾,进而运用矛盾的“一中”本体,也因此它并非一般意义上的“辩证统一”的“辩证”与“统一”关系之截然两种,而是既能超离辩证的矛盾而又能真正统合并运用辩证的矛盾的本体。正因为如此,则在我看来,这样的一种“一中本体论”能够为我们解释中国社会变迁当中那些特别矛盾而棘手的“似是而非”的“根本”冲突——比如上文所引之古今政制并中外宪制,又或如自由与秩序、权力和权利、国家同公民,乃至宪法中的诸种价值冲突;等等——提供一种更为开放、更具高度,因而更为有

---

[1] 马克思在《资本论》中曾明确提出,代替资本主义社会的未来社会是一个“以每个人的全面而自由的发展为基本原则的社会形式”。参见《资本论》(第1卷),人民出版社1975年版,第649页。

[2] 参见杨凡、董妍:《何以及如何社会主义之82宪制中的上层建筑——1982年修宪草案〈报告〉析读》,载《中国法学会宪法学研究会2017年年会分论坛发言论文集》,第322页。(未刊稿)

效的方法论进路。[1] 那么循此"一中本体"的义理,便有望启发诸如释宪理论工作者去突破双方对立的窠臼,去发现那种能够真正统合双方经历并化约双方经验的"超验",进而在"向前看"的愿望和期许下去探求那个走出困境的"中道"。而作为一种尝试,本文的一个基本主旨便在于希以"中国的现代化"去"和中"革命与建设、变动与秩序、国家同公民之间的排异,希冀能将以上种种之彼此否认涵摄进"中国现代化"之国家"根本"任务当中来,从而使这些彼此否认的双方能够在这样一个现代化的"一个"中国面前握手言和、共襄义举。当然,首先需在这种看似矛盾的双方之间寻求到更为超迈的价值目标,进而将矛盾的双方收摄其中,濡化为一种相反而能相成,又或相反而能相承的一体化秩序,至少是秩序化整体。此其一。其二,"执两用中"的"执两",又并未局限于特定之"两",而是可以时移世易并世移时易地适用于变动着的矛盾进而变动着的社会之中。比如我们既可以将社会主义不同发展阶段视作并用作"执两"之"两",也可以将其同一发展阶段的不同矛盾和任务视作并用作"执两"之"两"。也就是说,"执两用中"其实是一个包含着"绝对"确定之"一中"本体与"相对"确定之变动客体的变中有不变、以不变可应万变的哲学概念。因之能够给予政治实践并宪制实践以更为开放灵活的理论解释知性。总而言之,借用某些中国哲学学人对于中国哲学方法论的反思,"返本式开新"与"创造性会通"亦可为我之对于中国现代化理论诠释的一种态度和实验。[2]

三、如何现代化之法结构中的中国现代化

(一)前提线索:社会主义、根本任务及根本准则

实际上,"除了1988的第一次修宪,现行宪法的后三次修改,无一例外均设计了序言第七自然段的第三分句(国家的根本任务是……现代化建设)和第四

---

〔1〕 也可勉强理解如德沃金所谓,"将它们视为一个更具包容性的价值结构中的一部分"。参见[美]罗纳德·德沃金:《身披法袍的正义》,周林刚、翟志勇译,北京大学出版社2010年版,第184页。

〔2〕 参见马俊:《"开新式返本"与"创造性会通":中国哲学方法论反思与范式转换》,载《沈阳工业大学学报》(社会科学版)2018年第2期。其"所谓开新式返本,不是传统在现代的重新表述,而是表述现代视域下的传统,是带着现代问题、现代意识回归经典,让经典回答现代人的问题,为现代提供传统的智慧"。"所谓创造性会通,就是深入吸收和消化西方的思想资源来发展中国哲学。"

分句(中国各族人民将继续在中国共产党领导下……把我国建设成为富强、民主、文明的社会主义国家)。这在整个'八二宪法'的文本中都是十分罕见的,仅有少数的其他条款……享受到了与之相同的被多次修改的待遇。这说明了两个问题:其一,此处条文相对重要,以至于得到了修宪者的特别关注;其二,此处条文所规定或陈述的事项,自上个世纪九十年代初起,一直在变化发展,以至于需要不断修改和调整,使宪法与社会现实保持协调"。而"宪法序言第七自然段的第三和第四分句之所以重要,因为它们实际上蕴含了整部'八二宪法'最核心的内容——国家的根本任务和总目标,第三分句是国家的根本任务,第四分句则是国家的根本目标,前者着眼当下,后者指向未来"。且"制宪主体已经预设,除完成根本任务以外的其他任何路径,都不可能实现根本目标,因为无论是根本任务还是根本目标,又都明确规定了'社会主义'的意识形态属性。第三分句的内容实际上可分为两个部分:'坚持中国特色社会主义'和'进行社会主义现代化建设';二者缺一不可,共同组成了'八二宪法'规定的中华人民共和国的根本任务"。[1] 这又回到本文第一部分所论之"为什么是社会主义现代化"这一前提性主题上来,即在"认真对待社会主义"这一问题上,[2]笔者认为,"社会主义是不同于以往任何政体内容的国家制度,是一种特殊的国别体,这是社会主义的中国的历史意义、历史新意。它是社会主义的新中国能够屹立于世界民族国家之林的基础,更是社会主义的新中国能够挺立于中华民族历史长河之中的根据,是中华人民共和国这个新生的国家政权之所以存在的道义正当性。亦即因为反封、反帝、反官僚资本,而与那个衰朽不堪的封建帝制相告别,也与那种强权横行的资本主义国家相区别;既要从封建泥沼中爬出来,也要从列强殖民下站起来,非此而难成一现代社会,非此亦难成一现代民族、现代国家"。而上引黄鑫论文之"宪法序言第七自然段的第三和第四分句之所以重要,因为它们实际上蕴含了整部'八二宪法'最核心的内容"一语,亦可在序言之中找到相关支持,或者说,更应该于宪法文本本身寻求其支持依据才好。此依据便是序言

---

〔1〕 黄鑫:《中国宪法上的"精神文明建设"规范研究》,中国人民大学2016年博士学位论文,第24~25页。

〔2〕 参见王锴:《认真对待社会主义:评阎天博士的〈主义内外话社会——中国宪法社会范畴探析〉一文》,载《2017年第十三届中国宪法学基本范畴与方法学术研讨会会议论文》,第19~23页。

之最后一段,“本宪法以法律的形式确认了中国各族人民奋斗的成果,规定了国家的根本制度和根本任务,是国家的根本法,具有最高的法律效力”。也因此,“全国各族人民、一切国家机关和武装力量、各政党和各社会团体、各企业事业组织,都必须以宪法为根本的活动准则,并且负有维护宪法尊严、保证宪法实施的职责”。由此可见,从“国家的根本制度和根本任务”到“国家的根本法”,再到“以宪法为根本的活动准则”,实际上乃贯穿着一种“国家根本任务”与国家根本法最高法律效力之间的必然法理关系。甚至可以说,宪法“序言”中的“国家根本任务”条目正是宪法之为根本法、之为最高法律效力的重要缘由。由此也可以说,宪法“序言”之具有法律效力确定无疑,或说至少部分宪法“序言”具有法律效力确定无疑。〔1〕

(二)宏观架构:现代国家、现代公民与现代中国

“国家根本任务”既然是国家根本准则的重要缘由,那么也理当成为中国宪法整体结构的“有机”组成部分。而正是这种“有机性”,也就使得对于“国家根本任务”的规范解释必须关联起宪法其他章节,不一定非要体系化,但一定要去结构化,而不能“断章取义”式的封闭在宪法“序言”第七自然段。其实如果回到宪法“序言”对于近代中国的系统性史述,确乎能够发现一种所谓“启蒙与救亡的双重变奏”,〔2〕又或所谓“现代政治中两个最主要的问题——现代国家和现代公民”。〔3〕但“需进一步反思的是,有助于问题‘解析’的‘二元化’现代,未必有利于‘一个’现代中国的现代化问题的‘解决’。毕竟,分立而视中国的

〔1〕 例如,“中国宪法序言的原则性是其重要的效力根据。以往对宪法序言效力的质疑大体根据其历史叙事的面向,但序言中的根本原则的效力却是难以否认的。中国宪法序言中的根本原则主要体现在第7自然段”。参见田飞龙:《宪法序言:中国宪法的“高级法背景”》,载《江汉学术》2015年第4期。另有我国台湾地区宪法学者已明确承认所谓“基本国策”的规范地位及其法拘束力,甚至论及“基本国策”对“基本权利”的限制与补充功能,而将其归因为德国宪法学“社会法治国条款”具体研究影响下的基础学理“跟进”。参见林明昕:《论“基本权利”与“基本国策”间之关系》,载《2011年两岸四地公法发展新课题研讨会论文集》,第325~333页,转引自田飞龙:《宪法序言:中国宪法的“高级法背景”》,载《江汉学术》2015年第4期。

〔2〕 参见李泽厚:《中国现代思想史论》,生活·读书·新知三联书店2008年版,第1~46页。

〔3〕 参见高全喜:《从非常政治到日常政治——论现时代的政法与其他》,中国法制出版社2009年版,第8页。当然在我看来,李高二人,尤其是李泽厚,其实是在以另一种视角来注解新旧民主主义革命的双重压力。其理论的意义首在历史性地区分了,也因此证立了纠缠在新旧民主主义革命当中的双重任务。

现代化只能造成中国现代化的分裂”。[1] 正因如此,上文所书之目的乃期望以“用”乎“中国现代化”之“中”来“执”立宪主义视角下二元对立的国、民之“两”,由此达致一个基本认识论上的“辩证统一”来。此处尤须隆重揭示的是这个“统一”的“始终”之处。而在我看来,宪法“序言”第一自然段则正是其答案之所在:“中国是世界上历史最悠久的国家之一。中国各族人民共同创造了光辉灿烂的文化,具有光荣的革命传统”。这个古代的“中国”并且现代的“中国”,这个所谓旧邦与新造的“中国”恰恰就是合“国家”与“公民”于一体,合“现代国家”与“现代公民”于一体的那个既脱胎于母体又新生于世界的“中国”,那个“青出于蓝而又胜于蓝”的“现代中国”。

回头再读现行宪法,则所谓充满着价值断裂或者说价值冲突的宪法文本也未尝不是价值互补,甚或价值互长的经典:“其一,占据正文之首的“总纲”正是对现代国家的擘画。现代国家的国体明示于“总纲”第 1 条,即总第 1 条;现代国家的政体昭示于“总纲”第 2 条、第 3 条、第 30 条、第 31 条;现代国家的政道,即‘中华人民共和国各民族一律平等’,乃至中国的法律及于中国的全境则位列“总纲”第 4 条、第 32 条;现代国家的治道,即‘国家维护社会主义法制的统一和尊严’次列“总纲”第 5 条。以下第 6 条至第 18 条、第 19 条至第 24 条、第 25 条至第 28 条、第 29 条则分列为现代国家之经济、文化、社会与军事要则。其二,宪法整个第二章,即‘公民的基本权利和义务’则无疑是对现代公民塑造的价值引导。所有作为‘主语’的中华人民共和国公民所应当具有的基本权利及其所不容回避的基本义务,是成就作为‘主人翁’这一现代身份的基本条件。该章并与“总纲”一道,复合于宪法第一自然段的精神意蕴当中”。[2] 至此,中国宪法基本上完成了国家与公民双重现代的“现代中国”任务布局,亦即国家与公民的二元“辩证”乃经由现代国家与现代公民的双重任务,而得以“统一”于“现代中国”,或者说“中国现代化”这一合“过去心、现在心、未来心”的“中心”之“中”。

---

〔1〕 杨凡:《现代中国的转轨逻辑与复合目标——从宪法中的“文化”概念与文明结构谈起》,载《石河子大学学报》(哲学社会科学版)2015 年第 3 期。

〔2〕 杨凡:《现代中国的转轨逻辑与复合目标——从宪法中的“文化”概念与文明结构谈起》,载《石河子大学学报》(哲学社会科学版)2015 年第 3 期。至于所谓“纲领性条款本身的规范结构”解析,可参见陈诚:《论宪法的纲领性条款》,浙江大学 2011 年博士学位论文,第 28 ~ 33 页。

与此同时,“公民之基本权利的相当大一部分内容乃是耦合于集中在宪法‘总纲’部分的纲领性条款之中的”;[1]盖因为作为纲领性条款的“总纲”“在句面上为国家设定了推进目标的积极性职责与义务,其能够发挥出所谓‘受益权功能’,也即公民得以此通过政治或法律的特定方式要求国家为某项积极行为,从而享有一定利益。在这种受益权功能的映射下,国家须以积极作为推进纲领性条款中目标实现,从而使公民获得相应的服务或给付等收益,收益之内容既可以是保障权利实现的法律程序和服务,也可以是某些用以提高生活水平的物质上、经济上的资助”。[2]

(三)补论拾遗:阶级联盟中的知识分子及统一战线

以上所论之“宏观架构”乃宪法“序言”中的“社会主义现代化建设”直接辐射至宪法正文当中。确有一个我之所谓的“执两用中”的框架式理论预设,也因此不够法的规范性。但此文之用意本在于为中国的发展寻获一种更为通融温和的精神理念,亦即我之所谓在“中国特色社会主义现代化”这一“国家根本任务”的感召之下,推动国家与公民这一立宪主义对立二元的互容式进而互溶式发展,从而使一个“现代中国”能够慎终追远地将那个源远的流长“中国”继续。故不在“总纲”与第二章的文句当中另作一番所谓规范主义的,或说教义学意义上的体系化解释。此处仅以“补论”的名义对其稍加运用,用以补述除宪法“序言”之外的两处“社会主义现代化建设”字据及其规范所指,用以“拾遗”本文可能漏掉的关键词含义。

《宪法》第 23 条往往被认为是“关于发挥知识分子作用的规定”。于本文主旨而言,该条乃特别强调了知识分子在社会主义现代化建设中的特殊意义。而“在 1982 年修改宪法的过程中,许多人都提出,鉴于长期以来对知识分子重视不够,广大知识分子一直受到歧视和迫害,因此,有必要专门一条来强调知识分子的作用。但这一条的内容如何表达,在讨论的过程中是颇费一番周折的。内容写少了,看起来过于原则,实际意义不大;写多了,就涉及与其他内容的平衡问题,如工人问题是不是要强调一下。此外,由于经济发展水平的制约,一些内

[1] 陈诚:《论宪法的纲领性条款》,浙江大学 2011 年博士学位论文,第 148 页。

[2] 陈诚:《论宪法的纲领性条款》,浙江大学 2011 年博士学位论文,第 24 页。

容写得具体反而在实际生活难以兑现,如写上改善物质条件和生活待遇问题。最后,宪法修改委员会采取了比较原则的写法,规定了两方面的内容:一是扩大知识分子队伍,二是充分发挥知识分子的作用”。[1] 而彼时的修宪草案报告则有文字阐述如下:“对于现在的宪法修改草案规定的人民民主专政,不能理解为只是简单地恢复一九五四年宪法的提法和内容。……在社会主义制度确立以后,我国人民民主专政的国家政权的任务,主要是保卫社会主义制度,领导和组织社会主义社会建设。组成这个政权的阶级结构,已经发生了明显的变化。工人阶级队伍进一步壮大,人数增长了许多倍,在国家政治生活中的比重进一步增大。广大农民经过社会主义改造,已经从个体农民变成集体农民。知识分子的人数也增长了许多倍,从总体上说,他们已经成为工人阶级的一部分。”[2] 其实综合以上两段论述,可以发现彼时修宪委员会对各方意见吸纳综合并深入提升的痕迹。非常明显的是,最终的修宪草案报告已经不复各种琐碎而尖锐的表达,换之以一种更为大局且更为深远的历史性表述。从而将有关“知识分子”入宪的问题提升到了一个既具国体共性考量(主权归属视野下的国家性质),[3] 更具中国特色国体个性度量(阶级政治视野中的阶级构成)的宪制维度。于是,接下的一段极似补充说明的文字用了“社会力量”这样一个概念来定义新宪中的“知识分子”:“在建设社会主义的事业中,工人、农民、知识分子是三支基本的社会力量”。并解释说,“这是因为,在社会主义制度下,知识分子和工人、农民的差别并不是阶级的差别,就他们对生产资料的占有状况即阶级性质来说,知识分子并不是工人、农民以外的一个阶级。……‘以工农联盟为基础’,这里就包括了广大的知识分子”。[4] 并最终在宪法文本上,形成了一个序言中的所谓

---

〔1〕 蔡定剑:《宪法精解》,法律出版社 2006 年版,第 220 页。

〔2〕 彭真:《关于中华人民共和国宪法修改草案的报告》,载《彭真文选》,人民出版社 1991 年版,第 440 ~ 441 页。

〔3〕 近来对于国体的宪法学研究,最具代表性的成果当属林来梵的《国体概念史:跨国移植与演变》,发表于《中国社会科学》2013 年第 3 期。事实上,既然“国体”概念存在显明的跨国移植与演变,那么也就意味着“国体”概念及其内涵有着普适的共性。

〔4〕 彭真:《关于中华人民共和国宪法修改草案的报告》,载《彭真文选》,人民出版社 1991 年版,第 441 ~ 442 页。

“依靠力量”的“表述”,〔1〕及一个总纲里的所谓知识分子地位和作用的规定。实际上,这又是一种“升级版”,或者说更高层次上的政治协商,一种知识上、智识上、思想上的“政治协商”(见表2)。

表2 关于“知识分子”入宪的讨论和说明〔2〕

时间	提议主体	讨论内容辑要
1980年11月中	上海社科院法学研究所宪法研究室	在宪法“总纲”中应作出规定,体现我国阶级状况的根本变化,反映社会主义工人、农民和知识分子的新型关系,特别要重视知识分子作为工人阶级一部分在四化建设中的地位和作用。
1981年5月至6月	上海政治学会筹备处	在剥削阶级消灭之后,工、农、知识分子、干部是分工合作关系。
1982年3月10日宪法修改委员会第二次全体会议	费孝通(就修宪草案《讨论稿》提出意见)	感到宪法草案对三中全会以来党的知识分子政策体现不够,没有明确知识分子在国家中的地位和在四化中的作用。我国知识分子绝大多数是解放后成长起来的,不是“臭老九”,而是劳动人民。因此,建议在“序言”第五段末尾,明确肯定:工人、农民和知识分子的联盟已经成为中华人民共和国的社会基础。与此相适应,“总纲”第1条可改为:“中华人民共和国是工人阶级领导的、以工人、农民、知识分子联盟为基础的人民民主专政的社会主义国家。”第20条第3款可增加“充分发挥知识分子在社会主义现代化建设中的作用”的内容。鉴于这个问题很大,牵涉国家理论、国体问题,希望予以认真考虑。

〔1〕 即《宪法》序言第十自然段第一句话:“社会主义的建设事业必须依靠工人、农民和知识分子,团结一切可以团结的力量。”

〔2〕 许崇德:《中华人民共和国宪法史》,福建人民出版社2003年版,第548~749页。

续表

时间	提议主体	讨论内容辑要
1982 年 3 月 11 日宪法修改委员会第二次全体会议	胡愈之、许德珩、钱昌照、周扬(就修宪草案《讨论稿》提出意见)	胡愈之:中国解放后,知识分子也经历了一个改造过程,到 1965 年已明确提出知识分子是“社会主义劳动者”了。我们现在搞现代化,建设两个文明,都同发挥知识分子的作用有密切关系。如果还沿用过去的提法,容易把知识分子还当成专政对象。可以考虑将“以工农联盟为基础”改为“以工人、农民、知识分子的联盟为基础”。 许德珩:赞同胡愈之意见。30 年来知识分子变化很大,宪法应该反映这个变化。 周扬:现在“臭老九”是不提了,但知识分子的地位和作用问题并未完全解决。知识分子的范围也应该更广泛些,应包括一切为社会主义服务的、爱国的、拥护祖国统一的知识分子。建议在“总纲”第 1 条规定:“以工人、农民、劳动知识分子的联盟为基础。”如果第 1 条不好改,最低限度也应把第 20 条改一下,加上“国家尊重知识分子作为脑力劳动者的地位与作用”作为第 1 款;原第 4 款“国家努力培养、扩大和提高为社会主义服务的知识分子队伍”,移作第 2 款。其中“提高”队伍的提法不通,应改为:“提高他们的政治、思想和业务水平。” 钱昌照:建议把这款中“努力培养”改为“有计划地培养”,并加上“广开学路,广开才路,尽可能做到人尽其才,才尽其用”等语。
1982 年 3 月 12 日宪法修改委员会第二次全体会议	杨秀峰、许德珩(就修宪草案《讨论稿》提出意见)	杨秀峰:赞成在宪法中强调知识分子的地位和作用,但不同意写“以工人、农民、知识分子的联盟为基础”。我国知识分子本身就是劳动人民的知识分子,但知识分子不是一个阶级,而“工人阶级领导的、以工人联盟为基础的”是个阶级问题。 许德珩:如果沿用 1954 年宪法的提法,使人产生知识分子还是专政对象的印象。要把知识分子同工人、农民一起都写进去,表明知识分子不是专政对象,也是国家的主人。十年动乱中,知识分子和“地、富、反、右、坏”、“走资派”一样,成了“臭老九”。现在虽已恢复名誉,但条文还是原来的,这不适应现在的情况。要根据实际情况重新写,以鼓舞知识分子为“四化”出力的积极性。

续表

时间	提议主体	讨论内容辑要
1982 年 3 月 13 日宪法修改委员会第二次全体会议分组讨论	缪云台、班禅(就修宪草案《讨论稿》提出意见)	缪云台:《总纲》第 1 条关于工农联盟的提法不必改变。工农联盟里的工人是包括知识分子的。知识分子是脑力劳动者,与从事体力劳动的工人只是分工的不同。宪法中不必对知识分子的地位等问题作另外的规定。知识分子不要自外于工人,工人也不要自外于知识分子。过去"四人帮"迫害知识分子,他们把知识分子划在工人之外。宪法不把知识分子列在工人之外,也可以防止今后有"左"倾思想的人把知识分子当作反对的对象。关于如何保障知识分子的地位、发挥知识分子的作用问题,可以在其他单行法规中加以规定。 班禅:过去在"左"的思想影响下,只承认体力劳动,好像脑力劳动就不是劳动。宪法中应明确劳动既包括体力劳动,也包括脑力劳动。这样知识分子自然就成为劳动人民了。
1982 年 4 月 12 日宪法修改委员会第三次全体会议	胡乔木(就经讨论后形成的修宪草案《修改稿》作出说明)	草案第 1 条第 1 款,有人提出应写成"工、农、知识分子为基础"。三者并列,用意是好的。但工农联盟为基础是阶级关系,代表了全国绝大多数人口,是直接生产者。知识分子的地位固然重要,但与工农并列,在一种情况下适当;而在另一种情况下则不适当。知识分子不是独立的阶级。再者,按生活来源来说,知识分子已经是工人阶级的一部分。若在宪法中与工、农并列,就似乎知识分子成为一个独立的阶级了。第 20 条规定:"国家有计划地培养为社会主义服务的知识分子,扩大知识分子的队伍,充分发挥知识分子在社会主义现代化建设中的作用。"这个规定是为了强调知识分子的作用和重要性。

续表

时间	提议主体	讨论内容辑要
1982年4月16日宪法修改委员会第三次全体会议	班禅、孙晓村、胡子婴、杨秀峰、习仲勋、彭真(就经讨论后形成的修宪草案《修改稿》进行再讨论)	班禅:不重视知识分子的流毒尚未肃清,要提高知识分子的社会地位,尊重他们的劳动。 孙晓村:应扩大知识分子队伍,保证必要的工作条件。至于保证他们的生活条件,看来有困难,就不要写了。 胡子婴:建议增写“尊重知识分子的劳动”。过去好像只有体力劳动才是劳动。 杨秀峰:现在着重宣传把知识分子的学术成果同生产结合起来,这是好的。中国知识分子清廉自守,最高兴的是学有所用。现在宪法草案上所规定的可以了,不必再予以突出了。 习仲勋:“臭老九”的问题是“文化大革命”搞的,六中全会已经总结了。知识分子生活水平也低。脑力劳动是高尚而且更费劲的事,但政策性的问题不必在宪法上写了。我看还是原则一些好。 彭真:对知识分子一扩大,二培养,三充分发挥。
1982年4月22日下午	彭真(《关于中华人民共和国宪法草案的说明》)	国体是讲阶级关系,工农联盟就包括了知识分子。我国知识分子的绝大多数已经属于工人阶级的一部分。如果把知识分子在阶级关系中单列出来,就等于把知识分子当作一个独立的阶级,并且划在工农之外了。这不符合我们现在的实际情况和历史发展的必然趋势,势必在人们思想上和实际工作中引起不必要的混乱。
1982年4月26日至6月24日全民讨论《宪法草案》	中宣部文艺局徐非光、云南省药物检验所所长曾玉麟、云南天文台副研究员丁有济、福建省政协副主席倪松茂、委员余宝笙等、北京市知识界的一些人	徐非光:不同意“知识分子的绝大多数已经成为工人阶级的一部分”的提法,这个提法经不起推敲:(1)按体力劳动与脑力劳动的社会分工来说,“知识分子既不能归入农民,也不能归入工人”。(2)如果把知识分子包括到工人阶级中去,知识分子就同工人一样成为对农民实行领导的阶级,这样,“它的社会地位就升到农民之上了”。(3)知识分子是工人阶级的一部分的提法,“可能使人误认为知识分子不再是一个相对独立的阶层,甚至误认为工人和知识分子之间存在的体力劳动和脑力劳动的差别,也归于消失”。(4)说知识分子“绝大多数”成了工人阶级的一部分,“在逻辑上也不清楚”。他认为,这个“绝大多数”和少数不易划分,如是根据世界观划分,那么真正掌握马克思主义世界观的,恐怕不能说已占了知识分子的“绝大多数”。另外,工人当中不具有马克思主义世界观的,也不是一个少数,也不能因此而

续表

时间	提议主体	讨论内容辑要
		说他们不是工人阶级。"知识分子是社会主义劳动者,但他们不是工人",因而建议在宪法"总纲"中对知识分子的地位和作用能有一个"更为明确的规定"。 曾玉麟:我国知识分子成了劳动者,究竟怎样提法比较好,建议再斟酌一下。 丁有济:是否把"以工人联盟为基础"改为"以工人、农民、知识分子联盟为基础"? 倪茂松、余宝笙等:强调宪法上应采取适当方式明确知识分子的地位。 北京市知识界的一些人:彭真同志在说明中讲了知识分子是工人阶级的一部分,但"说明"不能代替法律条文,"在宪法中写明知识分子是工人阶级的一部分是很必要的",这样更能安定知识分子的人心。
1982 年 11 月 26 日下午	彭真(《关于中华人民共和国宪法修改草案的报告》)	在建设社会主义的事业中,工人、农民、知识分子是三支基本的社会力量。"序言"把知识分子同工人、农民并列,是从劳动方式上讲的。为什么不提"工人、农民、知识分子联盟"?这是因为在社会主义制度下,知识分子和工人、农民的差别并不是阶级的差别,就他们对生产资料的占有状况即阶级性质来说,知识分子并不是工人、农民以外的一个阶级。"以工农联盟为基础",这里包括了广大的知识分子在内。

综合表 2 各方关于知识分子入宪问题的讨论,特别是《关于中华人民共和国宪法修改草案的报告》对于知识分子地位和作用的最终认定:首先,知识分子之于社会主义现代化建设的重要作用,以及因此而具有的特殊地位,应该确定无疑。其次,知识分子作为工人阶级之一部分亦可基本确定。但也因此,知识分子之于工人联盟而言,与其说是工农联盟之下,毋宁说是在工农联盟之中。是工农联盟之中的一股特殊重要的力量,但它本身也并非能够代表工农联盟。最后由是可知,工农联盟之国体属性与地位依旧不可撼动,但联盟之中的具体力量却可能也可以"时移世易,变法宜矣"。此点又可在"统一战线"的宪法变迁当中获得明证。此处尚需补充释疑的是,"阶级斗争"这一明文于宪法"序言"的概念,究竟与此处所谓"阶级联盟"是何关系?极其鲜见的解释典型如称其为一"宪法死亡条款",并说"这里的阶级斗争已不是指过去意义上的对'地、富、反、右、坏分子'的阶级斗争,而仅仅是对敌视和破坏社会主义制度的敌对势力和敌对分子,主要是指危害国家安全的犯罪、严重经济犯罪和其他严重的刑

事犯罪分子的斗争”。[1] 对此,我赞同其说的第二点,但不赞成在无明确有权解释的情况之下,贸然将其定性为“宪法死亡条款”或所谓的“应死条款”。事实上,所谓“宪法死亡条款”的这种学者定义,其本身也缺乏相当严格的学理界定,而不过只是一种形象化的比喻而已。在我看来,毋宁将其理解为是一种“阶级联盟”的具体表现形式,或者说具体作用方式更为适宜。实际上,“阶级联盟”作为中华人民共和国的国体、国本,我们必须重视它,也应该尊重它,而尽量阐扬它的历史意义、历史新意。[2] 而对于“阶级斗争”中的“阶级”含义,则无论对

---

〔1〕 参见蔡定剑:《宪法精解》,法律出版社 2006 年版,第 220 页。也可以说,对“敌”的理解也要具体问题具体分析。众所周知,“敌人”乃相对于“人民”而言,而并非直指阶级斗争中的所谓“阶级敌人”。从严格的规范主义立场出发,“敌人”和“阶级敌人”其实是两个有着各自所指的不同概念,“敌人”包括但并不限于、并不等于“阶级敌人”。另有陈玉山的《认真对待“阶级斗争条款”》一文,“尝试对阶级斗争条款的规范内涵与立法目的、宪法界限与效力的表现形式进行一种体系化的思考,以厘清其在我国法秩序内所承载的意涵。在此分析基础上,认为阶级斗争的立法原意已经与我国社会在改革开放 30 多年以来发生的社会变迁的现实之间产生不相适应的情况,因而主张对该条款进行限缩解释,如此不仅可以缓解其与立宪主义的紧张关系,而且可使我国宪法文本在整体上更具有涵括性和适应性”。但其所谓的“限缩解释”与蔡定剑教授的主张并无多少差异之处。另外,前些年曾有法理学者论证作为一种法学方法的“阶级分析”的“死亡与再生”,认为“阶级分析作为一种法学方法,不仅可以对应于阶级斗争,也可以为阶级合作、政治民主、社会和谐提供方法论上的支持,并促使中国法理学从‘阶级斗争法学’转化成为‘阶级合作法学’”。(参见喻中:《阶级分析:一种法学方法的死亡与再生》,载《南京社会科学》2010 年第 3 期)亦是将“阶级”学理化、科学化、中性化、中正化、实证化、现代化的一种努力。更早的“阶级分析方法论”可见诸童之伟教授发表在《中国法学》1997 年第 4 期上的《论阶级分析方法在宪法中的合理定位》一文。文章认为宪法学的分析方法可分为四个层次,即世界观层次的方法、学科基本分析方法、工具性方法及纯技术方法。在传统的宪法学研究中,阶级分析方法被置于学科基本分析方法的地位,而其“作为最一般和最基本的观察问题的方法,既不符合马克思主义创始人的原意,也不适合社会主义社会的实际情况”。但“既然阶级斗争还会长期存在,那就意味着宪法学在分析阶级斗争现象时还需要运用阶级分析方法”。因此文章认为,宪法学的基本分析方法需要重新寻找。至于阶级分析方法,则可以回归至“世界观层次的方法论”上去。此论又将“阶级”与“阶级斗争”等同起来,而于“阶级”乃至“阶级斗争”本身的规范释义进而规范考察并无裨益。

〔2〕 诚如学者所论:“中国人内部至少存在两种划分,一种是民族国家意象中的族群划分……另一种是共和国意象中的阶级划分……这两种划分是相互交叉的,同一个族群中有不同的阶级,而同一个阶级中又有不同的族群,但阶级身份与族群身份,或者说阶级认同与族群认同,是可能存在冲突的,当冲突发生时,孰先孰后,孰轻孰重?从宪法序言来看,制宪者认为阶级身份必然优先于族群身份,阶级认同必然优先于族群认同,因此建立在阶级分化之上的人民概念优先于族群概念,不同族群之所以能够团结在一起,在于他们有共同的或相似的阶级身份,‘社会主义者相信,阶级的团结、被剥削者四海一家的感情,以及将会从革命中诞生的一个正义与理性社会的前景,会提供这种不可缺少的社会黏合剂’,‘阶级的自由结合将为全人类的利益而驾驭(族群团结的)自然的力量’。”参见翟志勇:《宪法中的“中国”——对民族国家与人民共和国意象的解读》,载《文化纵横》2010 年第 6 期。

其进行何种形式上的意义消解都不为过。另外,若秉持上文所谓“体用”关系的中国传统哲学义理,恰恰可以将“阶级联盟”中的“联盟”看作“阶级关系”中的“本体”,而将“阶级斗争”中的“斗争”看作这一本体的“作用”。由此便可以这种“阶级关系”上的“体用关系”,消解“阶级联盟”与“阶级斗争”之间似是而非的矛盾关系。

“社会主义现代化建设”又存于宪法“序言”第十自然段,即宣示统一战线及其组织体的人民政协“在进行社会主义现代化建设中,将进一步发挥它的重要作用”。联系上下文的文义,实际上是对社会主义现代化建设之依靠力量与团结对象的慎重规定,并将其统摄为所谓社会主义现代化建设的“统一战线”。鉴于其作为“社会主义现代化建设”之主体的重要角色与分量,“统一战线”的宪法含义及宪制意义同样不容忽视。[1] 而比观“五四宪法”、“七五宪法”及“七八宪法”,“八二宪法”规定的统一战线范围更加广泛,也更为概括。[2] 1982 年后的两次修改,更极大地扩大了统一战线的范围。而这样一种不断扩充范围的宪制过程,又恰恰如同对知识分子的不断认可和尊重一样,充实着“阶级联盟”的历史新意,践行着改革开放、“开放”改革的宪制步履。[3] 更是对社会主义现代化建设历史主体及主体历史的注解。

四、结　　语

从一种所谓“大历史”的史观来看,中国这一百多年以来的变法改良、战争革命、建设运动、开放改革,其实都不过一种相辅相成,乃至相反相成并相反相

---

〔1〕 实际上,1982 年修宪甫一开始,“统一战线”便也同样受到极大的关注。1980 年 9 月 22 日,宪法修改委员会秘书处部分成员就宪法的结构问题初步进行了讨论。关于序言,其认为可以保留的一方意见认为,“应写得简要,总结一下社会主义革命和社会主义建设的成果,反映党所提出的实现四个现代化的总任务以及统一战线、外交政策等”。参见许崇德:《中华人民共和国宪法史》,福建人民出版社 2003 年版,第 564 页。

〔2〕 蔡定剑:《宪法精解》,法律出版社 2006 年版,第 149 页。

〔3〕 或论“对于‘人民民主专政’的解释,如果结合到 2004 年通过的宪法修正案第 19 条,也就是将‘爱国统一战线’扩及‘全体社会主义劳动者、社会主义建设者、拥护社会主义的爱国者和拥护祖国统一的爱国者’,则其区分敌我的斗争性几乎就已不复存在”。参见张翔:《宪法释义学:原理 · 技术 · 实践》,法律出版社 2013 年版,第 18 页。

承的接力与接续。穿透彼此间的嫌隙甚至所谓的断裂,其实它们都分享着同一个主题,而一百多年以来未曾有过实质性的变化。那就是中国的现代化,或者说现代化的中国。只是有着“旧邦新命”或者说“旧瓶新酒”上的“名义”差别而已。比如洋务、维新、新政,又比如辛亥革命、护法共和,以及军政、训政、宪制三部曲;等等。又或者人民解放、人民共和、社会主义现代化、中国特色社会主义现代化,甚至返本开新式的民族复兴;等等。也因此,我们对它们,尤其是对它们之间那些历史上的血海记忆应该更加宽容、更加包容、更加接纳;对它们,以及它们之间那些前赴后继、各自坚守的信仰应该更加理解、更加肯定、更加尊重。当然对于它们之间共享的这一历史主题应有更为深入的洞见和领悟,风发扬励无数前人对于“更好的中国”的生命期待和不朽努力。而对于这一纵观古今的现代化中国的理解,宪法无疑又是最为重要的一个蓝本,因为它正在瞄准并必将持续决定着一个更为长远的现代中国的未来。民族绵绵瓜瓞,士子亹亹不厌,宪制之花早已催生出现代中国的累累硕果,也必将缔造现代中国的长治久安。

苏轼的行政才干与法政思想

——从惠州营房问题说起

张　群*

以往学者考察苏轼法政思想,多比较宏观,侧重王安石变法、洛蜀党争、贬谪生涯等主题,近年扩展及苏轼晚年对君权的抨击,[1]以及在外交上的贡献。[2] 本文尝试从一个具体问题——惠州驻军的营房修缮——着手,考察苏轼是如何发现、思考、解决施政中的具体法律问题,从中探究其行政才干和为政风格,乃至法政思想。

一、苏轼的上书

苏轼被贬宁远军节度副使官,安置广东惠州期间,[3]与广东南路提点刑狱程之才(正辅)之间书信来往频繁,其中一封信报告当地驻军营房问题,[4]颇为详细,对我们了解宋代营房问题,乃至苏轼的法政思想均有帮助。

据苏轼所言,惠州驻军一半住在营房,一半租住民房。住营房的,多是二人一间,"极不聊生";租民房的,每月出赁房钱百五十至三百(租赁官屋的钱于月

---

* 北京大学近代法研究所兼职研究员,法学博士。

〔1〕 参见张福庆:《谈苏轼政治思想的进步性》,载《外交学院学报》2004 年第 3 期。

〔2〕 参见冒志祥:《浅谈苏轼的外交思想——基于苏轼关于高丽的状文》,载《河南师范大学学报》2008 年第 4 期。

〔3〕 据《宋史》卷九十《地理志六》,惠州属广东南路,下辖归善、海丰、河源、博罗四个县,有阜民钱监 1 个、银场 2 个、锡场 9 个、铁场 1 个、盐场 3 个。

〔4〕 据《宋史》卷一百六十七《职官七》,提点刑狱起初只管司法事务,绍圣初年"兼坑冶事"。程之才恰好在这个时间获任提点刑狱。

粮钱内扣缴),负担较重。其中,澄海两指挥所属禁军皆有营房,不外住,但营房均系废茅屋,常忧火烛,需要改建为瓦屋;所在地多有水患,需要疏理沟渠,以防被淹。清化指挥所属 230 人,只有官屋 20 间,55 人在外赁屋居住。牢城指挥所属 260 人,只有官屋 40 间(二人共一间),36 人在外赁屋居住。泉州客军 105 人,没有营房,只有官屋三间,其余均在外赁屋居住。信州客军 96 人,只有营房 7 间。广州客军 90 人,不曾建置营房,也没有在外租屋,依赖值勤场所(知州都监及场务)解决食宿问题,一旦病患,易致失所,死伤人众。

据苏轼调查,这种情形"数十年来如此",已严重影响军队战力和社会治安。营房条件差,又不能集中居住,管理颇为困难,违纪事件频发,军妻犯奸、逃跑做贼者多有,导致当地"民不安居"。但要解决其实并不难,也不需要太多钱,总计大概需要瓦屋 300 间,每间按照三贯省钱计算,不过千缗,即可了事,而且可以动用当地人工。苏轼并提出具体实施方案。〔1〕

二、苏轼书信的背后

苏轼这里谈的主要是官兵的营房问题,但也涉及当时军事制度、军政关系和惠州地方史问题,可以此为中心作进一步展开,限于主题,不赘。这里想指出的是,苏轼谈营房问题并非一时兴起,而是有着比较复杂的背景和深层的考虑。

其一,这并非苏轼第一次关注官兵住房问题。此前的元祐八年(1093)十月,在知定州任上,他就注意到"营房大段损坏,不庇风雨",需要修盖者达 8000 多间,官兵"妻子冻馁,十有五六",感叹"岂可身居大厦,而使士卒终年处于偷地破屋之中,上漏下湿,不安其家"。〔2〕 其时他刚刚到任。〔3〕 从苏轼一生经历来看,他不仅是一位杰出的文学家,还是一名忠君爱民、才干突出、政绩斐然的好

---

〔1〕 参见(宋)苏轼:《与程正辅七十一首之三十》,载《苏轼文集》(卷四十九),中华书局 1986 年版,第 1600 ~ 1602 页。

〔2〕 (宋)苏轼:《乞降下度牒修定州禁军营房状》,载《苏轼文集》(卷三十六),中华书局 1986 年版,第 1021 ~ 1023 页。

〔3〕 参见孔凡礼撰:《苏轼年谱》(卷三十二),中华书局 1998 年版,第 1122 页。但该月该年均未记载此事此状。

官,在徐州时即因抗洪有功,“民人保居,城郭增固”,受到皇帝特别嘉奖。[1] 因此,在定州、惠州提出这一建议,并不让人意外。[2] 另外,营房问题也是当时官屋积弊的一个反映。宋代统治者比较重视民生,建设了较多官屋,[3]但也暴露出一些问题。谚语有云:“官屋漏,官马瘦。”[4]现实中,一些权贵侵占官屋,[5]甚至中饱官屋租金,[6]可谓比比皆是。与普通官屋相比,营房没有那么舒适,也没有那么多利润,问题表现形式有所不同,但苏轼所言的这些积弊,却非个案,亦非偶然。苏轼自己也明确指出,“此数十年积弊,难以责怪俗吏”。[7]

其二,苏轼除了关心营房的短缺问题,还提出要解决质量问题,即要将茅屋改建为瓦屋,防止火灾。苏轼提出这样的建议也不是偶然的。这是唐代以来备受赞誉的一项德政。江南向以“构蓬室”为旧俗。[8] 杜甫草堂更是蜀地茅舍的典型。[9] 开元名相宋璟任广州都督时,“广人以竹茅茨屋,多火”,宋璟“教之陶瓦筑堵,列邸肆,越俗始知栋宇利而无患灾”。[10] 有元和“循吏第一”之称的江西观察使韦丹,一项显著政绩就是教导、资助江西民众改茅舍为瓦屋,“为瓦屋万三千七百,为重屋四千七百”,影响很大。韩愈撰写的韦丹墓志铭,[11]杜牧奉

---

〔1〕 参见(宋)苏轼:《奖谕敕记》,载《苏轼文集》(卷十一),中华书局 1986 年版,第 380 页。

〔2〕 《宋史》卷三百三十八《苏轼传》没有提及此事,只说在惠州三年,“泊然无所蒂芥,人无贤愚,皆得其欢心”。

〔3〕 “昔范公祖禹奏乞增盖福田院官屋,以处贫民,至今为盛德事,士大夫毋以为缓而不加之意。”孟元老:《东京梦华录》(卷五),中华书局 2007 年版,第 455 页。

〔4〕 《潜书》下篇《柅政》。

〔5〕 北宋哲宗时,京西转运副使周秩“于扬州夺一豪子见赁官屋,逐其家数十口出外。又于镇州诸官屋,官爲修葺,物论甚喧”(《续资治通鉴长编》卷四百九十八,哲宗元符元年)。元代中丞禾上“受燕赤不花妇人,以少价买官屋”(《全元文》卷八八一《虞集·天水郡侯秦公神道碑》)。

〔6〕 北宋仁宗时,“在京官局多援例指射官屋、军营修廨舍,并乞破赁宅钱,转相倣傚,有增无减”。参见《续资治通鉴长编》(卷二百六十)。

〔7〕 (宋)苏轼:《与程正辅七十一首之三十》,载《苏轼文集》(卷四十九),中华书局 1986 年版,第 1600 页。

〔8〕 参见(唐)柳宗元:《河东先生集》卷二十五《凌助教蓬屋题诗序》。

〔9〕 参见(唐)杜甫:《自瀼西荆扉且移居东屯茅屋四首》之“来往皆茅屋”。

〔10〕 《新唐书》卷一百二十四《宋璟传》。

〔11〕 参见马其昶校注:《韩昌黎文集校注》卷六《唐故江西观察使韦公墓志铭》,上海古籍出版社 2014 年版,第 421 页。《新唐书》卷一百九十七《韦丹传》此部分内容基本根据韩文改写。并参见周勋初主编:《唐人轶事汇编》卷十九《韦丹》,上海古籍出版社 2015 年版,第 1061 页。

旨撰写的遗爱碑,[1]元稹撰写的《茅舍》诗("楚俗不理居,居人尽茅舍"),[2]均褒扬此事。苏轼爱读韩文,熟悉唐代掌故,还曾考证岭南"瓦屋始于文公(韩愈——作者注)"之说的不确。[3] 不难想见他本人对建造瓦屋、效法前贤的积极态度。

另外,这是宋代的一项国家政策。宋初官修《册府元龟》中就有"陶瓦覆屋,以宁室居"的说法。[4] 北宋真宗大中祥符五年(1012)五月十三日诏:"川、陕诸屯兵草茅覆屋,连接官舍,颇致延火。宜令自今坏者渐易以瓦,无得因缘扰民。"[5]南宋高宗绍兴十年(1140)九月,临安火,焚三省,库中所积,一夕而尽。上怒,曰:"累令撤席屋作瓦屋,不奉行。朕已戒内侍,如敢不行,比众罪当加重"。[6] 在朝廷号召下,不少州县官员将改造瓦屋作为一项重要政绩和惠民之举,甚至动用官府财赋,予以资助。郑兴裔知扬州时,当地居民稠密,比户茅舍,"屡因火灾,一炬之后,荡为灰烬",于是"径于本郡贮库桩积银钱内动支一万七千五百缗,贷民陶瓦,创建间架。祝融之焰顿息,震惊之虞不作,民患以除"。[7] 袁甫知徽州时,"虑贫弱之徒,不堪营造之费",乃"官给钱本,鸠集陶工,开其借贷之门,宽其责偿之限","似可弭患于无形,岂徒救灾于已著"。[8] 张祖顺知梅州时,"官舍民居率以茅竹为屋,公虑火灾,更以木瓦","先以公帑为之,民亦乐之"。[9] 青田县则以木材商税补助易瓦费用,"贫者给之,富者自易之","葺尔井邑,崭然一新"。[10] 朱正基知峡州时,"教民为瓦屋"。[11] 在这样一种时代背景下,身为地方官一员的苏轼自不会例外,何况他还是一个热心为民办事的士

[1] 参见杜牧:《樊川文集》(卷七)(卷十五),上海古籍出版社 2007 年版,第 113 页、第 221 页。并参见《文苑英华》卷六三四《杜牧 · 谢许受江西送撰韦丹碑彩绢等状》。

[2] 参见(唐)元稹:《元稹集》(卷三),中华书局 2015 年版,第 34 ~ 35 页。

[3] 参见(宋)苏轼:《答吴子野七首之七》,载《苏轼文集》(卷五十七),中华书局 1986 年版,第 1736 ~ 1737 页。

[4] 参见《册府元龟》卷六七八《牧守部 · 兴利》。

[5] 《宋会要辑稿 · 刑法二》之十一。

[6] (宋)李心传:《建炎以来系年要录》(卷一三七),"绍兴十年九月辛酉日"条。

[7] (宋)郑兴裔:《郑忠肃奏议遗集》卷上《请蠲扬州缗钱疏》。

[8] (宋)袁甫:《蒙斋集》二《知徽州奏便民五事状》。

[9] (宋)楼钥:《攻媿集》卷一百十一《知梅州张君墓志》,浙江古籍出版社 2010 年版,第 1916 页。

[10] (宋)郑汝谐:《易瓦记》。

[11] (宋)欧阳修:《居士集》卷三十九《夷陵县至喜堂记》。

大夫。据史学家研究,两宋时期砖瓦建筑得到一定程度的普及。[1] 这其中应有苏轼的一份贡献。

这里要指出的是,我们切不可因为当时有这样的政策倡导和先贤榜样,就以为改建瓦屋工作没有难度,可以一呼百应、一蹴而就。事实上,在传统经济社会技术环境下,这是一个艰难、曲折而缓慢的工程。直到明清时期,茅舍草屋仍然占据相当比例,明代贵州独山州城极荒凉,衙署即为茅屋,新任知州赵从谊自题楹联:"茅屋三间,坐由我,卧由我;里长一个,左是他,右是他"。[2] 清代著名的军机处办公场所,最初"仅板屋数间",直到乾隆年间才"改建瓦屋"。[3] 在地方上,改建瓦屋仍然是一项难得的德政。广西"柳州兵皆居草舍,患火",提督谭行义奏请乾隆帝批准,"发白金四千贷兵建瓦屋,分三年还帑"。[4] 这一政策并非没有阻力,北宋时期,峡州夷陵(今湖北宜昌)民居"皆用茅竹,故岁常火灾,而俗信鬼神,其相传曰作瓦屋者不利"。[5] 甚至最高统治者也未必理解和支持。清代四川东部"民鲜土著,多结草屋,轻于迁徙,焚劫辄致灾",官员马约翰奏请"发官款造砖甓,劝民多建瓦屋",雍正帝即"斥其非政要"。[6] 因而,苏轼以及其他知州们的努力和贡献均不可低估。

其三,苏轼关心营房问题,固然是因其爱民如子的情怀和为官一任、造福一方的职责所在,更重要的还是从政治上考虑的,至少他口头上是这样表达的,大概也唯有这样才可望引起上司和最高统治者足够重视。比如,在惠州营房问题上,苏轼建议程正辅高度重视此事,一个理由就是惠州"兵卫单寡,了无城郭,奸

---

〔1〕 一个例证是黄州,咸平二年(999)民众以竹代陶瓦,"以其价廉而工省也"(王禹偁《黄州新建小竹楼记》)。至嘉定十七年(1224)已经以瓦屋为主,"两街居民虽是土瓦,而屋后屋子皆诛茅为之"(《宋会要辑稿》职官四之五一)。参见包伟民:《宋代城市研究》,中华书局2014年版,第293页。本文有关宋代瓦屋的资料主要转引自该书(第281～293页)。

〔2〕 (清)梁章钜:《楹联丛话》(卷十二),凤凰出版社2016年版,第165页。

〔3〕 乾隆年间《户部则例》规定,每省因(水、火)灾损坏房屋的救助标准,因瓦屋、土屋、草屋而不同,可见清代茅屋仍有一定比例。

〔4〕 《清史稿》卷三百十七《谭行义传》。

〔5〕 (宋)欧阳修:《居士集》卷三十九《夷陵县至喜堂记》。(元)揭傒斯:《揭傒斯全集文集》卷三《赠医者汤伯高序》,"楚俗信巫不信医,自三代以来为然,今为甚"。

〔6〕 《清史稿》卷三百《马约翰传》。

盗所窥,若营房不立,军政堕坏,安知无大奸生心乎?"[1]在定州营房问题上,苏轼在给皇帝的上书中也特别强调国家安全的考虑:"河朔为诸路要重,而定武控扼强虏,又为河北屏捍,所屯兵马,理当加意葺治。其上件营房,不可不于今年秋冬便行修盖。"[2]至于改造茅屋为瓦屋,主要动因也并非是要改善群众居住条件,而是茅屋易致火灾,影响居住秩序,还是从安全、稳定层面考虑的。

当然,这不是苏轼一个人或者一个时代的看法。民生从来关系政治。为流民、灾民、贫民提供食宿,是为防患于未然、避免啸聚山林酿成民变。为归化者提供住房则是借此昭示仁政,招徕远夷向华之心。赏赐个别官员住宅,则是奖励功勋和忠诚。[3] 甚至还帮助买回典卖的田宅。[4] 北宋名相王安石遗孀越国夫人吴氏也曾获赐金陵(南京)住房 60 间。[5] 北宋神宗为尚书省胥吏营建宿舍,[6]目的之一是提高行政效率、防止泄密:"京师职事官旧皆无公廨,虽宰相执政官亦僦舍而居,每遇出省或有中批外奏、急速文字则省吏遍持于私第呈押,既稽缓又多漏泄"。[7] 南宋绍兴二十年(1150),基于同样目的,为大理寺官员"量行盖造吏院"。[8] 营房关系军队战斗力和忠诚,更在君王和将帅念中。欧

---

[1] (宋)苏轼:《与程正辅七十一首之三十》,载《苏轼文集》(卷四十九),中华书局 1986 年版,第 1602 页。

[2] (宋)苏轼:《乞降下度牒修定州禁军营房状》,载《苏轼文集》(卷三十六),中华书局 1986 年版,第 1023 页。

[3] 参见《文苑英华》卷六二二《元稹 · 献事表》(宪宗,元和元年):"昔太宗文皇帝初即位时,天下之人莫有谏者,唯孙叔伽尝以小事持谏于上,文皇帝大悦,厚赐田宅以勉之。"并参见《文苑英华》卷五七八《李峤 · 代公主让起新宅表》,卷六三四《于邵 · 请赐宅状二首》。

[4] 魏征子孙贫贱,将唐太宗所赐宅邸典卖与人。李师道奏请出私财收赎,还其后嗣。白居易强烈反对,认为"事关劝道,合出朝廷。师道何人,辄掠此美?"参见(唐)白居易:《论魏征旧宅状》,载《白居易集笺校》(卷五十八),上海古籍出版社 1988 年版,第 3342 页。

[5] "庚午,赐故赠太傅王安石妻越国夫人吴氏江宁府官屋六十间,以吴氏托蔡卞为家,旧有赐第京师已纳朝廷,而卞赴贬所,故有是赐。"(《续资治通鉴长编拾补》卷十六)

[6] 参见(宋)魏了翁:《鹤山先生大全文集》卷十八《应诏封事》。

[7] (宋)祝穆:《古今事文类聚续集》卷五《皆无公廨》。

[8] (清)徐松:《宋会要辑稿 · 职官》二十四之二十二。《建炎以来朝野杂记》甲集卷五"大理狱非得旨不许送理官宅"条:"先是,大理寺官散居舍僦舍,论者以为非宜。淳熙中,乃创大第聚居之,如台谏宅之比。"

阳修曾呼吁朝廷便宜行事,破格批准真定府兵士入住自行建造的营房,以“顺军情”。[1] 李纲知洪州时,曾“置营房三千余间,并系瓦屋”。[2] 南渡之初,起居郎胡寅建议宋高宗要优待士兵,“置营房以安其家室”。[3] 明代王阳明也曾从便于管理的角度提出,兵士“必须于城市别立营房,毋使与民杂处,然后可免于骚扰嫌隙”。[4] 清代康熙时,为在京及各地八旗贫苦兵丁建筑房屋近十万间,清人誉为“旷古未有之殊恩”。[5] 类似记载还有很多,不赘。

其四,苏轼关心营房问题,可能还有个人对住房的体会和感受。苏轼像他的偶像唐代白居易一样,[6]多次在诗文中主动谈到自己在各地的住房情况,从中可以发现他的居住条件一直不太理想。黄州“寓一僧舍”,[7]“临皋南畔,竟添却屋三间,极虚敞便夏”,[8]在常州宜兴“买得一小庄子”,[9]在湖州借住天

〔1〕《欧阳修全集》卷一百一十七《河北奉使奏草》卷上《札状二十一首·乞真定府分骁武兵士别作指挥》:“……惟有真定府一处,为有见在木植甚多,于未降到札子已前……修盖到营一座……住营内人多屋少,多是两三家共住一间,经夏暑雨存住不得,为见官中修营分擘指挥,人各欣然,遂其私便,各自用功修盖,全不曾催督,只及月余,已相次了手。窃虑朝廷元降札子指挥内,有七百人已上处方许分擘,今来骁武三指挥各只是六百四五十人已上,以此不令分擘。又虑朝廷不见得本府骁勇武兵士已共力兴工,盖成好屋,今若却不令分擘,即恐兵士已指望上件营房屋住,顿然失望,于军情不便。……伏乞早降指挥,许令将骁武兵士分擘为一指挥,于新盖成营内居住。所贵下顺军情,别不生事。”

〔2〕(宋)李纲:《梁溪先生文集》(卷一百零四)《与李尚书措置画一札子》。

〔3〕《建炎以来系年要略》卷二十七,“建炎三年闰八月丁丑朔”条。

〔4〕(明)王守仁:《王阳明集》(卷十八),中华书局2016年版,第580页。

〔5〕(清)福格:《听雨丛谈》卷二《营房》。并参见《大清会典事例》卷一千一百二十《八旗都统·田宅·拨给官房》。清代中期官兵战斗力逐渐下降,待遇差也是原因之一。张惠言《茗柯文编·茗柯文三编·送左仲甫序》:“方今郡县驻防之兵,所得额饷,少者日才白金四分,而上官供億,公使往来之资,又出其中。兵以所得余金养父母、蓄妻子,其为农贾伎业以给焉者,良兵也;桀黠者,无赖于乡曲矣。夫不给其家而求其服练,虽孙吴不能,而况用其死乎?则以为宜优其给而捐其扰,然后乃可责其用。”

〔6〕例如,(唐)白居易《达哉乐天行》:“先卖南坊十亩园,次卖东郭五顷田。然后兼卖所居宅,仿佛获缗二三千。但恐此钱用不尽,即先朝露归夜泉。”参见(宋)洪迈《容斋随笔·容斋五笔》卷八,“白公说俸禄”条,中华书局2015年版,第726页。

〔7〕(宋)苏轼:《与王定国四十一首之一》,载《苏轼文集》(卷五十二),中华书局1986年版,第1513页。

〔8〕(宋)苏轼:《与蔡景繁十四首之九》,载《苏轼文集》(卷五十五),中华书局1986年版,第1661页。

〔9〕(宋)苏轼:《答秦太虚七首之四》,载《苏轼文集》(卷五十二),中华书局1986年版,第1535页。

庆观道堂 3 间 49 日。[1] 特别是在最后的贬谪地儋耳,“初赁官屋数间居之,既不可住,又不欲与官员相交涉。近买地起屋五间一龟头,在南污池之侧,茂木之下,亦萧然可以杜门面壁少休也。但劳费窘迫尔。此中枯寂,殆非人世,然居之甚安”。[2] 苏轼这里话说得比较委婉,据《宋史》记载,实际是有司不允许他继续租住官屋(“有司犹谓不可”),不得已才“买地筑室”。[3] 此前,苏轼在恳求皇帝恩准常州居住的奏章中说到生活困窘情形,也谈及住房问题:

“自离黄州,风涛惊恐,举家重病,一子丧亡。今虽已至泗州,而资用磬竭,去汝(州)尚远,难于陆行。无屋可居,无田可食,二十余口,不知所归,饥寒之忧,近在朝夕。与其强颜忍耻,干求于众人;不若归命投诚,控告于君父。臣有薄田在常州宜兴县,粗给𫗴粥,欲望圣慈,许于常州居住。”[4]

苏轼这里所谓居住、所谓安置,均非平常用语,而是宋代对贬谪官员的发落形式。按照沈家本的说法,“大约安置轻于编管,居住又轻于安置”,而安置“非流非徙非迁而又似流似徙似迁”。[5] 作为被安置被居住对象的失意官员,苏轼境况之不佳可以想见。[6] 这些切身感受无疑会影响他对普通士兵住房问题的

---

〔1〕 参见(宋)苏轼:《与王定国四十一首之十七》,载《苏轼文集》(卷五十二),中华书局 1986 年版,第 1522 页。

〔2〕 (宋)苏轼:《与郑靖老四首之一》,载《苏轼文集》(卷五十五),中华书局 1986 年版,第 1674 页。

〔3〕 参见《宋史》卷三百三十八《苏轼传》。

〔4〕 (宋)苏轼:《乞常州居住表》,载《苏轼文集》(卷二十三),中华书局 1986 年版,第 657 页。

〔5〕 (清)沈家本:《历代刑法考·刑法分考十》,“居住”条,中华书局 1986 年版,第 279 页。“诏新擒西界监军额伯尔,送潭州编管,给官屋居住,月支钱十贯,米麦三石;委都监监管,无令失所。”(《续资治通鉴长编》卷五百十六,哲宗元符二年)

〔6〕 传言唐代张九龄为相期间,“建言放臣不宜与善地,多徙五溪不毛之地”(《刘禹锡集笺证》卷二十一《读张曲江集作》),虽有争议,但中唐以后的官员贬谪政策大致如此,前往地区多条件艰苦,度日艰难。唐代宰相李德裕被贬朱崖,写信给表弟说“资储荡尽,家事一空,百口嗷然,往往绝食”,生病后“伏枕七旬”,“又无医人,委命信天,幸而自活”参见洪迈:《容斋随笔·容斋续笔》(卷一),中华书局 2015 年版,第 178 页、第 339 页。柳宗元被贬永州,“至则无以为居,居龙兴寺西序之下”(《河东先生集》卷二十八《寄永州龙兴寺西轩记》)。刘禹锡被贬朗州期间,“谪居愁寂似幽棲,百草当门茅舍低。夜月将军忽过访,鹧鸪惊起绕篱啼”(《刘禹锡集笺证·外集》卷八《喜康将军见访》)。北宋晁补之坐修神宗实录失实,贬监处、信二州酒税,“谪宦江城无屋买,残僧野寺相依”(《临江仙》,转引自龙榆生《唐宋名家词选》,上海古籍出版社 2014 年版,第 198 页)。最严重的是迫于政治高压,众人避之如蛇蝎,更不要说有所帮助了,柳宗元被贬五年间“未尝有故旧大臣肯以书及者”(《河东先生集》卷三十《寄许京兆孟容书》)。

态度,会更多一些同情和慈悲之心。

三、苏轼的为官之道和政治见解

营房问题只是苏轼仕宦生涯中的一个小插曲,却可以从中看出苏轼的为官之道和行政才干。其一,苏轼于绍圣元年(1094)十二月二日抵达惠州贬所,[1]一个月后(绍圣二年,1095 年正月)程之才到任,[2]又一年后(绍圣三年二月)程之才即被召回。[3] 两人交集前后不过一年,该封书信也应写于此期间。[4]苏轼此前多次遭贬,颇不得志,贬谪惠州时已年老体衰(60 岁)行近暮年,但他不以个人得失荣辱为意,仍然关心地方政事,到任不到一年,就提出如此翔实且有针对性的政策性建议,不能不对苏轼的才干和公心表示钦佩。

其二,苏轼历经宦海沉浮,熟悉官场"潜规则",说话办事注意把握分寸,讲究技巧。以惠州营房问题为例,他以贬谪官员身份私自向主管官员报告此事,牵涉到对其他官员的评价,也会直接影响他与当地官员的人事关系,是比较忌讳和危险的。苏轼对此有较深刻的认识,所以他首先就说明自己的态度,"某得罪居此,岂敢僭越管官事",但考虑到"此事俗吏所忽,莫教生出一事,即悔无及也"(指军心稳定和防卫安全问题),同时也因为程是朋友,"兄弟之情不可隐,故具别纸冒闻"。其次,他强调,不要轻易追究官员责任,因为"此数十年积弊,难以责怪俗吏",如果不是看到程的"才气"可以"配古人",有能力有魄力解决这一问题,他也不会轻易发言。即使如此,他仍然要求保密("千万密之"),否则他就不能在此安居了("若少漏泄,即劣弟居此不安矣")。最后,他提出具体的比较稳妥的操作方案,即建议程另外下手令给二漕官员,只说这是得自其他官员的报告("但只云指使蓝生经过廉得")。[5] 这样的考虑都是很周全、很谨慎的。

---

〔1〕 参见孔凡礼撰:《苏轼年谱》(卷三十三),中华书局 1998 年版,第 1178 页。

〔2〕 参见孔凡礼撰:《苏轼年谱》(卷三十四),中华书局 1998 年版,第 1187 页。

〔3〕 参见孔凡礼撰:《苏轼年谱》(卷三十五),中华书局 1998 年版,第 1223 页。

〔4〕 参见孔凡礼撰《苏轼年谱》(中华书局 1998 年版)对苏轼与程之才在此一年间的 60 多封书信多考订了年月,但这封信却没有明确,也没有提及。根据内容,也应在此期间。

〔5〕 参见(宋)苏轼:《与程正辅七十一首之三十》,载《苏轼文集》(卷四十九),中华书局 1986 年版,第 1600 页。

其三,苏轼能够妥善解决营房问题的重要条件,是他比较熟悉国家政策法规,善于利用政策工具。这也是他行政才干的重要表现。要改善营房条件,首先要有资金。当时一个重要筹资渠道就是出卖度牒,[1]但度牒名额受朝廷控制,须皇帝特批。苏轼为官期间多次以救济灾民、兴修水利、修缮名胜古迹等名义要求皇帝御赐空名度牒。[2] 在解决定州营房修盖资金问题时,苏轼再次上书皇帝,请求"支赐空名度牒一百七十一道"(每道卖钱200贯文),委托该州出卖。[3] 此后(绍圣元年),苏轼还曾为修缮定州北岳神庙,上书请皇帝御赐空名度牒15道"卖钱支用"。[4] 为此苏轼甚至不惜与上司和同僚抗争(如在杭州时)。[5]

从其他方面也可以看出苏轼这一特点。例如,在讨论商旅出境问题上,苏轼熟练征引《庆历编敕》《嘉佑编敕》《熙宁编敕》《元祐编敕》等有关规定,主张加强商旅出境贸易管制。[6] 在讨论高丽使者买书问题上,苏轼不仅熟练征引有关编敕支持自己的观点,还针对有人援引《国朝会要》为据(淳化四年、大中祥符九年、天禧五年均曾赐高丽《史记》等书)指出,"事诚无害,虽无例亦可;若有其害,虽例不可用也"。并从法理角度正确指出,"《会要》之为书,朝廷以备检阅,非如《编敕》一一皆当施行也"。[7] 在讨论五谷力胜税钱问题上,苏轼熟练征引《天圣附令》《元丰令》《元祐敕》等法规文件。[8] 有法律史学者曾引用苏轼关

[1] 参见(清)赵翼:《廿二史劄记》卷十九《度牒》,"宋时凡赈荒兴役,动请度牒数十百道济其用"。

[2] 例如,(宋)苏轼:《乞赐度牒修廨宇状》,载《苏轼文集》(卷二十九),中华书局1986年版,第841页;《杭州乞求度牒开西湖状》,载《苏轼文集》(卷三十),中华书局1986年版,第863页。

[3] 参见(宋)苏轼:《乞降下度牒修定州禁军营房状》,载《苏轼文集》(卷三十六),中华书局1986年版,第1023页。

[4] (宋)苏轼:《乞降下度牒修北岳神庙状》,载《苏轼文集》(卷三十六),中华书局1986年版,第1039页。

[5] 参见(宋)苏轼:《论叶温叟分擘度牒不公状》《奏户部拘收度牒状》,载《苏轼文集》(卷三十),中华书局1986年版,第861页、第873页。

[6] 参见(宋)苏轼:《乞禁商旅过外国状》,载《苏轼文集》(卷三十一),中华书局1986年版,第889~890页。

[7] (宋)苏轼:《论高丽买书利害札子三首》,载《苏轼文集》(卷三十五),中华书局1986年版,第1000页。《国朝会要》编纂简况,参见洪迈:《容斋随笔》卷十三,"国朝会要"条。

[8] 参见(宋)苏轼:《乞免五谷力胜税钱札子》,载《苏轼文集》(卷三十五),中华书局1986年版,第991~992页。

于五谷力胜税钱问题的这篇劄子，高度肯定苏轼提出的“以法活人”主张（依据法律、法令减轻民间疾苦），并评论说，“熟悉法典敕令，本是宋代地方官员为政的一项基本要求。值得玩味的是，苏轼从忧国忧民的悲愤意识出发，把法令的贯彻落实到减轻民间疾苦上，这既从一个侧面反映了他的法律素养及人文情怀，也同时说明了忧患意识、法律观念与立法从政的密切关系”。认为苏轼在这方面算“一个典型的代表人物”。[1] 这一评论是比较准确的。这也应是苏轼政绩比较突出、受到广泛肯定的重要原因。

以上是根据营房问题相关资料，分析苏轼为政中值得肯定的方面。但营房问题和救灾、水利类似，均属一般性行政事务，其是非得失轻重缓急比较明显，主要表现的是官员个人的行政才干和爱民情怀，还不足以完全展示、全面分析一个人的政治立场、思想和水平。而且，宋代士大夫普遍工于吏事、通晓法律，[2]似乎也不宜因此即予苏轼过高评价。因此，有必要放宽视野，考察一下苏轼在是非得失不那么明确、最能表现政治智慧的一些重大决策上的立场和见识，以得出更全面的结论。根据有限文献看，苏轼在政治上似乎并不高明，总体上偏于保守，个别时候还有点感情用事，过于冲动，但在擅长和熟悉事务上则有不错的见解。

首先，苏轼多年在地方和中央任职，经历丰富，历练完整，按理说，他对一些重大政治问题应该有自己的独立的、系统的观点和见解，但事实上似乎并不如

〔1〕 陈景良：《试论宋代士大夫的法律观念》，载《法学研究》1998 年第 4 期。

〔2〕 例如，吴曾：《能改斋漫录》一三《欧阳公多谈吏事》：“大抵文学止于润身，政事可以及物。”（又见《宋史》卷三一九《欧阳修传》）欧阳修《居士集》卷四十三《外制集序》：“予方与修祖宗故事，又修起居注，又修编敕……”王安石《临川先生文集》卷六十九《取材》：“所谓文吏者，不徒苟尚文辞而已，必也通古今，习礼法，天文人事，政教更张，然后施之职事，则以详平政体，有大议论，使以古今参之是也。所谓诸生者，不独取训习句读而已，必也习典礼，明制度，臣主威仪，时政沿袭，然后施之职事，则以缘饰治道，有大议论，则以经术断之是也。”刘克庄《后村先生大全集》卷一九四《陈敬叟集序》：“宝庆初元，余有民社之寄。平生嗜好一切禁止，专习为吏。勤苦三年，邑无缺事，而余成俗人矣。”刘克庄《刘克庄集笺校》附録一《刘克庄集补遗文 · 通建宁叶西倅》：“未尝读律，既非几案之才；素不言钱，安得锥刀之智？”并参见陈景良：《试论宋代士大夫的法律观念》，载《法学研究》1998 年第 4 期。

此。比如在高丽使者来华乞书问题上,[1]作为礼部尚书的苏轼,与宋时大部分士人一样,[2]片面强调国家安全,主张严格限制乃至禁止,而没有考虑到文化交流互惠共赢的一面。在杭州任职期间,苏轼严词拒绝高丽惠赠给寺院的金塔,[3]严惩擅自出海贸易的商旅,还谏言朝廷恢复国初政策,严禁商旅出境。[4]纵观苏轼一生行事,号称豁达豪放,但对涉外问题却一向保守、谨慎、多疑,特别

---

〔1〕 苏轼的主要理由是:其一,不符合中国传统。《汉书》记载,东平王刘宇请赐《太史公书》,当时大臣以为,《太史公书》有战国纵横权谲之谋,汉兴之初谋臣奇策,地形扼塞,皆不宜在诸侯王家,不可予。"东平王骨肉至亲,特以备位藩臣,犹不得赐,而况海外之裔夷,契丹之心腹者乎?""昔年高丽使者请赐《太平御览》,先帝以东平王故事为词却之。今历代史、《册府元龟》与《太平御览》何异?"其二,不符合现行政策。"河北榷场,禁出文书,其法甚严,徒以契丹故也。今高丽与契丹何异?若高丽可与,即榷场之法亦可废。"《元祐编敕》规定:"诸以熟铁及文字物品与外国使人交易,罪轻者徒二年。"但系文字,不问有无妨害,便徒二年,则法意亦可见矣。其三,后果严重,威胁国家安全。若放开对高丽的书禁,"中国古籍山积于高丽,而云布于契丹",使敌人周知山川险要边防利害,"臣不知此事于中国得为稳便乎?"高丽性贪,这一次让步之后,将得寸进尺,欲壑难填,中国恐有更大麻烦在后面。"高丽人入朝,动获所欲,频岁数来,驯致五害。"(苏轼:《论高丽买书利害札子三首》,载《苏轼文集》(卷三十五),中华书局1986年版,第995~996页。)最终朝廷基本按照苏轼意见办理,只允许购买《册府元龟》以归(马端临:《文献通考》(卷三百二十五),中华书局2011年版,第8957页)。《宋史》卷三百三十八《苏轼传》说朝廷"不听"苏轼意见,似不确。

〔2〕 宋时夷夏之妨讲究太多,官僚群体对涉外交往整体趋于紧张、谨慎、敏感、多疑。例如,至和二年(1055),欧阳修在《论雕印文字札子》(中华书局版《欧阳修全集》卷一百八)中,仅根据京城见闻,就担心雕印文字传入虏中,有害国家安全,建议管制雕印文字行业("京城近有雕印文集二十卷,名为《宋文》,多是当今论议时政之言。其首篇是富弼往年让官表,其间陈北虏事宜甚多,详其语言,不可流布。而雕印之人不知事体,窃恐流布渐广,传入虏中,大于朝廷不便")。元祐四年(1089),苏辙《北使还论北边事札子五道》则因为出使过程中,发现北朝使臣熟悉他本人以及其父苏洵、其兄苏轼的文字,即推论,"料本朝印本文字,多已流传在彼。其间臣臣章疏及士子策论,言朝廷得失、军国利害,盖不为少。兼小民愚陋,惟利是视,印行戏亵之语,无所不至。若使尽得流传北界,上则泄漏机密,下则取笑夷狄,皆极不便"。个别出使之臣还因所谓不得体言行被追究责任。《续资治通鉴长编》卷一五五记载,庆历五年五月,知制诰余靖坐出使契丹时为番语诗,失使者体,出知吉州。并参见葛兆光:《以"国家"的名义》(原载《明报》2003年6月15日版),载《看澜集》,复旦大学出版社2010年版,第189~190页;张群:《中国保密法制史研究》,上海人民出版社2017年版,第116~117页。

〔3〕 参见(宋)苏轼:《论高丽进奉状》《论高丽进奉第二状》,载《苏轼文集》(卷三十五),中华书局1986年版,第847页、第857页。

〔4〕 参见(宋)苏轼:《乞禁商旅过外国状》,载《苏轼文集》(卷三十一),中华书局1986年版,第888~891页。

是对友好国家高丽亦如此苛刻,[1]稍嫌偏颇。与前人和唐人相比,[2]更显拘谨与机械。而且按照此前说法,送诗书去番邦还有诱其沉迷于文事而放松武备之效。[3] 辽金之亡与其渐染华风,武功不再即有一定关系。[4] 有学者撰文称苏轼为“外交家”,似有拔高之嫌。[5] 在讨论“爱惜名器,慎重刑罚”时,苏轼一方面赞成唐德宗蒙尘山南、危急之时,可以“少行姑息”,但对沿路奉献瓜果之人,则赞同陆贽意见,连一个试官也不愿意给,亦稍嫌书生气。[6]

其次,苏轼从政信奉忠君爱国、恪遵功令,用现在话说很“守规矩”,但个别时候,苏轼也有感情用事、不太顾及个人政治前途的冲动的一面,特别是他认为自己真理在握时。比如,他主张“慎重刑罚”,[7]但认为必要时也可以“法外用刑”。元祐四年在杭州任上,带头闹事的颜章、颜益二人本已依法判决,苏轼却决定“法外刺配”,理由是二人“家傅凶狡,气盖乡闾。故能奋臂一呼,从者数百。欲以摇动长吏,胁制监官。蠹害之深,难从常法。已刺配本州牢城去讫”。并上书皇帝,“谨录奏闻,伏候敕旨”。[8] 这一事件成为后来贾易等攻击苏轼的一大

[1] 高丽基于自己的国家利益,对宋朝比较友好,这在多种史籍中均有记载和反映。参见朱熹:《朱子语类》(卷一百三十三),中华书局1984年版,第3191页;马端临:《文献通考》(卷三百二十五),中华书局2011年版,第8957页、第8962页。

[2] 参见《唐会要》卷三十六,“蕃夷请经史”,于修烈上书反对,未为朝廷采纳,主要理由就是“西戎不识礼经,心昧德义,频负明约,孤背国恩。今所请诗书,随时给与,庶使渐陶声教,混一车书,文轨大同,可使也。(于)修烈虽见情伪变诈于是乎生,而不知忠信节义于是乎在”。亦见《文苑英华》卷六九四《于修烈·请不赐吐蕃书籍疏》、《文苑英华》卷六四四《刘禹锡·代淮南杜司徒奏新罗请广利方状》。

[3] 《南齐书》卷四七《王融传》记载,北魏遣使求书籍,朝议欲不与,王融上疏以为“虏”之“酋渠”读书而欲进于“礼乐”,“部落”必不便,于是民心乱而国势削,为我之利。并参见钱钟书:《管锥编·全上古三代秦汉三国六朝文》,生活·读书·新知三联书店2008年版,第2090~2091页。

[4] 金国有人即以治词章、研义理为危亡之本。《大金国志》卷一七《纪年·世宗圣明皇帝》(中),完颜伟谏言金世宗曰:“国家起自漠北,君臣将帅皆以勇力,战争雄略,故能灭辽灭宋,混一南北,诸番畏惧。自近年,多用辽、宋亡国遗臣,以富贵文字坏我土俗。……今皇帝既一向不说著兵,使说文字人朝夕在侧……陛下舍战斗之士谓其不足与语,不知三边有急,把作诗人去当得否?”自是“文武分党,如水炭矣。”

[5] 参见冒志祥:《浅谈苏轼的外交思想——基于苏轼关于高丽的状文》,载《河南师范大学学报》2008年第4期;冒志祥:《苏轼对宋代“海上丝路”贸易法规建设的贡献——以苏轼有关高丽的状文为例》,载《南京师范大学文学院学报》2017年第1期。

[6] 参见(宋)苏轼:《转对条上三事状》,载《苏轼文集》(卷二十九),中华书局1986年版,第820页。

[7] 参见《苏轼文集》卷二十九《奏议·转对条上三事状》。

[8] (宋)苏轼:《奏为法外刺配罪人待罪状》,载《苏轼文集》(卷二十九),中华书局1986年版,第841~842页。

罪状。贾易还要求释放颜益、颜章,也获皇帝批准。苏轼不得不乞求继续外任,以避开贾易。[1] 这是苏轼政治上的一次重要挫折,原因比较复杂,但基于“义愤”,没有严格依法办事则是很难解释和辩驳的,因此造成失分,稍嫌不值。[2] 尽管中国古代司法实践中一直存在“法外用刑”的情况,君主恣意杀人更是史不绝书,宋史上也不乏小吏擅杀者,[3] 但这种做法一向为舆论所鄙,苏轼明知故犯可谓撞到枪口上,也是不懂政治的表现。

最后,苏轼在政治上亦有其优长之处。他才华横溢,是北宋首屈一指的文学家,在诗、词、赋、文以及书法方面都达到历史第一流水平,因而在文化教育以及人才问题上颇多真知灼见。较突出的一点是,他主张改革选人用人制度,因地取才,反对单纯以“文词”(无论是诗赋还是经术)取人:“昔者以诗赋取士,今陛下以经术用人,名虽不同,然皆以文词进耳。考其所得,多吴、楚、闽、蜀之人。至于京东、西,河北、河东,陕西五路,盖自古豪杰之场,其人沉鸷勇悍,可任以事,然欲使治声律,读经义,以与吴、楚、闽、蜀之士争得失于毫厘之间,则彼有不仕而已,故其得人常少”。[4] 此前,比苏轼年长一些的欧阳修也对科举不满,但批评的不过“先诗赋而后策论”这一技术问题,仍然还是在诗赋、策论框架内徘徊纠结:“今贡举之失者,患在有司取人先诗赋而后策论,使学者不根经术,不本

〔1〕 参见(宋)苏轼:《再乞郡札子》(元祐六年七月六日)、《乞外补回避贾易札子》(元祐六年七月二十八日)、《辨贾易弹奏待罪札子》(元祐六年八月初四日),载《苏轼文集》(卷三十三),中华书局 1986 年版,第 930 页、第 934 页、第 935 页。据《宋史》卷三百五十五《贾易传》记载,贾易,无为人,七岁而孤,后中进士甲科,调常州司法参军。自以儒者不闲法令,岁议狱,唯求合于人情,曰:“人情所在,法亦在焉”。迄去,郡中称平。但贾和苏轼、苏辙兄弟不合,多次上奏抨击二苏,终以此见薄于人。

〔2〕 参见(宋)陆游《老学庵笔记》卷四记载,该案被推翻后,“自是豪猾益甚……有司稍按治,辄劫持之曰:某官乃元祐奸党,苏某亲旧,故观望害我。公行状状牒。时治党籍方苛峻,虽监司郡守,得其牒,辄畏缩,解纵乃已”。

〔3〕 参见(清)赵翼《廿二史札记》卷二五《定罪归刑部》举了宋史上 7 个专杀的例子,认为其中 6 个涉及军法,不妨便宜处之,“用重典以儆凶顽”,但“舒亶以小吏而擅杀逆子,虽不悖于律,而事非军政,官非宪府,生杀专之,亦可见宋政之太弛也”。舒亶事见《宋史》卷三二九《舒亶传》:“调临海尉,民使酒詈逐后母,至亶前,命执之,不服,即自起斩之,投劾去。”

〔4〕 (宋)苏轼:《徐州上皇帝书》,载《苏轼文集》(卷二十六),中华书局 1986 年版,第 761 页。张孝祥《于湖居士文集》卷十八《论用才之路欲广劄子》:“今人官之门虽广,而用才之路实狭。……非进士科,则朝廷已不敢辄有除用。幸而用一人焉,议者必曰:此非清流也,此某人之戚党也,此某人之子孙也,此故尝有所负犯也,此跌宕而不羁者也。其用武臣亦然,吹毛求疵,深排力沮。夫如是而欲力致天下之豪杰,以济非常之事,难矣。”

道理,但能诵诗赋,节抄六帖、初学记之类者,便可剽盗偶俪,以应试格。而童年新学全不晓事之人,往往不幸而中选。此举子之弊也”。[1] 后来明末清初的王夫之主张放宽选人途径,但选拔标准和手段仍然以文词为主。[2] 比之他们,苏轼的主张似更符合实际,也更有见地。这和他长期在地方为官、接触实际较多是分不开的。顾炎武的观点与苏轼接近,明确提出“古人因地取才,而不限以一科之法”,[3]并举了汉成帝、[4]宋敏求两条记载,[5]但没有提到苏轼的言论。至于一般行政事务更是苏轼的擅长,他在为官期间均有不错的政绩。朱熹认为苏轼不擅治道似嫌片面。[6]

四、余论:也谈中国古代士大夫的住房暨财产观

本文是谈住房问题开篇的,最后再回到住房问题,简要探讨一下中国古人对住房暨财产的态度。一方面,绝大部分人均将安居乐业作为生活的主要目标。早在两千年前,孟子就提出“五亩之宅”的理想,[7]讲过“居移气、养移体,大哉居乎”。[8] 唐代韩愈年轻时在长安“北漂”,经常为“无僦屋赁仆之资,无緼

---

〔1〕 (宋)欧阳修:《奏议集》卷八《论更改贡举事件札子》。

〔2〕 参见(明)王夫之:《明夷待访录·取士》。

〔3〕 (明)顾炎武:《日知录》卷十七《北卷》。

〔4〕 参见《汉书》卷十《成帝纪十》。元延元年七月诏:“内郡国举方正能直言极谏者各一人,北边二十二郡举勇猛知兵法者各一人。”何焯《义门读书记》卷十五《前汉书·纪》认为:“此为两得之。今取士以文章而为缘边设解额,误矣。”赵翼的《陔余丛考》卷二八《举人》也注意到此条,但不过谓“此又后世武举之始也”,而没有注意到其根本性的变化和意义。

〔5〕 参见《宋史》卷二九一《宋敏求传》。尝建言:“河北、陕西、河东士子,性朴茂而辞藻不工,故登第者少,请令转运使择荐有行艺材武者特官之,使人材参用,而士有可进之路。”后颇施行之。

〔6〕 参见《朱子语类》卷一百三十《本朝四·自熙宁至靖康用人》:“东坡议论大率前后不同,如介甫未当国时是一样议论,及后来又是一样议论。”“东坡只管骂王介甫。介甫固不是,但教东坡作宰相时,引得秦少游黄鲁直一队进来,坏得更猛。”“东坡荐少游,后为人所论,他书不载,只丁未录上有。尝谓东坡见识如此,若作相,也弄得成蔡京了。李方许如许,东坡也荐他。”钱大昕:《十驾斋养新录》卷六《宋儒议论之偏》,其载:“朱文公意遵洛学,故于苏氏门人有意贬抑,此门户之见,非是非之公也。”

〔7〕 旧注曾有“二亩半在田,二亩半在邑”之说,赵翼的《陔余丛考》卷四《五亩之宅》曾驳其说。

〔8〕 《孟子·尽心上》。金庸先生在其武侠小说《鹿鼎记》中曾引用这句话来夸赞扬州烟花之地小混混韦小宝到京城之后在气质上的变化。

袍粝食之给”而奔走于权贵之门。[1] 柳宗元“家有赐书三千卷”,被贬后旧宅“三易其主,书存亡不可知”,[2]但仍“以守宗族、复田亩为念”。[3] 韦应物给已故夫人元氏撰写墓志铭,对其和自己生活期间“生处贫约,殁无第宅”的状况,深感歉疚(“永以为负”)。[4] 北宋欧阳修44岁时与挚友梅圣俞约定“买田于颍上”,为晚年生活做打算。[5] 司马光为相,“每询士大夫私计足否”,以为“倘衣食不足,安肯为朝廷而轻去就耶!”[6]又说,“凡人无生事,虽多显宦,亦不能不俯仰,由是进退多轻”。朱熹也说:“粗有衣食之资,便免俯仰于人。”[7]苏轼在书信中一再言及住房情况亦可见一斑。其弟苏辙则明确表示,居住舒适有助求道问学:“求道者非有饮食、衣服、居处之求,然使其饮食得充,衣服得完,居处得安,于以求道而无外扰,则其为道也轻。此古之达者所以必因山林筑室庐,蓄蔬米,以待四方之游者,而迁之所以置力而不懈也”。[8] 虽然这主要是对佛教僧人而言,但也可以看出苏辙对居住问题并非漠不关心或者认为微不足道。南宋词人张孝祥更直言:“夫人莫不爱其子孙也,而为之营田宅,崇货财。”[9]宋人另有言:“人生不可无田,有则仕宦出处自如,可以行志。不仕则仰事俯育,粗了伏腊,不致丧失气节。有田方为福,盖福字从田、从衣。”[10]元代许衡认为:“为学者治生最为先务,苟生理不足,则于为学之道有所妨。彼旁求妄进,及作官嗜利者,殆亦窘于生理之所致也。诸葛孔明身都将相,死之日,廪无余粟,库无余财,

〔1〕 参见(唐)韩愈:《上考功崔虞部书》,载《韩昌黎文集校注·韩昌黎文外集》(上卷),上海古籍出版社2014年版,第739页。

〔2〕 《柳河东集》卷三十《寄许京兆孟容书》。

〔3〕 《柳河东集》卷三十《与杨京兆凭书》。

〔4〕 参见(唐)韦应物:《故夫人河南元氏墓志铭》,载《韦应物集校注》(增订本),上海古籍出版社2011年版,第613页。

〔5〕 参见(宋)欧阳修:《居士集》卷四十四《续思颍诗序》。

〔6〕 丁传靖:《宋人轶事汇编》(卷二十),上海古籍出版社2015年版,第1462页。

〔7〕 转引自刘声木:《名儒论治生》,载《苌楚斋续笔》(卷四),中华书局1998年版,第309页。

〔8〕 (宋)苏辙:《庐山栖贤寺新修僧堂记》,载《苏辙集·栾城集》(卷二十三),中华书局2017年版,第402页。(元)揭傒斯:《揭傒斯全集文集》卷六《法印寺记》,其载:“宋律:寺观毋买民田。”

〔9〕 (宋)张孝祥:《于湖居士文集》卷十四《万卷堂记》。

〔10〕 (宋)周辉:《常产》,载《清波杂志》(卷十一),中华书局1994年版,第469页。

其廉所以能如此者,以成都桑土,子弟衣食自有余饶尔。"[1]清人钱大昕引用上述两则宋元人议论后说:"与其不治生产而乞不义之财,毋宁求田问舍而却非礼之馈。"[2]近人刘声木也认为:"人生当务之急,以治生为最要。"[3]在民间且有送穷、迎福故事。[4] 至于富贵之家营造豪宅大院,雕梁画栋,追求居住舒适,更是代不乏人,以致朝廷不得不明文限制私人房宅的大小、规模、装饰,违者处以逾制之罪。唐代敦煌《史婆陁违法式判》中,长安县富商史婆陁"屋宇过制",即被判令"修改"。[5] 这点瞿同祖先生说得较多,不赘。[6]

但另一方面,又不赞成求田问舍、营造豪宅,而大力提倡、褒扬在住宅、财产问题上的豁达、淡泊态度。唐太宗时中书令岑文本,有劝其营产业者,文本叹曰:"南方一布衣,徒步入关,畴昔之望,不过秘书郎、一县令耳。而无汗马之劳,突然以文墨致位中书令,斯亦极矣。荷俸禄之重,为惧已多,何得更言产业乎?"言者叹息而退。[7] 工部尚书郑权"家属百人,无数亩之宅,僦屋以居",韩愈撰文赞赏"可谓贵而能贫,为仁者不富之效也"。[8] 苏州人凌士燮在长安20年,

---

〔1〕(元)苏天爵辑撰:《左丞许文正公》,载《元朝名臣事略》(卷八),中华书局1996年版,第175页。

〔2〕(清)钱大昕:《治生》,载《十驾斋养新录》(卷十八),上海书店2011年版,第365页。

〔3〕转引自刘声木:《名孺论治生》,载《苌楚斋续笔》(卷四),中华书局1998年版,第309页。

〔4〕参见(清)钱大昕:《十驾斋养新录》卷十六《迎富》。

〔5〕参见陈尚君辑校:《阙名·史婆陁违法式判》,载《全唐文补编》(卷一百三十)。"皇后母福国夫人熊氏言,家无居第,乞令临安府盖屋十五间为皇后宅。上不许,命以官屋假之。"(《建炎以来系年要録》卷六十三)

〔6〕参见瞿同祖:《中国法律与中国社会》,中华书局1981年版,第247页。《晋书》卷二十六《食货》:"王公以国为家,京城不宜复有田宅。"《大明会典》卷五十六:(洪武二十六年定)一品官房舍除正厅外,其余房舍许从宜盖造,比正屋制度务要减小,不许太过。其门窗户牖,并不许用朱红油漆。庶民所居房舍不过三间五架。在京功臣宅舍地势宽者,住宅后许留空地十丈,左右边各许留空地五丈。若见住旧居所在、地势窄隘,止仍旧居,不许那移军民以留空地。官员之家,住宅照依前定丈尺。不许多留空地,过此即便退出。令子孙赴官告给园地,另于城外量拨。功臣之家,不许于住宅前后左右多占地丈、盖造亭馆。或开掘池塘、以为游翫。(洪武)三十五年申明军民房屋不许盖造九五间数。一品二品,厅堂各七间。六品至九品,厅堂栋梁只用粉青刷饰。庶民所居房屋从屋,虽十所、二十所,随所宜盖,但不得过三间。正统十二年令:庶民房屋架多而间少者、不在禁限。《八旗通志》卷二百十三:"王府不遵定制、台基过高及多盖房屋者,俱治罪。"

〔7〕参见《旧唐书》卷七十《岑文本传》。

〔8〕《韩昌黎文集》卷四《送郑尚书序》。史书上记载的郑权乃"贪邪之士"[(宋)洪迈:《郑权》,载《容斋随笔·容斋续笔》(卷四),中华书局2015年版,第202页],此处取其意可也。

"构蓬室","栋宇简易,仅避风雨",柳宗元赞其乃"儒有蓬户甕牖而自立者"。[1] 北宋宰相杜衍,"家故饶财,诸父分产,公以所得悉与昆弟之贫者。俸禄所入,分给宗族,赒人急难。至其归老,无屋以居,寓于南京驿舍者久之",欧阳修、叶梦得撰文褒扬,[2]《宋史》亦予肯定。司马光虽然关心后辈生活情况,但自己家在陋巷,"所居才能芘风雨"。[3] 沈括《梦溪笔谈》记宰相陈升之(封秀国公)治第于润州,"极为闳壮,池馆绵亘数百步",但完工时,"公已疾甚,唯肩舆一登西楼而已",人谓之"三不得":"居不得,修不得,卖不得"。[4] 虽然沈括没有明确批评,但字里行间的惋惜和不认可之意显而易见。明末笔记《五杂组》更断言:"缙绅喜治第宅,亦是一蔽。"特别引用唐代郭子仪治第的故事。郭对工人说:"好筑此墙,勿令不牢。"筑者释锤而对曰:"数十年来,京城达官家墙皆是某所筑也,今某死,某亡,某败,某绝,人自改换,墙固无恙。"郭子仪闻之惕然动心,即日请老。《五杂组》对此高度肯定:"贤哉工人之言,达哉令公之见。"[5] 明清且有"与人不睦,劝人造屋"之谚。[6]

这些主张的背后,第一,如上文所说的,中国传统士大夫一向主张淡泊名利,重在修身,不求物外。[7] 第二,担心子孙败家,被人抢夺,不得善终。《五杂组》说:"精巧愈甚,则失势之日,人之瞰之亦愈急,是速其败也;价值愈高,则贫乏之日,人之市之也愈难,是益其累也。况致富之家多不以道,子孙速败自是常

---

〔1〕 (唐)柳宗元:《河东先生集》卷二十五《凌助教蓬屋题诗序》。

〔2〕 参见(宋)欧阳修:《居士集》卷三十一《太子太师致仕杜祁公墓志铭》;(宋)叶梦得:《石林燕语》卷十。杜衍的《新居感咏》:"因念古圣贤,名为千古垂。何尝广居室,俭为后人师。"参见吕祖谦编:《宋文鉴》卷十五《五言古诗》。

〔3〕 《文昌杂录》卷四,载《宋人轶事汇编》(卷二十),上海古籍出版社 2015 年版,第 1452 页。

〔4〕 (宋)沈括撰、金良年点校:《杂誌二》,载《梦溪笔谈》(卷二五),中华书局 2015 年版,第 246 页。

〔5〕 (明)谢肇淛:《地部一》,载《五杂组》(卷三),上海书店 2009 年版,第 58 页。

〔6〕 (清)赵翼:《成语》,载《陔余丛考》(卷四三),河北人民出版社 2007 年版,第 901 页。语出《续资治通鉴长编》卷二二六《神宗 · 熙宁四年》,文彦博:"工师造屋,初必小计,冀人易于动功。及既兴作,知不可已,乃方增多"。

〔7〕 参见杨绛:《将饮茶 · 回忆我的父亲》其载:那天回家后,大姐盛称他们家(章宗祥)的地毯多厚,沙发多软。父亲意味深长地慨叹一声说:"生活程度(现在所谓生活水平)不能太高的。"他只说了这么一句。可是这句话我父亲在不同的场合经常反复说,尽管语气不同,表情不同,我知道指的总是同一回事。

理,冷眼旁观,可为叹息。"[1]稍晚一点的顾炎武的态度大略同此。他将士大夫晚年求佛问道与求田问舍相提并论,认为二者"行事虽殊,而孳孳为利之心则一而已矣"。[2] 他还引用唐代正反三个例子,赞誉张嘉贞不立田业,"得二疏之遗意",感慨马燧货甲天下,"身殁之后,诸子无室可居,以至冻馁",王锷"家财富于公藏",死后财产被节度使李全抢夺,其子王稷被杀,其女被掠为妾。在顾炎武生活的明末清初也是如此,"今之大家,以酒色费者居其一,以争阋破者居其一,意外之侮夺又居其一,而三桓之子孙微矣"。[3]

第三,也是最根本的,则是因为财产权得不到切实保障,动辄就被皇权和势家掠夺,甚至危及人身和家族安全。所谓破产破家很大程度上均非个人行为和市场行为,而是行政权力迫害所致。一个典型例证是,梁武帝欲买王骞家祖田,建造寺院,王答曰:"此田不卖,若敕取,所不敢言"。帝怒,遂付市评田价,以直逼取之。[4] 王骞是东晋名相王导后人,王氏家族在江南有着很大势力,但在皇权面前,亦不得不委曲求全任其蹂躏。比之德国法制史上的磨坊故事,岂可以道里计哉?质言之,这才是中国古代士大夫在财富面前一向内敛、谦抑,甚至避之唯恐不及的主要根源。以顾炎武之明断多识,在这个问题上亦同于俗见,认为根源在于人生祸福无常,财富不可久恃,有点遗憾。当然也可能顾炎武早就看到这一点,只是没有道破。在历史面前,我们都是孩童。

---

[1] (明)谢肇淛:《地部一》,载《五杂组》(卷三),上海书店2009年版,第58页。
[2] (明)顾炎武:《日知录》卷十三《士大夫晚年之学》。
[3] (明)顾炎武:《日知录》卷十三《田宅》。
[4] 参见《南史》卷二十二《王骞传》。

西法

21 世纪澳大利亚法社会学研究的新发展*

——以帕特·奥马利的学说为中心

何勤华　罗　锐**

内容摘要:澳大利亚法社会学自 20 世纪 60 年代中期之后,进入了成熟和繁荣的阶段,研究活动日益活跃。进入 21 世纪以来,法社会学的研究领域有着相当大的扩展。福利国家模式转向新自由主义,出现了风险日益增长与社会管控日益严格的矛盾。一方面,政府运用社区警务模式等手段以控制和预防犯罪,最大限度地减小风险。另一方面,新自由主义下的道德约束松弛,冒险行为逐渐被社会接受,风险逐渐被分配给个人进行管控,罚款等控制、降低犯罪率的金钱制裁模式占据刑事犯罪制裁手段的主导地位。而奥马利独创的风险社会学理论,将风险和犯罪等社会学理论融为一体,成为 21 世纪澳大利亚法社会学研究的代表人物。

关键词:澳大利亚法社会学　奥马利　风险治理

澳大利亚法社会学自诞生起,发展至今已经有 70 多年的历史。相比较于美国、法国、德国、英国等法社会学重镇而言,中国国内对其研究甚少。目前国内的研究成果,主要集中在朱利叶斯·斯通(Julius Stone)〔1〕的一系列法社会

---

* 本文系国家社科基金重大项目"法律文明史"(11&ZD081)第 8 个子课题"英美法系"的阶段性成果。

** 何勤华,华东政法大学法律文明史研究院教授,法学博士;罗锐,华东政法大学法律史专业硕士研究生。

〔1〕 朱利叶斯·斯通(1907~1985),于 1942 年至 1972 年在悉尼大学担任法学和国际法教授,此后在新南威尔士大学担任客座教授。

学思想方面。[1] 而对于澳大利亚法社会学的其他代表人物,国内尚未有论著涉及。朱利叶斯 · 斯通的 *The Province and Function of Law*:*Law as Logic*,*Justice and Social Control*,*A Study in Jurisprudence*(法律的范围与功能)[2]出版于 1946 年,以此为基础,朱利叶斯 · 斯通扩展出了他的法社会学三部曲:*The Legal System and Lawyers' Reasonings*(法律体系与法学家推理)[3]出版于 1964 年,*Human Law and Human Justice*(人类法律与人类正义)[4]出版于 1965 年,*Social Dimensions of Law and Justice*(法律与正义的社会维度)[5]出版于 1966 年。今天,距离朱利叶斯 · 斯通的法社会学研究时期又过去了 50 多年,那么步入 21 世纪后,澳大利亚法社会学又有哪些代表人物? 有了哪些发展? 本文以帕特 · 奥马利(Pat O'Malley)为中心,尝试对此作出概要的评述。

一、"二战"以后澳大利亚的法社会学发展

英国、加拿大、澳大利亚等英语国家在第二次世界大战之后,才迈出法社会学研究的步伐,但它们的研究发展较快。[6] 在澳大利亚,"二战"后法社会学领域出现的一个重量级人物,就是出生于英国利兹、在牛津大学和哈佛大学受到职业教育、并成为悉尼大学法学院教授的犹太人朱利叶斯 · 斯通。斯通的学术兴趣是试图综合分析法学、社会法学和关于正义的理论三大学派,尽量构建一个一体化的法理学,但他思想的主流是社会法学的。[7] 斯通是在牛津大学开始

---

[1] 参见薄振峰:《法律的综合维度——朱利叶斯 · 斯通法律哲学研究》,清华大学出版社 2013 年版;薄振峰:《朱利叶斯 · 斯通的社会法学思想》,载《清华法学》2006 年第 3 期;薄振峰、马增民:《法律逻辑、选择的空间与司法创造性——朱利叶斯 · 斯通的法律逻辑思想》,载《法治论丛》2006 年第 1 期;许章润:《法律理性与人类正义——对于朱利叶斯 · 斯通教授聘任案的社会——学术史分析》,载《比较法研究》2000 年第 3 期;薄振峰:《法律、理性与人类正义——朱利叶斯 · 斯通的实用主义正义观》,载《环球法律评论》2006 年第 2 期。

[2] Julius Stone,*The Province and Function of Law*:*Law as Logic*,*Justice and Social Control*,*A Study in Jurisprudence*, Cambridge,Harvard University Press,1946.

[3] Julius Stone,*Legal System and Lawyers' Reasonings*,California,Stanford University Press,1964.

[4] Julius Stone,*Human Law and Human Justice*,California,Stanford University Press,1965.

[5] Julius Stone,*Social Dimensions of Law and Justice*,New York Stevens,1966.

[6] 参见王威:《法律社会学——学科辨析与理论源流》,群众出版社 2004 年版,第 407 页。

[7] 参见薄振峰:《朱利叶斯 · 斯通的社会法学思想》,载《清华法学》2006 年第 3 期。

接触并受到奥斯汀(John Austin)[1]的分析法学的影响,以及接受梅因(Henry James Sumner Maine)[2]所强调的历史法学,而在美国哈佛大学,斯通又结识了当时哈佛法学院院长也是社会法学派的代表人物罗斯科·庞德(Rosco Pound),[3]因而他的思想也在一定程度上受到庞德的影响。

斯通的社会法学思想的中心,是认为法律是实现社会控制的工具,通过法律对社会的控制和利益的调整实现社会正义,这一点与庞德大致相同。斯通认为,"在最广的意义上,社会控制包括人类社会对它本身或它的部分施加影响的所有方式"。[4] 在早期社会中,法律、宗教、习俗作为社会控制的三种主要方式,但是区别于现代社会,这三种社会控制方式在早期社会中没有明显的区别。随着社会的演进,世俗国家和政治权力逐渐出现,统治者为了更好地控制社会,把目光投向了法律这种社会控制方式。自此,法律相较于宗教、习俗,成为了主要的社会控制方式。

斯通认为,现代社会是一个"经济上组织复杂的社会",[5]不再像之前的社会一样仅仅只是劳动者简单的社会分工,也不是缺少人口流动的简单家族亲戚的聚居,因而"在这样的社会,萨维尼(Friedrich Carl von Savigny)[6]关于法律是一个民族最深层次意识的反映的观点,已经部分丧失了它曾有过的解释力"。[7] 在现代社会中,法律渗透到社会的每一个角落,统治阶层运用法律调整社会的各个方面,法律的民族精神说随着社会变化而带来的法律功能的变化逐渐失去说服力,这与庞德的"法律的社会化"有着异曲同工之妙。同时,斯通

---

〔1〕 奥斯汀(1790~1859),英国法学家,"现代英国法理学之父",法律实证主义创始人之一。

〔2〕 梅因(1822~1888),是19世纪英国著名的法律史学家,历史法学派在英国的代表人物,晚期历史法学派的集大成者。因其著作《古代法》而被西方学者公认为英国历史法学的创始人,在西方法学界影响颇大。

〔3〕 罗斯科·庞德(1870~1964),美国20世纪最负盛名的法学家之一,是"社会学法学"运动的奠基人,他从社会学的角度分析了"法"这种现象,提供了一种全新的方法论,给法学研究带来了不同的思维模式。

〔4〕 Julius Stone, *The Province and Function of Law: Law as Logic, Justice and Social Control, A Study in Jurisprudence*, Cambridge, Harvard University Press, 1946, p. 753.

〔5〕 Julius Stone, *Social Dimensions of Law and Justice*, New York, Stevens, 1966, p. 151.

〔6〕 萨维尼(1779~1861),德国法学家。法律关系本座说的创立者,先后任职普鲁士王朝司法大臣、柏林大学校长、马尔堡大学和兰茨胡特大学教授,历史法学派主要代表。

〔7〕 Julius Stone, *Social Dimensions of Law and Justice*, Stevens, New York, 1966, p. 38.

也考虑到了过度的法律控制可能带来的对于自由的侵犯。斯通认为,在极端的法律不干预和极端的法律干预的两种极端之间存在一个广阔的领域,在这个领域存在一个法律的社会控制,而法律的任务就是一个社会工程。

斯通所理解的正义,“至少是三种变量的功能。第一,人类的需要、愿望或者要求的心理事实,随着时间和地点而改变。第二,在特定的时间和地点得到满足他们需要的劳务的、商品的、环境的和服务的资源。第三,正义是为了释放人们的这些需求、愿望和要求与社会可提供资源之间产生的紧张关系而产生的。这一释放从原始的血亲复仇到我们现代复杂精致的法律体系和现代群体革命的巨变”。[1] 斯通认为,正义应当建立在特定时间和地点的实际社会物质关系基础之上,因而不管对正义的理解是否一样,它都必须放在特定的时间和地点上来讨论,放在特定的社会背景之下进行讨论。所以,斯通认为追求社会正义必须从正义所在的社会出发,运用法律、宗教、习俗等控制手段来控制社会,正义一定能够实现,但是正义的实现不是绝对的,也不会一蹴而就。

19 世纪 60 年代中期之后,法社会学的研究进入了成熟和繁荣阶段。“任何在法律社会学领域内的观察者都会注意到,该领域的研究范围和智力活动在过去二十年间都在不断扩展和持续增长。这段时间内涌现出大量的关于法社会学的学术期刊,包括有 1966 年创刊的《法律与社会评论》,1974 年创刊的法律与社会杂志,1979 年创刊的《国际法社会学期刊》,同年创刊的《法律与政策》”,[2]“出版商如学术出版社、朗曼公司、牛津出版社出版了一系列出版物,显示出对该领域的极大兴趣”。[3] 澳大利亚法社会学也有着长足的发展,1982 年澳大利亚《法律和社会期刊》创刊,该期刊由麦克理大学法学院出版,涵盖了历史和当代国际背景下广泛的法律问题。

---

〔1〕 Julius Stone, *The Province and Function of Law: Law as Logic, Justice and Social Control, A Study in Jurisprudence*, Cambridge, Harvard University Press, 1946, p. 784.

〔2〕 Roman Tomasic, "Continuity and Change in the Sociology of Law", *Adelaide Law Review* 11, 1987, p. 70.

〔3〕 Roman Tomasic, "Continuity and Change in the Sociology of Law", *Adelaide Law Review* 11, 1987, p. 70.

早期的法社会学学者,诸如 E. A. 罗斯(Edward Alsworth Ross)、[1]R. T. 伊利(Richard Theodore Ely)、[2]埃利希(Eugen Ehrlich)[3],以他们自己的方式去关注法社会学的基础理论、基本原理和主要功能,关注社会控制、法律与经济秩序之间的关系、法律文化与风俗之间的关系、国家规范与非正式规范之间的关系等现代问题,虽然存在一定的连续性,但是当今法社会学家与早期法社会学家的关注领域出现了转变,现在的法律社会学也不同于以往的法社会学。[4] 在过去的几十年中,法社会学领域有着相当大的扩展,许多影响法社会学国际化的举措得到实施。必须要强调的是,法社会学今天是一门更复杂的学科,涉及的问题比以往任何时候都要多。

二、帕特·奥马利的生平和著作

帕特·奥马利以及其犯罪刑罚社会学理论,就是在上述欧美法社会学发展变迁的社会背景和氛围之中成长起来的。

奥马利约出生于 1950 年前后,20 世纪 80 年代在新西兰、英国和澳大利亚的社会学系和法学院学习,并担任学术和研究的职位。20 世纪 80 年代后期转到拉筹伯大学,[5]在 1992 ~ 2002 年担任该大学的法学教授,1990 ~ 1992 年成为国家社会法律研究中心主任。在这段时间内,奥马利参与了几个大规模的犯罪预防项目的研究,其中包括研究危害最小化的非法药物使用项目。1992 年,他被任命为阿默斯特学院[6]的路西(Lurcy)特聘讲师,1996 年被任命为多伦多

---

[1] E. A. 罗斯(1866 ~ 1951),19 世纪末 20 世纪初美国社会学家,威斯康辛大学教授,著有《社会控制》等专著。

[2] R. T. 伊利(1854 ~ 1943),美国经济学家,他的经济研究偏向政治,为 20 世纪政治经济学的巨擘。

[3] 埃利希(1862 ~ 1922),奥地利法学家,社会学法学派在欧洲的首创人之一。

[4] Roman Tomasic, "Continuity and Change in the Sociology of Law", *Adelaide Law Review* 11, 1987, p. 70.

[5] 拉筹伯大学是澳大利亚一所多校区的公立研究型大学,主校区位于墨尔本郊区的邦多拉,该大学成立于 1964 年,是维多利亚第三所大学和澳大利亚第十二所大学。

[6] 阿默斯特学院是位于美国马萨诸塞州阿默斯特市的私立文理学院,成立于 1821 年,是马萨诸塞州第三个最早的高等教育机构。

大学约翰 · 爱德沃滋(John Edwards)讲席讲师,1999 年担任惠灵顿维多利亚大学终身讲师(Centenary Lecturer)。

2000 年,奥马利凭借其在国际犯罪社会学上的贡献,被美国犯罪学学会授予塞尔登(Sheldon)和艾利诺 · 格吕克(Eleanor Glueck)奖。2002 年,奥马利被委任为加拿大犯罪学和刑事司法委员会主席。自 2006 年起,奥马利担任悉尼大学法学院科研教授(Professorial Research Fellow)。2013 年,奥马利退休后,担任利物浦大学法律与社会正义学院研究员,并成为悉尼大学法学院荣誉教授和加拿大卡尔顿大学兼职教授。同年,当选为澳大利亚社会科学院院士,并在 2016 年被任命为澳大利亚国立大学特聘名誉教授。

帕特 · 奥马利在法社会学领域内的研究成果颇丰,特别是在最近的 20 年内出版了一系列的专著和论文。他的著作主要有:*Crime and the Risk Society*(《犯罪和风险社会》),[1] *Risk, Uncertainty and Government*(《风险,不确定性和政府》),[2] *Riesgo, Neoliberalismoy Justicia Penal*(《风险,新自由主义和刑事司法》),[3] *The Currency of Justice, Fines and Damages in Consumer Society*(《在消费社会中的货币正义,罚款和损害》),[4] *Crime and Risk*(《犯罪和风险》)。[5] 论文主要有:"Technocratic Justice in Australia"(《澳大利亚技术专家治国论视角下的正义观》),[6] "Regulating Contradictions: The Australian Press Council and the Dispersal of Social Control"(《规范矛盾:澳大利亚报业委员会和社会控制的传播》),"Class Conflict Land and Social Banditry: Bushranging in Nineteenth Century Australia"(《阶级冲突地与社会盗窃:19 世纪澳大利亚的丛林居

---

〔1〕 Pat O'Malley, *Crime and the Risk Society*, Farnham Ashgate, 1998.

〔2〕 Pat O'Malley, *Risk, Uncertainty and Government*, Lodon Taylor & Francis, 2004.

〔3〕 Pat O'Malley, *Riesgo, Neoliberalismoy Justicia Penal*, Ad-Hoc, 2006.

〔4〕 Pat O'Malley, *the Currency of Justice, Fines and Damages in Consumer Society*, Routledge-Cavendish, 2009.

〔5〕 Pat O'Malley, *Crime and Risk*, New York SAGE Publications, 2010.

〔6〕 Pat O'Malley, "Technocratic Justice in Australia", *Law in Context: A Socio-Legal Journal* 2, 1984, pp. 31 – 49.

民》),[1]"The Currency of Freedom"(《货币自由》),[2]"Policing, Politics and Postmodernity"(《警察,政治和后现代》),[3]"Accomplishing Law: Structure and Negotiation in Legislative Process"(《完成法律:立法过程中的结构和谈判》),[4]"Suicide and War—A Case Study and Theoretical Appraisal"(《自杀与战争——个案研究与理论评价》),[5]"Risks, Ethics, and Airport Security"(《风险,道德和机场安全》),[6]"Imagining Insurance Risk, Thrift and Industrial Life Insurance in Britain"(《想象中的英国保险风险,节俭和工业人寿保险》),[7]"Post-Social Criminologies—Some Implications of Current Political Trends for Criminology Theory and Practice"(《后社会犯罪学——当前政治趋势对犯罪学理论与实践的一些启示》),[8]"Fines, Risks and Damages: Money Sanctions and Justice in Control Societies"(《罚款,风险和损害:控制社会中的金钱制裁与司法》),[9]"Security after Risk: Security Strategies for Governing Extreme Uncertainty"(《风险后的安全:治理极端不确定性的安全策略》)。[10]

---

〔1〕 Pat O'Malley, "Class Conflict Land and Social Banditry: Bushranging in Nineteenth Century Australia", *Social Problems* 26, 1978 - 1979, pp. 271 - 283.

〔2〕 Pat O'Malley, "The Currency of Freedom", *Social & Legal Studies* 20, 2011, pp. 515 - 527.

〔3〕 Pat O'Malley, "Policing, Politics and Postmodernity", *Social & Legal Studies* 6, 1997, pp. 363 - 382.

〔4〕 Pat O'Malley, "Accomplishing Law: Structure and Negotiation in Legislative Process", *British Journal of Law and Society* 7, 1980, pp. 22 - 35.

〔5〕 Pat O'Malley, "Suicide and War—A Case Study and Theoretical Appraisal", *British Journal of Criminology* 15, 1975, pp. 348 - 359.

〔6〕 Pat O'Malley, "Risks, Ethics, and Airport Security", *Canadian Journal of Criminology and Criminal Justice* 48, 2006, pp. 413 - 422.

〔7〕 Pat O'Malley, "Imagining Insurance Risk, Thrift and Industrial Life Insurance in Britain", *Connecticut Insurance Law Journal* 5, 1998 - 1999, pp. 675 - 706.

〔8〕 Pat O'Malley, "Post-Social Criminologies—Some Implications of Current Political Trends for Criminology Theory and Practice", *Current Issues in Criminal Justice* 8, 1996, pp. 26 - 38.

〔9〕 Pat O'Malley, "Fines, Risks and Damages: Money Sanctions and Justice in Control Societies", *Current Issues in Criminal Justice* 21, 2010, pp. 365 - 382.

〔10〕 Pat O'Malley, "Security after Risk: Security Strategies for Governing Extreme Uncertainty", *Current Issues in Criminal Justice* 23, 2011, pp. 5 - 16.

三、帕特 · 奥马利的法社会学思想

作为21世纪澳大利亚法社会学的主要代表,帕特 · 奥马利的研究兴趣主要集中在三个问题上:风险预测和风险承担的重点在哪些方面影响着我们的社会治理方式,以及我们如何应对我们的生活?"新自由主义"在多大程度上以及以何种方式塑造了当代社会治理,以及这种理念对于理解当代政治和社会秩序有多充分?在过去的20年里,刑事司法的主要变化方式是什么,以及这有什么更广泛的社会影响?

这一兴趣使奥马利研究了社会生活的各个领域:犯罪与惩罚;意外事故,法律和保险;恐怖主义和犯罪预防;现代生活中兴奋和冒险的领域;城市消防的政治和技术;金钱制裁和刑事司法。

(一)金钱制裁

在金钱制裁与自由方面,奥马利认为金钱制裁作为现代司法和法律中占据主导地位的制裁方式,但是在很大程度上被社会法学和犯罪学理论所忽视,甚至被认为是社会和法律的惰性。奥马利赞同这样的观点,补救措施是将金钱(特殊损害赔偿)作为与保险更接近的补偿,而不是用金钱弥补非金钱上的伤害,更加重要的是金钱补偿所产生的其他意义,尤其是在取代失去的工资方面,如金融安全方面。他认为,"金钱制裁在一个宽容的法律中[不仅仅是涂尔干(Émile Durkheim)[1]的'恢复性法律'中]具有重要意义,如果在一个基于自由选择的社会中进行'危险的'(dangerous)制裁,金钱制裁是最佳的"。[2]

之前,英国法学家、功利主义法学代表边沁(Jeremy Bentham)[3]认为,金钱制裁具有很多优势:完全可逆性;管理便宜;校准以匹配违法者的行为;尽量减少对犯罪人工作年限的干扰;最小限度的强制,因为金钱制裁既不涉及身体暴

---

[1] 涂尔干(1858~1917),又称为埃米尔 · 杜尔凯姆,法国犹太裔社会学家、人类学家,法国首位社会学教授,《社会学年鉴》创刊人,与卡尔 · 马克思(karl Heinrich Marx)及马克斯 · 韦伯(Max Weber)并列为社会学的三大奠基人,主要著作是《自杀论》及《社会分工论》等。

[2] Pat O'Malley,"The Currency of Freedom",*Social &Legal Studies* 20,2011,p. 549.

[3] 边沁(1748~1832),英国的法理学家、功利主义哲学家、经济学家和社会改革者,以功利主义哲学、动物权利的宣扬及对自然权利的反对而闻名于世。

力,也不涉及自由的丧失。因而,边沁倾向于进行全面的金钱制裁。确实,自 20 世纪初以来,除美国以外,罚款一直是民主国家的主要刑事司法制裁。在这个时期出现了一个巨大的监管领域,在这个领域中,刑事司法不太适用,金钱制裁成为正常的制裁。在合同及其相关领域,普通法国家的侵权行为调解的社会行为范围很大,主要的调解方式就是金钱制裁或保险金代替。所以,边沁认为货币提供了一套理想的法律制裁:危险人口将被纪律机构"文明化",并且"丰量"[1]的水平能够确保大量的罚款和损失得到支付。

奥马利认为金钱制裁不会像边沁期待的那样完成,而且几乎肯定不会达到边沁期待的结果。他认为,金钱制裁能够阻碍政府监管的大范围扩张。同时,"金钱制裁已经成为主要的制裁手段,因为它是少数几个,能够以可承受的方式和相对较低的政治形象遏制违规和不服从,而不是作为纠正或者根除的方式之一。作为正义的消费者,我们支付购买许可证的费用是为了达到我们的'意志自由',不管是通过购买这种或者那种形式的许可证或保险,支付罚款还是支付隐藏的损害赔偿费用价格"。[2]

奥马利认为,风险、金钱和正义的融合在法律和政府中比可能实现的更加深远,因为它是不断增长的自由形式的核心,这是一种自由,并非新鲜事物,但对我们的生活变得更加重要,这是选择自由的一个变种。现代社会中越来越多的机器监控着人们的错误,识别身份,发出罚款通知,但是由于金钱制裁的特征,人们完全可以匿名支付,甚至在线支付,这就模糊了罚款和其他金钱制裁的界限。所有金钱制裁的共同之处,都在于涉及的是特权而不是权利,如果与公民的合作不够充分,特权可以在不干涉自由权利的情况下被移除,取消特权也可以完全在虚拟空间下进行,因此也不需要涉及政府。这种情况只有在公民累计了过多的积分点,未能支付费用或罚款,或者以其他方式超过某个风险阈值时才会发生,而且这种阈值事先已知。当然,公民也可以不选择首先购买特权来摆脱这些治理,尽管这可能十分尴尬和不便。对于社会上的"消费者"来说,这是一个正义的过程,在这个过程中风险和正义都被货币化,并且通过数学化

---

[1] 作者认为庞大的人口基数和适当的文明程度能够保证执法机关收取足额的罚款。

[2] Pat O'Malley, "The Currency of Freedom", *Social & Legal Studies* 20, 2011, p. 551.

的风险判例、安全的科学记录,证明了货币化的正义的计算的合法性。"这也许是基于自由的社会的最佳正义选择,只有在创造他人风险的情况下,金钱制裁才会介入选择事宜。金钱制裁主要影响购买的特权,并且在自由权利的参数范围内运行良好,在这个过程,公民的自由也没受到威胁。"[1]

在奥马利看来,金钱能够通过三个方面体现社会正义,首先,"正如西美尔(Georg Simmel)[2]所言,货币是无差别的",[3]在刑事司法中,法院判处罚款时不必考虑金钱的来源,在民法的金钱损害案件里,法院同样不关心谁支付罚款。其次,"金钱与自由和身体不同,金钱法律制裁的另外关键点在于金钱总是被转移而不是被破坏",[4]金钱损失是通过金钱转移来弥补受害方。最后,金钱在体现社会正义方面的第三个特征是金钱自身的含义,"对西美尔来说,金钱是无意义的,更确切地说,它的意义是货币购买商品",[5]金钱几乎没有任何失去人身自由的政治意义。

在有关金钱和风险的关系的论述中,奥马利认为,"罚款和损失在管理的货币化循环中出现,与许可证、税收、费用、保险费等其他因素重叠和合并,它们通过分配的形式,像所有基于风险的系统一样运作。作为罚款,它们旨在减少危险驾驶和超速等有害风险,作为损害赔偿,它们重新分配损害的成本,这被称为控制社会"。[6] 罚款和损害的确如同价格一样发挥作用,并有助于调整和规范有害或不需要行为的分配。在这个意义上,正义更多的是关于风险管理而不是个人正义。

---

〔1〕 Pat O'Malley, "The Currency of Freedom", *Social & Legal Studies* 20, 2011, p. 555.

〔2〕 西美尔(1858~1918),德国社会学家、哲学家,主要著作有《货币哲学》和《社会学》,是形式社会学的开创者。

〔3〕 Pat O'Malley, "Fines, Risks and Damages: Money Sanctions and Justice in Control Societies", *Current Issues in Criminal Justice* 21, 2010, p. 366.

〔4〕 Pat O'Malley, "Fines, Risks and Damages: Money Sanctions and Justice in Control Societies", *Current Issues in Criminal Justice* 21, 2010, p. 366.

〔5〕 Pat O'Malley, "Fines, Risks and Damages: Money Sanctions and Justice in Control Societies", *Current Issues in Criminal Justice* 21, 2010, p. 367.

〔6〕 Pat O'Malley, "Fines, Risks and Damages: Money Sanctions and Justice in Control Societies", *Current Issues in Criminal Justice* 21, 2010, p. 377.

（二）风险理论

在有关风险的研究中，奥马利认为，“自 9·11 之后，政府在某种程度上加强了风险意识和风险治理，但是也引起了风险不足的担忧，我们不能够依靠概率预防机制来实现安全。我们被迫从可计算的事物转移到不可估量的未来，或者更确切地说，从风险治理转向不确定性”，〔1〕“在风险之前存在预期治理，而且大多数现代制度和安排都依赖于预期治理。边沁称之为向前看的倾向：自由主义的先见性，在合同和侵权法领域化为合理的可预见性和过失”。〔2〕美国国家恐怖袭击事件委员会（the National Commission on Terrorist Attacks upon the United States）询问联邦政府，得出的报告显示的结论是，未能预见和防止恐怖袭击。奥马利认为极端不确定的风险的治理策略是预期治理，预期治理可以被分为预防措施，投机先发制人，准备和复原力。首先，对风险社会的出现和极端不确定性的一种回应是高度诉诸预防原则，“预防原则要求人们考虑最坏的设定（被定义为严重且不可逆转的后果），其中想象最糟糕的情形是关键”。〔3〕其次，“过去十年中采取的第二个重大但是相同的负面方向是假设我们无法阻止灾难降临，即使采取预防措施等策略，也最好能够做最坏的准备”，〔4〕通过准备能够对不可预测的灾难性事件进行计划，这种计划的目的不是阻止这些事件的发生，而是为了管理其后果。再次，投机先发制人并不新鲜，但是在预防原则已经确立的环境中产生的投机先发制人是一个重大的发展，“投机依赖于高度的不确定性，这是其与历史前兆的不同。以前，先发制人的投机往往建立在有明确证据证明袭击即将发生的基础上，然而，在风险社会，高度不确定性本身就成为一种理由”。〔5〕最后，“随着 9·11 之后的国家安全革命，复原力已经成为一

〔1〕 Pat O'Malley, "Security after Risk: Security Strategies for Governing Extreme Uncertainty", *Current Issues in Criminal Justice* 23, 2011, p. 5.

〔2〕 Pat O'Malley, "Security after Risk: Security Strategies for Governing Extreme Uncertainty", *Current Issues in Criminal Justice* 23, 2011, p. 5.

〔3〕 Pat O'Malley, "Security after Risk: Security Strategies for Governing Extreme Uncertainty", *Current Issues in Criminal Justice* 23, 2011, p. 7.

〔4〕 Pat O'Malley, "Security after Risk: Security Strategies for Governing Extreme Uncertainty", *Current Issues in Criminal Justice* 23, 2011, p. 8.

〔5〕 Pat O'Malley, "Security after Risk: Security Strategies for Governing Extreme Uncertainty", *Current Issues in Criminal Justice* 23, 2011, p. 9.

种普遍的安全观点。它在单一分析模式下整合了各种各样的灾难情况,包括恐怖主义、关键基础设施保护、国家故障、自然灾害和气候变化。像其他9·11后的战略一样,复原力集中在我们无法预测或防止但是能够通过建立复原力来适应的重大事件上",[1]复原力的目标不是简单的恢复,而是茁壮地成长。

在机场安全问题上,奥马利主张从涉及基于规则的机场安全系统转向基于风险的系统的政治和伦理影响,根据个人知识或专业经验,不仅要由官员现场评估风险,还要通过正式的风险计算技术来评估风险。基于规则的方法,"可能违反歧视性法律和相关政治","与此相反,风险似乎确立了关于整个类别人群的客观真相,它允许对个人,包括那些被指定为危险的个人来说实施原本不可能进行的新种类的干预"。[2] "法律制度和基于其他规则的制度的一个关键问题是,法律很少对高风险的有害类别进行调整,因为它是概率性的,所以风险总会产生误报",[3]机场安全可接受的风险水平比较低,而法律(如刑法)中的合理怀疑和对人权的关注使法律干预门槛比较高,二者发生冲突,导致较高的误报率。另外,风险倾向于采取专家主导的形式,这被认为是关于风险的"客观"信息,而"外行"知识被认为是主观的,其结果是,通常"为了自己的利益",将风险强加于人们。奥马利认为,"风险的知识是透视的而不是绝对的","风险和安全并不是专业知识的保留"。[4]

奥马利也研究了保险领域的风险问题,风险的概念一方面与偶然性、危险性、概率性、随机性相联系,另一方面与损失和破坏性概念相联系,而保险则是通过风险类别将每一次事件都视为一次事故,保险的模式就是机会游戏,即一场风险或是一场意外。奥马利认为,"保险被定义为损失或损害有关的风险,同

---

[1] Pat O'Malley, "Security after Risk: Security Strategies for Governing Extreme Uncertainty", *Current Issues in Criminal Justice* 23, 2011, p. 10.

[2] Pat O'Malley, "Risks, Ethics, and Airport Security", *Canadian Journal of Criminology and Criminal Justice* 48, 2006, pp. 416 – 417.

[3] Pat O'Malley, "Risks, Ethics, and Airport Security", *Canadian Journal of Criminology and Criminal Justice* 48, 2006, p. 417.

[4] Pat O'Malley, "Risks, Ethics, and Airport Security", *Canadian Journal of Criminology and Criminal Justice* 48, 2006, pp. 419 – 420.

时它被定义为机会游戏,并具有投机收益可能性的明确内涵"。[1] 英国保险业的节俭、风险和保险这三者关系在过去的三个时期内发生了转型。古典自由主义时期,保险被视为"培养工业和节俭的习惯,同时也是减轻穷人化的一个手段"。[2] 在福利自由主义时期,国家成为处理特殊商品(必需品)的场所,埋葬保险(全寿命保单,工业生命保证的传统支柱)和养老投资政策被认为像是面包和租金这样的必需品,而不是奢侈品,应当被纳入强制性社会保险体系。前几代古典自由主义者和福利自由主义者认为,风险最小化对于工作人员的安全至关重要,分别培育了节俭习惯,建立了社会保险,将风险降到最低,但是对于新自由主义者来说,风险也有积极的一面。由于风险在当代自由主义政治理性中得到了更积极的评价,"节俭逐渐让位于投资",[3] 积极的风险愿景开始进一步地改革工人的保险制度,越来越多的商品化部门正在扩展到社会保险的强制性领域。

(三)刑事司法

在刑事司法领域,奥马利首先关注在后现代理论下的警务问题。警察的现代性被视为特别表现为执行统一的法律体系,法治在现代主义国家被理解为一个表达普遍真理的中立机构,非个人的和公正的,超越个人主义的。后现代性的出现被认为是"对警察的这些和现代主义相关的特征的腐蚀"。[4] 首先,后现代社会具有多元化的文化标准和人口统计特征,而统一的国家警察部队保持着普遍统一的标准则显得不合时宜,特别是现代主义项目的后现代碎片,如女权主义、后殖民主义,会破坏现代警察的法律和执法的统一和中立视野。其次,"警察精英转向消费主义的语言和风格",[5] 警察必须为当地的不同的顾客提供服务,而不是执行强制措施,维护普遍秩序。在此背景下,警察制度开始进行

---

〔1〕 Pat O'Malley, "Imagining Insurance Risk, Thrift and Industrial Life Insurance in Britain", *Connecticut Insurance Law Journal* 5, 1998 – 1999, p. 703.

〔2〕 Pat O'Malley, "Imagining Insurance Risk, Thrift and Industrial Life Insurance in Britain", *Connecticut Insurance Law Journal* 5, 1998 – 1999, p. 680.

〔3〕 Pat O'Malley, "Imagining Insurance Risk, Thrift and Industrial Life Insurance in Britain", *Connecticut Insurance Law Journal* 5, 1998 – 1999, p. 701.

〔4〕 Pat O'Malley, "Policing, Politics and Postmodernity", *Social & Legal Studies* 6, 1997, p. 363.

〔5〕 Pat O'Malley, "Policing, Politics and Postmodernity", *Social & Legal Studies* 6, 1997, p. 364.

了一些转变。首先,预防犯罪,发现和惩治罪犯,保护生命财产和维护公共安宁,过去主要由警察负责,现在变成了普通公民的直接责任,警察有一定的功能以协助公众工作,但不能完全交给警方。“社区必须摆脱过度依赖警察和其他执法机构与监管机构的控制犯罪模式”,“社区所有部门都必须更多地参与预防犯罪”,[1]需要密切关注个人责任在预防犯罪中的作用。其次,警务来到了“消费化”或者说是警察的“定制化”的时代,[2]警务作为一项服务将重新被概念化,并将社区重新定义为客户,且优先考虑客户需求。在警察领导方面,“警察组织从来都不是典型的现代化,在某些方面似乎与中世纪的行业协会更加一致”,[3]警察的招聘、入职、培训都是一种学徒模式,在这种模式下,必须通过从业者指导来学习手艺,奥马利主张改革管理框架,建立一个现代主义的、统一的、优秀的和内部竞争的组织。最后,奥马利希望警察的高级管理人员向国家和州政府承担更多责任,并且以新的方式追究责任,“他们越来越需要新的绩效衡量标准(如审计和成本效益分析),这些衡量标准不受警察专业知识的制定、执行和制约”。[4] 另外,在后现代的“解体”和治安分散的特征下,除了警务文职工作的广泛平民化之外,大量的警务工作已经被私营部门或非警察机构承包。

奥马利还关注了后社会政治下犯罪学的一些特征。首先,从 20 世纪 80 年代起,受害者在犯罪学和刑事司法学占据了主要位置,这与保守派政治的崛起相一致,“保守派政治力图将注意力转向对罪犯施加的恐惧和伤害来动员‘法律和秩序’政治”。[5] 国家代表了社会,因为只有国家才有合法性和资源来处理社会问题的原因和影响,犯罪与正义的关系几乎完全是罪犯和国家之间的关系。但是在逐渐向“伙伴关系”转型的警务模式下,潜在的受害者被想象为与警察关系平等的活跃代理人,使罪犯对受害者越来越负责,并使受害者“既是执法

[1] Pat O'Malley, “Policing, Politics and Postmodernity”, *Social & Legal Studies* 6, 1997, p. 370.

[2] Pat O'Malley, “Policing, Politics and Postmodernity”, *Social & Legal Studies* 6, 1997, p. 371.

[3] Pat O'Malley, “Policing, Politics and Postmodernity”, *Social & Legal Studies* 6, 1997, p. 372.

[4] Pat O'Malley, “Policing, Politics and Postmodernity”, *Social & Legal Studies* 6, 1997, p. 374.

[5] Pat O'Malley, “Post-Social Criminologies—Some Implications of Current Political Trends for Criminology Theory and Practice”, *Current Issues in Criminal Justice* 8, 1996, p. 29.

人员的活跃代理人,又是负责追捕罪犯的个人",[1]这样,"社会时代"对受害者的过度关注掩盖了国家作为社会政策和实践的主要代理人的首要重要性。其次,在后社会政治的侧重于地方政治,表现为远离国家和社会的运动的背景下,社区成为一个"后社会政治恢复的场所之一",[2]社区在国家福利主义的消极影响后是作为恢复主动权,"赋权"和赋予责任的一个领域。另外,后社会刑事司法方面的专业知识更加市场化、监狱私营化、安全服务以及警察和福利工作等的所有相关方面从以国家为中心转向以市场为中心。总而言之,"在后社会环境中产生的压力消除了行政和犯罪学术界之间的区别",[3]趋向于后者推动前者,倾向于进一步将犯罪学从其对社会的承担和社会理论中转移出去,促进犯罪学的分化。

奥马利在刑事司法的学术兴趣的核心在于"犯罪与风险"。

1. 风险、犯罪和刑事司法。自 20 世纪 80 年代以来,罪犯及其犯罪被重新定义为社会和心理崩溃的病理性产品,需要进行治疗性改革,很少人会关注犯罪的动机和意义,更多感兴趣的是罪犯做了什么,如何控制他们,如何最大限度地减少他们造成的损害,越来越多的人希望通过限制犯罪机会来降低犯罪风险,"到了 20 世纪末,风险已经成为治理各种问题的主要方式"。[4] 例如,向社区公布性犯罪者的信息这种利用风险减少犯罪的方式被认为是在监狱释放后,将惩罚延伸到无限期的未来,使前罪犯及其家属的生活变得难以承受,被证明可以减少犯罪的伤害。基于风险的"新轨迹"被认为正在将重点从纠正转向为降低风险。此外,预防犯罪也从边缘转移到警务活动的中心,创建"封闭式社区"(gated communities)以及广泛安装闭路电视来监控公共空间都被视为创造控制社会。

实证主义法学长期以来将犯罪视为冒险行为,其倾向于将冒险行为降低到

---

[1] Pat O'Malley, "Post-Social Criminologies—Some Implications of Current Political Trends for Criminology Theory and Practice", *Current Issues in Criminal Justice* 8, 1996, p. 29.

[2] Pat O'Malley, "Post-Social Criminologies—Some Implications of Current Political Trends for Criminology Theory and Practice", *Current Issues in Criminal Justice* 8, 1996, p. 33.

[3] Pat O'Malley, "Post-Social Criminologies—Some Implications of Current Political Trends for Criminology Theory and Practice", *Current Issues in Criminal Justice* 8, 1996, p. 35.

[4] Pat O'Malley, *Crime and Risk*, New York, SAGE Publications Ltd., 2010, p. 3.

导致犯罪的问题的状态,并将其归因于个人不足和社交不适,有些犯罪还可以被理解为“拥抱风险”,即冒险者为了追求兴奋而犯罪。“当前时代的特别特征可能是,高度强调风险承担与高度重视风险控制相冲突”,〔1〕消费文化的扩张,以及新自由主义政治强调风险在创业社会中的价值属性,二者结合起来创造了一个环境,使包含风险的犯罪变得更加吸引人,尤其是年轻人。这样一来,现代社会的冒险已经变得更加普遍,更多地成为日常生活的一部分。这个世界越发不确定,风险越发增长,而基于风险的安全需求越发增长,导致社会不安全的感觉越发强烈。

在考虑政府和风险的关系时,奥马利认为政府管理倾向于风险的最小化,除了极少数特权人士外,冒险行为通常是不被接受的。冒险行为可能被理解为政府项目的一个方面,但它也可能被理解为一种愉快的体验,因为激动人心的情感体验可能成为犯罪诱惑的一个部分。因而,“文化犯罪学本身可能被视为将文化方法纳入风险”,〔2〕即不同的文化对冒险的定义不同,政府不会解决个人的情绪和经验问题,其目的是将风险管理和犯罪作为冒险行为集中在一起,那么可能就会用到文化犯罪学的方法。

在新自由主义时期,商品化的扩张导致道德约束的逐渐松动,道德纪律虽然存在,但越来越受到享乐主义的影响,消费已经成为一个更为突出的犯罪领域,特别是与冒险的犯罪行为相关的领域,如超速驾驶、街头赛车。但是,风险理论认为,个人应当对自己的风险管理负责,家长式的国家不应该干涉别人的快乐。例如,赌博和“非法”毒品消费正在被广泛地非刑事化。

2. 风险和犯罪控制。新自由主义治理特别强调风险预防,因为它侧重成本效益型治理,损失预防远比惩罚更可取,更不用说昂贵的纠正过程。许多相同的思想模式也被应用于刑事司法领域,在后福利时代,各种风险预防项目变得普遍。

奥马利认为,警务有两种模式:第一种是基于风险的松散方向,向公众提供警方的信息,并保持对已知罪犯的监视,这被称为“情报主导”的警务模式。第

〔1〕 Pat O'Malley, *Crime and Risk*, New York, SAGE Publications Ltd. ,2010, p. 10.

〔2〕 Pat O'Malley, *Crime and Risk*, New York, SAGE Publications Ltd. ,2010, p. 17.

二种是预防性的模式，警方通过侦查性工作追捕罪犯。自 20 世纪 60 年代起，警务模式转向为情报主导的模式，“社区预防犯罪”的做法开始兴起，最突出的发展之一就是“邻里守望”（neighborhood watch），[1] 即警方在社区治安中扮演领导角色，社区向警方提供可疑人员或危险情况的建议，警方则向当地人介绍他们所在地区的犯罪情况，并提供有关如何减少犯罪风险的信息，以减少犯罪风险和有效预防犯罪。警方通过统计数据来确定犯罪风险，然后预测未来的模式和相关性。然而，官方统计数据往往存在风险，对风险政策产生严重后果。最主要的问题就是犯罪风险数据可能会造成恶性循环，犯罪数据反映了过去的警察和法庭的假设和做法以及实际的犯罪模式。因此，警察制定的经验法则可能经常受到当地社区陈旧定型观念的影响，从而增加了将不同种族的青年作为犯罪嫌疑人的比例。这导致定罪率不成比例，原始假设似乎被现实数据证实。反过来，当这些看似有效的数据转化为风险概况时，它们将转化为进一步的警察目标，从而进一步加强对这些少数群体的关注。另外，风险的信息特征、安全信息的中心性与预防的联系，也被认为在改变公共警察的工作。大部分州的警务工作不再是检测和执行，而是收集、创建与安全有关的信息。警察总是有条件地收集安全数据，但在风险社会中，特征变得更明确。

风险理论还往往会受它所嵌入的政治和道德的影响，新自由主义和新保守主义间存在对立，前者更乐意把东西推向市场。在毒品政治舞台上，新自由主义认为，如果毒品合法化并留给市场力量，毒品的许多有害方面会减少，黑市会提高价格，毒品合法化后价格又会随着黑市的消亡而下降，随着立法的出现，吸毒者对犯罪行为所承受的压力会减轻。

新自由政府的兴起和对福利的敌意，以及作为管理社会问题技巧的风险的上升，由此产生的控制性调查旨在通过控制犯罪行为来控制犯罪，而不是通过参与犯罪者的福利与改革来控制犯罪。风险在这个组合中获得了它的地位，侧重于遏制罪犯和犯罪。社会从福利社会转向控制社会，风险不应当被视为控制文化的一个要素，“关键是犯罪控制的风气，它赋予了风险技术具体形式和

---

〔1〕 Pat O'Malley, *Crime and Risk*, New York, SAGE Publications Ltd., 2010, p. 27.

功能”。[1]

正义不再是犯罪学的焦点,它越来越关注社区的保护需求,与此相对,监狱的功能不再主要是矫正。“犯罪基因需求”(criminogenic needs)[2]概念的发明试图将囚犯的需求与减少犯罪联合起来。它引发了基于风险的技术来确定那些有益于囚犯的治疗服务,并且明显减少了犯罪者未来犯罪行为的风险。这种方法使罪犯恢复了中心地位,将福利复原和专家干预重新注入了监狱。

3. 犯罪、风险和兴奋。新自由主义伴随着消费经济的兴起,政府对大多数人作出的实施风险规避的承诺逐渐受到侵蚀,人民可以合理地通过消费寻求自我实现,而不是致力于节俭的自我否定。新奇和兴奋,慢慢变得更加可以接受,成为所有人都可以接受的目标。随着风险最小化已经成为犯罪控制越来越集中的方式,它也面临着一种流行文化和一种经济,某些类型的冒险已经变得更加可以接受。在消费社会中,比以往更多时候都有更多的人有机会参与到自愿冒险之中。那些自愿实行冒险行为的罪犯和其他人宣称:控制以及兴奋是他们寻求情绪反应的重要组成部分。“消费社会的兴起引发了对谨慎风险最小化的抵制和对这种灰色世界的抵制”,[3]这种抵制推动了大量“流行”犯罪(popular crime)。

从 20 世界 80 年代初期开始,冒险不仅仅是被看作可以接受的,而且是作为积极的好处,甚至是自由主体的责任。消费社会的兴起使人们能够接受冒险的风险,新自由主义革命则通过商品化的手段,使它成为所有人的义务,即向人们分配以前福利国家的各种有害风险。

因为在自由主义中,个人会选择他们喜欢的那种风险水平,购买私人保险来适应他们对健康、财产、收入、就业或老年保障的愿望。“这种修订的风险方法克己和节俭经济提供的任何挥之不去的刹车”,[4]人们可以在比以前更宽松的道德范围内合法地购买他们所期望的快乐和兴奋。

如果冒险行为成为主流价值,那么包含风险的许多犯罪就已经从一种抵抗

---

[1] Pat O'Malley, *Crime and Risk*, New York, SAGE Publications Ltd., 2010, p. 39.

[2] Pat O'Malley, *Crime and Risk*, SAGE Publications Ltd., 2010, p. 48.

[3] Pat O'Malley, *Crime and Risk*, SAGE Publications Ltd., 2010, p. 70.

[4] Pat O'Malley, *Crime and Risk*, SAGE Publications Ltd., 2010, p. 71.

形式转变为一种符合形式。犯罪行为则不再反对当前的风险文化，许多以赌博为代表的工人阶级犯罪也是如此，仅仅通过立法行为就可以使赌博罪作为一种阶级犯罪而消失。在某种程度上，这些包含风险的犯罪模式都有可能被消费者革命和新自由主义政治“解放”，他们将大部分人的生活从克己和节俭这种严肃的纪律中解放出来。

4. 冒险犯罪学。在未来，罚款和金钱制裁、社区预防犯罪和社区正义将更普遍，这种发展会变得越来越重要。奥马利认为，许多激励风险的犯罪行为并不是来自病态世界的逃避现实，也不是对无能力的补偿，而是面对道德化和专家政府，“拒绝放弃他们冒险的生活方式”。[1] 与此相对的则是“即将到来的危机”，在这种危机下，风险增值的文化与围绕着风险最小化的控制系统相冲突。新的风险被发现，新的风险测量技术的发明，以及降低风险的新技术被设计出来，越来越多的生活在未来中受到控制。而风险也具有巨大的宽容潜力，市场和商品在被投放之前会受到风险评估，但在风险管理的范围内，消费者可以自由地选择他们的生活方式、道德和道德标准。

罚款一直是通过风险管理犯罪的主要手段。罚款不是国家试图谴责或者消除犯罪所用的制裁手段，而是一种为了控制犯罪水平的制裁措施。国家希望通过罚款降低这种不想要的行为的频率，惩罚个人违法者只是达到目的的一种手段，因而谁支付罚款并不重要。对于非常多的违法行为，特别是冒险行为，如涂鸦、偷盗、扰乱安静等罚款提供了一种有效的风险管理制裁，就像定价机制一样。

在风险的民主化问题上，不同的价值观会造成不同的正义标准间的冲突，价值中立的科学能否产生“公正”预防和基于风险的正义？奥马利认为，预防政策并不涉及科学发展，目前任务是需要通过研究来解决那些确定造成“不可接受”的风险的问题。因而，它并不涉及科学发现对于民粹主义政治的隶属关系。

另外，专业知识被赋予了客观的“权威”地位，而地方知识或经验知识被简化为“主观”印象。这些问题在犯罪风险领域已经出现。例如，女性出于对性侵犯的恐惧导致其对于犯罪风险重要性的经验与主要是男性专家的经验并不相

〔1〕 Pat O'Malley, *Crime and Risk*, New York, SAGE Publications Ltd., 2010, p. 82.

符。这些问题的出现并不意味着要让专家离开,而是需要让主管当局接受来自被视为处于风险之中并将成为风险基础的主体的批评和评估。

四、结　语

近年来,从治安和预防犯罪到量刑和监狱管理的犯罪治理,已经从改造犯罪者转为利用预测和分配技术预防犯罪和管理行为。奥马利就社会治理领域,特别是犯罪与刑事司法领域与风险理论进行了有趣的讨论,涉及广泛的法社会学理论问题和研究方法,将当代犯罪治理中的风险和犯罪活动中的风险联系起来,把风险定位于已经和正在被部署用于治理犯罪的各种思想。这是澳大利亚法社会学步入 21 世纪研究的最新成果。

中国的改革开放已经进入了第 40 个年头,各种深层次的问题和矛盾开始涌现,在依法治国、建设社会主义法治国家的既定目标下,国家以及社会治理成为摆在执政党和社会精英面前的一个重要课题。假疫苗事件等的各种社会群体事件,南京“彭宇案”、山东“于欢案”等各种重大法律案件,以“中兴事件”为首的涉及社会诚信、社会契约意识的重大社会事件,以及毒品犯罪、职务犯罪、网络犯罪和高科技犯罪等社会风险和社会问题,都是需要当代中国的法律工作者去面对和解决的。而奥马利的以社会风险、社会治理为中心的澳大利亚当代法社会学的研究成果,对我们无疑具有重要的参考价值。

知识考古学视角下的自由法运动全球史*

朱明哲**

内容摘要:起源于德奥青年犹太法学家群体的自由法运动从此前欧洲法学中吸取了许多资源,又传播到东亚、北美各地。其实,无论是自由法运动的支持者对法德理论渊源的理解,还是其他人对他们作品的理解,都充满了误解和曲解。作为一个词,"自由法"大致意味着法律的解释者同时应该考虑社会对法律的期待,从而也创造法律。隐藏在这个词背后的现实则是由法律的适用者决定何为社会所需要的法律,并以此为根据掌握决定法律之定义与意义的权力。自由法运动先吸收了出现在德国的"斗争的法"命题与出现在法国的"多元的法"命题,却有意剥离了后者保守、反对共和的政治主张。当日本学者移植"自由法"理论时,又把惹尼的多元主张和自由法运动混为一谈,找到了突破继受于外国的法律制度、回归本土社会的可能。正在进行法典化的中国也有一批法学家在还没有稳定成文法体系的时候便经日本引入自由法学说,认为这是保持法律与生活事实一致的不二法门。其结果是国民党政府对司法的干预有了理论背书,法学也反之获得了附丽政治的机会。1933 年,纳粹上台后,国家社会主义法学立刻使用自由法运动提供的现成话语,要求法律屈从于"民族的集体生活"。但是,当时并未接受自由法思想的法国同样因为维希政府的反犹立法而出现了反犹法学,可知其实是否有自由法并不会改变政治强力的逻辑。

关键词:自由法运动　词　物　科学性　政治性

---

* 本文系作者所承担的国家社科基金青年项目"中法法律交流档案研究(1877 ~ 1958)"(17CFX007)的阶段性研究成果。

** 中国政法大学比较法学研究院讲师,法学博士。

一、"自由法学"的词与物

"老师,您教的都是些没用的东西。"法理学和法史学专家常在学生迷茫的眼神中感受到这句话,而法律理论史的研究者则更对类似的质疑习以为常。如果我们认为法学的核心任务就是通过把一时、一地之内有效的规范材料整合成内部融贯的法律体系,并以此帮助裁判者在个案中依法作出正确的判决,那么法律理论史确实对此贡献不大。然而现代法学院的教育者们有时会忘记,我们所培养的学生固然将成为具有高度专业素养的职业法律人,但他们同时也是一个社会的公民。作为一个职业法律人,工作的重心当然要放在如何从可以为人所认识的法律体系中获得大众所接受之"正确"标准,并以教义学的精细运用说明此种价值观在个案中要求何种裁判。作为公民,则有必要了解我们到底为何接受了此种而非彼种"正确",从而保持对这种"正确"展开反思批判的可能性。诚然,当我们如是断言时,不言而喻的立场是,反思批判的进路是一种可能有用的学说史进路。而且我们是在福柯(Michel Foucault)的意义上使用"批判"一词的:"不受如此统治的艺术。"(l'art de n'être pas tellement gouverné)[1]

批判的理论史还与一种独特的史学方法相连:知识考古学。传统的学说史研究关心人们说了什么、怎么说,亦即那些用以形成学说的"话语"。知识考古学则把话语理解为一种通过语言而为的实践,我们应该关心的是那些并不连续的话语实践所以形成的历史条件、它们彼此叠加的形态、它们转变和消灭的规则。[2] 福柯所提倡的结构主义方法可以帮我们认识那些让话语实践最终得以发生的客观情境和规则,却忽略了实践与客观结构之间的交互关系。要更好地理解形成我们观念的历史,就必须理解这种反思关系,即经历布迪厄(Pierre Bourdieu)所说"从本相所形成的表相到表相背后的本相"(la représentation de la réalité à la réalité de la représentation)的转变。[3] 换言之,我们不但要去展

---

〔1〕 Michel Foucault, Qu'est-ce que la critique? suivi de La culture de soi, Paris, Vrin, 2015, p. 37.

〔2〕 Cf. Michel Foucault, L'archéologie du savoir, Paris, Gallimard, 1969, pp. 63 – 65.

〔3〕 Pierre Bourdieu,《L'identité et la représentation[Éléments pour une réflexion critique sur l'idée de région]》, Actes de la Recherche en Sciences Sociales, 1980, Vol. 35, n° 1, pp. 63 – 72.

现、描述一个话语实践发生的客观条件,还要试着理解客观结构中的行动者通过有意识的实践到底做了什么。于是,作为理论载体的文本成了写作者的话语,又进一步成了他们在给定历史情境之下所为之事。

在本项研究中,我们将把批判的目光投向"自由法学",看看不同国家的学者用这一套话语所做之事能如何揭示不同特定历史情境下的话语实践规则。传统的理论史书写把"自由法运动"(Die Freirechtsbewegung)看作一场关于法律与社会关系的运动,研究者关心的是其核心主张。将其主张总结为"法官必然是法律的制造者而非适用者"[1]的作者关心的是法官的角色,更谨慎地总结为"强调法律不约束法律的适用者,他们自由地选择法律、推求成文法的真意而非拘泥于文义"[2]的作者关心的则是法官适用法律的过程,而总结为"一种改良甚至带有一些革命色彩的运动……反对当时占据主导地位的形式主义和实证主义,力求全面现代化法学,并特别主张法学与社会学之间的相互渗透"的作者则侧重其法学观念[3]。无论选择何种侧重点,传统方法强调的都是"自由法运动"这个词的含义。在这一视角下,"某位作者属于(或不属于)自由法运动的成员"等价于"某位作者接受(或不接受)自由法运动的核心主张","某国法学接受(或没接受)自由法学"也等价于"某国有(或者没有)法学家为自由法学鼓与呼"。人们假设一个词有大致确定的核心意思,可以据以评价我们是否在正确的意义上使用了它。

我们关心的则是词背后的物,亦即"自由法学/自由法运动"及过去的人们为其附着的意义到底让他们能够讨论何种现实。它背后的现实是,法官以法律和社会之间的中介之面貌出现,在定义法律和决定法律的意义方面享有了更大的权力。无论是自由法学还是和它相连的那些概念,毕竟服务于人们交流的需要。在人类的交流过程中,我们既不能保证自己准确地理解了上一位发言者的意思,也不能保证我们的听众能够准确、善意地理解我们的意思。所以同一个

[1] Pattaro E. et C. Roversi (dir.), A Treatise of Legal Philosophy and General Jurisprudence, Amsterdam, Springer, 2016, Vol. 12, p. 114.

[2] Hilgendorf E. et J. C. Joerden (dir.), Handbuch Rechtsphilosophie, J. B. Metzler, 2017, p. 161.

[3] Albert Foulkes, "On the German Free Law School (Freirechtsschule)", ARSP: Archiv für Rechts- und Sozialphilosophie/Archives for Philosophy of Law and Social Philosophy 3, 1969, pp. 367 - 417.

词的含义总会在一个区间内有所差异。通过研究不同时间、空间内的人们用来表达同一个现实的同一套语言的微妙差别,我们恰恰获得了描述一个该特定历史语境中的客观条件的机会,也因而可能理解他们通过谈论这一现实所做的事情。

自由法学不但有自己的历史,而且有一段全球史。现有研究主要局限在自由法学是否与美国现实主义法学有关的讨论上。[1] 其实,自由法学的产生本身就是欧洲法学交流的结果,并远渡重洋在东亚发挥了重要的作用。为了理解这段历史,我们选择了关心不受国界限制之行动者(法学家)和事物(法学知识)的全球史视角。[2] 学者早已习惯使用"法律移植"来描述法律体系从一个国家到另一个国家的运动。[3] 我们借用"移植"的比喻,意欲用"法律理论的移植"描述产生于一个国家的法律理论在另一个国家得到接受的过程。[4] 下文将首先探讨中欧的法学家如何整合德国和法国的理论资源,从数个保守的法律理论中创造出具有革命精神的自由法学。然后,我们将转向东亚,考察日本和中国法学家对自由法学的移植。最后,我们将展现战争阴云之下德国和法国的法学家如何把自由法学的遗产(或缺失)转变为符合纳粹政权的法律学说。

---

〔1〕 E. g. Ibid. ;James E. Herget et Stephen Wallace,"The German Free Law Movement as the Source of American Legal Realism",*Virginia Law Review* 2,1987,pp. 399 -455.

〔2〕 Cf. Akira Iriye,*Global and Transnational History*:*The Past*,*Present*,*and Future*,Lodon,Palgrave Macmillan UK,2013,pp. 9 -10.

〔3〕 系统的阐释,参见 Alan Watson,"Legal Transplants: An Approach to Comparative Law",*University of Georgia Press*, 1993。对沃森的批评,参见 Otto Kahn-Freund,"On Uses and Misuses of Comparative Law", 37 *Modern Law Review* 1, 1974; Pierre Legrand,"The Impossibility of 'Legal Transplants'",4 *Maastricht Journal of European and Comparative Law* 111,1997。沈宗灵教授对沃森和卡恩 · 弗伦德争论的批判性反思颇有见地,参见沈宗灵:《论法律移植与比较法学》,载《外国法译评》1995 年第 1 期。

〔4〕 参见朱明哲:《东方巴黎——略论二十世纪上半叶法国法学在中国的传播》,载《北大法律评论》2014 年第 2 期。

二、共谋：自由法学的德法渊源(1848～1912)

(一)斗争的法：德国法学家对法律安定性的质疑

从许多方面看，以1848年为界限把“长19世纪”(1789～1914)分成两个不同的时段都是合理的。这一年，革命的浪潮席卷全欧。德国爆发了历史上第一次大规模的革命——“三月革命”，资产阶级建立统一的德国议会、整合支离破碎的封建割据的诉求早在1812年法军撤退时便提出，如今又一次爆发。法国的革命则推翻了“七月王朝”，建立了短暂的保守共和国——第二共和。无论是在西北的英国，还是在地中海沿岸的南欧国家，革命裹挟着历史前进。激进的运动甚至蔓延到了当时作为欧洲历史一部分的南美。〔1〕 革命的前景似乎是一项同时表现为割据和整合两种相悖逻辑的事业——民族国家。一方面，现代民族国家要求用明确的边界切割作为历史共同体的“欧洲”，从而用领土实现作为具体个人之集合的人民与作为想象实体的政治体在空间上的一体化。另一方面，它又以民族同一性的叙事，实现了人民和领土的均质化，从而让人们得以想象一个超越乡土、地区、宗教的更大的政治共同体。革命的背景则是工业革命对生产要素流动性的需要和对更大市场的渴望。

伴随革命出现的还有一种独特的进步主义时间观：世界是不断发展的，社会也会随之发展。人们开始承认，每个时代与此前的时代都在一些重要的方面有所不同。不仅时间是向前延伸的，而且一个时代总是比过去的时代要好。这种时间观在“现代”形成，并逐渐在与其他时间观的竞争中占据上风，但我们无法准确地指出它的准确起源究竟在哪个具体的历史时点，只能说从学术史的角度看，达尔文的《物种起源》(1859)和第一次梵蒂冈大公会议(1869～1870)都是对这种时间观的特殊回应。只不过《物种起源》把生物系统的演变与时间的流逝相连，而“梵一大公会议”则把“教皇不谬论”正式奉为教义，从而拒绝在教

---

〔1〕 关于1848年革命浪潮的研究汗牛充栋，想要穷举，甚至只是列举一些代表作都必然是徒劳无益的。本文的分析受以下两部关于19世纪欧洲史的著作的启发较多。Eric Hobsbawm, *The Age of Capital*: 1848－1875, Lodon, Hachette UK, 2010; Stefan Berger, *A Companion to Nineteenth-Century Europe*: 1789－1914, New Jersey, Wiley-Blackwell, 2006.

廷官方立场中容纳进步主义时间观。[1] 正如一位工业巨子所言:“没有什么极限!永远都在前进,没有限度,就这样。”[2] 变化、进步、增长成了处于工业革命之中的人们脑中固有的关键词。民族主义、以人民之名组成的政府、增长与变革……拿破仑军队的炮声开启的欧洲历史进程,在 19 世纪中期终于完全展现出了其特色。

于是,我们在读到《作为科学的法学的无价值性》时,很难不佩服基尔希曼(Julius von Kirchmann)高超的洞察力。这位时任柏林检察官的法学家和哲人,在 1847 年于一个柏林法学会的演讲中明确提出了法律需要不断发展的观点。[3] 正如演讲题目所显示的,基尔希曼认为法律作为一门科学没有价值。在 19 世纪的真理观念中,科学研究的对象是固定不变的,科学知识体系仅仅随着对对象研究的深入而演进,本身既不会改变对象,也不会因为对象的改变而有所不同。彼时作为蓝本的“科学”是数学和物理学这样致力于建立公理体系的学科。虽然萨维尼(Karl von Savigny)等人在德意志民族主义兴起的政治环境中所提出的历史法学否定了十七八世纪自然法对普世公理体系的追求,但法律科学对概念与规则之形式构建的体系感必须规训民族历史发展的历史感。[4] 换言之,萨维尼在与蒂堡(Anton Thibault)论战时关于德国民法典编纂时机尚未成熟的断言,实际上意味着科学性必须凌驾于民族统一的政治必要性之上。而他的对手蒂堡的主张则其实是,追求政治统一的德国不但应该像率先建立了民族国家的法国一样有一部统一的民法典,而且这部民法典的内容应该接近更加现代、灌注了普世自由主义精神的《法国民法典》。他把政治需要和诉求置于科学之上。[5] 与其说基尔希曼的“立法者三个更正词则法学家的藏书尽成废纸”

---

〔1〕 参见朱明哲:《面对社会问题的自然法》,载《清华法学》2017 年第 6 期。

〔2〕 转引自[法]乔治·杜比主编:《法国史》,吕一民等译,商务印书馆 2010 年版,第 994 页。

〔3〕 参见[德]尤利乌斯·基尔希曼:《作为科学的法学的无价值性》,赵阳译,载《比较法研究》2004 年第 1 期。

〔4〕 参见舒国滢:《德国 1814 年法典编纂论战与历史法学派的形成》,载《清华法学》2016 年第 1 期。

〔5〕 Cf. Paolo Becchi, “German Legal Science: *The Crisis of Natural Law Theory*, the Historicisms, and ‘Conceptual Jurisprudence’”, in Damiano Canale, Paolo Grossi, Hasso Hofmann et Patrick Riley (dir.), *A Treatise of Legal Philosophy and General Jurisprudence: A History of the Philosophy of Law in the Civil Law World*, 1600 – 1900, New York, Springer Science & Business Media, 2009, pp. 185 – 224.

的嘲讽是他灵光一现的独创,倒不如说是他对30年前德国法典编纂论战的参与。萨维尼所提倡的历史法学在基尔希曼眼中成了对变动不居的、充满谬误的立法的注解,以科学体系规训政治权力的志业最终变成了学术为权力撰写注脚的工作。由是,基尔希曼意识到把法学作为一种科学的路根本走不通。既然如此,有没有机会再像蒂堡那样选择用法学参与政治呢?所以他才说:“法律不单纯是一种认识,它同时还是一种感受,它不仅存在于人们的头脑中,而且存在于人们的心目中。”〔1〕当法学开始关注存在于人们心目中的法律时,它便不再囿于立法者提供的材料,而是勇敢地面对在社会运动中表达出来的未来之法(*lex ferenda*)了。于是,法律也变得可以和时代一起不断进化,而且进化的动力就存在于社会中表达的时代精神。

可惜的是,当时的法学家并未马上意识到基尔希曼之谕的重要性,人民心目中的法律最终也没有通过法学,而是通过1848年发生在德国各个主要城市的暴动表达出来。

所幸,无论是法律进步论还是1848年的革命,最终都在法学中找到了回响。1872年,在维也纳的法律协会,耶林(Rudolf von Jhering)以“为权利而斗争”为题做了自己告别维也纳大学和法学界的演讲。在演讲的一开始,耶林就把矛头指向了萨维尼和普赫塔(Georg Puchta)把法的产生比作语言的理论。〔2〕“如同语言或艺术的形成,法的形成同样是毫无痛苦地发生的,无须奋斗、斗争,甚至连探求也不需要。……一条新的法律规则,如同某个语言规则,也是自然而然地产生。”〔3〕耶林指出,和平是法律的表象,但是这种法律的和平必须通过斗争才能实现。而斗争恰恰是政治、而非科学的性质。经由斗争实现的变革是剧烈的,也是无法通过科学规训的。在19世纪下半叶,政治早就不是蒂堡所想

---

〔1〕 转引自[德]尤利乌斯·基尔希曼:《作为科学的法学的无价值性》,赵阳译,载《比较法研究》2004年第1期。

〔2〕 参见[德]鲁道夫·冯·耶林:《为权利而斗争》,郑永流译,法律出版社2012年版,第4页。后来印刷发行的版本是在演讲时的讲稿基础上扩充而成的,所以会有一些在演讲中其实并未提到的内容。但是,对和平的法律发展观的批评确实出现在了演讲中。除非特别说明,我们依据的是正式出版的文本。

〔3〕 [德]鲁道夫·冯·耶林:《为权利而斗争》,郑永流译,法律出版社2012年版,第4页。有趣的是,就算把法律比作语言,仍然不会遮蔽其产生发展过程中的斗争。布迪厄(Pierre Bourdieu)早就向我们指出,语言的发展恰恰是斗争,有时是你死我活的斗争的结果。

象的那种法国人和德国人之间的斗争,也不是基尔希曼所预见的抽象的斗争,而是具体的群体为了具体的利益进行的斗争。耶林笔下斗争着的人也不再是抽象的道德人,而是农民、军官、商人、城市手工业者、食利者、游历欧洲的英国人。每个不同的群体都有自己所珍视的利益,因此具有了不同于其他群体的情感。正是因为这些具体的、活生生的人在自己法情感的激发下不断为了保卫自己的利益而斗争,法律得以产生和进化。

所以,决定法律的内容的不是法学家,也不是立法者,而是斗争着的人们。甚至法学本身也要不断斗争,"这种实证主义是法学的死敌;因为它将法学贬低为手工艺,故而法学须与其作殊死斗争。倘若法学不能随时保持警觉,那么实证主义所散播的杂草种子,会迅速蔓生,使各种科学窒息于其下"。[1] 同时,法官也不应该推卸自己从正义的角度进行价值判断的责任,以实证法的规定为借口放弃思考。"法官不仅应该进行思考,他也可以,而且应该去感受,也就是说,在适用制定法之前,他应该先让制定法受其法感之批判。"[2] 无论通过法学还是制定法实现的法律安定性,强调的都是法的静态性格。这种安定性不但误解了法律史,而且本身会成为斗争的障碍,从而窒息法律本身的发展。既然法律的生命在于斗争,那么就应该抛弃对这种安定性的盲目崇拜,转而直面社会,让社会中的斗争推进法律的进化。于是,到了 19 世纪下半叶,历史法学所坚持的那种法律安定性在喧嚣的变化和对斗争的重视下已经开始动摇了。

(二)多元的法:法国法学家对法律渊源的初步探索

19 世纪下半叶的法国同样面临着重大的变革。普法战争的失利不但带来了统一的德国,也催生了法兰西第三共和国——法国历史上第一个(也是至今唯一一个)延续了超过 70 年的共和政权。第三共和的缔造者在各个方面都视自己为大革命的继承人,自然也接受了革命共和主义坚定的立法至上主义的信念。正如 1794 年出版的思想教育课本《*Nouveau catéchisme républicain à l'usage des sans-culottes*》(无套裤汉的新共和派教义问答)所写的那样,共和主义者所

---

〔1〕 [德]鲁道夫 · 冯 · 耶林:《法学是一门科学吗?》(上),李君韬译,载《比较法研究》2008 年第 1 期。

〔2〕 [德]鲁道夫 · 冯 · 耶林:《法学是一门科学吗?》(下),李君韬译,载《比较法研究》2008 年第 2 期。

服从的"永远是法律,只有法律,而不是其他任何事物"。而作为公意之唯一代表的立法者以人民之名行使立法权,也就意味着立法者所为之事不可能是错的,所以它可以制定任何规则。第三共和国的国父们也正是这样做的。这些少有意识形态色彩的机会主义者时刻准备制定法律巩固新生的、处于国外和国内保皇势力威胁之中的共和政权。于是,中央政府的权力进一步得到强化,由共和主义的师范学校培养的师资任教的公立学校提供普遍、免费、强制的教育,民事婚姻成了唯一有效的婚姻形式,教会作为共和国的敌人成了打击的对象。

在政治动荡的表面之下,则是"美好年代"的经济不平等带来的风起云涌的社会斗争。从有产者的角度看,经济和社会的发展进入了繁荣的"美好年代",但《民法典》所构建的"资产阶级的和平"也在此时备受挑战。[1] 从工人阶级的角度看,19 世纪末是属于左拉的《萌芽》的时代,也是由 1905 年工人国际法国分部成立和 1906 年《亚眠宪章》代表的年代。1900 年前后是新世纪的开始,也是"长夜"的深处,但只要"团结起来到明天",就可以赢得"最后的斗争"。[2] 从 1880 年到 1890 年,平均每年发生 400 场罢工,5 倍于上一个 10 年。每年有 78,000 人次参与罢工。[3] 1884 年允许设立行业工会的法律既是对工人运动的积极回应,也推动了罢工的发展。它本来是延续 1881 年结社自由法的逻辑发展,最终则超越了原先自由主义立法的计划,开启了以特别立法适应工业生产环境和劳资双方特殊关系的时代。[4] 终于,罢工的规模在 1906 年达到了历史的高点。与罢工相关的人也在改变,从 1890 年开始,组织和参与罢工的人开始认识到这一产业运动不妨作为政治动员的一种方式。[5] 在法国乃至全欧洲,仰赖马克思主义的传播和各国社会主义政党的活动,阶级意识在工人中间以不亚

---

〔1〕 André-Jean Arnaud, Essai d'analyse structurale du code civil français: la règle du jeu dans la paix bourgeoise, Paris, Pichon et Durand-Auzias, 1973, pp. 9 – 10.

〔2〕 Cf. Maurice Tournier,《"Le Grand Soir", un mythe de fin de siècle》, Mots, 1989, pp. 79 – 94.

〔3〕 Cf. Vincent Viet,《Les républicains face aux grèves: intervenir pour ne plus avoir à intervenir (1880 – 1914)》, Cahiers Jaurès, 1 mars 2011, pp. 53 – 69.

〔4〕 Cf. Jean-Louis Halpérin, Histoire du droit privé français depuis 1804, *Presses Universitaires de France*, 2001, p. 265.

〔5〕 Cf. John Merriman, *Europe* 1789 *to* 1914: *Encyclopaedia of the Age of Industry and Empire*, Detroit, Thomson Gale, 2006, p. 2265.

于物质进步的方式迅速形成。[1] 罢工表达了重新制定一部符合时代精神,而不是体现 19 世纪初那个农业社会之需求的《民法典》的愿望。恰恰共和派政府也没有排除社会主义作为一种政治改革方向的可能,反而表现出了对工人和无产阶级的亲近。其结果便是,在民法学家眼中,无产阶级的法律马上就要通过无所不能的立法权变成现实了。

如果不想让"无产阶级的民法典"取代 1804 年的《拿破仑法典》,就必须让法律的解释者获得一种新的方法,从而让"法官即便严守'适用法律而非再造法律'的角色,也能通过司法中的解释,回应进化和社会进步中产生的需要"。[2] 如果立法的文本中存在漏洞,法律的适用者又不希望立法权来填补这些漏洞,那么一个简单的方法就是重新区分"法"与"立法",并强调除了"立法"以外的"法"的重要性。共和主义的立法至上论把法等同于立法,赋予了立法者随时改变法律的权力,也通过承认立法中的漏洞让这种权力的行使变得必不可少。但如果有漏洞的立法仅仅是范围更广的规范系统之一部分,那么就算立法有漏洞和不合时宜的地方,也未必不能通过其他的"法"正确地解决个案争议。这样一来,立法者的干预就显得不必要了。相反,通过法来更正立法的权力从立法者的手中转移到了法律的使用者手中。所以,对于那些不愿意与共和政府妥协的法学家而言,法律渊源必然不能仅仅包括立法。通过反思法律渊源而挑战立法至上主义的历程从此在法国的法学界展开。

在法律渊源领域,古老的多元主义立场于 19 世纪末悄然复兴。标志性的时刻是 1899 年。这一年,南锡法学院教授惹尼(François Gény)出版了《*Méthode d'interprétation et sources en droit privé positif*》(实在私法的解释方法与法律渊源),巴黎的普拉尼奥(Marcel Planiol)开始出版三卷本的《*Traité élémentaire de droit civil*》(民法导论),两书是"令立法全能信念正式灰飞烟灭的一击,既标志着法学真正迈入 20 世纪,又标志着学说的法国概念从此创

〔1〕 Cf. pp. 11 – 47; Eric Hobsbawm, *The Age of Empire*, 1875 – 1914, New York, Vintage, 1989, pp. 112 – 142.

〔2〕 Raymond Saleilles,《Droit civil et droit comparé》, Revue internationale de l'enseignement, 1911, LXI, n° 1, pp. 5 – 32.

生”。[1] 惹尼和普拉尼奥的说法大同小异，总体上来说，就是确立了立法、习惯、判例和学说四种法律渊源的分类，区别仅仅在于习惯与判例的关系而已。惹尼主张，为了正确理解立法权和法律解释方法，必须重拾法典的起草者所持之正确的立法理念，承认立法所确定之规则必须在司法和学说的解释中得到不断发展。[2] 立法者只能确定成文法的形式和内容，却无以垄断所有的法律。既然法官需要依法裁判，而立法必然是有漏洞和需要在个案中解释的，那么法官就需要从其他地方寻找规范，习惯、判例和学说都是可以参照的资源。正因为法不等于立法，所以在依法裁判的时候需要寻找其他法律渊源，习惯、判例和学说也就顺理成章了。惹尼因此把自己提出的方法称为“自由科学的法探索”。法律的适用者在实践中需要找的正是立法之外的规范。更进一步，惹尼强调，“自由科学的法探索”只能以自然法为指导方案。[3] 虽然惹尼避免让自然法取代实证法的地位，然而至少正义的理念是法律解释时的“指导方向”和“考虑因素”。[4] 每当法律的解释者要确定法律的意义或弥补法律漏洞的时候，他都要寻求正义原则的指导。[5] 甚至可以说，在法律有漏洞或缺陷的时候，法律的解释者取代了立法者的地位，他们的任务不再像所谓“传统方法”的支持者所声称的那样要决定什么立法的政治意志，而是去理解什么是正义的要求。

同样是把法律的适用者从立法文本的束缚中解脱出来的努力，同样是让法律的解释者突破法律的文义回应社会变迁的主张，开发法律渊源理论的法国法学家和把法律的动荡性揭示出来的德国法学家恰恰提出了完全不同的主张。

---

〔1〕 Philippe Jestaz et Christophe Jamin, La doctrine, Dalloz, 2004, p. 131. 该书已由笔者译出，[法]菲利普·热斯塔茨、[法]克里斯托弗·雅曼：《作为法律渊源的学说》，中国政法大学出版社 2018 年版。

〔2〕 关于惹尼的立法观更全面的研究，参见朱明哲：《法国民法学说演进中对立法者认识的变迁》，载《苏州大学学报》(法学版)2014 年第 3 期。

〔3〕 Cf. Michel Villey,《François Gény et la renaissance du droit naturel》, Archives de philosophie du droit, 1963, Vol. 8, pp. 197 – 211; Ward Alexander Penfold, An Ineluctable Minimum of Natural Law François Gény, Oliver Wendell Holmes, and the Limits of Legal Skepticism, History of European Ideas, 2011, pp. 475 – 482.

〔4〕 François Gény, Méthode d' interprétation et sources en droit privé positif: essai critique, Paris, Pichon et Durand-Auzias, 1899, Tome II, p. 104.

〔5〕 François Gény, Méthode d' interprétation et sources en droit privé positif: essai critique, Paris, Pichon et Durand-Auzias, 1899, Tome II, p. 100.

基尔希曼和耶林重拾了萨维尼—蒂堡论战中蒂堡的观点,主张保持法律生命力唯一的方法是把法主要理解为政治。惹尼等法国法学的革新者则在批判历史法学的同时颇为吊诡地站在了萨维尼的那一边,主张只有把法律理解为科学,方能正确地让它适应社会变迁。前者呼吁法学家去理解社会的呼声,后者则坚持法学家要引导社会的发展。更为吊诡的是,在法学理论创新方面贡献最大的惹尼恰恰在政治上极为保守。他不但反对民主制、为传统的社会等级制度辩护,还处在反犹主义的边缘,总之从各个方面来看,都是 19 世纪末的法国右派的典型。法律渊源的多元性抵制的正是共和派立法者通过法律改造社会的主张。然而恰恰是他的"自由科学的法探索"启发了德国、奥地利那些信奉进步主义的法学家,其中有不少还是犹太人。

(三)自由的法:德奥法学家对保守法律理论的转化

所以,当"自由法运动"在 20 世纪之交于德国和奥地利发展起来时,德国和法国的法学家已经为该运动的支持者准备好了最重要的语言工具。人们习惯上认为支持自由法运动的学者包括了埃利希(Eugen Ehrlich)、康托洛维茨(Hermann Kantorowitz)、福克斯(Ernst Fuchs)、施坦普(Ernst Stampe)、荣(Erich Jung)、辛茨海默(Hugo Sinzheimer)、博齐(Alfred Bozi)、伊赛(Hermann Isay)等人。[1] 学说史已经明白指出,他们反对的是一种把法律等同于立法、认为所有法律问题都可以通过对立法中既有条文进行文义分析和逻辑推导找到正确答案的方法。他们也批评大学里的法学家只关心概念的建构,而不关心社会生活世界。[2] 他们支持的则是学者和法官共同摆脱立法的束缚,把目光投向生活世界,观察和理解社会现实中产生的"活法"。[3] 有利于他们的历史事实是,当他们登上历史舞台时,基尔希曼、耶林和惹尼早就已经为他们准备好了一套反对立法至上主义、强调法之可变性、揭示法律发展中的利益斗争因素的台词了。他们所需要做的只是根据自己的理解把这些台词念出来。

于是,我们看到在自由法运动的宣言性作品中,康托洛维茨重拾了因为耶

---

〔1〕 Cf. Albert Foulkes,《On the German Free Law School(Freirechtsschule)》, op. cit.

〔2〕 Cf. Hilgendorf E. et J. C. Joerden(dir.), Handbuch Rechtsphilosophie, op. cit., p. 252.

〔3〕 Cf. Pattaro E. et C. Roversi(dir.), A Treatise of Legal Philosophy and General Jurisprudence, op. cit., p. 187; Albert Foulkes,《On the German Free Law School(Freirechtsschule)》, op. cit.

林而在19世纪末的法学中广为流传的“斗争”概念,把自己的檄文命名为“为法学而斗争”。在快速回顾了当时法学界涌现的文献后(包括基尔希曼和耶林,其中法国法学的发展应该指的是惹尼),康托洛维茨认为一种新的法律观已经产生,一种独立于国家权力之效力的法正在获得人们的重视,最好称为“自由法”。〔1〕 但是,康托洛维茨所面对的历史情境和基尔希曼、耶林甚至同时代的惹尼都不一样。这本小册子在1906年出版时,德国既没有革命的风险,也不像法国那样面临把已经有百年历史的民法典一股脑抛弃的呼声。如果说一部重要的法典刚出现时,最显而易见的重要工作应该是去逐条解释这部法典,那么到底为什么会在酝酿了将近一个世纪后才姗姗来迟的《德国民法典》生效后,德国法学反而遭到了自由法运动的奇袭呢?维亚克尔(Franz Wieacker)细节丰富的著作对此亦未明说,但他暗示我们,自由法运动参与者们的不满一方面来自概念法学对教义学技术的过于推崇,另一方面则来自在概念法学支配下制定的《德国民法典》中的抽象一般规则实际上只是对现实中种种社会矛盾的和稀泥。〔2〕 或许正是在这样的考虑之下,康托洛维茨才呼吁法学抛开类推、拟制等一系列人为的解释技艺,直面生活事实中的冲突。〔3〕 这样一来,司法就不再是科学的了,甚至法学也不再是科学的了。它们都直面意志与利益的分歧,所以也都是政治性的。那么,康托洛维茨为之斗争的法学实际上正是政治性的法学。

自由法学对基尔希曼和耶林的传承相当清楚,但是它和惹尼的关系则暧昧得多。很多作品都把自由法运动与惹尼联系起来,认为他启发了包括埃利希、福克斯和康托洛维茨在内的人。〔4〕 无疑,从他们的作品中不难看出对惹尼“自

---

〔1〕 [德]赫尔曼·康特洛维茨:《为法学而斗争/法的定义》,雷磊译,中国法制出版社2010年版,第5~9页。

〔2〕 [德]弗兰茨·维亚克尔:《近代私法史》,陈爱娥、黄建辉译,上海三联书店2006年版,第552页。

〔3〕 [德]赫尔曼·康特洛维茨:《为法学而斗争/法的定义》,雷磊译,中国法制出版社2010年版,第25~29页。

〔4〕 Cf. Benoît Frydman,《Le projet scientifique de François Gény》, in Clément Thomasset(dir.), François Gény, mythe et réalités, 1899 - 1999, Paris, Yvon Blais, 2000, pp. 213 - 231; Roscoe Pound, "The Scope and Purpose of Sociological Jurisprudence", *Harvard Law Review*, 1911, Vol. 24, n° 8, pp. 591 - 619; Albert Foulkes,《On the German Free Law School(Freirechtsschule)》, op. cit.

由科学的法探索"理论的赞美。只不过这种启发完全可能出于对惹尼的误解。和他那个时代不少法国法学家一样,惹尼精通德语,而且比绝大部分的法国法学家更关心德国法学的发展。在他作品的脚注中,我们可以找到许多当时赫赫有名的德国法学家的作品,耶林也包括在内。初步的阅读会揭示,惹尼赞同耶林对概念法学的批评,并或多或少把耶林的批判转化成了他自己对所谓"解经方法"的批评。在这个意义上,传统的学说史研究至少部分是准确的。但是,更仔细的阅读则会让我们意识到,惹尼不同意耶林几乎所有没那么抽象的论述。他不同意耶林关于习惯法不是独立法律渊源的观点,也不同意国家可以垄断所有法律的创制权,更不同意应该把法律的发展理解为力量的作用(斗争)。可以说,他们除了共同反对一种死板、僵化、教条、只关心法律规则的形式推理的旧法学之外,几乎没有任何的共同点,而他们所批判的这种旧法学还未必真正在历史上存在过。〔1〕 同样的论断适用于惹尼和埃利希的关系。惹尼和埃利希一样,认为国家无法垄断法律的生产。但是埃利希认为社会团体、职业联合会等社会自组织所创设的行为规范应该视为法律,惹尼对此无法接受。惹尼认为有能力在国家之外创造法律的只能是天主教会。所以,惹尼和埃利希所说的"非国家的法"或"社会"背后的社会现实实际上大相径庭。正如法哲学家们大谈特谈法律与道德的分离或联系,但他们每个人所使用的"道德"具体指什么其实全然不同。由此我们可知,学说史的考察果然不能只关心人们用的词,更要小心挖掘这些词背后的"物"。〔2〕

更值得注意的是,惹尼不但了解自由法运动,而且是它的批评者。在他的《实证私法的解释方法与法律渊源》第二版中,惹尼加入了四篇后记,其中一篇边用了 74 页的篇幅详尽回顾自由法运动的发展。虽然他坚持自己的研究是"描述性的,仅仅力求展现该运动之真相",但他最后得出的结论却是该运动已

---

〔1〕 关于所谓"解经"学派内部的多元性,参见 Philippe Jestaz et Christophe Jamin, La doctrine, op. cit., pp. 87 – 95。

〔2〕 本段引用的惹尼的观点,分散在他两部巨著《实证私法的解释方法与法律渊源》(两卷本)和《实证私法的科学与技术》(四卷本)那洋洋两千余页的文字中,在有限的时间内想一一寻找实在力有不逮。由此我们可知,学说史的研究者果然不能只是记住作者提出的观点,更要小心记下他们提出这些观点的地方。

经失败了。[1] 他对康托洛维茨宣言的评价是："以令人警醒的尖锐笔调写就，根据作者的需要而显得暴戾，这部作品的基础是肤浅的历史考察、难于理解的哲学思考和政治或者琐碎的幻觉，让我们想起……自由思想者们的反教权主义。"[2]"自由思想者们的反教权主义"！这是甚至连政教分离也不愿接受的惹尼能够在文章中写的最尖刻的否定。在更为具体的实质判断上，惹尼则指出，康托洛维茨和他的同道有时候竟然想用所谓的"自由法"取代正式存在的立法，这也是惹尼所不能接受的。[3] 不过，就连惹尼也认为，这一运动的后来的失势并非因为没有提出一套替代性的法律解释方法，而是因为它的主张与德国传统上以国家吸收所有个人利益的国家哲学格格不入。换言之，其失败并不是因为科学性不足，而是因为在政治上逆风行驶。

三、误用：自由法学的东亚移植（1879～1949）

西欧和中欧的学者在 19 世纪和 20 世纪之交的时刻终于通过文本的书写、流传、阅读、理解、阐发，形成了一套关于"自由法"的论说。虽然他们面对的是不同的社会、回应的是不同的问题、使用的是不同的材料、主张的是不一样的法律渊源与解释方法，但他们终究在共谋中创造了一种新的语言模式，用来讨论一种把立法边缘化的渊源理论和让法律的适用者摆脱文义的解释方法。对于没有经历整个过程的人而言，"自由法"此时已经不是一个包括了种种在细节上彼此冲突、充满动态的理论光谱，而是一个抽象的、聚合式的成说。来到欧洲学习的东亚学生又把这套成说放进他们的行李箱，漂洋过海带回欧亚大陆的东

〔1〕 François Gény,《Le mouvement du "freies Recht" (libre droit) dans les pays austro-allemands (Chapitre quatrième de l'épilogue)》, in Méthode d' interprétation et sources en droit privé positif: essai critique, Paris, Librairie générale de droit et de jurisprudence, 1919, Vol. II/II, pp. 330 – 403.

〔2〕 François Gény,《Le mouvement du "freies Recht" (libre droit) dans les pays austro-allemands (Chapitre quatrième de l'épilogue)》, in Méthode d' interprétation et sources en droit privé positif: essai critique, Paris, Librairie générale de droit et de jurisprudence, 1919, Vol. II/II, pp. 372 – 373.

〔3〕 François Gény,《Le mouvement du "freies Recht" (libre droit) dans les pays austro-allemands (Chapitre quatrième de l'épilogue)》, in Méthode d' interprétation et sources en droit privé positif: essai critique, Paris, Librairie générale de droit et de jurisprudence, 1919, Vol. II/II, p. 378.

端。移植到他乡的学说又开出了和在家乡完全不同的花朵,法律思想的全球史意义此时凸显的最为明显。日本法学家借助这套说辞,找到了突破继受于外国的法律制度、回归本土社会的可能。正在法典化过程中的中国法学家则以此等说法,在法典远远没有脱离时代的情况下,为司法党化的政治干预背书。

(一)日本:通过自由法学寻找本土社会

日本法学家对惹尼和他的同道萨莱耶(Raymond Saleilles)尤为推崇。二人从 1892 年到 1912 年的 430 多封通信此前一直由一位日本法学家保存。面对 20 世纪初在借地借家问题、刑法之教育功能、劳工运动、永佃权等法律争议背后所表现出的社会动荡时,日本法学家试图通过突破传统的成文法解释来寻找合适的法律安排。[1] 最早把惹尼介绍到日本的是对法国法研究相当深入的杉山直治郎。不过真正大张旗鼓地推崇"自由法"的,还要数牧野英一、富井政章和石坂音四郎。值得一提的是,自由法学在欧洲产生时已经清晰可见的层累叠加效应,在日本学者对自由法的移植过程中显得尤其明显。日本学者对自由法学传播最大的特点是他们借用了"自由法"这个产生于德奥的外衣和旗帜,在实质上使用的是惹尼的著作,却也同时在惹尼保守的观点上涂抹了耶林和康托洛维茨的色彩。

其中,牧野英一在民法领域最大的贡献就是引入了自由法学,而在刑法领域则是教育刑罚论。[2] 牧野英一先是在穗积陈重的影响下接受了法律的进化论,又在耶林的著作中找到了这种关注法律之动态的理论。无论穗积陈重还是耶林,都是自然法的强烈反对者,他们认为古典时代那种普遍的、永恒的自然法主张在时刻处于运动中的法律发展中是站不住脚的。然而,与他们恰恰相反,牧野英一却从中发现了普遍自然法的可能性。他主张唯一能把握法律之变化的观念便是自由法。而自由法的演进恰恰不是局限于一时一地的,而是普遍

[1] 相关的论述可见[日]牧野英一:《法律学の主観的新思潮》,法学協会雑誌 21 巻 9 号 1284 頁,1903 年;同《法学研究の態度に関する基本観念》,同 22 巻 8 号 1124 頁,1904 年;[日]中田薫:《仏蘭西ニ於ケル自由法説》,法学協会雜誌 31 巻 1 号 40 頁、2 号 244 頁(1913 年);[日]野田良之:《法における歴史と理念》,東京大学出版部,1951 年。

[2] 关于牧野英一法理学的整体介绍,参见[日]堅田剛:《牧野英一の法理学——法律進化論から自由法論へ》,獨協法学第 38 号 39 頁,1994 年。

的、世界性的。所以,法律的进化论和一种世界法的理论融合于自由法的观念中。[1] 所以,虽然牧野英一以自由法之名实际上引入的是萨莱耶根据施塔姆勒(Rudolf Stammler)学说改造而来的"可变的自然法"。[2] 富井政章敏锐地认识到牧野之自由法学与欧陆"新自然法"的关系,并进一步从惹尼的理论中为这种可变自然法找到了具体在法律使用中实施的方法。他主张学说和判决也是法律渊源,认为法官要从不同的法律渊源中探求符合社会理想的法则。[3] 相比之下,留学德国、作为德国学说在日本代表的石坂音四郎则更坚决地接受了康托洛维茨对传统法律解释工具的批判。他认为所有的解释方法无非是文义解释和非文义解释(论理解释),其中"论理解释之意义,殊欠明了"。[4] 二者并不彼此独立,论理解释只是要求解释者参考立法材料、历史沿革,从体系出发、依据法律理由、依法律原则、制定法律的原因、实际之结果诸种。[5] 石坂接着又指出"其中多半,实无何等价值可言",因为真正的区别无非在于前者依据法规的形式关系解释法律,后者依据实质的法律目的和生活关系解释法律。[6]

耶林反对自然法,惹尼有意与自由法划清界限,要说真正"原封不动"移植欧洲理论的恐怕只有英年早逝的石坂音四郎。假如我们坚持说耶林、惹尼等人的理论都有一个核心的主张,任何对这种核心主张的背离都是误读,那么我们必须说日本学者对欧陆法学的移植、特别是对惹尼理论的移植无疑是一种误读。但如果跳出这种带有后见之明的、居高临下的判断,虽然未必同情但总归尝试去理解这种误读带来的后果,我们会发现自由法学的传播帮助日本法学家从对德国法学的继受转向了自觉地发展。其中对关于物权移转的《民法典》第176 条的解释就是一例。

---

〔1〕 [日]牧野英一:《自由法と進化的及び普遍的》,《民法の基本問題外編第三》,有斐閣,1937年,第2 頁以下。

〔2〕 参见朱明哲:《面对社会问题的自然法》,载《清华法学》2017 年第6 期。

〔3〕 《自由法説の価値》,法学協会雑誌 33 巻4 号,1915 年。

〔4〕 [日]石坂音四郎:《法律解释论》,涂身洁译,载《法律评论》1926 年第143 期,第5 ~10 页。刘昕杰、杨晓蓉录本文为涂身洁所著,应为误书。本文原载[日]牧野英一:《穗積先生還曆祝賀論文集》(有斐閣書房,1915),后收录于[日]石坂音四郎:《民法研究(改纂·上卷)》(有斐閣書房,1919 年)。参见日本国立国会图书馆:http://dl. ndl. go. jp/info:ndljp/pid/946651,2016 年8 月29 日访问。

〔5〕 参见[日]石坂音四郎:《法律解释论》,涂身洁译,载《法律评论》1926 年第143 期。

〔6〕 参见[日]石坂音四郎:《法律解释论》,涂身洁译,载《法律评论》1926 年第143 期。

第 176 条文本是“物权的设定及转移,只因为当事人的意思表示而发生效力”。从相似性来说,这一条文重述了《旧民法》财产编第 296 条和第 331 条所继受之法国法,即“当事人就标的物及其价金相互同意时,即使标的物尚未交付、价金尚未支付,买卖即告成立,而标的物的所有权亦于此时在法律上由出卖人移转于买受人”(《法国民法典》第 1583 条)。但是,留学德国、接受了负担行为和处分行为之二分的日本学者主张,所谓“意思表示”在此处仅仅指处分行为的意思表示。[1] 虽然就连许多留法民法学家也逐渐接受了德国法上处分行为的无因性理论,但是也有不少法学家认为这种学说移植与日本民间物权变动模式相去甚远,为了证明他们的观点,开发其他的法律渊源就成了一个可以尝试的道路。例如,末弘严太郎就引用了大量大审院的判例,证明司法机关在新民法颁行后仍采取接近法国法的解释,没有在负担行为外要求处分行为,也不把公式方法看作权利转移的必要条件。末弘严太郎一战期间留学法国,正好是萨莱耶等人所鼓与呼的法律多元论方兴未艾时。[2] 但是末弘在为自己所选择的方法辩护时,却用的是耶林的腔调:对负担和处分行为作区分和不作区分的解释,都可以于第 176 条的文义范围内成立,真正能够起决定意义的恰恰是利益权衡。[3] 末弘严太郎进一步主张,解释法律文本不能脱离“存在中的法”。[4] 此后,末川博和川岛武宜也在他的号召下,主张对照《交易习惯解释》第 176 条。

选择了“自由法”的日本学者,偏偏没有接受与自由法关系最为密切的另一个关键词:斗争。从立法文本中脱离的法官,又重新落入了判例、学说和习惯织就的规范之网。所以说到底,法律仍是科学的,而非政治的。但这种自由的科学探索最终和萨尼所提倡的那种解释方法又大不一样,法学家不负有引导社会发展之职责,而是让判例和交易习惯引导他去把社会生活中出现的法律形式化。在此过程中,日本法学家成功发展出了一套让他们可以在移植的文本和本土社会之间建立对话的法学语言。

---

〔1〕 [日]川名兼四郎:《物権ノ設定移転ヲ論ス》,法学協会雑誌 21 巻 2 号 203 頁,1903 年。[日]富井政章:《我国法上ニ於ケル物権的意思表示》,法学協会雑誌 24 巻 1 号 13 頁,1906 年。

〔2〕 关于牧野英一对末弘严太郎的影响,参见[日]後藤巻則:《民法学の方法——末弘民法学までの素》,獨協法学第 40 号 135 頁,1995 年 3 月。

〔3〕 [日]末弘厳太郎:《物権法上巻》63 頁以下,有斐閣,1921 年。

〔4〕 [日]末弘厳太郎:《自序》,《物権法上巻》,有斐閣,1921 年。

(二)中国:借助自由法学背书政治干预

相比于日本,中国在学说移植上处在更复杂的处境中,因为中国法学家直接从欧洲进口理论商品,同时也从日本进口经过日本学者改造的理论商品。对自由法学的引入也不例外。从整体上看,中国法学者接触自由法学的时间并不晚。1913 年,《独立周报》和《法政杂志》上就分别出现了介绍和反对自由法的文章。[1] 中国法学家最初从欧洲直接引入"自由法学"时,甚至没有像他们的日本同行那样主张自由法学是德法合谋的产物,而是径自把惹尼所谓"自由科学的法探索"当作了自由法学的口号。[2] 当然,此种做法也未必没有受到日本学者的影响。例如,上杉慎吉虽然在他批评自由法的文章中说,自由法说是"近时德法两国法学界所发生",但还是认为它"先起于法兰西"。[3] 然后,随着留学英美的学生回国者日增,"自由法运动"终于在民国学者的论述中表达成了一项横扫欧美日各国的进步运动:"自由法运动之说,始创于法,继行于德,今又盛唱于日本。考此说又来,实根据于法国法学家祁尼之解释方法论一书"。[4] 可见,中国法学家在移植时忽略了自由法产生时的多重渊源,而是将其视作仅仅诞生于一个国家,然后辗转流传到其他国家的线性发展。

至于从日本移植的一支,最为明显的是传承自石坂音四郎的观点。从日本明治大学回国从教于朝阳大学的胡长清、留学日本后任教于北平大学和燕京大学的彭时、中山大学教师朱显桢三人均曾大篇幅介绍过石坂音四郎的解释方法。这一系列作品恰好出现在从 1926 年到 1936 年这一段从大理院晚期一直到稳定下来的司法院的时期,中间还有民法典起草颁行等重要事件。而且胡长清、朱显桢在民国时期本来也不是籍籍无名之辈。更不用说去世多年后仍能吸引中国读者这一事实也说明其理论在中国接受程度之高。

朱显桢认为,对应今天所知"主观说"的立法者意思探究说实在已经为当时大部分学者所抛弃:"立法者意思探究说,既受上述之种种攻击非难,则其说之

〔1〕《法兰西自由法说》,载《独立周报》1913 年第 26 期;参见[日]上杉慎吉:《非自由法说》,天硕译,载《法政杂志》1913 年第 10 期。

〔2〕《法兰西自由法说》(续),载《独立周报》1913 年第 27 期。

〔3〕[日]上杉慎吉:《非自由法说》,天硕译,载《法政杂志》1913 年第 10 期。

〔4〕王凤瀛:《自由法运动》,载《法律评论》1924 年第 48 期。

无价值,当可想见,近来关于法律解释之目的,除少数学者而外,一般皆已唾弃此说而不顾了"。[1] 官费留学日本并加入同盟会的罗鼎也曾提道:"吾人固主张立法与司法应取同一之态度,然非谓法律应对的依从立法者之意思以解释也。"[2]但就算有著名学者坚持的、对应客观说的法律意思探究说,也有重大缺陷:"法律意思探究说,到底亦不免为一谬见。现代著名之学者,虽多有坚持此说者,然而吾人熟考之余,终以未能左袒此说为恨"。[3] 因为法律终究是一种人类的造物,所谓法律的意思不过是解释法律者自己内心对法律理解的投射而已。

有疑问的是,如果非要从文义之外寻找法律的解释,却既不能通过探求立法者意思,又不能假定法律有一定的客观意思,那么解释如何避免"方法论上的盲目飞行"? 后来进入民法编纂委员会的胡长清对此问题的回答是:"夫法律,所以调和实际生活现象者也,解释法律而不顾社会常识观念,则去法律之本旨远矣。"[4]朱显桢在 8 年后重复了这一说法:"实际法律解释家,不悉社会实际生活之情形,不能为法律解释之基础,而达法律最终之目的。"看来让法律适应社会生活是一个核心的立场,并没有因为成文法体系从旧律向"六法"的转变而发生改变。朱显桢进一步说:

法律内容之规范的思想,乃依法文自体合理的判断所推论之思想,非立法者之具体的意思,故为抽象的、客观的,而非具体的、主观的。而且此思想,从一定时代一定国民之思想上的要求,合理的判断法文,可以得到普遍一致之结论,所以一定时代,一定国民之程度,为确定的、普遍的。于此意义,吾人以法律之内容为法律自体所包含之规范的思想。[5]

所以此种法律体系中所包含的规范思想本身会随着时间和空间改变,但是

---

[1] 朱显桢:《法律解释论》,载《社会科学论丛》1935 年第 8、9 号合刊。

[2] 罗鼎:《法律解释上之英美法源》,载《法律评论》1923 年第 19 期。

[3] 朱显桢:《法律解释论》,载《社会科学论丛》1935 年第 8、9 号合刊。

[4] 胡长清:《常识的法律解释》,载《法律评论》1927 年第 44 期。

[5] 朱显桢:《法律解释论》,载《社会科学论丛》1935 年第 8、9 号合刊。

对于每一个给定的时间和空间范围之内,用以引导法律解释的规范思想是客观不变的。所以法律解释的前提就变成了去探究给定社会在思想上对法律提出的要求。于是,判例之所以成为创造法律规范的材料,是因为法官本身也是社会生活的观察者。在社会面前,成文法规范的约束力显得不重要了。

然而自由法学并不仅仅是一种客观的和技术性的解释方法,其发展和继受很明显地与20世纪初对法律社会层面的关注相连。而且,中国学者对此其实洞若观火。如果说1913年自由法刚刚进入中文文献时,人们还只是认为其产生动力在于斤斤于文本的传统法律解释观念和采取社会学说适用法律的法律解释现实之间的冲突,后来人们已经很清楚地意识到社会发展与法律文本之差异所造成的不正义才是该说产生的深层背景。如刑法学家江镇三就说:

> 吾人细推原由,盖从前个人制度,过度发达,契约自由与所有权之绝对性,极端滥用,以致社会交接,全离仁爱之意念,唯利己之方策是务,借主、雇主等有产阶级,对于赤贫寒苦之无产阶级,可以任意要求,所谓双方意思之合致,事实上只为富者屈服贫者之结果。[1]

蔡枢衡也提醒人们:

> (牧野英一)教授斯著原以日本社会为背景,在日本现行刑法无罪刑法定主义明文之前提下,企图引民法上之自由法论进入刑法之中,以打破刑法不许类推解释之表现,在资本主义刑法文化发展过程中,实为极有意义之著作。惟我国社会进化之阶段与日本不同,刑法上之有规定与无规定,亦各异趣。姑勿论我国各种法典尚尽在于初备之境地,社会制度尚未成熟,自由法论的思潮是否接受,以至于应如何接受,尚属问题,似未可不一考其究竟,据袭他人成说以为己有。[2]

---

〔1〕 江镇三:《法律与正义》,载《法轨》1933年创刊号。

〔2〕 蔡枢衡:《中国法理自觉的发展》,清华大学2005年版,第255页。

表面上看,似乎中国的法学家本也可以把握机会,用欧洲学者提供的这一语言模式为外来法本土化的努力背书。但是,毕竟世纪初的中国法学界核心问题并非本土资源,而是建设符合西方法律观念的现代法制体系。[1] 在这种语境之下,自由法的观念就算可以如同在其他国家一样帮助法律的适用者摆脱法典严格文义的约束,却不会让他们转向对传统社会的研究。

甚至连上杉慎吉所担心的借自由法之名减损国家权力的危险,在民国法学中都不见踪影。相反,自由法学增加、而不是减少了国家以社会名义的干预。在民国的法律场中,政治权力处在超越其他竞争者的地位。所以对于希望多少能获得对规范解释权的法官和法学家来说,最有效的策略是尽可能地换取政治资本,获得政治权力的背书。其中一种手段便是尽可能地采取政治言说规范时使用的语言模式。但这并不意味着他们必须同时接受对规范的政治解释,因为人们可以用同一种词汇、语法、行文风格去表达完全不一样的意思。与此同时,政治权力也确实在有意识而明确地生产和固化一种言说规范的语言模式。如司法党化运动,便生产了一种法律解释方法,要求法律的解释者适用党义、从具体时代的民族需要出发,推求革命人民心中主观的法律情感,从而在解释时采取"论理解释",创造实在的法律。[2] 这种解释方法实际上要求法律的解释者不拘泥于文义。于是一种相当吊诡的现象出现了:政治权力作为法典编纂的推手,一方面在制定法典,另一方面在推行一种反成文法的解释方法。这种矛盾的立场或许只能说明当局并未严肃对待法典。而无论这一立场是否在理论上成立,它都是分析民国法学与司法之关系不得不考虑的背景。

所谓为司法背书,所谓引导司法,无非都是一方面迎合国民党的要求,另一方面在相对强势的政治权威面前谋得一片独立空间而已。盖无论是北洋政府还是南京政府时期,法学和司法都是高度政治化的。从1923年开始、贯穿后两段时期的"司法党化"运动在法官入党和党义决狱两方面让国民党实现了对司法的治理。司法如此,法学亦不例外。法学的政治化最明显的表现是法学家的政治参与。民国时期重要的法学家往往也同时是重要的政治活动家,王宠惠、

---

〔1〕 关于传统派和进步派的争论,参见朱明哲:《论王伯琦对法国学说的拣选与阐述》,载《清华法学》2015年第2期。

〔2〕 参见陈新宇、陈煜、江照信:《中国近代法律史讲义》,九州出版社2016年版,第274~275页。

史尚宽、谢冠生、吴经熊、王世杰、郑毓秀和魏道明夫妇等人皆然。而且法学家也一直认为法学需要服务于民族独立、救亡图存的政治事业。从清末民初领事裁判权废撤,到20世纪30年代中华法系建设,政治主导下的司法议题同样也是法学上热议的题目。

所以,在民国的法律场中,掌握了立法权的政治权威处在超越其他竞争者的地位。政治、司法、学说的不平等关系是竞争中的体制与行动者所形成客观结构的最重要特征。高度象征化的政治资本也就成了竞争中最重要的资本。所以对于希望多少能获得对规范解释权的法官和法学家来说,最有效的策略是尽可能地换取象征性资本,获得国民党的背书。其中一种手段便是尽可能地采取政治言说规范时使用的语言模式。但这并不意味着他们必须同时接受对规范的政治解释,因为人们可以用同一种词汇、语法、行文风格去表达完全不一样的意思。与此同时,国民党也确实在有意识而明确地生产和固化一种言说规范的语言模式。例如,司法党化运动,便要求法律的解释者适用党义,从具体时代的民族需要出发,推求革命人民心中主观的法律情感,从而在解释时采取"论理解释",创造实在的法律。这种解释方法实际上要求法律的解释者不拘泥于文义。于是一种相当吊诡的现象出现了:国民政府作为法典编纂的推手,一方面在制定法典,另一方面在推行一种反立法的法律观。这种矛盾的立场或许只能说明当局并未严肃对待法典。而无论这一立场是否在理论上成立,它都是分析民国法学与司法之关系不得不考虑的背景。

法律社会化思潮的流行也是一种用政治为法律解释背书的策略。现代化和社会主义都是民国时期重要的政治目标。那么,法律社会化既可以彰显中国法学与国际最新的趋势齐头并进,更可以与政党高唱社会的调子相和。王伯琦就曾说,"三民主义"之实质便是社会主义。虽然留法归来任教于中央政治学校的阮毅成认为外来的法律是于天灾人祸之外对人民的又一苦难,但以先进的欧洲法律助力中国社会的现代化,不但是很多法学家的心愿,恐怕也是政府本身的意图。诚如蔡枢衡所言,"天下为公,亲爱精诚等概念固有其应有的意义,不失为彻底摧毁农业社会组织之一对症药"。所以,法律社会化思潮背后实际上是法律场的政治化。不管是支持还是反对用外国理论来解决中国问题,参与讨论的人都不可避免地要用国民党所承认的话语、乃至孙中山本人的语录正当化自己的主张。阮毅成批评"看不见中国"的中国法时,也只能强调这种法无助于革命而已。

如此一来,前文提出关于法律社会化在我国传播的困惑迎刃而解。法学家选择这一贬低立法、强调进步的学说,至少部分迎合了国民党的立场。这种与执政党使用同一种语言模态的理论仍然令法学家们在司法、法学和立法之间的客观结构中可以"做事"。他们关于法律解释的讨论因此获得了国民政府的背书。法学一方面支持政党关于司法的立场,认为法官要从社会中发现规范、要考虑法律解释的政治性,另一方面不断把政治语言吸收入法学。这样做的同时,法学虽然丧失了在政治权威独大的法律场中真正与国民政府分庭抗礼的可能,却也因此能够在政治权力的庇护下保持了一定的独立。至少具体对某个具体成文法规范的何种解释方为符合民族心理的解释、在传统观念和革命需要之间如何权衡等具体问题,毕竟国民政府并非每次都有明确和不容置疑的答案。正是在这些法学问题上,法学可以重新主张从成文法严格束缚中解脱出来的判例应当接受学说的领导。

四、嬗变:自由法学的战时命运(1933~1944)

(一)莱比锡大会后的纳粹法学

1933年年初,纳粹党夺取政权。随后在1933年10月的莱比锡德国法学家大会上,希特勒(Adolf Hitler)发表了关于国家与法的演讲。按照施密特(Carl Schmitt)在《领袖保护法律》(1934)一文中的记录,希特勒提出了实质法和空洞合法性之间的对立,前者与道德和正义不分,后者则与错误的中立性相连。[1]同年,德国法学家大会并入了国家社会主义法学会,正式开启了德国法学界整体国家社会主义化的道路。1935年通过的《纽伦堡法案》更是把反犹主义政策的法律化推向了一个前所未有的程度。其中,《保护德国血统和德国荣誉法》极大程度限制了犹太人的人身权和经济自由。《帝国公民权法》剥夺了一切政治上可疑的人,特别是犹太人的公民权,他们成了仅仅对帝国负有义务而不享受

[1] Cf. Carl Schmitt, Le Führer protège le droit., Cités, 2003, pp. 165-171.

任何政治权利的人。与此同时,一大批犹太法学教授丧失了公职。

在这样的语境中,自由法运动的支持者们和他们的学说的处境就显得相当微妙了。包括埃利希、康托洛维茨、福克斯等人在内的许多自由法学倡导者都是犹太人。然而吊诡的是,正是这些犹太法学家的主张为纳粹法学开辟了一条反形式主义的新路。支持纳粹的法学家批评历史法学派概念化的体系构造所造成的封闭性"阻断了民族与法律,法律与道德以及法律与真实生活之间的必要联系,逻辑推导所付出的代价是人的道德感和精神信仰;法律被一小撮精英玩弄于股掌之中,作为其合法性基础的人民大众反而被挡在了门外"。[1] 为了摆脱这种困境,就有必要像希特勒所呼吁的那样取消对错误的中立性的依赖、抛弃技术的体系构造,而是直面那种"实质法"、与正义本身和道德别无二致的生活中的法。要真正理解法律,就要在民族共同体的实际生活中理解法律。于是,解释法律的核心任务实际上就成了解释生活,所以施密特和拉伦茨(Karl Larenz)这样的纳粹时期最优秀的法学家出于种种目的选择了解读"生活"的法学理论。[2] 在实际操作中,对生活的解释又嬗变为对纳粹党政治主张的体系化和理论化。

高仰光认为基尔希曼对形式理性之自负与僵化的质疑长期以来并未得到学界主流的重视,"可是到了 1933 年,基尔希曼的质疑却直接转化成了行动"。[3] 其实这样的说法不无可疑之处。无论是基尔希曼还是耶林这样的先行者,虽然强调回归生活,但如上文所言,他们所说的生活实际上是人民通过交往行为和社会运动所表达出的政治需求。我们当然没有必要把现代平等主义的思想生硬地套在 19 世纪的思想家身上,并认为他们所说的生活是所有人的生活。他们所构想的那些可以通过其"生活"表达出自己对法律之期待的人首先是在 19 世纪的历史舞台上大放异彩的资产阶级。而到了国家社会主义时期,只有"德意志民族"的生活才是法律正当性的来源。耶林、基尔希曼和他们

---

〔1〕 参见高仰光:《纳粹统治时期德国法律史学的源流、变迁与影响》,载《比较法研究》2017 年第 2 期。

〔2〕 参见高仰光:《纳粹统治时期德国法律史学的源流、变迁与影响》,载《比较法研究》2017 年第 2 期。

〔3〕 参见高仰光:《纳粹统治时期德国法律史学的源流、变迁与影响》,载《比较法研究》2017 年第 2 期。

之前的蒂堡都指出法律不仅是科学的产物,也是政治的产物。只不过在一个党派活动和工会都遭到法律禁止的时代,根本就不存在独立于国家社会主义的政治。"政治"的内涵从一种不同利益之间依照既定规则竞争和角力的场合,变成了一种执政党进行统治的工具。所以,说到底反对形式理性、回归法律的政治性在纳粹时期不可避免地变成了国家社会党的意志凌驾于一切法律之上,与基尔希曼、耶林、康托洛维茨等人所设想的那种生活相去甚远。

自由法学的主要倡导者在"二战"期间命运各有不同。埃利希 1922 年过早辞世,博齐和施坦普在纳粹上台时已经是接近八旬的老人,未受太多牵连。康托洛维茨、福克斯、辛茨海默被迫离职,远走他乡,其中辛茨海默还进了集中营。荣格则因为拥护国家社会主义政权和支持反犹政策在纳粹时期大放异彩。人们有时难免因为自由法学与纳粹法学在反形式主义上的相似性和后者对前者一些概念、术语的引用而指责这些犹太法学家倒持太阿、作茧自缚。然而这样的指责是站不住脚的。因为"二战"时期法国的经验说明,当政治的风向使劲向右吹时,无论选择形式主义还是反形式主义的立场,都不会对个人命运或法学整体的转向带来实质的影响。一个令人尴尬的事实是,法学家对法学的影响力比他们想象的要小得多。

(二)维希政府时期的法国反犹法学

1940 年开始,法国分成了两个部分:维希政府所统治的区域和德占区。实际上,除了阿尔萨斯—洛林外,法国本土大部分的区域都处于维希政府的管理之下。但是后者需要与德国人协调行动,在德占领土上,德国法优先于法国法适用。最近,维希时期的司法运作成了研究的主题。〔1〕 同时相伴而生的还有关于当时所盛行之法律理论的争论。〔2〕 诚然,法学家队伍和任何一个群体一样,

〔1〕 René Lévy,《Les juristes français et le régime de Vichy: à propos de deux ouvrages récents》, Crime, Histoire & Société, 1 juin 1998, pp. 111 – 119; Jean Marcou, Le Conseil d'État sous Vichy: 1940 – 1944, Thèse de doctorat, Grenoble II, Grenoble, 1984; Liora Israël, Robes noires, années sombres: La Résistance dans les milieux judiciaires, Fayard, 2005.

〔2〕 Danièle Lochak,《La doctrine sous Vichy ou les mésaventures du positivisme》, in Les usages sociaux du droit, Paris, CURAPP-PUF, 1989, pp. 252 – 285; Michel Troper,《La doctrine et le positivisme (à propos d'un article de Danièle Lochak)》, in Les usages sociaux du droit, Paris, CURAPP-PUF, 1989, pp. 286 – 292.

在这种极端状态下都会表现出不同的选择。有些人选择了积极参与(如担任部长职务),也有些人选择了积极抵抗(如加入戴高乐将军的自由法国运动),仍然留在法律职业中的人合作或不合作的程度也各有不同。认为可以用一种统一的行为模式概括他们的选择的想法注定要失败。[1] 但法学家们在面对维希政权时表现出了至少一种共性:他们并未质疑“伪政府”及其反犹主义法律的合法性。如何为这种态度命名?到底认为这是“法律实证主义”的滥用还是一种正确实证主义态度的缺失,在今日也意味着法律实证主义在法国的政治正当性。如果认为正是因为法学家采取了实证主义的态度而把法律理解为一种本身不具备道德价值的命令,那么自然可以以此为例指责实证主义是一种带有历史污点的立场。相反,如果认为法学家们是因为其本身的政治倾向而真诚拥护这些反犹主义法律,乃至曲解法律使其变得更为严苛不可接受,那么当然可以认为坚持实证主义可以避免这种法律政治化引发的弊病。

维希政府时期通过了大量反犹立法,主要涉及犹太人身份地位的问题,其中最著名的是禁止犹太人出任公职的法律。后来成为法国行政法上重要人物的迪韦尔热(Maurice Duverger)就在文章中特别谈到了立法者出于犹太人之危险性而禁止其出任公务员的决定。[2] 多年以后,人们仍因此谴责迪韦尔热没有明确表示反对,而仅仅在法律技术的范围内探讨问题。在大部分情况下,法院可以适用这些反犹的法律。法官无法拒绝裁判,所以一旦有当事人主张适用这些法律,法官必须对其文本作出解释。和法官不同,法学家可以选择自己讨论的对象,法学期刊也可以选择自己刊登的论文和栏目设置。只要他们坚决反对,即便在维希政府的反犹政策最极端的时期,法学家仍然可以选择说什么和不说什么、写什么和不写什么。解放后当选为巴黎法学院院长的朱利奥德拉莫朗迪埃(Léon Julliot de la Morandière)在1942年的民法课上说犹太人地位问题其实是一个公法上的问题,所以不应该在民法课程里讲解。还有一些教授把1940年关于犹太人身份的立法放在大纲的最后,然后以时间紧迫为由避而不

---

〔1〕 Liora Israël,《La résistance par le droit? Un enseignement paradoxal de l'histoire de la France des années sombres》,Histoire de la justice,15 février 2013,pp. 7 – 18.

〔2〕 Maurice Duverger,La situation des fonctionnaires depuis la révolution de 1940,Librairie générale de droit et de jurisprudence,1941.

谈。然而,学说最终没有对犹太人问题保持沉默。出现了一些以犹太人地位为题目的博士论文。至于法学期刊,以在立法和案例评注方面最具影响力的《达洛兹注释集》为例,在 4 年内在“犹太人”类别之下评论了 28 部法律和 19 部法令。[1] 在维希政府治下,“犹太人立法”成了一个登堂入室的法律学科,就像合同法、继承法一样。法学家们以超脱的语言评论着其中的文义解释、漏洞填补,就好像在评论其他的法律一样。

洛夏克(Danièle Lochak)认为当时法学院中占支配地位的法律实证主义是法学无法反省反犹立法而只能把它们“日常化”的罪魁祸首。[2] 大部分法学家认为“民族革命”所产生的法律秩序是有效的,那么作为其一部分的反犹立法也只能是有效的。作为法律中立的解释者,就算再怎么反对这些立法的内容,在解释的时候最多也只能尽量缩小其适用范围,减轻其严苛程度,除此之外无法做得更多。而且,既然司法中出现了适用反犹立法的判例,法学家就必须对其加以评论,而不是置若罔闻。由此,学界反而进一步确证了这些反犹立法的合法性。特罗佩尔(Michel Troper)批评洛夏克理解错了实证主义的立场。她选择的那些法学家在解释反犹立法的时候总是试图探究立法者通过立法文本表达出来的价值。但真正严格的实证主义仅仅满足于描述规范,而不认为表达价值是法学的任务。[3] 不仅如此,洛夏克的结论从历史证据上说也是站不住脚的。两次世界大战之间的岁月里,自然法支持者的构成和 19 世纪末法国自然法复兴时已有明显的不同。自然法也从一种呼吁社会进步、法律改革的话语变成了一种强调秩序、民族特性、天主教道德的话语。换言之,当时反对实证主义的往往正是那些全心全意支持维希政府保守派天主教法学家,说他们游走在反犹主义的边缘已经算是客气了。[4]

人们把德国反犹法学的兴起看作自由法学过于泛滥的结果,而在法国则看作相反的法律实证主义的败笔。自由法学强调法律的政治性,因而法学家应该贴近人民的感受。一方面,法国法学家把法律看作科学,从而远离政治的喧嚣,

---

[1] Danièle Lochak,《La doctrine sous Vichy ou les mésaventures du positivisme》,op. cit.

[2] Ib Danièle Lochak,《La doctrine sous Vichy ou les mésaventures du positivisme》,op. cit. id.

[3] Michel Troper,《La doctrine et le positivisme(à propos d' un article de Danièle Lochak)》,op. cit.

[4] 参见朱明哲:《面对民族主义的自然法学》,载《中外法学》2016 年第 5 期。

作为科学冷静、审慎、不带感情色彩的研究的对象；另一方面，他们对犹太人的境遇确实漠不关心，从而无法设身处地去体验那些受迫害的人的感受。与其把法国的反犹法学归咎于实证主义，倒不如说是缺乏一种产生自由法学的环境所致。时局虽然艰难，但至少仍有一个相对稳定的社会秩序，解释和适用各种反犹立法的权力仍然保留在职业法律人的手里。在这种前提下，大部分的法国法学家安静地选择了与现政权和平相处也就不令人吃惊了。

五、结论：永世流浪的犹太人

从中世纪开始，欧洲流传着关于“永世流浪的犹太人”的传说。在耶稣前往刑场的路上，一个相传名为阿哈斯韦卢斯(Ahasverus)的犹太人因妒忌拒绝善待受刑的耶稣。耶稣对他说道：“我站着并得安息，而你将永世流浪。”他从此失去了死亡，不得不在地上流浪，永不安宁，并恰如其分地在重大事件中出现，推动历史的发展。这一传说在19世纪起广泛出现在欧洲文学中，又因为夏加尔(Marc Chagall)以其形象象征犹太人流散的历史而广为人知。

虽然本文的重点不在于自由法学本身，但我们都知道其核心是一场由进步犹太青年学者主导的运动，并传遍了全世界。正如阿哈斯韦卢斯出现在耶稣受难这个象征着救赎的时间点，自由法运动出现的时刻，正是在单一的成文法在理论上自称为唯一的法律渊源、法律的科学性超越其政治性的关键历史时刻。它以此前的法律多元时代的经验和那些反对成文法至上信念的作者为理论资源，以生动的语言和极富感染力的论据力求法学家们把目光重新投向正在剧烈变动的社会。然后，“自由法学”的名字先后出现在日本和中国，但承担这一头衔的却不一定是那些有可能和这些犹太青年知识分子站在一起的欧洲法学家，它所对应的法律思想也不再是要求法律回应社会变迁的主张。最不幸的是，进步犹太学者的理论在1933年之后反而成了反犹政权的工具。已经不再年轻的自由法学支持者们这次亲自向世界的尽头漫游。那个充满乐观情绪、在旧欧洲的土壤上狂飙突进的犹太法学家群体从此也成了绝响。在此后漫长的岁月里，每当有人反对法学上的形式主义，强调法律的政治性，呼吁人们重视法律与生活之间的联系，都会再次回到“自由法运动”。

法学像一面镜子,照出其所发生的那个社会的样子。当基尔希曼和耶林提出法律是一场斗争时,他们耳边是革命的炮声。当惹尼主张立法只是多种法律渊源之一时,他看到的是法国的共和主义者建立立法至上主义的努力。当中欧的进步知识分子强调法律面对生活时,他们作为政治上的边缘人希望通过降低法律文本的重要性而多少争得一些以学术发展法律的空间。当日本的法学家欣然接受自由法时,他们为解决外来规范与本土社会的冲突找到了一套理论工具。当中国的法学家通过自由法学说中重新发现社会时,他们找到了寻求政治权力背书的机会。而当欧洲的反犹主义者需要一套帮助领袖摆脱成文法约束的话语时,他们十分大度地启用了犹太人的贡献;当他们不需要时,则安心做一个严守反犹实证法的技术人员。自由法学在不同时空中的不同命运,映照出了每个法律场中政治与学术的关系。偶尔,比如在惹尼的法国,学术最终成功在法律场中获得了高于政治的规训能力。但事情并非总是如此。

法外正当

——经院哲学中罗马法的财产权理念与自然权利之争

余履雪*

内容摘要:文章以14世纪罗马天主教会与圣方济各会在教会财产问题上的争议为主要线索,重点论述了两个问题:第一,托马斯·阿奎那的实证自然法体系在何种程度上能够将罗马法纳入经院主义哲学体系中,由此澄清罗马法中的财产权理论在托马斯经院主义哲学中的地位。第二,威廉·奥卡姆如何将对财产的实际使用转化为原初状态的自然权利,从而消解了托马斯实证法学体系中财产权的"法权"地位,赋予其"自然法权"的绝对效力,撼动了托马斯经院主义中的等级体系的正当性。两派争论的核心问题成为文艺复兴中自然法思想博兴的前奏并对后世产生了不可估量的影响。

关键词:主宰权　财产权　用益权　经院实证主义自然法　神法权利

14世纪上半叶,罗马天主教廷和圣方济各教派之间展开了一场影响深远的争论,其名义上围绕圣经新约中基督及其使徒的守贫伦理,实际上剑指罗马教会拥有的过度物质财富及其使用的正当性。尽管有着深远的政治意义,然而这场争论自始至终围绕一个纯粹的法学问题展开,即正当使用是否必须从罗马法中的"主宰权"(*dominum*)或者所有权中派生出来。如果回答是否定的,那么如何定性上述法外的正当使用,其与后者的关系又如何厘清?罗马教廷秉持经托马斯经院哲学转化的罗马法财产权理念,认为罗马法中不存在缺失正当法权基础的"使用"概念,攻击圣方济各教派鼓吹的守贫是以永久使用教会财产为名而

---

* 中国人民大学法学院副教授,法学博士。

行侵吞之实。而圣方济各教派的支持者,尤其是以威廉 · 奥卡姆(William of Ockham)为代表的反对派则直接追溯至神法中的自然状态,推导出使用的正当性,并澄清了该等使用与主宰权等法权概念之间的关系。这一争论直接影响了随后的经院主义神学在财产权和基于神法的使用问题上的基本立场,继而成为 15 世纪、16 世纪格劳秀斯(Hugo Grotius),普芬道夫(Pufendorf)等自然法启蒙思想家关注的核心问题之一。

一、争论的由来

这场主教教廷与圣方济各教派之间的争论全面爆发于 1320 年左右。13 世纪开始,罗马教廷逐渐被一群托钵阶层——圣方济各(Order of St. Francis)——的光环所笼罩,[1]这一派坚持效仿基督的言行,摒弃世俗财产,过极度贫穷的乞讨生活,并主张整个教士阶层都将被圣方济各教士取代。时任教皇约翰二十二世(John XXII)之前的历任教皇[英诺森四世(Innocent IV)、格里高利九世(Gregory IX)和尼古拉斯三世(Nicholas III)]一方面承认圣方济各教士生活方式的圣洁,另一方面允许圣方济各会对教会财产的实际使用,条件是罗马天主教会仍旧对这些财产保留(名义和实质上的)所有权。[2] 然而 14 世纪初,政治形势开始变得复杂起来,罗马教会方面充满内忧外患。[3] 方济各会剑指罗马教

---

〔1〕 这一派别的创始人阿西西的圣弗朗西斯(Saint Francis of Assisi)从《圣经》"Matthew"10:9 中耶稣的教诲"不要追逐金银,腰带里不要带钱币"中获得震撼和启示,摒弃对世俗财产的所有,主张一种以乞讨为主要方式的坚忍生活方式,方济各会中最著名的也即最为极端的一派即"Ordo Fratrum Minorum"(小兄弟会),倡导一种绝对理想的、否弃世俗物质欲望的清贫生活。

〔2〕 教皇尼古拉斯三世(Nicholas III)1279 年敕令"Exiit qui seminat"指出,"鉴于圣方济各会拒弃了所有权、使用权以及对任何事务的主宰权,这并不等于他们也拒弃了对任何物的单纯使用。我认为,这种使用不是使用权,对使用者而言,它无非是提供了一种实际上被用的东西,而不是一种物上的权利。……并且由于对圣方济各会而言,无论是教士个人还是教会,都不允许拥有任何私人的,甚或是共同的财产,因而如果什么财物因上帝之名而被供给、施舍或者给予他们,我们有充分理由认为,这些财物的供给者、施主和给予人意图完美地供给、施舍以及给予这些物,放弃对它们的所有权并且基于对上帝之信仰将这些物转移给他人;而能够胜任这些财物的主宰者之名的,除了前面提及的罗马天主教会或者教皇(基督的代理人,包括圣方济各会在内的所有人的父)之外,别无他人"。

〔3〕 14 世纪初,意大利内战纷扰,教皇克莱芒五世(Clement V)将教会由罗马迁至阿维尼翁(现法国境内),直至 1378 年。

会拥有的过度财富,其势力的日益强大使得罗马方面的正当性岌岌可危。尤其是在教皇约翰二十二世正野心勃勃地进一步扩大对有俸圣职的任命权以建立起一个行政管理式的高效率的教会机构,并在为一个足以震撼整个西方社会的新税计划而摩拳擦掌的节骨眼上,[1]一再强调真正的基督徒式的生活乃是摒弃一些财产和世俗之物,无疑是对约翰宏大的计划泼了一盆冷水。起初,约翰二十二世对守贫的伦理仍旧持肯定立场,底线是圣方济各教派必须承认教皇的绝对权威。1317 年,他对圣方济各小兄弟会的谕令[2]"*Quorundam exigit*"中列出的三个信仰德性等级中,将"服从"放在"圣洁"和"守贫"之前。然而不久之后,双方开始剑拔弩张。1321 年,那尔布讷(Narbonne)的教士贝格哈德(Beghard)宣讲耶稣及其使徒不拥有任何财产,不论是私有财产还是共有财产。这名教士被当地宗教法官多明我会(Dominicans)的贝尔纳的约翰(John of Belna)传审,而为贝格哈德辩护的是圣方济各会的教士白朗日(Bérenger Talon)。该案最终被送至阿维尼翁教会法院,旋即转变成多明我教派与圣方济各会之间的一场大争论。问题的症结在于"教会财产"是否能够与"基督的完美"共存,这直接影响罗马天主教会的威信。教皇约翰二十二世在 1322 年 3 月的谕令"*Quia nonnunquam*"中申明,他将遵循前述 1317 年的谕令"*Quorundam exigit*",任何对后者的曲解,都将受到革除教籍的惩罚。同年 6 月,圣方济各教派全体大会在意大利的佩鲁贾(Perugia)召开,会上肯定了基督及其使徒不拥有世间财物的主张不仅不是异端,而且是正确的和符合天主教会原则的,并推选伯纳格里夏(Bonagratia of Bergamo)在阿维尼翁教廷前陈辩圣方济各会的主张。教皇约翰二十二世分别于 1322 年 3 月和 12 月,连发布两篇著名敕令(*Ad Conditorem*

---

〔1〕 关于教皇约翰二十二世的教会改革,参见[法]罗伯特·福西耶主编:《剑桥插图中世纪史(1250～1520 年)》,李桂芝等译,山东画报出版社 2009 年版,第 104 页。

〔2〕 教皇谕令,英文为"Encyclical",来自希腊单词中的"egkyklios","kyklos"即"循环",是罗马教皇至所有罗马天主教教区主教的信件,旨在澄清罗马天主教的某些教义。这种教皇撰文多具有教诲的色彩,不针对具体事务,而是对具有普遍意义、永久性的严肃问题表明立场。通谕名称往往取自信件开头的几个拉丁文单词,因而不一定反映该文件的主要内容,其正式性次于"Papal bull",后者词根"bulla",即"玺",多是一种具有立法性质的命令,例如年号、主教命名、明确教义的定义,召集宗教会议或者举行封圣仪式,一般也以该文件的开头的拉丁单词命名。为区别起见,本文将"Encyclical"译为"谕令",将"Papal bull"译为"敕令"。考虑到"谕令"和"敕令"的名称并不具有反映其内容或主题的实质意义,中文译名多奇形怪状,令人疑惑,故直接引用拉丁文原名。

Canonum、*Cum inter nonnullos*)[1]作为反击,明确申明圣方济各会有关耶稣及其使徒守贫的上述主张为异端。1327 年,双方争论开始白热化。约翰二十二世于当年召见方济各兄弟会会长米歇尔 · 塞斯纳(Michael of Cesena)[2]至阿维尼翁,就“圣方济各会有关基督守贫以及教会财产问题”作出回应。[3] 也就是在这个时候,米歇尔认识了当时同样被困阿维尼翁的牛津大学圣方济各会世俗教士威廉 · 奥卡姆(William of Ockham),后者正等待在教皇面前澄清其有异端嫌疑的《“四部语录”[4]释义》。[5] 奥卡姆应米歇尔所邀,就圣经中有关耶稣守贫的理论进行研究并很快加入了米歇尔的阵营。

教会内部各派势力的分歧,正好给当时亟待称帝并获得教皇方面肯认的巴伐利亚的路德维希(Ludwig of Bavaria)以可乘之机。1322 年,路德维希结束了与哈柏斯堡(Habsburg)家族的弗里德里克(Frederick of Austria)长达八年的战争,亟须获得教皇方面的承认。约翰二十二世坚定地主张,没有罗马方面的授权,任何世俗统治者都无权取得正当的皇权。而路德维希这位新上任的皇帝旗帜鲜明地主张教会应在世俗皇权的控制之下。在教会与世俗权力的角力中,路德维希与前述圣方济各会中的小兄弟会首领米歇尔逐渐熟识并过从甚密。1324 年,教皇约翰二十二世将路德维希革除教籍。1327 年,这位日耳曼皇帝移驾教皇空巢罗马,旋即于次年 5 月废黜教皇约翰二十二世并任命圣方济各会的尼古拉斯五世(Nicholas V)[6]为教皇。同年,路德维希如愿以偿地被后者加冕为神圣罗马帝国皇帝。1328 年 5 月 26 日,米歇尔携奥卡姆从阿维尼翁逃往罗

---

[1] “Ad Conditorem Canonum”的内容将在文后重点讨论。

[2] 米歇尔 · 塞斯纳(Michael of Cesena)(1270 ~ 1342),圣方济各小兄弟会首领。1316 年在那不勒斯圣方济各教派全体大会上当选为会长,与圣方济各会主张集权化的灵修派对峙。

[3] See John XXII, Quia Vir reprobus, 1329.

[4] 指彼得 · 伦巴德(Peter Lombard)所著《四部语录》(*Libri Quatuor Sententiarum / Four Books of Sentences*)。彼得伦 · 巴德(约 1100 ~ 1160/1164),中世纪神学家,以其《四部语录》获得了“语录大师”(Magister Sententiarum)的称号。该书不仅囊括了基督教的全部神学教义,并且将其做了系统化处理,成为 13 ~ 16 世纪大学普遍使用的神学教科书。大阿尔伯特(Albert the Great)、伯纳文切(Bonaventure)、托马斯 · 阿奎那(Thomas Aquinas)、当斯 · 司各特(John Duns Scotus)都留有《“四部语录”释义》。

[5] 到 1327 年,奥卡姆一直住在阿维尼翁圣方济各会修道院中并必须随时回应教会法庭的质询。

[6] 1228 ~ 1330 年在位,原名彼得 · 莱纳都西,1228 年于罗马加冕为教皇,与阿维尼翁时任教皇约翰二十二世对立。

马，投至路德维希旗下。

这场产生于教会内部的争论恰逢教会与世俗皇权一争高下的节骨眼儿，随着圣方济各教派领导人物的倒戈，这一争论的影响力开始突破对新约教义的解释，成为即将到来的启蒙时代自然法思想的重要来源。

二、托马斯·阿奎那实证主义的世界秩序观

1322 年教皇约翰二十二世的敕令“*Ad conditorem canonum*”一反他的前任对圣方济各守贫伦理的肯定，明确宣布圣方济各教派的主张为异端。该篇敕令力陈约翰有权修改旧的教会典籍，并有权以“普遍的善”的名义确定新的权利。[1] 其论证的核心就是圣方济各会主张的对教会财产的实际使用（*usu facti*）实质上不属于罗马法中的“用益权”（*usu fructo*），而已经成为财产所有权（*proprietas*）。因而小兄弟会并没有像他们声称的那样遵循耶稣守贫的教诲。该篇敕令从罗马法法权角度解释了圣方济各教派主张的荒谬性，处处体现着经托马斯实证自然法理念转化的罗马法精神。因此真正把握其立场，必须从构成罗马天主教廷官方哲学基础的阿奎那经院主义哲学谈起。正是经由阿奎那的经院主义哲学，罗马法的基本原理才被整个天主教会接纳并对教会法产生了深远影响。

托马斯·阿奎那死于 1274 年，在他死后的半个多世纪里，其学说声誉可谓起伏跌宕。1323 年，在教皇约翰二十二世启动的封圣活动中，阿奎那被追封为罗马天主教圣贤。[2] 阿奎那并不是一个严格意义上的法学家，他没有给出一个系统的世俗法学说，然而他的学说将罗马法理念嵌进了经院主义哲学中，因而成为法律学说史上的关键人物。阿奎那的学说于法学的重要价值在于他在经院哲学认识论上的开拓。[3] 就现实影响力而言，一方面，他的学说被罗马教会

---

〔1〕 See Michel Villey, *La formation de la pensée juridique moderne*, Paris, PUF, 2009, p. 253.

〔2〕 尽管如此，托马斯·阿奎那的学说在整个中世纪神学中并不显耀，不及其在 20 世纪享有的盛誉，他作为天主教官方神学家的地位一直到 1879 年教皇利奥十三世的谕令“Aeterni Patris”才得奠定。See Anthony Kenny, *A New History of Western Philosophy*(*In Four Parts*), Oxford, Oxford University Press, 2010, p. 314.

〔3〕 See Michel Villey, *La formation de la pensée juridique moderne*, Paris, PUF, 2009, p. 242.

作为盾牌,为教会财产的正当性提供依据;而另一方面,阿奎那的认识论也为罗马法在南欧的复兴“驱魔正名”,并进而将罗马法纳入了整个经院哲学体系中。[1]

阿奎那的自然法秩序思想,简言之,就是依托对“自然/宇宙整体秩序”的“认识”将源于自然秩序中的自然法“具体地”[2]接生下来。这里有三个关键点:首先是认识主体与认识客体的两分;其次是对整体自然秩序的理解;最后就是由此顺理成章地建立自然法的秩序阶梯,并与罗马法接榫。

(一)阿奎那之前的经院哲学在教会财产问题上的立场

教会建筑与装饰的华丽奢侈,不止一次成为教会各派势力质疑的焦点,圣方济各会对教皇约翰二十二世的攻击并不是什么新花招。12 世纪的熙笃会(Cistercian)和嘉都西会(Carthusian)教派都曾猛烈地抨击过教会的铺张豪奢,“绫罗绸缎、金银财宝、绚丽的彩绘玻璃、繁复的雕塑绘画、挂毯铺陈……所有繁复的装饰除了分散信徒在祈祷过程中的专注力外,别无用处”。[3]

世俗的物质享受与教士的精神追求始终是对立的两极,[4]圣 · 伯纳尔(St. Bernard)认为对教士而言,想要参悟上帝秩序的博大,必须摒弃世俗的诱惑:

然而我们,这些另类的人,从此之后与人群分道扬镳,为了耶稣摒弃了世间所有珍稀之物,所有美色、谄媚、珍馐、淫逸,所有这些能够带来肉体欢愉之物,在我们眼中都如粪土……

(*Apologia ad Guillelmum abbatem*, P L 182, coll. 914 – 15)[5]

---

[1] See O. F Robinson et al., *European Legal History*, Oxford, Butterworths, 1994.

[2] 维利(Villey)指出,“就古典法学的表达方式而言,其属性是将一个‘物’的世界,即‘外在善的展现’作为对象,因为只有在物当中并且只有在物与物的划界中,人与人之间的权利关系才得以体现。法学理论的重心在于‘物’,由此在正统法学中,客观性成为重中之重”。See Michel Villey, *La formation de la pensée juridique moderne*, PUF, 2009, p. 224.

[3] Umberto Eco, *Art et beauté dans l'esthétique médiévale*, trans. by Maurice Javion, Paris, Grasset, 1997, p. 19.

[4] 中世纪对肉体欢愉的禁忌,包括吃喝住行以及对婚姻的谨慎态度,参见 Étienne Gilson, *Héloïse et Abélard*, Vrin, 1997。

[5] Umberto Eco, *Art et beauté dans l'esthétique médiévale*, trans. by Maurice Javion, Paris, Grasset, 1997, p. 19.

对世俗信众而言，当他们的目光停留在华丽的建筑和绚烂的色彩上时，心灵又如何升腾到永恒呢？装饰是祷告的障碍：

人们蜂拥而至，他们原是被请来捐出祭献之物的，美丽的表象对他们的吸引甚或胜过了对神圣的崇敬。

(*Apologia ad Guillelmum abbatem*, P L 182, coll. 914－15)[1]

“内在美—永恒的美”与“外在美—昙花般的现实”的对立几乎贯穿整个中世纪鼎盛时期的经院哲学。而解决两者之间张力的途径就是将外在美看作内在美的展现，同时赋予内在美永恒的价值。塞维利亚的依西多禄(Isidore of Seville)[2]在他的《三部语录》(*Sententiarum libri tres*)[3]中最初给出了美的两个范畴：“*pulchrum*”，拉丁语中的名词“美”，指本身美的事物；“*aptum*”，拉丁语中指附着的、与某物相连的、引申为有用的，指因由他物而美的事物。对外在物质短暂易逝性的体认，使中世纪思想带有一种忧郁的色彩。唯一的慰藉或者克服绝望的出路就是承认外在美对内在美的依附，这样就允许主体通过外在美来体验并上升至内在永恒的美与善。圣·伯纳尔指出，永恒的美必然会体现在美的事物中：

当个体内心最深处被这种壮丽之光充盈之际，它必然会透射于外，正如笼中之灯，甚或如同光，当它闪耀时，将拒绝黑暗的遮蔽。此外，身体是精神的写照，精神投射出的强大光芒渗透进肢体和感官，由此直至举手投足，一颦一笑

〔1〕 Umberto Eco, *Art et beauté dans l'esthétique médiévale*, trans. by Maurice Javion, Paris, Grasset, 1997, p. 21.

〔2〕 Isidore of Seville，生于西班牙的卡塔杰纳(Cartagena)，560～636年，作为最后一名古基督教哲学家和那个时代最为博学的神学家，他当之无愧，其对中世纪教育的巨大深远贡献，无人能及。更多介绍参见[法]罗伯特·福西耶主编：《剑桥插图中世纪史》，陈志强等译，山东画报出版社2006年版，第464页。

〔3〕 《三部语录》是一部神学道德和教义的汇编，内容多取自大格里高利(Gregory the Great)以及圣·奥古斯丁(St. Augustine)的著作。这部书被认为对彼得·伦巴德的《四部语录》产生了重要影响。

(只要这是一种凝聚庄重、烙印诚挚的笑)都被光环笼罩。

(*Sermones super Cantica Canticorum*, P L 183, coll. 1193; 另见 *Opera* II, p. 314)[1]

对世俗物质而言,中世纪体现出两种并存的审美追求:“极度的华丽”与“冷峻凝视中的情感升华”。由此,华丽的教会风格就能与严苛的教士生活并行不悖。面向世人,教会借助上帝的威严体现出权威,面向上帝,它借由个体的虔诚体现出绝对的卑微自律。将“华丽”与“冷峻”、“至高”和“沉思”结合在一起的,是一种神秘的情感升华,这种情感既非停留在灵魂至高点,也非停留在物质表面,而是回旋在个体对上帝造物与宇宙整体秩序的体悟中:

这就是为什么,当我面对这宏伟的殿宇时敬仰油然而生,稀有石材放射出的绚丽色彩使我的思绪飞离日常琐务,诚挚的沉思,能够将诸多神圣的品德从物质世界升华到非物质层次的沉思促使我驻足良久……我察觉自己似乎被带到了一个陌生的穹宇,既不是世俗红尘,也不是完全圣洁的天堂,而是这样一个神秘的境界,借助于上帝,我能够由低至高地升腾。

(*De rebus*…ed., Panofsky 23, 27 and following, p. 62)[2]

(二)阿奎那的经院实证主义自然法

阿奎那对经院哲学的进一步推进是他将“形”(*forma*)与“质”(*essentia*)[3]结合在一起并重构了两者之间的关系。在此之前,尤其是在新柏拉图学派的学说中,作为永恒象征和指引的“光”(*claritas*)是从“上”俯射到“客体”上。如上

---

[1] Umberto Eco, *Art et beauté dans l'esthétique médiévale*, trans. by Maurice Javion, Paris, Grasset, 1997, p. 26.

[2] Umberto Eco, *Art et beauté dans l'esthétique médiévale*, trans. by Maurice Javion, Paris, Grasset, 1997, p. 34.

[3] “Essence”的拉丁文词根动词“esse”,即“是”,英语学者经常把拉丁文中的“quidditas”翻译成“essence”,“quidditas”对应拉丁文中的问句“Quid est?”,即“这是什么?”(What is it?)。“quidditas”是指使此物成为此物的那个东西。Kenny 在其书中采用的是“quiddity”这个用语。See Anthony Kenny, *a New History of Western Philosophy*(*In Four Parts*), Oxford, Oxford University Press, 2010, p. 174.

文所述,对神圣之光的感知依赖于个体的神秘领悟以及建立于其上的快乐的终极体验,圣·伯纳文切(St. Bonaventure)就曾这样写道:

这是多么伟大的主宰啊,当永恒太阳之光照亮心房并使之荣耀的那一刻!……极致的欢悦,怎能掩藏?怎能不喷发成为源自天堂的狂喜和赞颂?

(*Sermones* VI)[1]

而在阿奎那那里,"光"来自"客体"——这一永恒秩序的具体形式。在他的《神学大全》(*Summa Theologiae*)中,有这样一段:

由于所有的造物都渴望"善/好",因而"善/好"实际上与感官功能相连。因此它以某种目的为旨归,因为欲望总是指向某个得到满足的终点。相反,"美"与认知功能相连:当置于眼前的东西实际上令人产生愉悦感时,它们就是美的。这也就是为什么"美"总是基于一种良好的比例,因为我们总是对拥有适当比例的东西以及对与其有着相似结构的东西产生好感。实际上,"感觉",如同其他感知功能一样,也是一种比例。并且由于认识通过吸纳来进行,同时另一方面,相似性与形式相连,因而"美"就与形式这一理念环环相扣了。

(*Summa Theologiae* I,5,4 to 1)[2]

由此可见,对"善/好"(*bonum*)的欲望是一个指向,并且在它遇到"美"(*pulchrum*)这个理念之前,它只是一个空壳,而对美的认识须依赖于"美"所具备的这些可感知的要素:"比例"、"均衡"、"整体"与"和谐"。只有这种意义上的"形式美"才能触发感知力(*sensus*),这是所有认识活动启动的第一步。美由此被主体所吸收,"善/好"由此被认知主体提炼出来并获得肯认。阿奎那的理

---

〔1〕 Umberto Eco, Art et beauté dans l'esthétique médiévale, trans. by Maurice Javion, Paris, Grasset, 1997, p. 90. 对圣·伯纳文切(St. Bonaventure)的介绍,参见 M. De. Wulf, *Histoire de la Philosophie Médiévale*, Louvain, 1900, pp. 290 – 294。

〔2〕 Umberto Eco, *Art et beauté dans l'esthétique médiévale*, trans. by Maurice Javion, Paris, Grasset, 1997, p. 150.

论在这里隐含这样一个前提,美这一理念的形式先在地存在于认识主体的主观意识中。

埃科(U. Eco)指出,在阿奎那有关"质"的认识论中,同样有这样一个先验的理想前提,即物的可定义性(*quidditas*/essence)优先于物的实际存在。[1] 然而,阿奎那理论与此前理论的不同之处就在于,"美"借由"美的具形"而被认识主体感觉到并认识。[2] 如果把"善/好"比作胃口,那么只有"美食当前",胃口才会大开,因而客体必须被"摆在主体面前"(*visa placent*)。在这个意义上,阿奎那建立起他的实证论。"善/好"的作用在于它启动了欲望对"形式"的渴望,因为形式是具体地摆在那里的,因而其有可能成为欲望的对象或者被欲望所捉住,在此之后,美就借助认知力由主体把握了。[3] 在这个实证体系中,存在两个类别:第一个是"类",即抽象理念,如"人""神";第二个是具体的存在,如具体的"张三""李四"。就前者而言,对理念形式的把握并不先在地要求它的具体存在。由此,在阿奎那的认识论中,"美的具形"即对"类"的认识,而非对美的个体的认识。"美"借由对"某一类美的具形"的感知而被主体认识和把握。《体与质》(*De Ente et Essentia*)中有这样一段关于"存在"的表述:

> 并不需要先理解实际物的存在,才能理解该物对应的那个"质"(*quiddity*);例如,我能够理解"人类"或者"凤凰"是什么,而无须知道这些物是否实际上存在于自然界中。因此,存在与"质"或者说"*quiddity*"是不同的。
>
> (*DEE* 4.94 - 105)[4]

---

〔1〕 Umberto Eco, *Art et beauté dans l'esthétique médiévale*, trans. by Maurice Javion, Paris, Grasset, 1997, p. 156.

〔2〕 在认识主体的理智(agent intellect)与神的理智(divine intellect)的关系上,阿奎那承认前者是后者的影射,然而当认识主体创造"概念"把握世界的时候,他不再需要新的神圣启示,需要的仅仅是服从神圣的推动和指引。"我们所有的理智灵机都是对原初真理的印象,就这点而言,不论我们的理解和判断是什么,我们总是在原初真理的指引下进行理解和判断。" See Anthony Kenny, *A New History of Western Philosophy* (*In Four Parts*), Oxford, Oxford University Press, 2010, p. 382.

〔3〕 Umberto Eco, *Art et beauté dans l'esthétique médiévale*, trans. by Maurice Javion, Grasset, 1997, p. 151.

〔4〕 See Anthony Kenny, *A New History of Western Philosophy* (*In Four Parts*), Oxford, Oxford University Press, 2010, p. 409.

由此，对宇宙秩序的认识就是对抽象理念形式秩序的把握和领悟。在阿奎那的宇宙秩序观中，我们看到的是呈束状排列的一组一组抽象理念形式。“形式”与“实质”的关系，即“质”就是能够通过理解和定义把握的“实在”（substance）。理解和定义就是理念的形式，就是“理念的存在”。与之前的学说相比，阿奎那整个学说的特点在于“存在的认识论”，所有问题都归结到“*ipsum esse*”，即类型化对具体存在的彰显（*forma*）。[1]

如果在这里引入“实在”与“质”（essence）作为一对范畴，那么“具体的存在”就是各种“理念形式”。宇宙秩序中充斥着“理念的形式”，而对这些理念形式的把握和对其秩序的认知，就是对“质”的把握，就是对神法的领悟和运用。在这里，与此前哲学相比，整个逻辑颠倒过来，“理念的形式”是“光”（目的），投射到“质”（途径）上。然而反过来，“形式”与“实在”又是先在地交叠着的，正如埃科指出的：

> 形式与实在之间纠结得如此紧密，以至于无法离开一个谈另一个，对圣·托马斯而言，当命名第一个时，第二个就隐含在其中了，除非基于逻辑上的区分，才将两者分开。自此，“实质”（essence）、“*quidditas*”、“*quiddity*”，作为被体认到的那些实际生存着的形式，特别地表现出生动存在的彰显。[2]

由此，对“神法—自然法—人类社会秩序”的认识论将上帝的绝对秩序具体放在了一个个理念形式中，这些理念形式按照等级顺序排列，哪怕是最底层的理念也有其存在的秩序价值而不再是随机变动的，神法秩序和世俗法的社会秩序由此定型：

---

〔1〕 在实质（essense）与存在（existence）的关系上，肯尼（Kenny）认为，托马斯认为实质问题与存在问题是两个范域。See Anthony Kenny, *A New History of Western Philosophy* (*In Four Parts*), Oxford, Oxford University Press, 2010, p. 409.

〔2〕 Umberto Eco, *Art et beauté dans l'esthétique médiévale*, *trans. by Maurice Javion*, Paris, Grasset, 1997, p. 157. 另参见 Étienne Gilson, Le Thomisme, Introduction à la philosophie de saint Thomas d' Aquin, “II-Une nouvelle ontology”, Vrin 2010, pp. 169 – 189。

借助神的德性的参与,形式与质料以存在的方式结合在一起,这样一来,“造物主”与“被造物”就联系起来。这里最为关键的是作为一个活生生的存在的合而为一的有机体,归根结底,存在就是“具体存在的彰显”(*ipsum esse*, *Contra Gentiles* II,54)。“体/物”(être/being)不再是阿维洛伊(Averroes)所讲的本质的偶然产物,而是使“质”成为“质”的那个东西,那个“质”的所指,那个实在。[1]

由此可见,阿奎那的自然法观念正是建立在这样一个宇宙秩序观上和认识论上的:出发点是“整个宇宙秩序的等级体系”——“具体存在的彰显”,即“自然法”。另外,在这个秩序等级体系中,对自然法的“质”即对“*ius*”[2]的领悟,就是对“何为公正”(*id quod iustum est*)的把握。这就必须借助那个等级体系的形式——各物各安其分;公正就是“给每个人其所应得的那份”(*suum ius cuique tribuere*)。[3]《圣经》“创世纪”写道,“(2:19)耶和华神用土所造成的野地各样走兽和空中各样飞鸟都带到那人面前,看他叫什么。那人怎样叫各样的活物,那就是它的名字。(2:20)那人便给一切牲畜和空中飞鸟、野地走兽都起了名。只是那人没有遇见配偶帮助他。”在这里使用的“命名”(name)一词来自拉丁文“*nomen*”。“命名”与“规范”(norm)(拉丁语名词 *norma*,动词 *normo*)来自同一个词根“*gno*”,即定制,立法(legislate),统治(reign)。“命名”就是对万物的秩序的称呼,就是“呼”(nomer)出来(positive)这一秩序——公正(*ius*)。在经院哲学中[源于嘉都西学派学派,经由阿伯拉尔(Abelard)传至阿奎那],实证法(*ius positivum*;*iustitia positivia*)来自希腊语中的“*dikaion nomikon*”,建立在公正之上的规范(法)的实质在于它(公正)被摆在那里,被认识主体独立出来。经院主义实证法就是要将“法律关系的整体”从无序的社会与自然现象中析出,从而将每一个个体固定在其应有的抽象法权中,由此“公正”成为一种“公正的秩序形式”,它的世俗表现形式就是“实证立法”。

---

〔1〕 Umberto Eco, *Art et beauté dans l'esthétique médiévale*, trans. by Maurice Javion, Paris, Grasset, 1997, p. 157.

〔2〕 “ius”这个拉丁词来自希腊语中的“dikaion”,即“公正”。

〔3〕 See Michel Villey, *La formation de la pensée juridique moderne*, Paris, PUF, 2009, p. 243.

与上述神法中对万事万物的命名相对应，世俗法秩序等级则由一个个处于不同位阶的抽象法权组成，每一个抽象法权对应一个抽象的固定的个体形式（阶层，“*status*”），而罗马法正是最为完美的世俗法模型。在罗马法的法权主体中，处于顶层的是自由人（*libertas*）——市民（*civitas*）和家父（*familia*），处于底层的是“最大人格减等”（*capitis deminutio maxima*，失去自由人身份，即必然同时失去市民身份和父权）。[1] 位于中间依次递减的有最小人格减等[2]（*capitis deminutio minima*，仅丧失父权身份，仍保有自由身份和公民权）和中人格减等（*capitis deminutui media*，失去市民身份权，但仍然保有自由身份）。[3] 在最顶层的“市民”阶层下又分为自权人（*sui iuris*）和他权人（*alieni iuris*）；生来自由人（*ingenui*）和解放自由人（*libertini*）、不名誉人（*infamia*）[4]和丧失证人资格的人[5]；贵族（*honestiores*）[6]和贱民（*humiliore*）[7]以及佃农（*Coloni Adscriptii*）。[8] 在“非市民”这一阶层下包括拉丁人（*latins*）和异邦人（*peregrini*）[9]等。处于等级体系顶端的是父权（*paterfamilias*，享有家父权，即“*potestas*”）。在这个秩序等级中，即便是最底层的形式也有其存在的那部分秩序价值，有其应得的“份额”，这部分不是偶然的和随机的，而是被固定住的，整个社会秩序以此为基底建立起来。由此，阿奎那的实证认识论就与罗马法的理念丝丝相扣，相得益彰。

---

〔1〕 例如，沦为奴隶；例如，出卖子女，使之沦为奴隶；被擒获的正在盗窃的小偷沦为物主的奴隶；逃避税收或劳役的人将沦为奴隶；被释放的奴隶对释放他的主人知恩不报时，有可能再次沦为该主人的奴隶；等等。See Paul du Plessis, *Borkowski's Textbook on Roman Law*, 4. 3. 3, 4th ed., Oxford, Oxford University Press, 2010, pp. 89－92.

〔2〕 D. 4. 5. 11.

〔3〕 例如，由于犯罪被放逐出城邦。

〔4〕 D. 3. 2. 1.

〔5〕 D. 28. 1. 26；28. 1. 18. 1.

〔6〕 元老和骑士阶层。

〔7〕 较低阶层。

〔8〕 对佃农的介绍，参见 Paul du Plessis, *Borkowski's Textbook on Roman Law*, 4. 3. 3, 4th ed., Oxford, Oxford University Press, 2010, p. 107。

〔9〕 相关内容，参见 Paul du Plessis, *Borkowski's Textbook on Roman Law*, 4. 3. 3, 4th ed., Oxford, Oxford University Press, 2010, p. 107 ff。

三、教皇敕令中的财产权理论

托马斯 · 阿奎那的经院实证哲学体系如何将罗马法纳入其中并对之加以运用的呢？不妨回到教皇约翰二十二世与方济各会在教会财产上的争论中来。

(一)罗马法中的权力与权利

罗马法解决的核心问题是“*ius*”,即公正的份额。“公正的那份,即正义”(*la part iust,id quod iustum est*)。权利(*ius*)就是给每个人其所应得的那份(*ius suum cuique tribuere*)。以此为基础,建立起一个法权的等级体系。在这个意义上,罗马法很容易就能被吸纳进阿奎那的实证自然法体系中。

首先,罗马法调整的不是“权力”,而是“权利”。古罗马社会中充斥着大大小小的“权力”:“控制权”(*dominium*),“父权”(*manus*),“皇权”(*imperium*)。每个权力享有者都盯紧自己的那块地盘,绝对不允许任何形式的侵犯和调整。在罗马法中,“权力”是法不入之地。换言之,权力是各种权利关系产生的起点,在“power”面前,“*ius*”止步。在查士丁尼的《法学阶梯》(*Insitutionum*)中,找不到任何有关“*dominium*”“*potestas*”的内涵(要素)的指定。这些权力是不可分割的、绝对的。在法律关系中,这些权力是被整体地规定的,我们能够找到的是权力的整体“移转”而不是如何原始地获得这些权力(只有在对无主物占有问题上是例外)。[1] 在上述权力的边界之内,罗马法保持沉默,“罗马世界中,主人对物之上的绝对权力,根本不是权利,权利在这里保持沉默,这里是权利的真空。在罗马法上,所谓的物权权能究竟包含哪些内容,在罗马法中是找不到答案的”。[2] 物上权(*dominium*)是各种权利关系的出发点。查士丁尼在《法学阶梯》中说:

---

〔1〕 只有在一种特殊情况下法律规定了取得对物的主宰权的构成要件,即“占有时效”(*usucapio*)。参见 I,2,6,et,“以上是远古时期的观点,那时认为上述时间足以让主人找到其物,但是我们已经有了一个更好的观点,以便主人不至于过快地失去其物,并使这种取得方式不至于仅在某一地域有效。鉴于此,我们已经颁布了一部宪法,规定动产使用期限超过 3 年,不动产需要‘长期占有’,即如果原主人在,需要占有超过 10 年,如果原主人不在,则需要超过 20 年;只要取得占有的原因是合法的,则通过这些途径即可取得主宰权,不仅在意大利有效,而且在整个帝国范围内都适用”。

〔2〕 Michel Villey,*La Formation de la Pensée Juridique Moderne*,Paris,PUF,2009,p. 247.

物通过各种方式成为个人财产：一些物通过自然法获得主宰权，例如我们已经谈过的，通过各国共用的法〔1〕的方式取得；另外一些则是通过市民法取得。最方便的就是从最为古老的法开始；显而易见，由自然在人类最初的祖先中建立起来的自然法是更为古老的，市民法只有在国家建立、管制初设以及制定法律之后才能产生。

(I,2,1,11)

对物的主宰权的一个来源是自然法，即万民法，或者说是各民族共用的法律，另一个来源就是根据习惯，即市民法。在“个人取得财产权的各种方式”中，一种主要形式是通过自然法取得对物的主宰。这里使用的表达方式是“*multis modis res fiunt*”，即“取得物的各种方式”，亦即该款是对主宰权的规定，涉及的是“权力”，而不是“物权”(*ius' in re*)，即对物之权利。维利(M. Villey)指出，罗马法中不存在“对物权”(*ius in re*)或“对人权”(*ius in personam*)这样的表述。罗马法中提及“*ius*”的地方，总是涉及成对出现的权利义务关系。“*ius*”涉及的是权利的分配，即公正的份额，因而它总是成对的。相反，对物之主宰是绝对的，不是权利义务关系中的一端。因而在主宰权上，罗马法的表述形式只有主人对物的“*dominium*”或者家父对家庭成员以及奴隶的“*potestas*”。维利认为，对物权和对人权是中世纪注释法学派的发明，甚至可以说是对古典罗马法的篡改。“对罗马人而言，‘*ius in re*’不是主人对物行使的主宰权(pouvoir/power)。换言之，就像刚才看到的那样，没有任何文本写着对物的主宰权隐含着物权”。〔2〕

《法学阶梯》中另外一个有关土地取得的规定是这样表述的：

---

〔1〕 即万民法，“ius gentium”，拉默特·米尔斯(T. Lambert Mears)和莫伊尔(J. B. Moyle)均译作“law of nations”，有“万国法/各国法”之意。

〔2〕 See Michel Villey, *La formation de la pensée juridique moderne*, Paris, PUF, 2009, p. 246. 中世纪在罗马法的复兴过程中，“注释法学家”们对罗马帝国的历史并没有一个清晰的概念，或者不能准确领会古典拉丁语中的法律术语和用语技巧，因而他们对罗马法的很多评述都有主观推测嫌疑或者与历史不相吻合，加之他们并不精通希腊语，这就导致很多东罗马帝国的法律文本被注释法学派忽视了。更多相似观点，参见 Paul du Plessis, *Borkowski's Textbook on Roman Law*, 4. 3. 3, 4th ed., Oxford, Oxford University Press, 2010, p. 362 ff。

另外一种根据自然法获得物(*res nobis adquiruntur*)的方式就是通过交付(*traditio*):一个人出于主观意愿将财产给另一个人,这一行为应当被认为是有效的,因为没有什么比这样的方式更符合自然的公正法则了;因而,无论是什么形式的有体物,都能够被交付,并且通过主宰人(*a domino*)交付与其相分离(*alienatur*)。

(I,2,1,40)

这里涉及两个关键词"交付"和"转移"(*alieno*)。"*traditio*"指物理性地转移物的被控制状态,如转移占有状态;"*alieno*"指物上权力的变更,即物的主宰人资格的变更。这里最关键的是完成物上的身份权(主宰人资格)的变更,原主宰人根据其意志(*voluntatem domini*)整体性地失去主宰权,使之与自身分离,该物新主人身份下的主宰权即产生。"交付"在这里是主宰权让与中的桥梁,而非目的。[1]

与权力不同,罗马法中的"*ius*"首先来自一种分配,这种分配就像是一个标尺,一个划定法律主体之间的权利界限的标尺。由此,法律关系链上一方享有的"权利",必定对应着权利的界限——义务,由它勾画出另一个权利的边界。权利义务是一对链条,由此"公正"的"分配"才能达成。因而在罗马法中,"权利"从来不是"权力",不是一个绝对意志。古典罗马法中没有所谓的"债权人的权力"(*povoir de créancer*)。同样,在限制物权上也没有诸如"用益的权力"(*pouvoir de usu fructu*)。《学说汇纂》(*Digestum*)中对用益权是这样表述的:

---

〔1〕 在古典罗马法中,"主宰权"与"财产所有权"有着微妙但是十分严格的区分,"主宰权"是绝对的,与身份密切相关,可以通过主体意志与自身分离开来。"财产所有权"是一种可分割的权利,根据权利主体于财产上设定的权利界限,可以就同一财产上享有不同规模的权利。在罗马法中,"主宰权"不可移转,一经与主宰人分离即消失,而财产权是可以让渡移转的,通过财产为中介进行转移,从而形成财产转让中的权利义务链条。例如,查士丁尼在《法学阶梯》中对无须交付的财产权移转运用的是这样的表述,即"有时无须现实交付,主宰人单纯的意愿就足以将所有权转移到一个物之内。例如,某人借给、租给你某物,或者放在你那里某物,然后将这些物卖给或者赠与你……你即取得该物中被转移进去的所有权,正如同交付移转那样"。"将所有权转移到一个物之内",这里的拉丁语表述为"*ad rem transferendam*","*rem*"在这里是"物"的第三格,表示向着(*ad*)物转移(所有权),而买受人或者受领人嗣后取得的是"该物中被转移进去的那个所有权"。另参见 I,2,1,46。

用益权就是使用并享受该他人财产的权利,同时保留原财产实体。(*Dig*. 7. 1. 1 *Paulus* 3 *ad vitell*.)[1]

用益权就是在财产上的权利界限,权利主体必须保留财产的实际存在,在这个前提下,他有权使用这个财产并享有这个财产的收益。用益权与主宰权不同,它并不是一种"资格"或者"身份",它就是那个"实体权利"本身。换言之,就是那个与物绑在一起的权利义务链条,用益权人的权利止于物的实体的灭失,一旦物的实体不存在了,用益权即行消灭。"因为用益权是对物的实体部分的权利,因而,一旦物之不存,用益权必然消失。"(*Dig*. 7. 1. 2 *Celsus* 18 *dig*.)反之亦然,用益权就是使用物,这里不存在对物之上的权利资格,单纯的使用即可,权利就是"使用",就是一种实际存在的状态。"并且,用益权不论通过什么方式产生或者终止,单纯的使用(*nudus usus*)也以同样的方式产生或终止。"(*Dig*. 7. 1. 3. 3 *Gaius* 2 rer. cott.)古典罗马法中没有"对权利的主宰"或者"享有'权利'的权力"这样的观念。在权利之上不存在什么主体的意志力或者权力,权利就是"物",交易的标的。收回或者获得一个权利,必然收回或者获得物。用益物权必然与实际使用(*usu facto*)该物相连,没有后者,就不存在用益权,没有脱离"物"而单纯存在的"权利"。因此 Villey 说,在物的返还之诉中,要求返还的是权利本身,即公正的那份,那个公正的属于我的物(*ius suum esse*, *iuris vindicatio*)。[2]

(二)实际使用与权利

教皇约翰二十二世的敕令"*Ad Conditorem Canonum*"是阿奎那的经院哲学

---

〔1〕《法学阶梯》对此的解释是:"用益权是对一个不属于自己拥有的物,在不影响该物的实际存在的情况下,对其使用并且享有其上收益的权利;用益权是一个有体物之上的权利,因而用益权将随物的实体灭失而灭失。用益权应当从所有权那里分离出来,有很多方式可以使之分离。例如,一个人将用益权作为遗产给予另一个人,那个人就获得用益权,而继承人享有单纯的财产所有权;相反,一个人将一块不动产作为遗产赠与另一个人而自己保留用益权,受赠人取得单纯的财产所有权,而继承人获得用益权。"由此可见,在同一物上,用益权作为一种权利,是该物上所有权的界限,同一物上可并存两种分属于两个主体的权利,用益权人的权利与所有权人的权利。

〔2〕 See Michel Villey, *La formation de la pensée juridique moderne*, Paris, PUF, 2009, p. 247.

与罗马法结合的产物。不难看出,这篇敕令由精通罗马法的托马斯经院主义高手操刀。通篇处理的核心问题就是论证教皇尼古拉斯三世肯认的方济各会的实际使用权实际上已经成为"财产权"。方济各会口口声声所谓的借助对世俗财产的"摒弃"和对基督的守贫的效仿实际上是伪善的、不切实际也不合理性的。

问题的症结就在"实际使用"上。如前所述,罗马法中的权利必然与"物"相连,权利变动本身就是"物的变动"。这个体系无法理解没有"物"的"权利"。反之亦然,对没有权利附着的单纯的物,在罗马法中只有一种主要形式,就是主宰权。对"事实状态的单纯使用"的法律性质的确定,出路只有两条:要么把它放到"权利"的坐标系中,即用益权;要么将它划到权力的范畴,即对物的主宰权。约翰二十二世驳斥了圣方济各的第一种权利,然后顺理成章地将其对教会财产的实际使用归入第二类中。

这篇通谕开篇即指出,圣方济各会宣称,"自己对教会财产的单纯使用"不是所有权,并承认这些财产仍然属于教会。然而,方济各会对财产的这种使用实际上使教会永远无法真正行使对该部分财产的所有权,因而教会的权利主体地位实际上已经名存实亡。这种实际使用也不能构成"用益权",因为用益权的存在前提是必须可以将原物返还给物主,然而方济各会对教会动产实际上行使处置权,并且教会实际上也不可能取得这部分收益,因而方济各会对财产的实际使用已经与"用益权"的真谛相去甚远。

约翰二十二世指出,尤其对衣物、食品等可消耗物而言,既不存在实际的使用,也不存在用益权。根据《学说汇纂》,对可消耗物的使用,例如,吃掉一块奶酪、一片面包,穿一件衣物,是消耗掉该物,即"abuse"(*Dig. De usuf. earum rerum quae usu consu.* ,l. *hoc senatus*,*para.* 1 *et seq.*),[1]而不是对之行使使用权,即不是"*usu*",(*alva rei substantia maneat*: see *Digest*, *de usu et hab.* , l. *plenum*),[2]因为使用权必须以对被使用物的保存为前提,而消耗掉的原物已经

〔1〕 Surhone LM, Timpledon MT, Marseken SF, et al. ,*Ad conditorem canonum*, Betascript Publishing, 2010.

〔2〕 Surhone LM, Timpledon MT, Marseken SF, et al. ,*Ad conditorem canonum*, Betascript Publishing, 2010.

不复存在了：

对可消耗物而言，这种使用（使用之而不对之享有所有权）根本不存在，既不能成立脱离所有权或者主宰权的使用权，也不存在脱离所有权或者主宰权的实际使用。

（*Ad Conditorem Canonum* [4]）

不难看出，罗马教会方面秉承了托马斯经院哲学理念，即不承认存在"无物"的权利或者单纯的事实状态。因为托马斯经院主义哲学不允许这样一个游离于实证秩序之外的存在。定位一个实际使用行为法律性质的途径有两条：要么将其与"权利"结合，其正当性来源于由此产生的权利边界，即"保有原物实体并能够返还"；要么将其与"权力"结合，即将其作为对该物的"主宰权"，从而驳斥方济各会宣称的守贫伦理并揭示其虚伪性。约翰认为，他的前任尼古拉斯三世许给圣方济各的"实际使用"并同时将所有权保留给教会的思路是不合理性的，对物的实际的使用必须是一种权利，或者用益权，或者是役权（*servitude*）。由于后两者的成立必须以原物实体的存在为前提，对可消耗物而言，经过实际使用原物已经不复存在，因而教会不可能在法理上和实际上享有任何所有权，对这部分物，圣方济各会实际上已经行使着主宰权了。

实际的使用必须是"正当的"，如果不能与"权利"结合，"公正"就不能证立。因而实际使用本身就违背了"善"，违背了圣方济各会宣称的守贫伦理：

[一个没有正当性的（权利）的行为不属于完美状态]并且如果任何人都能够在没有使用权的情况下对某物单纯使用，毋庸置疑，这一使用行为应当被认为是不正当的，因为他使用的是他没有使用权的物。这一不正当的使用无论如何也与完美状态不相符合，非但没有提升完美状态，反而与之相去甚远。

（*Ad Conditorem Canonum* [6]）

在这里，托马斯经院主义哲学与罗马法结合起来，公正成为完美状态的标准。

四、奥卡姆:法律实证主义的转向

本文开头提到的那位威廉 · 奥卡姆本来是方济各会的一名世俗教士,他在卷入教皇约翰二十二世与路德维希的政治旋涡之前是牛津大学的一名讲师,其著名的唯名论的哲学思想就是在这个时期奠定的。奥卡姆的理论在当时一直备受争议,他不仅与牛津大学方济各会争执不休,还受到牛津校务总长以托马斯 · 路德莱尔(Thomas Lutterell)为首的托马斯主义者的排挤。[1] 1327 年,他与圣方济各会长米歇尔的相识戏剧性地改变了其命运,他有关自然法权的学说直指教皇约翰二十二世教会财产权理论,正好可以成为方济各会防御阿维尼翁方面的"盾"和路德维希指向教皇约翰的"矛"。

在教会财产问题上,奥卡姆的基本主张就是方济各会对教会财产的"实际使用"(*usu de facti*)并不是一种人定法上的权利(*ius utendi*, *jura fori*),而是一种直接来自于神法的(*polus*)自然权利(*ius poli*),即"*ius natural*"。[2]

作为唯名论哲学的奠基者,奥卡姆的自然法权理论与唯名论的形而上学有何关联?唯名论的形而上学与托马斯法律实证主义之间的分歧在哪里?奥卡姆如何将自然权利从托马斯经院法律实证主义中分离出来,从而开创了自然法权理论全新领域?

(一)理性之外的"上帝立法"

奥卡姆的理论与阿奎那的不同之处首先在于他将上帝"意志"绝对独立出来。秩序构成托马斯实证哲学的核心。在阿奎那那里,十诫来自自然法,即便

---

〔1〕 奥卡姆并没有完成在牛津硕士阶段(Master)的学习,而只是取得学士学位,1320 年左右,他离开牛津前往伦敦。Kenny 认为这也是奥卡姆为什么会有这样一个绰号:久负盛名的初学者(venerabilis inceptor),"值得尊敬的新手"。See Anthony Kenny, *A New History of Western Philosophy*(*In Four Parts*), Oxford, Oxford University Press, 2010, p. 325; See alse Michel Villey, *La formation de la pensée juridique moderne*, *Paris*, PUF, 2009, p. 220.

〔2〕 "*ius poli*"最初来自奥古斯丁,并被彼得 · 伦巴德的《四部语录》采纳。See Michel Villey, *La formation de la pensée juridique moderne*, PUF, 2009, p. 258.

是上帝也无法违反或者作出相反的规定。[1] 奥卡姆提出了一种截然相反的理论。他认为上帝意志不受任何人类理性或者人类启示的限制,只要上帝愿意,他可以让亚当和夏娃恨上帝。他既可以让亚伯拉罕用自己唯一的儿子作祭并且还仍然爱上帝,[2]也可以根据其意愿来设计一个完全不同的结局,使亚伯拉罕因此恨他。在上帝意志面前,任何人类理性或者自然法原理都将失去效力:

任何在世间能够被认为是正确的事,在天堂中也是正确的。但是恨上帝在世间也可以是一个正确的行为。例如,当上帝命令你这样做时,因而这一行为在天堂中也是正确的。

(*Sent.* ,Ⅳ,q. 16)[3]

"正确"直接与不受人类理性限制的上帝意志相连,在这里,理性无能为力。这种反理性主义的色彩与托马斯实证经院主义哲学的理念针锋相对。[4] "只要上帝愿意,他就能够让'圆的方'存在。"笛卡尔不是提出这个问题的第一人,奥卡姆也不是。在奥卡姆之前,同样也是圣方济各会的世俗教士司各特(John Duns Scotus)就已经发出这样的疑问了。司各特认为上帝是自由的,上帝并不必然发出"不得杀人"的命令,只要他愿意,他能够永远对此保持沉默。他指出,上帝的命令是人类道德与理性不入之地。[5] 与司各特相比,奥卡姆更极端,他将上帝立法推向一种绝对的自由意志领域。司各特仍然承认某些法,如"爱上

---

〔1〕 See Anthony Kenny, *A New History of Western Philosophy* (*In Four Parts*), Oxford, Oxford University Press, 2010, p. 464.

〔2〕 亚伯拉罕和以撒的故事,参见《圣经》"创世纪,22"。

〔3〕 转引自 R. J. Kilcullen, "Natural Law and Will in Ockham", in the Australasian Society for the History of Philosophy, ed., republished from the History of Philosophy Yearbook, Vol. 1, Knud Haakonssen and Udo Thiel, Canberra, 1993。

〔4〕 阿奎那的伦理体系中渗透着亚里士多德的理念,即德性始终处于伦理行动的顶端,而在奥卡姆那里,"上帝绝对意志的立法"取代了理性,成为理论生活的至上原则。See Anthony Kenny, *A New History of Western Philosophy*(*In Four Parts*), Oxford, Oxford University Press, 2010, p. 457, 466.

〔5〕 See Anthony Kenny, *A New History of Western Philosophy* (*In Four Parts*), Oxford, Oxford University Press, 2010, p. 465.

帝”、“亵渎上帝”和“憎恨上帝”，是上帝不会作出的，因为这违背上帝的本性，[1]因而他否认“遵守上帝的命令”与“爱上帝”会发生矛盾。奥卡姆则大胆地指出，由于上帝意志的绝对性，“服从”与“爱”之间是可能发生矛盾的，即上帝可以发出这样的命令：“憎恨我”。在这种情形下，“对上帝的服从”应当先于“对上帝的爱”。[2] 这里就已经超越了人类情感和理性能够判断和理解的领域，从而将上帝的自由意志彻底解放出来。

那么接下来的一个问题就是，在奥卡姆的理论中，神法/自然法如何探知？他指出：

> 人类的道德律有两部分：一部分是实证的……实证的道德科学(positive moral science)包含人法和神法，根据这些法律，人们被要求去做某事或者被禁止做某事，并不是由于这些事是好的或坏的，唯一的理由是这是来自于有权制定这些法的上位主体发号的命令。根据非实证道德科学，人们的行为不受上位主体命令的限制……非实证道德科学是一种明示的学问(demonstrative science)。因为通过那些不证自明(*per se*)或者根据经验获得的原则三段论式地演绎出结论，这样一种认知就是明示的。
>
> (*Quodlibet* Ⅱ, q. 14)[3]

由此，一部分自然法是实证的——必须在圣经当中明确写出如“不得杀人”“不得奸淫”“不得盗窃”“不可作假见证陷害人”，[4]奥卡姆认为这一部分律法不对任何道德律和理性负责，是上帝的绝对意志领域。也就是说，遵守之并不

---

〔1〕 See Anthony Kenny, *A New History of Western Philosophy* (*In Four Parts*), Oxford, Oxford University Press, 2010, p. 464

〔2〕 See R. J. Kilcullen, "Natural Law and Will in Ockham", in the Australasian Society for the History of Philosophy, ed., republished from the History of Philosophy Yearbook, Vol. 1, Knud Haakonssen and Udo Thiel, Canberra, 1993.

〔3〕 See R. J. Kilcullen, "Natural Law and Will in Ockham", in the Australasian Society for the History of Philosophy, ed., republished from the History of Philosophy Yearbook, Vol. 1, Knud Haakonssen and Udo Thiel, Canberra, 1993.

〔4〕 《圣经》《出埃及记》20:13. 14. 15. 16。

是因为其符合我们的基本道德情感和理性判断,而仅仅是因为其来自上帝的意志。另一种就是通过那些不言自明的道德律或者理性获得,只有后者,才与理性判断相关。而后者已经不再属于真正的实证道德哲学领域。

在《对话》(*Dialogue*)第3卷第2册第3章第6节中,奥卡姆将自然法分成三类:[1]第一类即实证自然法——实证神法,"这一部分符合自然理性的法永远不会错误,如'不得奸淫''不得作假'"。[2] 第二类是通过理性和道德律获知的自然法,奥卡姆又将其分成三类。在《对话》第3卷第2册第1章第15节中,他指出,一部分自然法是不言自明的,或者来自这些不言自明的道德律,对这些法,没有人能够违反;另外还有一些自然法可以从前面一部分自然法中不费吹灰之力地得出(在这里他似乎暗示简单的道德约束和三段论推理);第三部分是需要潜心研究并通过设问间接得到的。[3] 不难发现,后两种都是来自前面一种不言自明的自然法。第二类自然法属于人类"原初状态"下的道德律和理性。原初状态,按照圣经的讲解,就是人类未堕落和邪恶之前。第三类自然法是人法或者世俗法,这一部分法遵循公正的理念,即"给每个人其所应得",其来自于"各国法(万民法)或者其他法,或者来自于一种行为,可以来自于人,也可以来自于神,除非受这些法约束的人们一致认为与之相反的情形应当被允许"。[4] 奥卡姆指出,这一部分自然法是"有一定前提的自然法",即它以人法的规定为依据的。在这里,"财产所有权"就属于人法。

将第二类自然法从第一类自然法实证神法中独立出来产生了这样一个效果,即"十诫"的伦理完全独立于人的伦理,然而人的伦理却不能违反基本的理性和道德律。也就是说,你无权质问"为什么不能杀人""为什么不能乱伦",但是你却有权质问在实证神法不存在的领域,"我是否应如此如此"。在这里,一

---

〔1〕 See William of Ockham, *A Letter to the Friars Minor and Other Writings*, Cambridge, Cambridge University Press, 2001, pp. 286 – 293.

〔2〕 See William of Ockham, *A Letter to the Friars Minor and Other Writings*, Cambridge, Cambridge University Press, 2001, p. 286.

〔3〕 See William of Ockham, *A Letter to the Friars Minor and Other Writings*, Cambridge, Cambridge University Press, 2001, p. 273

〔4〕 See William of Ockham, *A Letter to the Friars Minor and Other Writings*, Cambridge, Cambridge University Press, 2001, p. 287.

种新的自然法领域被开启了,奥卡姆虽然默认所有的自然法均来自上帝意志,然而问题在于,上帝意志对人而言是不可"测"的。因而如果承认或者假设除了直接传达给人类的那部分神法外,还有其他途径,那么这部分自然法必须回到人类原初状态——未堕落之前的人类状态中测得。因为那个状态依据的仅仅是自然公正——那些不言自明的道德律。奥卡姆是第一位提出"原初状态"——未堕落前状态——的经院哲学家,正是这一概念启发了后来启蒙时代的自然法思想家。而当他将第二类自然法的出发点放在"原初状态",而不再以原初状态之前的"上帝秩序"为起跑线时,他就将阿奎那的经院实证自然法的秩序体系拦腰斩断了。自然法一方面转变为一种独立于托马斯实证秩序的自然权利(源于原初状态),另一方面转变为世俗政治立法(虽然否认了经院主义罗马法的秩序观,仍然承认罗马市民法的理念,但将其限缩在国家法领域内)。该理念一旦被释放出来,将对哲学、神学、政治、法律产生前所未有的冲击,欧洲接下来几个世纪将会是"理性"和"现代国家"的二重奏,奥卡姆在这里可谓是吹响了文艺复兴的一声号角。

(二)来自神法的单纯使用

循着奥卡姆的上述理论,他对方济各会对教会财产的实际使用问题的论述水到渠成。首先,奥卡姆认为主宰权与财产权有交叉但并不完全重合。堕落之前,上帝将地上的全部有形的物交给亚当、夏娃及其后裔主宰,赋予他们处置和消耗的权力,[1]但是并没在人类中间划分财产。因为"所有权"的词根"*proprium*"意味着你的、我的、他的。因而"*proprietas*"指私有财产权。[2] 由此在原初状态下,人类对万物的主宰并不包括这个意义上的所有权:

> 最初的主宰权,是整个人类的共同主宰权,存在于人类未堕落状态中,并且如果人类没有堕落,它还将继续存在下去。但是它并不包含任何人获得任何属于他的物的权力,除非是为了自己使用,正如前面指出的那样。

---

[1] Richard Scholz, *Wilhelm Ockham als politischer Denker und sein Breviloquium de principatu tyrannico*, Liber III cap. 7, Leipzig, 1944, pp. 125 – 126.

[2] See William of Ockham, *A Letter to the Friars Minor and Other Writings*, Cambridge, Cambridge University Press, 2001, p. 36.

(*Breviloquium de principatu tyrannico*, *Liber* Ⅲ *cap*. 7)[1]

财产权是人类堕落之后的产物,属于人法领域。那么,财产权与堕落之前人类从上帝获得的对万物之主宰权之间有何关系呢?是否在财产权产生之后,这个主宰权就消失了呢?如果其仍然存在,那么它在堕落之后,又会以什么形式体现呢?看这样一段:

(因而)堕落之后,将世间之物作为私有财产的权力被附加在了人类堕落之前的共同主宰权之上……

(*Breviloquium de principatu tyrannico*, *Liber* Ⅲ *cap*. 7)[2]

在奥卡姆那里,堕落后的财产权与堕落之前的主宰权之间有着微妙的关系。对主宰权而言,财产权是后来加上去的,并且是在人类堕落之后加上去的。与之前的主宰权相比,它既不更神圣,也不更优先。在财产权产生之后,主宰权变成了一种使用,即对物的使用。奥卡姆认为如果说这是一种权利的话,那么这种权利是一种"*ius poli*",即直接来自神法的权利(right of heaven),与制定法"*ius fori*"(right of forum)相对。[3] 来自神法的"*ius poli*",相对于人法,享有绝对优先的地位:

---

〔1〕 转引自 Richard Scholz, *Wilhelm Ockham als politischer Denker und sein Breviloquium de principatu tyrannico*, Liber Ⅲ cap. 7, Leipzig 1944, p. 126。

〔2〕 转引自 Richard Scholz, *Wilhelm Ockham als politischer Denker und sein Breviloquium de principatu tyrannico*, Liber Ⅲ cap. 7, Leipzig 1944, p. 126。

〔3〕 在这里,奥卡姆区分了两种权利:一种是来自未堕落之前的权利,取自神法"*ius foli*",这一权利是绝对的、不可剥夺的;另一种是根据人类社会的立法而产生的权利,这种权利是可以根据人法获得补救的,因而在这个意义上称其为"*usu fori*",翻译成获得法庭补救的权利更为确切。将前者称为自然权利,后者称为世俗法权似乎更为确切。基尔卡伦(Kilcullen)指出,在中世纪拉丁文本中,"*ius*"有时指与人法相对的那类自然法(如奥卡姆的第一类、第二类自然法),有时指人法(如奥卡姆的第三类自然法),有时则在上述两种意义上混用。See R. J. Kilcullen, "Natural law and will in Ockham", in the Australasian Society for the History of Philosophy, ed., republished from the History of Philosophy Yearbook, Vol. 1, Knud Haakonssen and Udo Thiel, Canberra, 1993, p. 49.

(在私有财产产生之后)任何人都可以依据神法的权利使用世间的物,自然法、人法、神法还是他自己的行为都没有禁止他使用这些物。因而在极端必要的时刻,任何人都可以依据神法使用世间之物,否则他就无法维系其生命……

(*The Work of Ninety Days*, Chapter 65)〔1〕

一个人在极端困窘的时刻,有权从别人那里未经物的主人许可就取得其财产以维系自己的生命,这一观点并不为奥卡姆独创。其之前的教会法学家也曾谈到过类似观点,并且后来被阿奎那在《神学大全》中采纳。〔2〕 该等极端困窘状态下的权利被文艺复兴时期的自然法学家们发展成一种"极穷权"的理论。〔3〕 与之前的经院哲学家在此问题上不同的是,奥卡姆不再将这一神法权利的启动放在极端情境下,而是放在一般场景中。并且用"原物主人的许可"取而代之"极端情景",成为启动神法权利的必要条件。由此,神法的权利(自然权利)的启动不再作为例外情形,而是可以与世俗法权(用益权)并列存在。

在"使用"问题上,教皇约翰二十二世的立场是,对于圣方济各对教会财产的使用必须有一定的法权基础,或者属于"用益权",或者属于"主导权"(*dominium*)。如果圣方济各教派拒绝自己对教会财产的主导权,那么就必须证明自己的权利属于用益权。根据罗马法,如果用益权人不能保有原物的实存状态或者超出原物所有权人的允许范围使用该物,用益权将灭失。因此,圣方济各教派实际上对教会财产已经是在行使主导权了。而奥卡姆对此持相反立场,他在作为世俗法权的"用益权"和"主导权"之外,插入了一个神法权利,并给与其"单纯使用"的内涵。他指出,经过原物主人许可,使用人的权利既可以是法定用益权,也可以是神法权利。后者直接来自神法,并且不受世俗法的管辖。而原物所有者随时可以收回许可,并且圣方济各成员也无权在世俗法庭面前起诉原物主人。他的《九十日功》(*The Work of Ninety Days*)中指出:

---

〔1〕 转引自 William of Ockham, *A Letter to the Friars Minor and Other Writings*, Cambridge, Cambridge University Press, 2001, p. 55。

〔2〕 Summa Theologiae, II – II Q. 66, a. 7.

〔3〕 See Hugo Grotius, *The Right of War and Peace*, Bk II, ii, 9; Samuel von Pufendorf, *of the Law of Nature and Nations*, Bk II Chap. vi, V.《学说汇纂》中也有对类似情形的讨论,参见 D. 14. 2. 2. 2。

> 但是如果基于某物是他人所有这一事实而禁止张三使用该物，那么仅仅需要原物主人的许可，就足以使张三能够对该物行使来自神法权利的使用权。这个许可，亦即这张通行证，对享有使用权这一神法权利的张三而言，仅仅是除去了禁止他实际上为这一使用行为的限制，而没有给他任何新的权利。……这一许可既没有给他任何神圣权利，也没有授予他神法权利亦或自然权利。……张三并非基于世俗法使用该物……当他获得许可时……仅仅意味着那个阻碍他的自然权利转化为实际行为的障碍自此之后被移除了而已。[1]

原物所有人的"允许"在这里只是启动了神法权利的"使用权"，除掉了附加在这一权利上的限制，使其转化为实际使用，它并没有创造一种新的权利，甚至没有给予使用人任何新的好处。"对物的实际使用"来自神法，优先于世俗法中的"财产权"。由此，圣方济会对财产的实际使用既不可放弃，也不可诉，孑然于世俗法之外。其在客观上形成的效果就是使得圣方济各教会会员对教会财产的使用在性质上独立于天主教廷，其仅仅基于捐赠物主人的许可使用教会财产，并且此等使用之正当性来自神法，而不是基于天主教廷方面的行政拨付。圣方济各教会对教会财产的使用并不属于天主教廷的内部行政管理事务序列，或者是其管理体制的一部分。在这个意义上，奥卡姆为圣方济各教派的辩护就成为一种政治不参与的正当性。正如 A. S. McGrade 指出的，"在奥卡姆那里，圣方济各的贫穷并不仅仅是其成员主观上放弃对财产的所有权(或者说并不仅仅是一种心态)，而且也是对法律秩序的客观不参与，其并非是不法之徒，而是不依赖于法"。[2]

(三)反托马斯经院哲学的唯名论

奥卡姆与教皇约翰二十二世的分歧在于"权利"在神法—自然法秩序中的位置。如前所述，约翰将所有的权利都置于世俗法秩序中，一种权利必须有其法权中的位置，必须关涉一个权利义务链条。奥卡姆则将对物的实际使用划入

---

〔1〕 转引自 William of Ockham, *A Letter to the Friars Minor and Other Writings*, Cambridge, Cambridge University Press, 2001, p. 56。

〔2〕 Arthur Stephen McGrade, *The Political Thought of William of Ockham: Personal and Institutional Principles*, Cambridge, Cambridge University Press, 1974, p. 16.

自然法领域,其既不能被剥夺,也不受人法的约束。由此,他力证圣方济各会对教会财产的使用源自神法,而不像约翰二十二世主张的那样属于托马斯实证法序列。由此带来的疑问就是,来自神法的使用究竟是属于前述的第一类自然法——实证神法,即上帝的绝对意志领域,还是第二类自然法,即自然理性领域?奥卡姆在这个问题上的论述立场并不清晰。他分别在两部重要著作中提出了两个不同的观点。在《九十日工》中,奥卡姆谈道:

但是,自然公正无须借助任何人类理性命令或者单纯的实证神法命令,与正确的理性和谐相符——或者与纯粹的自然理性相和谐,或者与上帝启示给我们的那些正确理性相符合——因而称为来自神法的权利。由此,这类权利有时也叫作“自然权利”,因为任何“自然权利”都与神法权利相连。

(*The Work of Ninety Days*, Chapter 65)[1]

根据这一段,来自神法的权利(*ius poli*)与自然理性(natural equity)相符合,那些不言自明的权利,或者来自理性,或者来自上帝的启示,由此这类权利并不是实证神法,而是属于上述自然法中的第二类自然法。

然而在《政体简谈》(*Breviloquium de principatu tyrannico*)中,他对主宰权与财产权是这样论述的:

这个神法,亦即神授予人类对世间万物的共同主宰权,《圣经》中对此有着记载。

对最初的人类及其后裔授予主宰权,“创世纪 I”[2]这样记载:神就照着自己的形象造人,乃是照着他的形象造男造女。神就赐福给他们,又对他们说,要生养众多,遍满地面,治理这地。也要管理海里的鱼、空中的鸟、地上各样行动的活物。神说:看那,我将遍地上一切结种子的菜蔬和一切树上所结有核的果子,全赐给你们做食物。

---

〔1〕 转引自 William of Ockham, *A Letter to the Friars Minor and Other Writings*, Cambridge, Cambridge University Press, 2001, p. 51。

〔2〕 《圣经》,《创世纪》1:27 – 29。

(*Liber* III *cap.* 7)[1]

这段文字对原初主宰权的论述是以实证神法为根据的。由《圣经》记载,上帝将这一权力授给世间男女。这就与前面对"神法权利"来自第二类自然法(不言自明的以及临启的)的论述相矛盾。如果将神法权利归于第一类自然法,其效力要更高,因为其直接来自上帝,对此人的唯一选择就是绝对遵守而不是依赖于自然理性的启示。而如果归类于第二类自然法,那么该权利的属性就属于自然理性,其必须间接地通过人的认识获得,因此受制于人的领悟力。然而无论将其归入哪一类自然权利,奥卡姆都允许神法权利与世俗法权的自由转换。在人类组成社会之后,神法并不失去其效力,世俗法与神法之间可以实现转换。只要物的原主人许可,这一权利就可以"解冻"并复苏至其原初状态。而这正是奥卡姆与阿奎那经院哲学的不同之处,在后者那里,上述思路无疑是僭越了包括自然法在内的整个实证法秩序。问题的关键并不在于论证单纯使用究竟来自哪一类自然权利,而在于奥卡姆主张的自然权是一种"法外的权力",而这种理念在在托马斯主义的法秩序中没有位置。

奥卡姆的财产权理论对于托马斯经院哲学下的法权秩序是破坏性的,而此等立场与他的更具颠覆性的唯名论哲学不无关联。正是奥卡姆的唯名论宣告了经院哲学的灭亡。[2] 作为唯名论的创始人,奥卡姆在其认识论形成的早期就走上了与阿奎那和司各特不同的道路。[3] 他否认了司各特提出的人与人之间存在的共性,[4]即在他看来,不存在诸如"人性""公正""秩序"这样的类概念,[5]存在的只是特指概念,即"这个"张三、"这个"人、"这个"判决。除此之

---

〔1〕 Richard Scholz, *Wilhelm Ockham als politischer Denker und sein Breviloquium de principatu tyrannico*, Liber III cap. 7, Leipzig, 1944, p. 126.

〔2〕 Arthur Stephen McGrade, *The Political Thought of William of Ockham: Personal and Institutional Principles*, Cambridge, Cambridge University Press, 1974, p. 4.

〔3〕 Arthur Stephen McGrade, *The Political Thought of William of Ockham: Personal and Institutional Principles*, Cambridge, Cambridge University Press, 1974, p. 4.

〔4〕 奥卡姆对司各特有关"haecceities"的反驳。参见 Anthony Kenny, *A New History of Western Philosophy*(*In Four Parts*), Oxford, Oxford University Press, 2010, p. 415。

〔5〕 参见前文对阿奎那存在论的介绍。

外,所有的概念都是“假象”,都是心理或者语言幻象。[1] 埃科评论道:

> 奥卡姆向我们宣告,宇宙中的秩序和单元,并不是宇宙中各就其位的实体相互间连接的纽带,这个宇宙不是这样。每个实体都是独一无二的,它们相互间的距离无规律可循。秩序这一概念可以用来表明它们相互间的位置关系,但并不反映那个隐含着这些实体“实质”的那个真实情形。(*Quodlibet* VIII,8)自此,那个独立于部分并且使各部分各就其位的有机体的形式这一理念消失了。每个单体以自己的方式存在,除此之外,宇宙间一无他物。(*Ordinatio* 30,1)[2]

由此,托马斯形而上学中的形式以及由此建立起来的实证法秩序,在奥卡姆眼里只不过是概念的幻象,真正存在的只有此时此处的此物。不承认客观秩序的存在,并认为整个宇宙实际上可以是由无序和混乱构成的,秩序仅仅是人的主观幻象,此等理想旗帜鲜明地反对反亚里士多德传统乃至整个阿奎那经院哲学,奥卡姆无愧于是怀疑主义的先驱。[3] “宇宙和关系只是思维的工具。真实的以及在‘自然’中实际存在的仅仅是一个个单体:没有什么宇宙,没有什么结构,没有什么自然法。”[4] 此等思路下,个体从托马斯的实证自然法秩序中解放出来。[5] 不难理解,为什么奥卡姆在为圣方济各教派的辩护中,将基于单纯使用的权利直接诉诸神法权利,此等打破基本世俗法权秩序的做法在他那里并

---

[1] 在这个意义上,将他的理论称为概念主义更为确切一些。奥卡姆的唯名论思想的具体介绍,参见 Anthony Kenny, *A New History of Western Philosophy* (*In Four Parts*), Oxford, Oxford University Press, 2010, p. 366, 415。

[2] Umberto Eco, *Art et beauté dans l'esthétique médiévale*, Grasset, Paris, 1997, p. 178.

[3] 不妨对比大卫 · 休谟(David Hume)在《自然宗教对话》(*Dialogues Concerning Natural Religion*)一书中的极为相似的观点:“……9. 看看这个宇宙吧。……整个世界呈现出来的除了一个瞎了眼的自然之外别无他物,她与一个充满生命力的原则交配受孕,最终她漠不关心地或者不含有一丝母爱地从自己的下体倾泻而出一个残废的、发育不全的孩子!”(笔者翻译)

[4] Michel Villey, *La formation de la pensée juridique moderne*, Paris, PUF, 2009, p. 226.

[5] E. Garin 指出:“当人不再依据一个先在秩序进行思考时,当他不再将他所活跃的这个天地看作万物规规矩矩、各就其位时,他就站在了无数可能性面前。” Medioevo e Rinascimento, Bari, Laterza 1954, p. 38. 转引自 Umberto Eco, *Art et beauté dans l'esthétique médiévale*, trans. by Maurice Javion, Grasset, 1997, p. 180。另参见 Michel Villey, *La formation de la pensée juridique moderne*, Paris, PUF, 2009, p. 228。

无不妥,只要待论证的权利有着充分的神法基础。怀疑主义的反秩序立场成为其上述论证逻辑的基础。

五、余　论

这场围绕着教会财产使用问题的争论,有着如下两个重大意义:首先,提出了团体成员对所属团体行为和事业"不参与"的正当性。当该团体具备某种政治权力和功用时,该等问题即转化为政治团体内部成员的"政治不参与"可否被证立的问题。而当团体仅仅是某个经济组织的时候,问题则转化为该组织内部的某个部门成员,是否有权利使用或者消耗组织共同财产以维系其基本需求的问题。即便奥卡姆本人对圣方济各守贫伦理的论证仍旧限于教会内部,〔1〕然而该问题本身的政治和经济意义却是深远的。

其次,托马斯经院哲学与奥卡姆怀疑主义的唯名论在认识论上和上帝意志问题上的争论,已经涉及即将到来的15世纪、16世纪自然法博兴时代关注的核心问题——自然法的效力来源和正当性问题。通过前文论述,不难看出,对自然法效力的争论从一开始就是实证秩序本身的认识论问题。自然法学与实证法学处理的核心问题在这个意义上可以说是一致的。阿奎那的经院主义哲学中,理性占据着高位。正是经由理性认知的自然法,才成为世俗立法的最高准据。此等理性秩序不允许越级。〔2〕世俗法秩序的正当性一经奠定,遂不可违反。而在奥卡姆的唯名论哲学中,上帝的立法高于理性,上帝意志不对人类理性负责。在该等立法面前,人的唯一义务即遵守,不必经理性决策。同时神法

---

〔1〕 麦考德(McGrade)认为,奥卡姆本人对问题的论证仅仅限于对圣方济各教派守贫理论的证明,既无意将该等伦理扩大到更广泛的制度运作中,也没有体现出很大的决心将其运用到更广泛意义上的基督教社会理论中。尽管并不能够否认奥卡姆在守贫争论中挖掘并发展出来的那些观点的确具备重大的政治意义。See Arthur Stephen McGrade, *The Political Thought of William of Ockham: Personal and Institutional Principles*, Cambridge, Cambridge University Press 1974, p. 16.

〔2〕 除非在极端情况下,参见 William of Ockham, *A Letter to the Friars Minor and Other Writings*, Cambridge, Cambridge University Press, 2001, p. 55。See Hugo Grotius, *The Right of War and Peace*, Bk II, ii, 9; Samuel von Pufendorf, *Of the Law of Nature and Nations*, Bk II Chap. vi, V.《学说汇纂》中也有对类似情形的讨论,参见 D. 14. 2. 2. 2。

秩序可以有条件地在世俗法秩序中“复活”并与之对抗。实际上,无须对神法做过度神秘化的解读,其在中世纪经院哲学中的角色相当于现代话语中讨论的有关法秩序的最终效力来源问题,焦点始终是对“法/最高规则”的本质内涵的认识。

商精神、封建主义与法之经济理性维度在中世纪的脉络

张薇薇*

内容摘要:本文通过对中世纪封建主义的制度和历史因素与中世纪欧洲商业复兴、商人精神之彼此对观和描述,展现了中世纪世俗法律体系中的经济理性和历史动因,体现为经济理性的精神对封建社会阶层结构、法律价值、法律制度等的影响。

关键词:韦伯　商精神　经济理性　封建法

一、韦伯的观点

马克斯·韦伯(Max Weber)认为,商人所推崇的"切事化的、业务性的关系"从封建伦理的观点看来,只能说是下贱的贪欲,无尊严可言,其原因可能在于封建社会的军事性。封建社会的共同体感情,源自一种共同的教育,包括骑士的习律、身份的尊严与"荣誉感"。这种教育,因其此世的取向而与先知及英雄的巫术式禁欲有别,因其战士的英雄意识的取向而与文献的"教养"有别,因其游戏的与艺术性的特质而与合理的专门训练有别。"游戏"在骑士阶层的生活里,无可避免地占有一个最为严肃与最重要的地位,它与一切经济理性行为相悖。源自游戏此一层面的、与一种艺术性生活态度之间的、具有亲和力的乃是直接孕育自封建支配阶层的"贵族主义"心态。"奢侈"——拒斥目的理性式的控制消费,此一意义下的奢侈——对封建支配阶层而言,绝非"多余的",它是

* 苏州大学王健法学院法理学副教授,法学博士。

社会性自我肯定的一个手段。[1] 拥有优势特权的封建身份阶层,并没有将其自身的存在功能性地诠释为乃是为了一个“使命”,亦即一个必须有计划地予以实现的“理念”而服务的工具。他们关注“存在”的价值,反对理性之经济意识,同时也发展出一种对业务性问题无所用心的态度。这种无所用心的态度是一切封建支配阶层所特有的,不但截然有异于一般市民的心态,与所谓的“农民的狡猾”也大相径庭。

除了从新教伦理解释资本主义的发生,韦伯还从封建社会的机理中分析资本主义的发生。韦伯认为,封建的团体是一个由纯粹具体的权利与义务所形成的综合体。其基础乃是“主观的”权利,而非“客观的”法律。取代一套抽象的规则(在此规则下每人皆可自由运用其经济资源)的,乃是在封建的支配结构下,个人之既得权利的一个集合体,此一既得权利集合体阻挠了营利的自由,只有通过进一步的具体特权的授予(最古老的制造业大抵皆以此为基础),才能提供资本主义的营利机会。通过这种特权授予,资本主义的营利的确取得——较之家父长制与家产制之下经常转变的个人恩宠而言——更为稳定的基础。然而,由于原有既得权利的继续存在,新授予的特权不免仍有引发争端的危险。[2] 不过,封建社会里法律秩序的持续性或许会有利于资本主义的发展,尽管程度各有不同。封建制对市民财富的累积的确有缓慢化的作用。封建阶层越是成功地防阻新富者挤入自己的行列,排除他们出任官职与分享政治权力,贬低他们的社会地位,并禁止他们获得贵族领地,则新富者的财产就越被导向纯粹市民资本主义的利用。[3]

二、封建主义:阶层、结构、封建法

(一)阶层结构和诸种世俗力量

中世纪社会是农业社会,安土重迁,重视土地的价值——农业,在古人眼中

〔1〕 参见[德]马克斯 · 韦伯:《支配社会学》,康乐等译,广西师范大学出版社 2004 年版,第 255 ~257 页。

〔2〕 [德]马克斯 · 韦伯:《支配社会学》,康乐等译,广西师范大学出版社 2004 年版,第 247 ~248 页。

〔3〕 [德]马克斯 · 韦伯:《支配社会学》,康乐等译,广西师范大学出版社 2004 年版,第 251 页。

“最清廉、最稳妥和最不为人所疾视”。[1] 而脱离土地的买卖人,来去无根,所获又非农田里辛苦耕耘所得,总让人有一种不安全感和不信任感。加上宗教的制约,中世纪没有成形的商人阶层,除了犹太人作为没有家园的人专门经营商业和高利贷外,还有就是生活在西欧文明边缘地带的威尼斯人。作为外方商人的犹太人和作为边缘商人的威尼斯人,是欧洲早期比较成型的商人群体。[2] 颇似农业中国长期以农民与地主为社会经济生态的最基本两维,在重农的时代,商人没有主流地位,不入主流崇尚的价值系谱。即便在中世纪中晚期,商人已经崛起,其力量足可成为一个新阶级而抗衡于贵族和教士,但其地位依然不高。在意大利,普遍的观念是不让城镇人(商人)超过贵族,但允许富裕的人成为贵族的一部分。[3] 道布(Dobb,M. H.)认为,从理论上说,封建社会的结构容不下中产阶级。乞丐也比商人更受欢迎,因为乞丐们将承继天国的衣钵,他们有资格帮助赈济他们的富人迈入天国这个门槛。中世纪的主教们认为,商人没有农民有用,因为后者养活了全部人口。商人们不懂什么叫荣誉,而花费财富在礼物上以及引人注目的消费上,是斯堪的纳维亚英雄传奇和罗曼骑士诗歌中最值得骄傲的品质之一。[4] 这一偏见在10世纪就像在奥古斯丁时代一样,在西方和在中国都一样,甚至到今天都没有完全消除这种观念。

在等级森严、经济主要依靠庄园生产的社会里,经营商业的人必然要脱离阶级身份,脱离社会的主要维系和纽带,铤而走险,四处流浪,所以人们往往以“行商”称之,而英国人则更为形象地将其唤为“泥足”,因商人风尘仆仆、居无定所。在梅因(Henry James Sumner Maine)所说的契约社会前的“静止社会”里,敢冒天下之大不韪的也就是商人了。史学家认为,由于资料缺乏,不可能足够确切地阐述商人阶级是如何形成的,而在谈到起源问题时几乎总是这样。

---

〔1〕[古罗马]M. P. 加图:《论农业》,王家绶译,商务印书馆1986年版,第2页。

〔2〕赵立行:《商人阶层的形成与西欧社会转型》,中国社会科学出版社2004年版,第57~86页。

〔3〕See Reynold Robert Leonard, *Europe Emerges: Transition toward an Industrial World-wide Society*, 600－1750, Madison, University of Wisconsin Press, 1961, pp. 263－264.

〔4〕See Lopez Robert S., *The Commercial Revolution of the Middle Ages* 950－1350, New York, Cambridge University Press, 1976, p. 60.

君主制和商业曾相互倚重。爱德华三世、路易十一都鼓励过商业的发展。[1] 法国国王关于第三等级的法令中,许多条款都涉及政治经济事务以及交易会、市廛、货币、兑换、买卖、度量衡、贸易自由等,特别是关于市区特权的问题。国王对于商业的发展,赋予种种特许权。中世纪最早由官方特别批准建立的市集为圣丹尼斯市集,它可被称为中世纪最古老的市集,在 7 世纪便已存在。[2] 从 11 世纪开始,西欧各地国王、封建主批准设立市集的文告迅速增多,在西欧的主要地区几乎都设立了市集,而且有的地方一下子批准了几个市集。1030 年,神圣罗马帝国皇帝康拉德颁布命令,授予马尼戈尔德在多瑙沃特(Donauworth)于星期六举办市场的权利,同时授予在同一地每年举办三天的市集的权利。德国皇帝弗里德里克为了照顾由海路和陆路而来的商人,通过文告批准设立了四个市集。1110 年亨利一世国王曾授予拉姆齐修道院开办市集的权利。到 13 世纪,市集已经遍布欧洲各地。同时经商也受到种种积极的保护。因为王侯、领主考虑到商业可以使当地经济趋于繁荣,商业作为直接财源也可以增加税赋收入,[3] 所以地方王侯注重维护市集的良好秩序和交通线的安全,沿公路设警力和保护行旅。

王权曾利用商人达到权力制约的目的。压制贵族势力,是君主与市民共同的目的,但单靠任何一方都无法实现。因此,国王和城市自治体结成联盟,并开创参政机制,以照顾市民阶层的利益;另外,在封建制度日趋没落之时,教会想继承封建制衣钵,以恢复其昔日凌驾于君王之上的权威,特别是教会在捐税豁免权和财政特权方面,正逐步取代贵族的地位。随着公众捐赠的日益增多、财富的增加,教会权力也随之膨胀,甚至到了使宝座上的皇帝也感到惴惴不安的地步。教会与国王之间的竞争,使国王希望借助于市民阶级的力量来平衡复杂的政治格局,所以赋予后者更多的特权,使其摆脱奴役状态成为一个新的阶级,即第三等级。

王权——尤其是制定法律并付诸强制施行的绝对权力——这一观念在 11

---

〔1〕 参见[比]亨利 · 皮朗:《中世纪欧洲经济社会史》,乐文译,上海人民出版社 2001 年版,第 205 ~ 206 页。

〔2〕 参见赵立行:《商人阶层的形成与西欧社会转型》,中国社会科学出版社 2004 年版,第 176 页。

〔3〕 参见张又惺:《西洋经济史》,中国文化服务社 1948 年版,第 72 页。

世纪开始发展。[1] 13 世纪起,君主政治取得了一定发展。在政治上,国王越来越主动,对国家实行各个方面的管理。不过,这时的君主制仍然深具封建色彩,王权依靠的是封建贵族,并不断受贵族制约。贵族仍保持世袭的地方行政权,视它为自己的财产。英国的《大宪章》和德国的《黄金诏书》都体现了贵族对于君主权力的限定。此外,国王还受到教会势力的干涉。国王和人民之间不是君主—臣民的关系,仍是由封建契约建立起来的封建义务—责任关系。1400 年后,王权曾一度遭遇危机,直到 15 世纪,君主政府才开始控制欧洲。[2] 贵族和教会所掌握的行政权、军事权和司法权逐渐被君主收回,人民开始向臣民转化。

以战争为职业的贵族在中世纪后期逐步淡化其军事色彩,非贵族出身的战士成为军队的主要成分,骑士的光环失去了原有的魅力。贵族的另一个尴尬是其经济上的困窘。14 ~ 15 世纪是西欧经济剧烈变动的时期,这一变化在农业方面的表现尤为明显。劳力紧缺、工资上升、粮价下跌都不利于封建主对地产的经营。[3] 庄园经济日渐衰落,农奴制也逐步瓦解。一些旧贵族因不肯改变原有的剥削方式而破产,还有的旧贵族则因不善经营而不能从新的土地租佃制中获得应得的利益,从而造成其经济上的拮据。战争同样使贵族蒙受了经济的损失。由于贵族参战时要自带装备,所以,没有足够金钱的贵族往往抵押自己的磨坊和地产,这给他们的收入带来了巨大的损失。15 世纪货币租普遍流行时,城市居民从贵族的地产抵押中获得了成千上万的金币。[4] 贵族的奢侈无度使得其经济状况进一步恶化。他们一方面在花费上已是捉襟见肘;另一方面却要维护自己的尊严,不肯放弃传统的贵族的奢侈生活方式[5],这使他们在经济上入不敷出,家产日益枯竭。正如 1656 年诺曼底的一位贵族所说的那样:“有三

---

〔1〕 参见[英]泰格、利维:《法律与资本主义的兴起》,纪琨译,学林出版社 1996 年版,第 40 页。

〔2〕 参见朱孝远:《近代欧洲的兴起》,学林出版社 1997 年版,第 355 页。

〔3〕 参见马克垚:《西欧封建经济形态研究》,人民出版社 2001 年版,第 195 页。

〔4〕 参见许伟中:《近代早期贵族自我调整的范例——〈廷臣论〉中所见的贵族制度》,北京大学出版社 1997 年版,第 5 页。

〔5〕 参见[德]维尔纳·桑巴特:《奢侈与资本主义》,王燕平等译,上海人民出版社 2000 年版,第 78 页以下。

样东西毁了贵族:金钱、奢侈和战争。”[1]

为了进一步摆脱经济的困境,贵族对于工商业的兴趣日趋浓厚,对市民阶级的态度也有所转变。这一点对于贵族来说是迫不得已的选择,因为贵族的一个重要标志就是财富。16 世纪时人们有这样一种观念:贵族一旦贫困到不能维持贵族的生活方式,就不再成其为贵族了。在一些国家,这甚至还见诸法律。[2] 经济上的压力使贵族不得不投身到工商业中去。[3] 政治、经济、军事上的全面危机使人们对于贵族的信仰开始消失,贵族的出身、家世已不如以前那样为人们所看重,布克哈特(Jacob Burckhardt)甚至宣称:“平等的时代已经到来。”

工商业的兴起促使城市生活的产生,新的城市生活又使中世纪社会产生了新的阶级,即资产阶级或市民阶级。这样,社会结构也发生了变化。被奴役的农民变成了自由人和市民;各种手工业技术发展起来,且以它较高的工资待遇和更自由的人身关系吸引农业劳动者离开农田前往城市作坊,成为职业工人;封建贵族和占有土地的僧侣虽仍保持了以前的社会名望,但却逐渐丧失了他们一度占有的由特权带来的经济优势,其中许多人成为“有地产的穷人”。所以,汤普逊认为,十二三世纪的经济社会变革比以后任何一场革命都更为重要,甚至比文艺复兴或宗教改革运动都重要,因为它更深刻地改变了欧洲的经济环境和社会结构。

他们在附着于土地的人们中间引起了波澜;他们向一个忠于传统和尊重把每个阶级的作用和地位固定起来的等级制度的社会,显示出一种老谋深算和理性主义的活动,财富就取决于人的才智和精力,而不是用人的社会地位来衡量。他们引起公愤,也是不足为奇的。对于这些不知从何而来的暴发户,贵族向来只给以蔑视。他们的财富太惹人注目,贵族不能容忍。眼见他们的钱财多于自

---

[1] See Henry Kamen, *European Society* 1500 – 1700, London, Hutchinson & Co. (Publishers) Ltd., 1984, p. 110.

[2] See Henry Kamen, *European Society* 1500 – 1700, London, Hutchinson & Co. (Publishers) Ltd., 1984, p. 103.

[3] See Timothy Reuter, *The Medieval Nobility*, North-Holland Publishing Company, 1978, p. 18.

己,贵族勃然大怒;在窘困之时不得不向这些新富豪的钱囊求助,贵族感到屈辱。经商是降低身份,这种偏见直到旧制度结束以前(法国大革命以前的社会制度)在贵族中是根深蒂固的,只有意大利的情况不同,那里的贵胄家族毫不犹豫地以放债人的身份关心商业活动,从而增加了他们的财富。[1]

在未能预见西部欧洲会有商业传播的时期,可以断言经商这种职业已出现在威尼斯。卡西奥多鲁(Cassiodorus)在6世纪时已经描写威尼斯人是水手和商人的民族。9世纪时,威尼斯已经积累了非常巨大的财富。从10世纪起,威尼斯人的经商技能已经达到极为完善的地步。当欧洲其他各地教育为教士所全部垄断的时候,威尼斯能写会算的人很多,这种稀奇的现象不可能与商业的发展无关。[2] 10世纪时欧洲西部重新形成一个专业商人的阶级,它的发展开始非常缓慢,在下一个世纪随时间的推移发展逐步增快。这一时期人口开始增加(肯定与这种现象有直接的关系),人口增长使越来越多的人离开土地,去过流浪和冒险的生活,在所有农业文明的社会中,这种生活是那些再也无法在土地上安身的人们的命运。从10世纪起就可以发现合伙组织的迹象。从10世纪起欧洲西部出现越来越多的商队。远距离的贸易,是中世纪经济复兴的特征。正如威尼斯和阿马尔菲的航海事业以及后来比萨和热那亚的航海事业,大陆的商人为了获得巨额利润,也开始在广阔的空间过着他们的漂泊生活。[3] 13世纪的欧洲,无论在经济上、政治上、价值观上,还是生活风尚和文化上,都受到了根本性的冲击。这一冲击可以用大量史实去描绘,但这一史实的始作俑者正是商人。从经济角度考察,直接原因是交换经济与商业的发达,导致了封建经

[1] 皮雷纳对于商人之于封建社会,作了上述比较精辟的描述。参见[比]亨利·皮雷纳:《中世纪的城市:经济和社会史评论》,陈国樑译,商务印书馆1985年版,第76~77页。

[2] 参见[比]亨利·皮雷纳:《中世纪的城市 经济和社会史评论》,陈国樑译,商务印书馆1985年版,第68页。

[3] [比]亨利·皮雷纳:《中世纪的城市 经济和社会史评论》,陈国樑译,商务印书馆1985年版,第70~76页。

济关系链条的断裂。[1] 通过对史料的梳理,我们可以确定,在中世纪早期,欧洲中西部除了威尼斯等意大利城市以外,商人并没有形成一个规模的阶层与集团,而商业的突然复兴——作为一件不乏吊诡意味的事件,的确改变了商人在封建社会的地位,也导致了封建社会的解体。

(二)封建主义和法律表达

封建社会,无疑是一个严格讲求等级的社会,一个"三分"或有三个"等级"的社会,即僧侣、贵族与平民的社会。僧侣的责任是祷告、赞扬上帝并在精神上救济人类;贵族的责任是保护秩序、执行警察权并防御侵犯;平民的责任是以劳动来支持上面两个特权等级。这三个基本的等级还被比喻为:僧侣是眼睛;贵族是手臂;劳动者是腿或脚。[2]

西欧的封建制是基于个人忠诚关系与采邑制的结合。在发展成熟的采邑制里,决定封臣行为的特殊因素,并不仅在于其恭顺义务,同时也诉诸其基于高度社会荣誉感而来的身份的品位尊严。武士般的荣誉感与仆人式的忠诚,与支配阶层的品位尊严及其习惯密切联系在一起,并以后者为其支柱。至于封建制的最根本要素则为身份意识,而且此一特质还不断被强化。[3] 采邑关系一旦发展成熟,就只能存在于支配阶层内部,因为它是基于被刻意强调的身份荣誉的基础上的(身份荣誉被视为忠诚关系和善战与否的关键所在)。这种制度要求过一种贵族的、骑士般的生活,禁止从事任何营利活动,因为这种行为有碍武技训练,对骑士的荣誉不免有损。[4] 所以,商业与严密的采邑制、严格的封建层级制,整体而言处于极端敌对的状态。19 世纪德国史学家魏慈(Waitz)认为封建制度(他称它为封土制度)是一种特殊的法律关系。封土制度统治的基础,是按照不同的权利把土地和其他财产赐予各种人,与之相对应的人身关系称为封臣

[1] "封建领地经济之崩溃,其中主要原因,是因为交换经济的发展,城市中商业与工业(手工业)发达,而促进建筑于隶属劳动,及自给自足上之封建领地经济,趋于崩溃;或至少改变他原来的本质。"参见张又惺:《西洋经济史》,中国文化服务社 1948 年版,第 64 页。

[2] 参见[美]汤普逊:《中世纪经济社会史》(下),耿淡如译,商务印书馆 1963 年版,第 333 页、第 334 页。

[3] 参见[德]马克斯 · 韦伯:《支配社会学》,康乐等译,广西师范大学出版社 2004 年版,第 212 页、第 218 页。

[4] 参见[德]马克斯 · 韦伯:《支配社会学》,康乐等译,广西师范大学出版社 2004 年版,第 218 页、第 219 页、第 238 页。

制[1]或附庸制。[2] 在西欧封建社会的极盛时期,封土制与封臣制的紧密结合,更得到了明确的法律上的说明。如布拉克顿(Bracton)描述这种关系时曾说:“我变成你的封臣是因为我向你领有封土。”而领有封土则必须完成封臣义务,似乎义务是来自封土的,出现了“我负担所有这块封土上的有关义务”这样的话。如果没有把封土赐给封臣,则君臣关系不能建立。在法国北部,通行的是“没有无领主的土地”的原则,在南法、意大利等地通行的原则是“没有无名分的领主”。[3] 所以,西欧中世纪的土地,基本上是人格化、等级化的,土地权利与人身权利、所有权和占有权紧密结合。而封建制“底层”的庄园经济基本上是自给自足的,具有极大的封闭性。庄园(农庄)的两大阶级是领主和隶农(农奴)。隶农领有领主给的小片土地,以及耕作所需的农具和牲畜。隶农是领地的雇农,他们的生活主要依靠耕种自己那片土地。在这样的传统的、固有的格局和观念里,没有商人的位置,不管是政治上的还是经济上的。

封建法,是一种狭窄意义上的法律,它规范领主和附庸之间的个人关系以及附庸领有领主土地的土地保有权(the tenure by which the vassal held his land of the lord)关系。[4] 它主要涉及与土地、与土地相联系的犯罪和那些授封的贵族阶层的权益。封建法基本上与商业合同,甚至与动产无关。领主—封臣契约的所有权利和义务经由封建法确定后,不能按当事人双方的意志加以改变。[5]

封建法体现了一种等级性。在封建法中,贵族的人身安全受到特别保护,不受非贵族的侵害。贵族从属于特殊的刑法,但罚金通常比一般人所受罚金更重。使用个人复仇权成为贵族的特权,因为私人报复被认为与武器佩带密不可分,而中世纪只有贵族才能置办昂贵的铠甲、马匹与刀剑。

在封建社会里,每个领主都渴望做一名法官。一方面是为了获得对依附者

---

〔1〕 参见马克垚:《西欧封建经济形态研究》,人民出版社 2001 年版,第 58 ~ 59 页。

〔2〕 See Bloch Marc, *Feudal Society*, Chicago, University of Chicago Press, 1961, p. 143.

〔3〕 参见马克垚:《西欧封建经济形态研究》,人民出版社 2001 年版,第 98 页、第 114 页。

〔4〕 土地保有权(tenure),是一个用来描绘地主对土地的持续占有的术语,或那些可以与土地相等同的事物。在一个纯粹的封建社会,那里并没有土地的所有权,除了国王——是因为上帝的授权。See Robinson, O. F., *European Legal History: Sources and Institutions*, London, Butterworths, 1994, p. 29.

〔5〕 参见[美]哈罗德·J. 伯尔曼:《法律与革命——西方法律传统的形成》,贺卫方等译,中国大百科全书出版社 1993 年版,第 373 页、第 400 页。

的审判权又能有效地控制他们,另一方面这种审判权在本质上也是有利可图的,审判权不仅带来司法罚金和诉讼费的收入,而且比任何其他权力更有利于把各种习惯转变成法律义务。贵族、领主的豁免权几乎必然地委以领主某些司法权以统治其百姓,其领地均不受王室官员的巡查。所以,"司法"(*justitia*)一词的含义有时被加以扩大,用以描述领主的所有权力。[1]

封建司法体现出韦伯说的那种形式非理性司法的状态。封建法院并不是专门的、专职的审判机关,即它不只是狭义的解决纠纷或实施法律的机构,还具有一种大集会、议事机关的特征,在封建法院,可以就共同关心的问题进行协商和审议。封建法庭的法官往往由领主自己或他的管家主持,但封建法庭受"由同等地位者进行审判或领主进行审判"的原则的约束,这一等级差别制的引进被认为是"严重损害了产生于普遍自由观的司法平等这一古老原则"。[2] 封建司法仍保留着古老的证明方式,举证手段原始,在刑事和民事案件中,一般是通过共誓涤罪或决斗作出的。封建法庭的裁判者不需要经过系统的训练,可以按照"在他们看来任何可行的或即兴想到的办法"办事;裁判规程不是知识的表现,而是各种需要的反映。[3] 这些都突出说明了司法只是领主管理的一个方面,有点像中国清代地方政府的叠床架屋式的管理格局,司法只是其中一个职能不是特别分明的方面。在前近代社会,司法非理性化是一个普遍的现象。

领主的司法权因封建的封土封臣关系,而呈现出极大的分割状态,各种司法权错综交织,司法效能低下。在王权和王室法兴起之前,这是普遍的现象,但是这种状态无疑不适合于建立统一、便捷和公平的评判体系,它仅合乎流动性不大的静态社会之缓慢节奏。因为管辖权的混乱,在涉及对等审判权之间争端的契约书中,流传至今的封建时代的记录比比皆是。所以,诉讼当事人往往通过设立他们自己的(或其他人的)仲裁人来解决争讼,而不是寻求封建法庭的裁决。另外,出于自身司法权限的不明确和对自身力量的怀疑,封建法庭有时也会在判决宣布之前或之后郑重地请求诉讼双方接受法庭判决,但却常常没有其

---

[1] 参见[法]马克 · 布洛赫:《封建社会》(下),张绪山等译,商务印书馆 2004 年版,第 584 页。

[2] [法]马克 · 布洛赫:《封建社会》(下),张绪山等译,商务印书馆 2004 年版,第 596 页。

[3] 参见[法]马克 · 布洛赫:《封建社会》(上),张绪山等译,商务印书馆 2004 年版,第 203 页。

他办法使判决得以执行。[1]

封建法由于植根于日耳曼法,所以以不成文习惯法为主,各地差别都很大。"往往五人同行或同居一处,未曾见一人与他人间有共同的法律。"[2]但是在罗马法影响下,封建习惯法也逐步向普通法过渡。在封建时代,有几部封建习惯法影响很大,如1221年的《萨克森明镜》,1283年的《博韦习惯》。[3]

总体而言,封建法只是适合于特定的、静态的社会,适合调整土地授封所确立的等级关系,即封建占有关系(采邑)和领主—封臣关系(忠诚)。封建法权关系的末梢——庄园法,则调整领主—农民关系以及农业生产和一般的庄园生活。[4]

(三)特权和权利

商人向封建社会争取地位、争夺经济特权的行动,最为瞩目的是他们要求独立的居住地和营业地、独立的法院和商法体系。

在同封建社会展开的拉锯战中,商人与封建主的关系有种种解说。一般认为,商业城市是"外部产生"的,即商人新创了政治权力的模式和经济形态,如韦伯(Weber)、皮雷纳(Pirenne)、汤普逊(Thompson)等学者持这种观点;也有观点认为,商业城市和资本主义是封建社会"内生"的,如伯尔曼(Berman)、希尔顿(Hilton,R. H.)等学者持这种观点。考诸史实,似乎没有截然的"非黑即白"。从性质上说,中世纪城市的产生是对封建社会的反叛;从过程看,商人的城市独立运动又牵扯封建主的特许和利益,而且商人运动的样态也取决于其所处的封建社会之封建性的程度。

英国的城市与封建主关系最为密切。[5] 英国中世纪城市大都兴建于封建

---

〔1〕 参见[法]马克·布洛赫:《封建社会》(上),张绪山等译,商务印书馆2004年版,第583页。

〔2〕 由嵘:《外国法制史》,北京大学出版社1992年版,第95~96页。

〔3〕 参见[美]哈罗德·J.伯尔曼:《法律与革命——西方法律传统的形成》,贺卫方等译,中国大百科全书出版社1993年版,第379~380页。

〔4〕 参见[美]哈罗德·J.伯尔曼:《法律与革命——西方法律传统的形成》,贺卫方等译,中国大百科全书出版社1993年版,第361页。

〔5〕 即便如此,英国的城市独立仍对英国的宪制起到关键作用。诺曼征服以后,英国城市的经济史很难和它们在宪制方面的进步割裂开来。它们争取独立和自治的努力与它们的经济发展紧紧地缠绕在一起,二者互为因果。See Lipson, E., *The Economic History of England*, London, Adam and Charles Black, 1947, p. 201.

领地之上——国王领地、世俗领地、教会领地,绝无例外。由于当时特殊的历史环境,各级教俗封建主在自己的领地内俨如大小国君,几乎集各种地方权力于一身,因此凡事皆需领主首肯方可行。作为城市复兴的第一步,首先要聚集一定数量的人口,主要是手工业者、商人及其家眷,然后再修葺或建筑城墙、开辟道路等,这一系列活动假如没有得到所在地封建领主的事先允许,肯定是不能进行的。更何况兴建城市之地皆为交通便利之处,如此兴师动众不可能瞒过封建主的耳目,也绝不可能是封建主事后承认的既成事实。所以正是从这个意义上讲,英国中世纪城市都是由封建主兴建的。[1] 向城市出售特权也是封建主敛财的一种手段。有幸获得此特权者大多需要和国王作一笔交易。亨利二世时,林肯、剑桥等 5 个城市取得自行征税特权,其前提是向王室上缴一笔固定的款项。13 世纪以后,此类城市逐渐增加。不过这种特权往往具有一定的时限性,到时即被收回,想要继续保留这种特权,就必须再次申请,这样封建主就有可能根据经济形势的变化和自身的需要,重新确定其要求的固定款项。13 世纪中叶,英王亨利三世卷入了欧洲大陆的纷争,所费颇巨,为了增加收入,给予许多城市以自治特许(从而获得这些城市赎买自由的款项),另一些城市则获得了部分废除古老的偿债办法的特许状,如诺里奇、诺丁汉、北安普敦、林肯、林利吉斯、约克、斯卡伯勒、赫里福德、什鲁斯伯里、南安普敦、剑桥、坎特伯雷、布里奇诺萨、牛津、斯坦福德、吉尔福德、雷特福德、贝里克和伍斯特等。[2] 除了领主和国王因自己的生活品质需要(比如希望得到货币购买精美的衣服、用具、食品、珍宝和容器)而授予城市特权、自由外,有时也会主动建立城市以满足自己的奢侈需要。所有这些城市的主人(领主),一方面给城市以特权、自由,另一方面还要对城市加以控制,方能取利。因而,城市的每一步自由和独立性的进展,都必须经过斗争、投机钻营、讨价还价而取得。12 ~ 13 世纪,法国国王共颁发 236 条关于城市自治体的法令,其中"胖子"路易 9 条,路易七世 23 条,菲利普 · 奥古斯特 78 条,路易八世 10 条,圣 · 路易 20 条,"大胆"菲利普 55 条,"漂亮的"菲利普 46 条,路易十世 6 条,"高个儿"菲利普王 12 条,"漂亮的"查理王 17 条。

---

〔1〕 参见金志霖:《英国行会史》,上海社会科学院出版社 1996 年版,第 13 ~ 14 页。

〔2〕 See Lipson, E., *The Economic History of England*, London, Adam and Charles Black, 1947, pp. 289 - 290.

城市自治体在全欧洲——意大利、西班牙、德意志、法兰西、英格兰,几乎是同时成立的。有一段时间,热那亚、佛罗伦萨、威尼斯、巴塞罗那、不莱梅、吕贝克、汉堡、布鲁日、巴黎、里昂、马赛、伦敦和布里斯托尔等城市,好像都是在同一种法律治理之下。[1] 自由使帝国的城市和其他都邑逐步繁荣起来。[2]

商人的城市独立运动,客观上促成了中世纪法律体系的多样化、理性化和平民化。在最初的市民阶级的思想中,虽然没有人权和公民权的观念,他们要的是人身自由,并非后来资产阶级革命所提出的天赋权利的那种自由;但经济自由和人身解放客观上促进了自由平等理念的产生,这也反映在法律与司法过程中。在独立城市中,动产的地位和不动产并无二致,享受着同样的权利;自由民获得了由同等地位公民组成陪审团审判的权利,免受贵族压制、歧视和受贿徇私的裁判,这些都反映在城市法的各项制度和法令中。"商业革命有助于造就商法,商法也有助于造就商业革命",[3] 自古以来就很发达的海商法,在这一时期因为罗马法复兴与西欧社会的世俗化态势而受到重视,陆上的商人法也因商人阶层的壮大和商业发展而第一次呈现体系性、国际化等特征。新的商法体系和城市法制度,诞生于商人革命的事功之中。

商法与封建法的关系,就像商人在封建社会中,彼此是异质的。在封建法这个等级—伦理法所构筑的社会中,没有商人的位置。"商人乃是社会的弃儿,他将法律体制——发布各种受到习惯力量支持的命令的那个体制——看作敌对和异己。"[4] 所以商人处于上升期的时候,在封建体制中一直扮演某种造反派的角色。

商人所需要的法律——商人法和城市法,具有近现代法律特色,体现罗马法精神。它的出现与近代城镇兴起,以及商人阶级打破贵族门第和僧侣教化的垄断而成为社会主流和中坚力量,息息相关。商人作为造反派在城市的独立运动和自治团体兴盛后所发展出来的法律体系,与封建法精神格格不入。这一新

---

〔1〕 参见[法]布朗基:《欧洲中世纪经济思想史》,李增德等译,载《欧洲中世纪经济思想资料选辑》,商务印书馆 1998 年版,第 140 ~ 141 页。

〔2〕 参见[法]伏尔泰:《风俗论》,梁守锵等译,商务印书馆 1997 年版,第 257 页。

〔3〕 [美]哈罗德 · J. 伯尔曼:《法律与革命——西方法律传统的形成》,贺卫方等译,中国大百科全书出版社 1993 年版,第 409 页。

〔4〕 [英]泰格、利维:《法律与资本主义的兴起》,纪琨译,学林出版社 1996 年版,第 5 页。

法制被称为城市法或都市法,其精神实质已鲜少具有封建性,其法律思想亦因之大变——认为一切人类,皆应为"全体"之一分子,而非其主人之从者。人类应由家族氏族间解放,自由追求其利益。于是此一时期之法律,乃由团体之拘束,趋向于个人之自由,以个人解放、人格平等、意思自由为其指导原则。是故于契约法上则有契约自由之原则;物权法上则有个人所有权之观念;于亲属法,则亲权之势大减,财产之处分,婚姻之缔结,其家属皆获得相当之自由;于继承法,则家产制度衰退,死者得以遗嘱处分其遗产。信如梅因所谓"由身份而契约"者也。[1]

三、"经济理性"在中世纪法精神上之体现

从交换手段和流通手段,可以看到商业在中世纪中晚期的一种长足发展。从 10 世纪中期到 14 世纪中期,为了避免教会的恐吓或教会法庭的缓慢的程序,信贷日益采取更适合于商业需要的种种新的形式,特别是在有限合伙基础上的放款、金银抵押放款、以银行存款为抵押的放款,以及船舶抵押放款(多用于从事海外贸易的大企业)。[2] 13 世纪,最晚不过 14 世纪中叶,曾迷恋贵金属和金首饰的中世纪欧洲,又开始对金属货币产生新的"资本主义的"激情。西方在 13 世纪重新发现汇票这一远距离支付手段。随着十字军的推进,汇票自西向东穿过整个地中海。[3] 拜占庭与阿拉伯人所实行的纸币或信用货币的流通,通过意大利人、法兰西南部的商人、加泰罗尼亚人和法兰德斯人引入西方,其形式为信用证和付款证,这是近代汇票的先驱。[4] 16 世纪的热那亚人是信贷贸易的专家,他们举办贝桑松交易会,整个欧洲的汇票都可以在那里交割,也就是实行现代意义的票据清账。热那亚的圣乔治钱庄是中世纪最完善的信贷机构。

---

〔1〕 参见李宜琛:《日尔曼法概说》,中国政法大学出版社 2003 年版,第 9 ~ 10 页。

〔2〕 参见[法]P. 布瓦松纳:《中世纪欧洲生活和劳动:五至十五世纪》,潘源来译,商务印书馆 1985 年版,第 170 页。

〔3〕 参见[法]P. 布瓦松纳:《中世纪欧洲生活和劳动:五至十五世纪》,潘源来译,商务印书馆 1985 年版,第 549 页、第 567 页。

〔4〕 参见[法]P. 布瓦松纳:《中世纪欧洲生活和劳动:五至十五世纪》,潘源来译,商务印书馆 1985 年版,第 170 页。

在威尼斯，银行和银行家的诞生可追溯到14世纪，甚至13世纪。在佛罗伦萨，大商行从13世纪以来便把欧洲和地中海以及从英国至黑海的地区置于自己的控制之下。[1] 一种新的力量——流动资本的力量产生并且成长起来。流动资本改变了贸易的性质和货物的流通，以货币经济代替了自然经济，并通过商业利益的累积，使容易移动的和能够产生高额收益的各种财富形式予以形成、更新并不断增加。

从社会阶层的结构上看，随着商业发展的进程、商人阶层的兴起、新贵的形成，[2]领主和贵族势力受到削弱，王权因为暂时的需要而与商业相结合。教会的力量受到进一步的削减。

从10世纪开始，欧洲进入了一个商业复兴的时期。洛佩兹(Lopez, R. S.)认为，这一时期欧洲的商业革命从比较文明的角度看也是一个独一无二的现象。[3] 商业复兴从各个领域中体现出来——乡村的变化(生产方式的改革)、人口增长、交通营运的发达、货币流通和新的信贷方式的出现、商人地位的提高、新阶级的出现、领主和贵族势力的衰落、王权的兴起与强大，等等。笔者试从这几个方面予以一个简单的梳理与回顾。从农业上看，一方面，商业和城市工业的发展，导致农村劳动力向城市流动；另一方面，农村自身的生产方式的变革，促进了地区性市场的形成。商业的发展导致农村的结构性变革。从1150年起，欧洲摆脱了直接农业消费(自给自足)，转为随着剩余农产品进入流通领域而诞生的间接农业消费。与此同时，城市把手工业活动吸引过来，垄断了工业品的制造和销售。[4] 1350年至1650年欧洲农村的变化，确实是欧洲兴起的起点。[5] 以大农场以及地主强有力的控制为基础的商品化农业在地中海盆地的几个地方得到了发展。在意大利北部的河流平原地区，占主导地位的城市政

---

〔1〕 参见[法]费尔南·布罗代尔：《菲利普二世时代的地中海和地中海世界》(上)，吴模信译，商务印书馆1996年版，第466页。

〔2〕 自13世纪起，城市贵族和资产阶级结成社会权贵集团的一部分。

〔3〕 See Lopez Robert S., *The Commercial Revolution of the Middle Ages* 950 – 1350, Cambridge, Cambridge University Press, 1976, p. 57.

〔4〕 参见[法]费尔南·布罗代尔：《15至18世纪的物质文明、经济和资本主义》(第3卷)，顾良等译，生活·读书·新知三联书店2002年版，第86页。

〔5〕 参见朱孝远：《近代欧洲的兴起》，学林出版社1997年版，第1页。

治和城市经济对周围农村施加影响,促进了较大的地区性市场的形成。[1] 11~12 世纪,佛兰德和其他地区的城市一度垄断了工业活动,城市工业从 15~16 世纪起开始大规模流向周围农村,寻求那里不受城市行会保护和管制的廉价劳力。[2] 这一时期的贸易增长和城镇市场的发展是欧洲的一个显著特征。[3] 西方农村的大部分人口,到 14 世纪上半叶时差不多已经完成了解放,由敕书、法律、习惯、特许状承认其自由和公民权。人身自由和缔约自由第一次在乡村人中被宣布并付诸实施,农民在相当大的范围内赢得了对自己劳动的支配权。[4]

随着商业的发展,静止的农业社会产生了变化,世界开始展现出一种外向扩张的姿态。欧洲商业的兴起,随着贸易的拓殖。而技术的更新,更使封建社会的版图和视界为之一新。几千年来出现的历次经济大发展始终都以技术为支柱。"在这个意义上,技术是女王:技术改变世界。"[5] 随着资本市场开拓的需要,冒险精神随着地理大发现而逐步高涨。欧洲航海业开始完善的时代也正是激情和需要迫使他们从事远洋航行的时代。航海技术日益精进。从 1297 年起,随着商船第一次直达布鲁日,热那亚船只、地中海的大船控制了北方最有利可图的贸易。[6] 陆路的拓伸也显示了欧洲世界的一种扩张野心。在 15 世纪内,单单在法兰西就翻修了 25,000 公里的道路。内河航运由大的运输公司经营。最早的通航运河亦在波罗的海与易北河之间开辟。[7] 历史学家所说的黄金热、世界热和香料热在技术领域的伴侣正是不断寻求新事物并付诸实用,即

---

〔1〕 参见[美]罗伯特·杜普莱西斯:《早期欧洲现代资本主义的形成过程》,朱智强等译,辽宁教育出版社 2001 年版,第 30 页。

〔2〕 参见[法]费尔南·布罗代尔:《15 至 18 世纪的物质文明、经济和资本主义》(第 1 卷),顾良等译,生活·读书·新知三联书店 2002 年版,第 580 页。

〔3〕 See Dobb, Maurice, *The Development of Capitalism*, New York, International Publishers, p. 40.

〔4〕 参见[法]P. 布瓦松纳:《中世纪欧洲生活和劳动:五至十五世纪》,潘源来译,商务印书馆 1985 年版,第 251 页、第 255 页。

〔5〕 [法]费尔南·布罗代尔:《15 至 18 世纪的物质文明、经济和资本主义》(第 1 卷),顾良等译,生活·读书·新知三联书店 2002 年版,第 514 页。

〔6〕 参见[法]费尔南·布罗代尔:《15 至 18 世纪的物质文明、经济和资本主义》(第 1 卷),顾良等译,生活·读书·新知三联书店 2002 年版,第 485 页、第 477 页。

〔7〕 参见[法]P. 布瓦松纳:《中世纪欧洲生活和劳动:五至十五世纪》,潘源来译,商务印书馆 1985 年版,第 292 页。

减轻人的劳苦和保证劳动的最大效率。[1] 金属制造和军事技术的进步刺激了冶金工业。[2] 各项实际的发现表明人们决心征服世界,这些发现的积累以及对能源越来越大的兴趣事先就赋予欧洲一显身手的能耐,预示着它将占有优胜的地位。

由于商业、制造业的发展,人口的增加,中世纪后期,欧洲城市有很大发展,使资产阶级日益壮大,同封建贵族的没落形成鲜明对比。君主制和货币经济的推行,使政府和大贵族的雇员成为一个蓬勃发展的社会阶层。财富的增长和政治的进取使资产阶级的地位逐渐提高,15 世纪和 16 世纪,资产阶级基本上成为城市的代表;在君主制下,城市的代表直接进入了国家议会。在意大利和德国,城市的独立自治对于欧洲政治产生影响。中世纪后期的大学培养出许多高级政府官员,他们都是些法律家、秘书。有些人成为政府和宫廷中不可缺少的官僚;他们甚至被授予贵族封号,从而跨入贵族的行列。[3]

封建法自 5 世纪至 15 世纪支配着中世纪欧洲。随着商业的振兴和法律制度的变迁,特别是发展到后来中世纪末叶的 15 世纪和 16 世纪,封建法制开始全面倾颓。封建法是封建土地制度和政治经济制度的反映,当社会的经济基础发生变化时,它就失去了生存的土壤。商业的复兴直接冲击了庄园的自给自足的经济。当更多的农奴涌入城市并获得人身自由成为手工艺者、工人等其他行会职业者时,领地经济就受到劳动力和生产力等方面匮乏之威胁。

封建法的衰落最主要表现在当封建土地变成从属于市场生产规律的商品之时,封建土地制度的崩溃。梅因称,在欧洲大陆上的"财产"史是罗马化的动产法消灭封建化的土地法的历史。[4] 15 世纪,土地革命在欧洲兴起,一方面由于工商业发展,衍生出种种新型财富,另一方面则由于古老的庄园经济的公社特性的消逝。在整个 16 世纪,作为市民、商人之后来者的资产阶级对农村贵族土地的收购一直加速进行。虽然土地法中的封建因素之顽强性一直存在(例

---

〔1〕 参见[法]费尔南·布罗代尔:《15 至 18 世纪的物质文明、经济和资本主义》(第 1 卷),顾良等译,生活·读书·新知三联书店 2002 年版,第 487 页。

〔2〕 参见[法]P. 布瓦松纳:《中世纪欧洲生活和劳动:五至十五世纪》,潘源来译,商务印书馆 1985 年版,第 300 页。

〔3〕 参见朱孝远:《近代欧洲的兴起》,学林出版社 1997 年版,第 152 页。

〔4〕 参见[英]梅因:《古代法》,沈景一译,商务印书馆 1959 年版,第 155 页。

如,法国直到大革命以后,它们才从法学著述中消失),但是封建法规范所依托的最根本的土地保有制之权利、义务体系,已经受到了商业和工业经济的根本性的侵蚀。

在封建主义向资本主义发展的过程中,西方学者往往将其归因于契约的设计。契约这一法律制度,被称为资产阶级革命的动力。[1] 在16世纪,律师和新兴的资产者开始结盟在法庭中贯彻这一资产阶级的契约理论。契约对一切事情——劳动、售让,甚至婚姻都占据了第一位的话语权。对土地权利的利用和保护,已不再像在封建时期那样能够介入人与人之间的法律关系了。所有权变成了"个人"与"物"之间的关系。[2] 中世纪后期所发生的文艺复兴、宗教改革、地理大发现、16世纪的价格革命、人文主义时代到1600年资产阶级私法的主要原则,即个人之间在契约、所有权等方面的法律,即使在实践中尚未完全取代,却也在理论上取代了人际封建关系。封建法随着封建社会的衰落而消失了。

中世纪封建社会的等级性、血缘关系(亲权)、地方化、具体化、集体主义等观念,都受到了商人的挑战。商人的城市法、商法之不断强大,与中世纪罗马法复兴后继受罗马法有关。而作为简单商品经济之法的罗马法,其与封建法也有显著的不同:(1)罗马法为抽象的,而封建日耳曼法则为具体的;(2)罗马法为个人的,而封建法则为集团的;(3)罗马法为自由的,而封建法则为拘束的;(4)罗马法为世界的,而封建法是地方性的。[3] 罗马法在内容和立法技术上远较习惯法和封建地方法成熟,它提出自由民在"私法"范围内形式上平等、契约以当事人合意为生效的主要条件、财产无限制私有、价值上体现理性原则、衡平观念等原则,这些都为商人和资本主义的兴起提供了直接的资源,"凡是中世纪后期的市民阶级还在不自觉地追求的东西,都已经有了现成的了"。[4]

商法和城市法随着商人兴起一度占据中世纪法律体系之一足,在鼎盛时期曾与封建法、教会法成三足鼎立之势。但随着16世纪以后民族国家的兴起、王

---

〔1〕 参见[英]泰格、利维:《法律与资本主义的兴起》,纪琨译,学林出版社1996年版,第203页。

〔2〕 参见[英]泰格、利维:《法律与资本主义的兴起》,纪琨译,学林出版社1996年版,第204页、第215页。

〔3〕 参见李宜琛:《日尔曼法概说》,中国政法大学出版社2003年版,第11~15页。

〔4〕 参见《马克思恩格斯全集》(第21卷),人民出版社2012年版,第454页。转引自何勤华:《西方法学史》,中国政法大学出版社1996年版,第72页。

权之强大、王室法的优位,商法和城市法与封建法一样势微消颓,或者被编入国家法体系之中。但是经过与封建社会之不断较量,争权的商人、市民却成为一支独立的、显著的力量留存下来,他们日后代替贵族的地位,成为显赫的第三等级,拥有参与国政、咨议国事的权力。

论文

再造平等：战后世界秩序的第三世界起点

殷之光*

一、导言：自上而下的战后世界秩序叙事及其问题

1945年4月25日的欧洲，苏联红军正在进攻柏林。距离纳粹德国无条件投降还有不足半个月，第二次世界大战已经到了尾声。而此时在旧金山，包括了来自50个国家282名代表的联合国成立大会则刚刚揭开帷幕。联合国成立作为一个20世纪标志性的事件被反复讨论。在此次大会上签署的《联合国宪章》也被视为战后国际法秩序的根本性文件。其序言的中文本，用典雅的语句，为世人描述了这样一番景象：

> 我联合国人民同兹决心，欲免后世再遭今代人类两度身历惨不堪言之战祸，重申基本人权、人格尊严与价值，以及男女与大小各国平等权利之信念，创造适当环境，俾克维持正义……并为达此目的，力行容恕，彼此以善邻之道，和睦相处……以保证非为公共利益，不得使用武力……[1]

这段文字勾勒出"二战"之后至今国际法秩序的几个基本准则。首先，战后的世界秩序将建立在真正的国家平等基础上。这与19世纪维也纳体系赖以维系的"大国平衡"秩序不同，《联合国宪章》所构想的平等是一种超越了实力政治（power politics）的理想主义秩序。在这种秩序之下，"无论国家大小与实力

* 英国艾克赛特大学人文学院副教授，法学博士。

〔1〕《联合国宪章》，载http://www.un.org/zh/charter-united-nations/，2018年9月26日访问。

强弱"均可以在国际事务中享有平等的地位与权利。其次,除去反侵略之外的一切战争行为在这种新世界秩序中都是非法的。最后,在这一蓝图中,"公共权益"不仅仅囊括了国家平等的权利,平等与自由的个人也在这个战后的美丽新世界中得以声张。[1]

在今天国际法与国际关系史的许多叙事里,《联合国宪章》的签订作为一个关键事件,标志了一个战后新秩序"共识"的构成。在这类叙事里,战后国际秩序的形成仿佛是一个精美的立法过程。精英们对美好社会的想象,被庄严的法律文本精巧地固定下来。参与这一时刻的成员们通过签署这一文本,表达了对这一文本所代表的秩序与精神的认可,更传递了对未来行为准则的基本共识。通向这一文本的历史进程除了非理性的、残酷的战争之外,更包含了一系列的理性文本。在这条线索下,我们非常熟悉从 1941 年《大西洋宪章》的签订,再到 1943 年的德黑兰会议、1945 年 2 月的雅尔塔会议、4 月 25 日的旧金山联合国国际组织会议、5 月 8 日德国无条件投降、6 月 26 日《联合国宪章》签字这一系列从战胜邪恶到再造世界的故事。正是这些神圣事件构成了我们对于今天"世界秩序"线性演进的想象。

然而,这些标志性的事件给我们展示了一副仅仅由强国主导、自上而下式地决定战争进程、左右战后国际秩序的图景。我们不熟悉的是被掩盖在这个故事背后,一个关于这种平等图景在世界各个角落展开的历史脉络。实际上,在今天的国际关系史叙述中,1945 年的重要性体现在第二次世界大战的终结以及雅尔塔体系的建立。雅尔塔体系提出了包括联合国在内的一系列关于战后世界秩序的制度性构想。然而,这场会议仅由美、英、苏三强参与,采用秘密协商的形式,自上而下地为战后世界制定秩序。中、法两国虽然是反法西斯同盟的重要组成部分,也仅仅作为联合国成立大会的联合召集人在会后联合公报的第 4 条末尾被简单提及。[2] 然而,这场在大国之间发生的对世界秩序的重新规划,本质上并未真正改变维也纳体系的游戏规则及其背后的权力平衡思想。并

---

〔1〕 参见[美]玛丽 · 安 · 葛兰顿:《美丽新世界:〈世界人权宣言〉诞生记》,刘轶圣译,中国政法大学出版社 2016 年版,第 9 ~ 12 页、第 33 ~ 43 页、第 72 ~ 77 页。

〔2〕 Bryton Barron, *Foreign Relations of the United States, Diplomatic Papers, Conferences at Malta and Yalta*, Washington, United States Government Printing Office, 1955, p. 972.

且,在地缘政治方面,雅尔塔会议仅仅处理了苏联这一新兴大国在欧亚大陆上对日作战以及东北亚战后领土归属及秩序问题。而受19世纪传统欧洲殖民秩序影响最大的中东与非洲,其在战后世界中的地位以及至关重要的主权问题则丝毫未得到涉及。

再向前追溯,1945年成立的作为维护战后和平的联合国在1941年《大西洋宪章》拟定之初实际上是以战时同盟的形式出现的。[1] 在此之后,"联合国"便在美英两国战时宣传中被用来指称这一大国之间反轴心国与日本的战时同盟关系。随着战争的推进,组建战后"和平同盟"的意愿在大国之间的谈判过程中逐渐成为主流。至1944年敦巴顿橡树园会议(Dumbarton Oaks Conference)时,作为美、苏、英三国妥协的结果,"爱好和平"(love peace)这一含混但却令人充满希望的表述则最终被接受为未来战后同盟推进国际主义普遍性的基本条件。[2] 对于1945年成立的联合国来说,从其组织上来说,占据其成员多数的并非是那些非西方"大国"。但是,他们对战后秩序的理解及其诉求,在这种以大国为中心的历史叙事中却几乎完全失踪。在随后的半个世纪里,这些国家围绕着"爱好和平"这一联合国创始之初的理想的斗争与寻求国际平等地位的实践,则成为联合国乃至整个20世纪普遍性秩序形成过程中不可忽略的重要一环。

二、作为斗争武器的国际法文本

让我们将视线从上述的西方中心视角转移到广大的非西方世界。一幅截然不同的景象便逐渐从历史中显现。随着中东与非洲殖民地在战争后期独立意识的崛起,作为旧欧洲殖民霸权强国之一的法国在雅尔塔体系中被边缘化,戴高乐政府担心法国在战后世界地缘政治中影响力将会衰退,并进而对雅尔塔协议内容提出保留意见。[3] 1945年3月,在英国支持下,阿拉伯联盟正式成

---

〔1〕 Dan Plesch, "How the United Nations Beat Hitler and Prepared the Peace", *Global Society* 22, 2008, pp. 137 – 158.

〔2〕 Mark Mazower, *Governing the World: The History of an Idea*, London, Allen Lane, 2012, pp. 194 – 207.

〔3〕 Our Own Correspondent, "France And Collective Security", *Times* (London, England) 17 Mar. 1945: 3.

立。阿盟也对英国表示感谢。[1] 很快,开始有传闻说法国绝大多数的殖民地将会被联合国托管,而成立阿盟则是英美联手将法国挤出中东与北非地区的手段。在 1945 年阿尔及利亚出现要求独立的游行活动之初,戴高乐甚至认为这是叙利亚与阿尔及利亚共同策划的阴谋。同样,由于法国 1945 年向叙利亚与黎巴嫩派遣军队,阿盟成员国开始对法国表示不信任。[2] 不少国家怀疑戴高乐政府能否履行其先前对终结委任统治体系的保证。[3] 而接下来几个月里在法属北非殖民地发生的事情,则进一步加强了阿盟国家对法国殖民统治的憎恶。

1945 年 5 月 8 日德国正式无条件投降的当天,在地中海的南岸,法属阿尔及利亚的居民们也在欢庆这一胜利的时刻。欢快的人群挥舞着英、美、法、苏和阿尔及利亚国旗。阿尔及利亚的大小城市街头,还张贴着"梅沙阿里万岁"[4]"为了人民的自由""自由与独立的阿尔及利亚万岁!""打倒殖民主义""《大西洋宪章》万岁"等激动人心的民族主义标语。兴奋的人群知道,在遥远的旧金山,联合国大会正在举行。这将会建立起一个理想中的新世界。在这个新世界里,被殖民统治了一个多世纪的阿尔及利亚将会很快获得独立。

然而,此时在阿尔及利亚东北部的塞提夫(Sétif),气氛却大不相同。早在 1853 年,瑞士殖民地日内瓦公司(compagnie genevoise des colonies suisses)便在这里占据了 15,000 公顷的肥沃土地,种植用来出口的农作物。由于失去了优良土地,塞提夫当地农民被迫只能在贫瘠的土地上耕作。当年的干旱又分外严

---

[1] Our Own Correspondent,"Arab League in Session",*Times*(London,England)5 June 1945:4.

[2] Our Own Correspondent,"French Case in The Levant",*Times*(London,England)23 May 1945:3.

[3] Our Own Correspondent,"French View of Trusteeship",*Times*(London,England)7 Apr. 1945:3.

[4] 艾赫迈德·本·梅沙阿里(Ahmed Ben Messali,1898~1974)是阿尔及利亚民族主义政治家。梅沙阿里本人是逊尼派穆斯林,在 20 世纪初期建立起了"北非之星"(the Étoile Nord-Africaine)运动。一般认为,该组织可以被看作阿尔及利亚民族解放阵线(Front de Libération Nationale)的前身。1937 年,北非之星运动改组为阿尔及利亚人民党(Parti du peuple algérien)。作为一个要求民族独立的民族主义政党,阿尔及利亚人民党被法国殖民政府定为非法组织。在整个"二战"期间,该党一直作为一个秘密组织在地下活动。其行动目标也从反法转变为了反德反纳粹。关于阿尔及利亚民族主义运动及其与法国在阿尔及利亚的法西斯极右翼力量之间的冲突,参见 Samuel Kalman,*French Colonial Fascism,the Extreme Right in Algeria*,1919-1939,New York,Palgrave Macmillan,2013,pp. 55-81。

重,这就使大批农民面临饥荒。[1] 因此,塞提夫人对殖民主义压迫有着更为切身的历史体验。在5月7日庆祝欧洲战场胜利的当天,占当地人口绝大多数的穆斯林农民聚集在街头,在一种强烈的民族主义情绪下,与当地法国警察部队形成了对立。5月8日正逢当地传统的赶集日,越来越多的农民涌入了城镇中心。当天早上9时15分,聚集在清真寺前的8000多名游行者开始沿着克里蒙梭大道向战争纪念碑走去。法国警察部队要求游行队伍不得打出任何与阿尔及利亚民族主义相关的标语。还有几名警察甚至试图挤入人群,抢夺游行者们手里打出的阿尔及利亚国旗。此举立刻激怒了在场的游行队伍。在混乱之中,法国警察部队开枪。场面立刻陷入混乱。

殖民者进行血腥屠杀的消息很快就传到了塞提夫周边的村镇里。从四面八方聚集来的群众喊着"以安拉的名义进行圣战""真主至大"的口号开始向所有殖民者发起了进攻。当天晚上,戴高乐任命的阿尔及利亚总督伊夫·夏台农(Yves Chataigneau)立刻宣布康斯坦丁省(Constantine Department)进入紧急状态,并于次日早晨将其扩大到了阿尔及利亚全境。同时,他又命令驻军着手平叛。大约有10,000名来自摩洛哥、西非和法兰西外籍军团的士兵进驻塞提夫。此次行动的法国指挥官雷蒙德·杜瓦尔将军(General Raymond Duval)决定采取铁血政策,法军所经过的一切村落,房屋均被烧毁,在一些地区,法军还进行了公开处决。法国海军与空中力量也支持了此次行动,轰炸了塞提夫诸多沿海的村落,导致大量平民死亡。

更加血腥的武装镇压出现在阿尔及利亚东北部沿海边境小城盖勒玛(Guelma)。盖勒玛有大约4000名欧洲白人殖民者,16,500名穆斯林原住民。由殖民者自行组织的武装力量,在当地行政次长安德烈·亚奇亚里(André Achiary)的授意下,当地将近1/4的穆斯林青壮年男子均被屠杀。相比之下,殖民者的伤亡率则为零。[2] 就在戴高乐将军作为反法西斯战争的胜利者之一庆祝欧洲解放的同时,阿尔及利亚的独立运动却被此起彼伏的以"定居者主权"(settler sovereignty)名义组织起来的民粹主义准军事团体,以及戴高乐将军的

---

〔1〕 Martin Evans, *Algeria, France's Undeclared War*, Oxford, Oxford University Press, 2012, pp. 85–88.

〔2〕 Martin Evans, *Algeria, France's Undeclared War*, Oxford, Oxford University Press, 2012, p. 89.

信仰者们残酷镇压。[1] 这种霸权的更迭以及对霸权本身的反抗,构成了 20 世纪平等政治实践的另一个重要线索。

正如 1945 年的赛提夫惨案,1946 年开始的越南反法抗战、1947 年的印巴分治、1948 年的阿以战争、1950 年的抗美援朝等,对绝大多数第三世界国家来说,这一平等政治的确立过程更加复杂、暴力、来之不易。但也正是第三世界民族独立斗争及其艰难胜利,才使《联合国宪章》所规定的"大小各国平等权利"不至于沦为一纸空文。这类斗争以多种形式展开。有的像《人权宣言》的制定那样,自上而下,通过联合国会议协商这种国际立法过程,将国际社会的民主与平等问题,以国际法的形式确立下来。有的自下而上,不在联合国这一框架内,通过战争与不合作的形式,争取了平等权利,并在真正意义上丰富了平等权利的政治内涵。

三、从中国历史中理解"平等"

再将视线转移到 1945 年前后的中国。让我们重新审视一下当时围绕着中国共产党的群体,看看他们如何理解与想象战后新世界的平等秩序。在参加旧金山大会的中国代表团中,除了来自国民党的代表宋子文(团长)、顾维钧(副团长)、王宠惠之外,还包括了来自中国社会党的李璜、张君劢,以及来自中国共产党的董必武。这个多党派代表团的出现,不但是中国内战中国共斗争的结果,而且通过这种斗争实践,也为当时预备构建战后国际秩序,特别是这一秩序所依据的"平等"及"民主"话语,提供了新的内涵。

中国共产党代表参加联合国大会是抗战末期国共就战后成立联合政府进行谈判过程中的产物。1944 年 8 月,为了调停蒋介石同史迪威的矛盾,美国总统罗斯福派私人代表赫尔利(Patrick J. Hurley)来华。在此之前,美国也派遣了一支由大卫 · 包瑞德(David Dean Barrett)率领的 9 人观察团于 7 月 22 日到达

---

[1] 关于在"二战"之后阿尔及利亚以捍卫"殖民者主权"为名而出现的草根组织,这类组织一直到阿尔及利亚独立战争时期都在对抗阿拉伯独立运动的武装斗争中发挥重要作用。See Sung-Eun Choi, *Decolonization and the French of Algeria, Bringing the Settler Colony Home*, New York, Palgrave Macmillan, 2016, pp. 39 – 45.

延安。在同美国方面的接触中,中国共产党也一直强调,在当时抗日的条件下,与国民党之间的关系是“以斗争求团结”。随着抗日战争进入末期,延安与西方政治、军事及文化等方面的人员接触也逐渐增多。此时的统一战线对象,已经逐渐扩展到国际层面。9 月 8 日,中国共产党电告当时正在重庆准备参加国民参政会第三届第三次大会的董必武,希望他正式邀请赫尔利一行访问延安。此举目的是向美国传递中国共产党要求建立联合政府的主张。[1]

成立联合政府的设想最初来自开罗会议上罗斯福的建议。[2] 对于美国方面,国民党、中国共产党以及其他民主党派成立联合政府的方案能够减少中国内耗,加速抗日战争的结束。[3] 随着美军观察团到访延安,这一意见被正式提给了毛泽东。[4] 经过中共中央的仔细讨论后,这一主张成为了当时统一战线斗争的重要组成部分。9 月 4 日,周恩来代表中共中央发给董必武、林伯渠的电报中强调,“目前我党向国民党及国内外提出改组政府主张时机已经成熟……此项主张国民党目前绝难接受,但各小党派、地方实力派、国内外进步人士,甚至盟邦政府中开明人士会加赞成”。[5] 根据 1944 年 7 月军事观察团内的中国专家谢伟思(John Stewart Service)的报告,中国共产党支持建立联合政府的目的主要有二:从理论上,中国共产党希望建设一个“持久的、有秩序的,包含了民主、社会主义以及计划经济发展的社会建设工程”;从实际层面,通过建设联合政府,中国共产党能够获得广大中国人民以及外国势力的支持,这能够帮助其最终夺取政权。[6]

---

[1] 1944 年 9 月 15 日,在国民参政会第三届第三次大会上,林伯渠的报告里正式提出了中国共产党要求建立“民主的联合政府”的主张。

[2] Elliott Roosevelt, *As He Saw It*, New York, Duell, Sloan and Pearce, 1946, pp. 249 – 250.

[3] E. Ralph Perkins, “The Ambassador in China (Gauss) to the Secretary of State”, *Foreign Relations of the United States: Diplomatic Papers*, 1944 China, Washington, United States Government Printing Office, 1967, pp. 116 – 117.

[4] John Stewart Service, *Lost Chance in China: The World War Ii Despatches of John S. Service*, New York, Random House, 1974.

[5] 中央档案馆:《中共中央文件选集》(第 14 卷),中共中央党校出版社 1992 年版,第 328 页。

[6] Perkins, “The Ambassador in China (Gauss) to the Secretary of State (Chungking, September 8, 1944)”, *Foreign Relations of the United States: Diplomatic Papers*, 1944 China, p. 560.

在这个观察中,显然第一条显得更值得进一步分析。谢伟思明确表示,他本人更倾向于接受这条解释,并强调如果他的判断正确,那么与中国共产党合作将不会损害美国的在华利益。向往自由与解放的中国共产党,比起保守官僚化的国民党来说,更符合美国精神。[1] 谢伟思的判断并不是空穴来风。1944 年 7 月 4 日,延安召开了一次各界人士大会,共同庆祝美国独立 186 周年。周恩来也出席了大会,并在讲话中赞扬美国国内团结、民族团结的精神。同时还向到会的中外记者表示,希望他们将八路军、新四军关于"在团结、民主基础上"来求得战争胜利的要求转达给国民政府。[2] 中国共产党强调,在解放区推行的民主实践,是一种"新民主主义"的政治。这种新民主主义下的国家是"人民大众的民主国家",相比代表了包括"中国的大地主、大银行家、大买办阶级"利益的国民党"统治集团"来说,解放区实行的"人民民主"才真正继承了三民主义中所表达的革命意愿,也正是在这种平等政治实践中,中国才能建设成为一个真正的"近代国家"。[3]

正是在与国民党的斗争实践以及在抗战后期争取国际统一战线的过程中,中国共产党进一步推进了"新民主"与旧民主之间的本质区别。毛泽东在 1940 年著名的《新民主主义论》中,详细勾勒了新民主主义政治的范畴及其未来。新民主主义的进步性首先建立在一个对人类历史进步脉络的认可基础上。毛泽东强调,在 20 世纪反对殖民主义、反对帝国主义的全球斗争中,随着一场社会主义运动的出现,无产阶级成为一个"觉悟了的独立的阶级力量",这一发展丰富了"反帝、反殖民"的民族独立运动的政治内涵。[4] 只有出现了由于革命行动而获得了政治觉悟的无产阶级,经由反殖民运动而建立的国家才有可能避免沦落为一个阶级的私产。

---

[1] Perkins, "The Ambassador in China (Gauss) to the Secretary of State (Chungking, September 8, 1944)", *Foreign Relations of the United States: Diplomatic Papers*, 1944 China. p,561.

[2] 参见中共中央文献研究室:《周恩来年谱(1898 ~ 1949)》,中央文献出版社、人民出版社 1998 年版,第 591 页。

[3] 参见毛泽东:《在陕甘宁边区参议会的演说》(1941 年 11 月 6 日)、《论联合政府》(1945 年 4 月 24 日),载《毛泽东选集》(第 3 卷),人民出版社 1991 年版,第 807 ~ 810、第 1046 页。

[4] 参见毛泽东:《新民主主义论》(1940 年 1 月),载《毛泽东选集》(第 2 卷),人民出版社 1991 年版,第 666 ~ 672 页。

必须强调,对于“新民主主义”的信念并非是对历史发展阶段的机械想象。它提出了一种无产阶级平等参与的政治可能性。这种可能性一方面建立在苏联十月革命与中国革命的现实诉求上,另一方面也建立在对平等政治未来的想象上。而两方面的互动则构成了无产阶级政治实践的本身。换句话说,无产阶级对自身平等权利的发现,造就了无产阶级平等政治;而这种平等政治的实践则又反过来,进一步丰富了平等观念的内涵。在这个意义上,平等政治的实践与观念的创造是互为前提也是互为语境的。这种无产阶级政治的觉醒与自主参与,则恰恰构成了中国共产党对于“民主”的一层重要理解。

新民主主义对平等的追求,除了要求“独立”之外,格外强调“自力更生”的重要性。后者也在后来中华人民共和国支持第三世界独立运动、援助亚非拉国家的行动中成为一个重要的指导性原则。在抗日战争的背景下,“自力更生”一方面强调的是如何处理来自“帝国主义集团”的外援问题。[1] 另一方面也包含了中国共产党组织原则中依靠群众的基本工作方针。毛泽东在 1939 年的答记者问中,曾经简要地指出了“自力更生”与“民主”之间的联系。在他看来,只有解决了中国“民主政治”的问题,才能够增强中国“政治上的抵抗力,才能准备军事力量”。这种民主政治是“自力更生的主要内容”。[2] 在抗战的条件下,实现“民主政治”并不一定采用启蒙式的政治教育,而需要在党的领导下,在对敌斗争的实践过程中来获得。随着抗战逐步走向胜利,比起国民党以政令形式自上而下推动的国家改造,中国共产党这种强调“依靠群众”实现国家救亡的民主政治叙事则显得更加有说服力。这一在斗争中获得的民主经验也成为中国共产党在抗战末期主张成立“联合政府”的重要政治自信。中国共产党之所以能够有信心在统一战线斗争中取得支持,一个重要判断便是“我们依靠人民,自力更生解决问题,而国民党却依靠外援,等待胜利”。[3]

自力更生还包含了另一层含义,即在国民经济层面上对工农业现代化与实

---

〔1〕 参见毛泽东:《论政策》(1940 年 12 月 25 日),载《毛泽东选集》(第 2 卷),人民出版社 1991 年版,第 765 页。

〔2〕 毛泽东:《和中央社、扫荡报、新民报三记者的谈话》(1939 年 9 月 16 日),载《毛泽东选集》(第 2 卷),人民出版社 1991 年版,第 588 页。

〔3〕 中共中央文献研究室:《周恩来年谱(1898 ~ 1949)》,中央文献出版社、人民出版社 1998 年版,第 599 页。

现自给自足的追求。在解放区发起的大规模生产运动是达成这种自力更生目的的办法之一。另一手段,则是通过减租减息和劳动互助的方法,提高农业劳动生产效率,提高农民生产积极性。[1] 对国民经济生产自力更生的追求,与对政治独立的追求一样,都在无产阶级获取阶级意识与政治自觉的过程中扮演举足轻重的作用。它构成了中国新民主主义革命中对于国内与国际层面上平等政治理解的重要内涵。

从这个角度出发,再来理解 20 世纪美国总统威尔逊以"自由贸易"为基础提出的世界平等秩序图景时,它便显得脆弱不堪。通过"十四条"(Fourteen Points)所描绘的世界秩序,虽然明确了各国在政治独立意义上的平等权利,以及在这个基础上"平等"参与世界(资本主义)自由贸易的可能,但是我们却发现,这种秩序对第三世界在资本主义世界秩序边缘的不平等地位却漠不关心。这种割裂了政治独立与经济自主双重关系的平等,甚至在 1945 年旧金山联合国成立大会上也有所体现。首先,从制度设计层面,旧金山的联合国成立大会异常突出英国、苏联和美国三强在未来国际关系中的重要作用。这即便是对来自第三世界的政治精英来说,甚至都没有体现出最基本的制度平等关系。新成立的黎巴嫩共和国代表、1948 年联合国《人权宣言》的起草人之一、哲学家查尔斯 · 哈比比 · 马利克(Charles Habib Malik)回忆,1945 年的大会上,有许多小国的代表发现,整个大会的议程由英、美、苏三强单方面协商制定。因此,最初联合国被设计成一个预防和处理未来世界冲突的制度平台。而对诸多来自第三世界国家,特别是拉美国家的代表来说,联合国承载了更为广大的理想化目标。也恰是这批国家的代表,希望将一个超越了国家界限的、普世的人权宣言写进《联合国宪章》。[2]

相较 18 世纪以来西方以民族国家为前提,自上而下进行的国际法秩序建构,第三世界国家对国际法中普遍人权的推动可以被视为具有进步意义的、自下而上式的话语抗争。在文明论基础上建立起的西方国际法秩序,其基础建立

---

〔1〕 参见毛泽东:《必须学会做经济工作》(1945 年 1 月 10 日),载《毛泽东选集》(第 3 卷),人民出版社 1991 年版,第 1016 页。

〔2〕 Mary Ann Glendon, "The Forgotten Crucible: The Latin American Influence on the Universal Human Rights Idea", *Harvard Human Rights Journal* 16, 2003, pp. 27 – 39.

在对文明、半文明与野蛮的精细区分上,其背后是包括人种学与体质人类学等“科学”话语支撑下的文明等级论。[1] 这种对“人”的区分与对可享受权利多寡的界定密切相连,成为一种在西方“理性的”与“合法的”秩序内部,最大的不平等根源。然而,从西方法律的知识话语内部,却无法揭露其“非法”性。也正是在这个认识基础上,一些学者开始尝试跳出西方法律认识论框架,并试图从其“外部”,重新理解在当代世界国际法秩序构造历史进程中,第三世界对霸权秩序的反抗所起到的举足轻重的作用,试图寻找到一种“自下而上的国际法”(international law from below)。[2] 国际法被重新当作一种殖民的机构,其普世性话语本身也终于受到了批判。[3]

在理解了这个语境之后,我们可以发现,以争取独立和自主为目标的反抗行动,是构成世界新秩序的创世时刻。实际上,从1945年4月董必武参加联合国成立大会开始,一直到1971年10月25日,联合国大会通过2758号决议,“恢复中华人民共和国在联合国组织中的合法权利”为止,这将近30年的斗争,恰恰是我们理解当代世界秩序与平等政治未来的重要窗口。

在旧金山联合国成立大会召开前一天,中国共产党召开了第七次全国代表大会。会上,毛泽东做了一个后来题为《论联合政府》的长篇报告,为抗战后的中国政治与世界秩序勾画了一副较为细致的蓝图。报告中强调,中国人民欢迎各国政府和中国“订立平等新约”。但是,毛泽东同时强调,“平等条约的订立,并不就表示中国在实际上已经取得真正的平等地位。这种实际上的真正的平等地位,绝不能单靠外国政府的给予,主要应靠中国人民自己努力争取,而努力之道就是把中国在政治上、经济上、文化上建设成为一个新民主主义的国家,否则便只会有形式上的独立、平等,在实际上是不会有的”。[4] 虽然建立联合政

---

〔1〕 关于这一问题在西方内部的知识脉络,参见刘禾:《国际法的思想谱系:从文野之分到全球统治》,载刘禾主编:《世界秩序与文明等级——全球史研究的新路径》,生活·读书·新知三联书店2016年版,第43~100页。

〔2〕 B. Rajagopal, *International Law from Below: Development, Social Movements, and Third World Resistance*, Cambridge, Cambridge University Press, 2003.

〔3〕 Sundhya Pahuja, *Decolonising International Law: Development, Economic Growth and the Politics of Universality*, Cambridge, Cambridge University Press, 2011.

〔4〕 毛泽东:《论联合政府》(1945年4月24日),载《毛泽东选集》(第3卷),第1086页。

府问题是中国内部政治与国家统一的问题,之前美国对此问题的斡旋也是将其处理为一个国家内部两个政党之间的关系。但是,在这份报告中,我们可以清楚地发现,讨论联合政府问题的基础,是一个对平等观念及其政治的再造。

中华人民共和国自成立之初,便延续了其延安时期对世界秩序的看法,并表达了参与全球平等政治建设的意愿。1949 年 10 月 1 日,刚刚成立的中华人民共和国中央人民政府外交部长周恩来向当时还在北京和南京的各国大使馆与公使馆转交了当日发布的中央人民政府公告。公告最后一句话向世界各国政府宣布:“凡愿遵守平等、互利及互相尊重领土主权等项原则的任何外国政府,本政府均愿与之建立外交关系。”在随公告一同寄送的公函中,周恩来还强调,“中华人民共和国与世界各国建立正常的外交关系是需要的”。第二天的《人民日报》上,全文刊载了公告与公函。同时还配发了一篇题为《不可战胜的人民国家》的社论。社论中强调,“坚决保卫人民国家的利益”,“恢复与发展现有的生产”,“发展新民主主义的人民经济与文化教育事业”,以将一个“落后的农业国”建设成为一个“文明进步的工业国”。社论指出,为了达成这项志业,需要通过“亲密地团结国际友人”,“积极参加世界政治事务”,“增进中国和各国人民的合作”,以求“保卫世界的和平”。[1]

虽然在西方国际法与国际关系叙事中,中华人民共和国经常被描述为一个规则的破坏者。在美国 20 世纪 50 年代的反共宣传中,中华人民共和国也被描述为不愿加入联合国,不愿受联合国现代国际秩序束缚的典范。我们可以很容易地发现这种他者化话语背后的西方中心主义逻辑。倘若我们的批判仅止于此,那么便无法摆脱那种看待中华人民共和国、乃至整个第三世界在“二战”结束后 30 年里进行的平等政治实践时的失败主义悲观情绪。

然而,包括中华人民共和国在内的第三世界对战后新秩序的参与,应当被看作一个以超越 19 世纪霸权秩序为目标的创造性过程,以斗争实践为基础,以自力更生为原则,对世界原有秩序及其平等话语进行创造性再造。如果将联合国视为战后世界秩序重建的标志,那么中华人民共和国在成立之后至 1971 年,就加入联合国这一秩序机构所进行的斗争,则可以被看作这种对世界新秩序创

[1] 《不可战胜的人民国家》,载《人民日报》1949 年 10 月 2 日版。

造性参与的一个绝佳案例。诸如朝鲜战争等在亚非拉地区发生的反帝战争,是第三世界以武装斗争的形式对"联合国"内部不平等机制作出的直接抗争。这种斗争并不意味着要将原有战后国际体系全盘推倒,而是希望通过抗争来维护其平等政治精神,并试图改造其内部机制,以期更好地实践战后新世界构想中对国际事务民主化的理想。因此,即便在经历过朝鲜战争之后,毛泽东也未对联合国表示失望,相反,他认为,中华人民共和国"不仅要进入联合国大会,而且要进入安全理事会和其他组织"。但前提是需要世界承认"一个中国",需要"以平等之心待我"。因此,中华人民共和国"不着急去加入联合国",便是一个必要的争取平等的自觉斗争。[1] 在他看来,"美国操纵联合国的多数票和控制世界很多地方的局面只是暂时的",而通过世界人民的团结努力,这种局面"总有一天要起变化的"。[2] 在这之后,毛泽东也在多个场合批判美国不经联合国便出兵干涉中东地区民族独立运动的问题。在他看来,恰是美国这种对《联合国宪章》霸权式的践踏,以及第三世界国家对霸权自觉的反抗,为一个新世界平等秩序创造了可能性。

四、以斗争"保卫"和平与平等

再来审视《联合国宪章》中对于战争问题的态度。第二次世界大战结束之后,联合国成立的基础之一是将战争行为从国家转移到了国际社会监管之下。从这个意义上来说,战争不再是国家的自然权利。1945 年的《联合国宪章》第 51 条认为,只有针对侵略行为而进行的"单独或集体自卫"行为,才可被看作一种"自然权利"不受禁止。而这种战争行为的唯一目的,只可能是"维持或恢复国际和平及安全"。[3] 这一规定,构成了现代国际法中正义战争(*jus bellum*

---

〔1〕 参见中共中央文献研究室:《毛泽东年谱(1949~1976)》(第 3 卷),中央文献出版社 2013 年版,第 5 页。

〔2〕 中共中央文献研究室:《毛泽东年谱(1949~1976)》(第 3 卷),中央文献出版社 2013 年版,第 151 页。

〔3〕 "Charter of the United Nations:Chapter VII:Action with Respect to Threats to the Peace,Breaches of the Peace and Acts of Aggression",https://www.un.org/en/documents/charter/chapter7.shtml,2018 年 10 月 7 日访问。

iustum)理论的重要基础。从拿破仑战争时期开始,随着国际秩序变迁,在欧洲战争法体系中发展出来的正义战争理论便经历了多次演变。从法理上讲,《联合国宪章》中这一条款,将除自卫之外的一切战争行为划为非法。此外,《联合国宪章》规定,所有成员国在行使"自卫权"后,有责任向安理会通报。然而,这一对于战争行为合法性的模糊定义,不但并未能很好地维持第二次世界大战之后第三世界国家中的和平局面。甚至在面对法国这样处在"二战"胜利一方的殖民宗主国武装镇压其旧殖民地独立运动时,新成立的联合国却只能在不干涉内政的前提下选择视而不见。

在广大第三世界中,平等秩序并未随着大国协商、联合国成立等一系列自上而下的立法行动而到来。相反,自 1945 年以来,各种烈度的战争却在亚非拉地区此起彼伏。从 1945 年的中国解放战争和印度尼西亚独立战争,到 1948 年的第一次中东战争,再到 1950 年的朝鲜战争、1955 年开始的越南战争,以及 1956 年的第二次中东战争,短短十年间数次大规模局部战争的出现与大国对这类此起彼伏战争的干涉,根本无法在一个"美苏对抗"的框架内以"代理人战争"(proxy war)概而论之。甚至如果仅将这类战争理解为代理人战争,那么这类被视为"争霸"性质的战争甚至还无可避免地对战后世界平等秩序理想形成了挑战。然而倘若从第三世界反抗的角度出发,重新去发现在这类斗争背后的政治诉求,我们便可以发现,恰恰是在这一系列寻求民族独立与反抗新旧霸权的"热战"中,《联合国宪章》中所勾画出的平等规则才在广大的非西方世界得以真正确立。也正是在这类战争中,"正义战争"的内涵才得到充实并获得其普遍性。包括战争在内,一系列自下而上的斗争行动才在真正意义上开启了 20 世纪普遍的平等秩序实践。

虽然《联合国宪章》规定了除反侵略战争之外的一切战争均为非法,但是这一原则无法界定在国家诞生历程中出现的战争行为,也无法处理在军事同盟庇护下一国对另一国进行的武装干涉。以 1950 年的朝鲜战争为例,《联合国宪章》中对于战争行为的限制实际上并未发生任何效力。相比之下,正在经历共产主义革命的中国则提出了"解放战争"的概念。与《联合国宪章》中对于战争行为的自然法式的判断不同,中国在使用"解放战争"这一观念的时候,更注重其在实践中的实证主义判断。

1950年6月25日朝鲜时间凌晨4时40分,朝鲜人民军开始向大韩民国发起全面进攻,朝鲜战争爆发。虽然从美苏争霸的角度出发,南北两个朝鲜作为战后秩序的既成事实,无疑可以被看作两个独立的主权国家。然而,从整体的20世纪民族独立与反霸权历史来看,朝鲜战争则毫无疑问是一个朝鲜寻求民族统一独立,并且抵抗外国侵略占领的叙事。〔1〕 就在战争爆发约8小时后,美国驻韩国大使约翰·穆乔(John. J)向美国国内发回电报,通报战争爆发。由于美国东部与朝鲜半岛有14小时的时差,因此电报送达美国时间已是美国东部标准时间晚上10时26分。此消息由时任国务卿的迪安·艾奇逊(Dean Acheson)通报了杜鲁门(Truman)总统与联合国。6月25日美国东部时间下午2时,联合国安理会召开473次会议,并通过著名的82号决议,要求北朝鲜军队撤回北纬38度线以北。〔2〕 此决议并未表示需要向联合国成员国寻求军事协助,以帮助朝鲜半岛恢复和平。同日,根据解密后的美军华盛顿国防部陆军部与驻日美军的电话讨论记录,6月25日早晨国防部的内部讨论中,便已经开始讨论针对朝鲜军事行动的具体操作步骤。电话记录中表示,授权美国远东司令部(CINCFE)向韩国提供军事装备援助,并紧急将美军在韩的所有军事活动划归远东司令部管辖。记录中明确表示,在联合国安理会决议要求成员国干涉朝鲜战争之前,就要做好一切军事干预的准备工作,并立刻将韩国纳入远东司令部海空保护范畴之内。〔3〕 在这份记录中透露的另外一个重要信息,是美国驻韩大使穆乔向驻日美军发电要求提供F-51战斗机以及炮兵援助。根据驻日美军的回复,战争开始时他们便派第八军向韩国提供了一批榴弹炮及迫击炮弹。这批军火可维持十日,而后续的军火援助则会在这批弹药消耗完之前运抵。驻

---

〔1〕 布鲁斯·康明思(Bruce Commings)将这场战争视为一个日美先后两场殖民的后果。在《朝鲜战争:一段历史》一书中,康明思很详细地描述了从1945年开始,美国在北纬38度线以南进行的旨在培植亲美政府的一系列文化、军事与政治工作。这本质上与旧殖民帝国的殖民化统治毫无差别,参见Bruce Cumings, *The Korean War: A History*, New York, Modern Library, 2010, pp. 121-160。

〔2〕 UN Security Council, Resolution 82 (1950) of 25 June 1950, 25 June 1950, S/RES/82 (1950), available at http://www.refworld.org/docid/3b00f15960.html. 决议原件影印本可以参见 http://www.trumanlibrary.org/whistlestop/study_collections/korea/large/documents/pdfs/ki-17-4.pdf#zoom=100, 2018年10月25日访问。

〔3〕 解密文档参见 http://www.trumanlibrary.org/whistlestop/study_collections/korea/large/documents/pdfs/ki-21-12.pdf#zoom=100, 2018年9月26日访问。

日美军在会谈结束前向华盛顿表示:欢迎加入这场战争。

1950 年 6 月 26 日,美国总统杜鲁门向全国发表讲话,讲话中认定,“远东的情形”是对大韩民国“无缘无故的侵略”。他同时表示,美国会不遗余力地帮助韩国,在《联合国宪章》的精神下,维护世界和平。[1] 26 日晚,杜鲁门在布莱尔宫(Blair House)参加了由国务卿、国防部长及参谋长联席会议组成的讨论会。会议作出四项重要军事决定:(1)美国空军与海军力量全面介入协助韩国军队;(2)命令第七舰队戒备,防止中国武力收复台湾;(3)向菲律宾增兵;(4)援助印度支那。[2] 而事实上,联合国直到美国东部时间 6 月 27 日才通过 83 号决议,“建议联合国成员国援助韩国,抵抗武装侵略,重塑国际和平”。[3] 而杜鲁门政府针对韩国的军事行动,则在朝鲜战争爆发的当天便开始了。这一系列军事行动,不仅未在联合国安理会法律框架之内,同时也未得到美国国会授权。[4] 针对朝鲜问题的军事干预直到 1950 年 7 月 7 日,才由联合国第 84 号决议正式授权美国。[5] 因此,如果按照当时《联合国宪章》对战争行为合法性的规定来看,美军在朝鲜的军事行动并不具有国际法基础。此举同时也对新成立不久的联合国及其所代表的国际法秩序提出了挑战。

在朝鲜战争问题上,除了美国明显违反《联合国宪章》的行为之外,还显露出了一些其他重要情况。解放后的中华人民共和国并不是联合国的成员。在联合国针对朝鲜战争作出的各项决议中,作为后来的重要参战国的中华人民共和国的缺席,毫无疑问违背了联合国所代表的以平等协商方式处理国际争端的秩序模式。同时,在对朝鲜战争作出决议的时候,重要成员国苏联也并未参加

---

〔1〕 Harry S. Truman, “Statement by the President on the Violation of the 38th Parallel in Korea”, June 26, 1950, Online by Gerhard Peters and John T. Woolley, The American Presidency Project, http://www.presidency.ucsb.edu/ws/? pid = 13537, 2018 年 9 月 26 日访问。

〔2〕 会议讨论记录稿原件参见 http://www.trumanlibrary.org/whistlestop/study_collections/korea/large/documents/pdfs/ki - 2 - 2.pdf#zoom = 100, 2018 年 9 月 26 日访问。

〔3〕 决议原文参见 http://www.refworld.org/cgi-bin/texis/vtx/rwmain? page = search&docid = 3b00f20a2c&skip = 0&query = resolution% 2083&coi = KOR, 2018 年 9 月 26 日访问。

〔4〕 Louis Fisher, “The Korean War: On What Legal Basis did Truman Act?”, *American Journal of International Law*, vol. 89: 21, January, 1995, pp. 21 - 39.

〔5〕 UN Security Council, Resolution 84 (1950) of 7 July 1950, 7 July 1950, S/RES/84 (1950), available at http://www.refworld.org/docid/3b00f1e85c.html, 2018 年 9 月 26 日访问。

表决。联合国成立初期所面对的这种尴尬情况,恰恰表明了在“二战”结束之后的冷战初期,新的国际秩序形成中的不确定性。简单地以《联合国宪章》中规定的“正义战争”原则,无法真正解释包括朝鲜战争在内的一系列冷战时期的区域战争对当下国际秩序形成所造成的重要影响。

中国针对朝鲜战争的军事行动,则是建立在对于“解放战争”的合法性论证基础上的。毛泽东在 1950 年 12 月 3 日的《人民日报》上刊发的《坚决站在抗美援朝保家卫国的爱国立场上》一文中强调,参与朝鲜战争的根本意义是“爱国”。能够将一场境外战争与爱国相联系,得益于中国革命政治话语中对于反对帝国主义压迫的论述。毛泽东认为,中国革命的意义在于反抗帝国主义、封建主义和官僚买办资本主义。毛泽东不断强调,这三种力量形成的政治压迫,都不能单纯在民族国家范畴内理解。与斯大林式的大俄罗斯沙文主义立场不同,毛泽东建立在其实践哲学基础上的对于矛盾关系的分析,是理解中国革命“世界性”的基础。当代针对朝鲜战争的研究出现了一种新倾向,即希望通过各类解密材料去讨论中国参与战争是出于主动还是被苏联拖入。然而,这类讨论忽略了一个重要事实,即中国在参战之后,立刻提出了一系列政治话语,在对内与对外的表述中,都主动且明确地将朝鲜战争表述为“抗美援朝”,并将其同中国革命历史叙述及国内社会建设密切结合。在毛泽东看来,朝鲜战场是中国革命中反对帝国主义因素的延伸。两者共同具有反对帝国主义的目标,都是世界性的。因此,志愿军在朝鲜的行动,尤其是对“朝鲜人民”的态度,应当与“我们在国内的看法和做法一样”。这一群众路线,实际上是“胜利的政治基础”。[1]

五、超越民族中心主义的平等叙事

20 世纪 50 年代的民族独立运动及其战争将美国“钉在桩子上”。[2] 发生在亚非拉国家的民族解放运动能够得到中国的积极支持,与其说是共产主义世

〔1〕 毛泽东:《志愿军要爱护朝鲜的一山一水一草一木》,载《毛泽东文集》(第 6 卷),人民出版社 1999 年版,第 130 页。

〔2〕 毛泽东:《同拉丁美洲一些国家共产党领导人的谈话》,载《毛泽东文集》(第 8 卷),人民出版社 1999 年版,第 17 页。

界革命理论的体现,不如说是中国革命与抗战过程中对反霸权主义斗争策略认识的结果。同时,反对霸权主义也为发生在全球的“解放战争”提供了具有合法性的政治话语。直至 1960 年 12 月 14 日,联合国大会上正式以 1514 号决议,从当代国际法的角度,给予了殖民地人民独立运动斗争以合法地位。在《世界人权宣言》中,承认殖民地人民争取自由的行动是一项“基本人权”。这一在当代国际法秩序形成过程中的斗争是在第三世界展开的。然而,这一历史过程却被当代冷战史叙述所忽略。

作为广泛的 20 世纪第三世界反霸权运动的一部分,朝鲜战争的独特性之一是它第一次将民族独立的对抗与国际主义的团结在实践意义上联合了起来。革命后的中国在政治理想上,试图打破以民族国家利益为中心的现实主义权力政治话语。在 1950 年中央人民政府委员会第九次会议上针对朝鲜战争问题发表的讲话中,毛泽东明确表示,“中国革命是带有世界性质的”,而“朝鲜战争是第二次教育了世界人民”。[1] 在毛泽东的表述里,这种战争的“教育意义”需要被放在一个更广大的“解放”脉络中理解。一个是发生在中国境内的社会主义革命与解放战争,另一个是跨出国境援助他国的独立战争。两者之间形成的辩证联系则能够帮助我们进一步理解中华人民共和国在建设世界平等秩序前提下进行的外交尝试。这种在第三世界国际主义精神下进行的努力,一方面,从现实主义政治角度出发,在多方制裁的环境下,寻求突破口,并拱卫中华人民共和国独立地位。另一方面,则是以政治行动与政治宣言的形式,勾勒新世界的平等秩序理想。而实现这种平等地位与理想的最大前提,则是主动地、自发地“靠自己的双手去克服困难”,而非期待“观音菩萨”一般,那种外来的、自上而下式的“救命”。[2] 这种态度,实际上构成了中华人民共和国针对第三世界解放运动态度最核心的一个立场,即通向平等的唯一“道路”是第三世界国家自发进行的,以“独立自主、自力更生”为目标的解放运动。

在“第三世界”这一政治范畴里,针对帝国主义霸权压迫的斗争模式多种多

---

〔1〕 毛泽东:《朝鲜战局和我们的方针》,载《毛泽东文集》(第 6 卷),人民出版社 1999 年版,第 92 ~ 94 页。

〔2〕 毛泽东:《朝鲜战局和我们的方针》,载《毛泽东文集》(第 6 卷),人民出版社 1999 年版,第 92 页。

样。同时,霸权主义的表现形式也常有不同。而在传统的以美苏争霸为重心的冷战叙述中,第三世界反霸权斗争的政治意义无法得到展开。同时,中国革命的意义与20世纪后半叶第三世界国家反霸权斗争的关系也并未得到深入讨论。事实上,"二战"之后美苏对抗的冷战格局的形成,还伴随着欧洲殖民主义世界秩序的消退,以及亚非拉第三世界国家民族独立运动兴起。在这个过程中,革命之后的中国逐渐探索出了一套对第三世界国家反抗运动的政治叙述。

自中国人民志愿军入朝以来,朝鲜战争便一直在反帝的背景下,被看作与中国革命政治叙述中的一部分,其目的是以战争的手段与世界帝国主义压迫的现状进行斗争,以谋求和平为结果。反帝的使命在第三世界的斗争中不断展开。在之后对伊拉克革命的支持中,这条反帝斗争的世界性链条则体现得更为明显。这一观点,在中华人民共和国20世纪50年代的外交话语中也得到充分体现。在同尼赫鲁讨论中印关系的谈话中,毛泽东强调,两次世界大战一方面造就了美国的帝国主义,另一方面也使一批亚洲及非洲国家脱离殖民主义影响,成就了一批以共产主义或民族主义政党领导的国家革命。[1] 在毛泽东看来,由于帝国主义的压力是全球性的,因此针对这种压迫的反抗斗争也是全球性的。战争本身仅仅是斗争的手段之一。脱离了这个背景去谈论战争的正义性并无意义。朝鲜战争时,美国干涉行为虽然在其法理上违反了《联合国宪章》规定的正义战争原则。然而,其干涉行为却很快获得了联合国决议的背书。这便对《联合国宪章》中对于战争正义性问题的抽象判定提出了挑战。杜鲁门在讲话中强调,美国干涉的基础是由于朝鲜军队的行为是一种"侵略"(aggression)。因此,援助韩国则是"基于联合国框架下的警察行动"。[2] 针对这种干涉主义倾向,1953年提出的和平共处五项原则,实际上便很快被用来当作一种在世界范畴内与帝国主义干涉政策相对抗的斗争话语。[3]

---

〔1〕 参见毛泽东:《同印度总理尼赫鲁的四次谈话》,载《毛泽东文集》(第6卷),人民出版社1999年版,第361~373页。

〔2〕 Harry S. Truman, "The President's News Conference", June 29, 1950, Online by Gerhard Peters and John T. Woolley, the American Presidency Project, http://www.presidency.ucsb.edu/ws/? pid = 13544, 2018年9月26日访问。

〔3〕 毛泽东:《在苏联最高苏维埃庆祝十月革命四十周年上的讲话》,载《毛泽东文集》(第7卷),人民出版社1999年版,第312~320页。

20 世纪 50 年代中国所提出的“独立自主”原则需要被放在两个互相关联的背景中去考察。首先,是中国革命的历史与政治经验,即所谓中国“革命传统”的世界史与政治史意义问题。在这其中,包含了对于所谓“人民战争”及社会矛盾关系的认识。其次,是从 19 世纪到 20 世纪全球秩序变迁中的权力结构与意识形态关系的背景。在这个框架下,我们需要梳理“反帝”及“反殖民”话语在世界不同地区的差异性政治表现。借此,我们才能深入理解 20 世纪,特别是中华人民共和国成立后,政治话语中的“霸权主义”“帝国主义”“民族独立”“解放”“社会主义革命”这些关键概念在现代国际政治中的意义。

周恩来在万隆会议上的发言中强调亚非拉国家的共同政治基础,主要是这些国家近代以来“曾经受过、并且正在受着殖民主义所造成的灾难和痛苦”。在 20 世纪 50 年代美苏对抗的政治语境中,中国格外强调对于社会制度差异性的认同,而这种认同的基础是一个矛盾关系的判断。这一判断强调,共产主义与民族主义国家政权均是各个国家在反抗殖民主义、帝国主义压迫过程中产生的不同政治回应方式。

除了战争之外,斗争还包括一切谋求民族独立的“解放运动”、“和平运动”以及“正义斗争”。[1] 在这个标准下,不单单是朝鲜战争,还包括中国对 1956 年埃及政府收回苏伊士运河公司行动的支持,都可以被放在这个斗争矛盾关系中去理解。这一系列斗争形式均不以意识形态阵营为标准,而是一个以反帝为目标的包含了“世界劳动人民”的统一战线。[2] 这一点,在中国针对阿拉伯及非洲国家民族独立运动的立场上有明确表现。在 1959 年会见喀麦隆人民联盟代表的讲话中,毛泽东明确表示,“非洲当前的任务是反对帝国主义,不是反对资本主义”。在毛泽东看来,发生在亚洲、非洲、拉丁美洲的运动实际上是资产阶级民主革命。因此,应当被看作“民族解放运动”而非“社会主义革命”。这种力量被看作能够支持所有“社会主义国家”的国际力量。[3] 这种民族解放运

---

〔1〕 毛泽东:《中国共产党第八次全国代表大会开幕词》,载《毛泽东文集》(第 7 卷),人民出版社 1999 年版,第 114 ~ 118 页。

〔2〕 参见毛泽东:《同拉丁美洲一些国家共产党领导人的谈话》,载《毛泽东文集》(第 7 卷),人民出版社 1999 年版,第 16 ~ 25 页。

〔3〕 参见毛泽东:《非洲当前的任务是反对帝国主义,不是反对资本主义》,载《毛泽东文集》(第 8 卷),人民出版社 1999 年版,第 7 ~ 8 页。

动是要依靠“自己的力量”,并同时要在世界上“找朋友”。在这一点上,也能找到中国革命斗争经验中对于统一战线问题认识的影子。

在毛泽东的政治话语中,“历史环境”是一个讨论政治关系的重要基础。而存在于不同“历史环境”中不断变化的事物矛盾关系,则直接影响现实政治决断。理解“历史环境”及“矛盾关系”,并在此基础上理解“什么是人民,什么是敌人”则是政治活动的根本观念。毛泽东认为,这种政治活动中存在两种根本性的矛盾,即“对抗性的矛盾”与“非对抗性的矛盾”。前者发生于“敌我之间”,后者则发生在“人民内部”。两种矛盾关系也能互相转换。同时,对于矛盾关系的分析不仅局限于国家内部,也应当延伸到对于国际问题的理解上。所以,人民这一政治范畴也是普遍性的,它灵活地勾勒出了反帝这一主要矛盾里的敌我关系。而判定这种敌我关系,赋予“人民”的范畴以灵活性,且不失其道义普遍性的根基则在于对“祖国的前途、人类的理想”之关心。[1]

在这一政治理想基础上所展开的反霸权主义的斗争不能简单地被划分到冷战时期意识形态阵营的范畴内。“阵营”一词的使用,在冷战时期的政治话语中是具有战略意义的。在美国战略情报分析文件中,这一词语指代现实政治的共同体。连接这一共同体的基础可以是意识形态,但更重要的是在军事强权防御伞下所覆盖的权力范畴。近年来,颇受一些国内冷战史研究者推崇的是一批2004年美国国家情报委员会(National Intelligence Council, NIC)解密的分析报告。在这批电子化并在网上公开的材料中,辟有专门的NIC中国问题分析报告(NIC China Collection: http://www.foia.cia.gov/collection/china-collection)。报告涵盖时间跨度从1948年至1976年。这部分材料得到中国冷战史研究者的关注最多,也有学者组织将其翻译为中文。以这部分材料为基础的研究,多集中于对中美关系史的讨论。其中,早在档案解密之前的2003年,曾在克林顿总统任内担任过白宫国家安全委员会亚洲事务局主任的苏葆立(Robert L. Suettinger)便以NIC的材料为基础,出版了一本讨论1989年至2000年中美关系的著作。出版机构是华府著名保守派智囊布鲁金斯学院(Brookings Institution)。

---

〔1〕 参见毛泽东:《关于正确处理人民内部矛盾的问题》,载《毛泽东文集》(第8卷),人民出版社1999年版,第204~244页。

中央情报局公布的档案材料中,另一部分与中国问题相关的材料是《冷战时期关键目标分析:苏联与中国政策与决策研究,1953 ~ 1973》(Cold War Era Hard Target Analysis of Soviet and Chinese Policy and Decision Making,1953 – 1973)。这部分材料包括长篇的研究报告草稿及非正式的情报参考资料。其档案索引代号为"CAESAR""POLO""ESAU"。冷战期间,美国中央情报局下属当代情报研究室(Office of Current Intelligence,OCI)在 1952 年便专门立项,研究苏联共产主义世界领导结构。项目代号为"CAESAR"。1956 年,在当代情报研究室主任雷·克林奈(Ray Cline)的治下,OCI 成立了一个专门研究中苏关系的情报小组(Sino-Soviet Studies Group)。这一小组延续了"CAESAR"项目的工作,并进一步成立两个专门研究项目:专门研究中国共产党领导结构及政策("POLO",1956 年成立)以及中苏关系("ESAU",1959 年成立)。现存最早的"POLO"计划研究成果包括《中国共产党中央机构的演变 1921 ~ 1958》(Evolution of the Central Organs of the Chinese Communist Party,1921 – 1958)以及"中国共产党与知识分子"(Chinese Communist Party and the Intellectuals)。这两份材料并未包括在中央情报局网上公开的档案之列。"POLO"计划中现在所公布的最早的材料为 1961 年关于毛泽东与历史唯物主义的 4 份研究。

这批材料反映了一个有趣的现象,即早在冷战开始时期,亦即通常被看作中苏关系蜜月时期的 20 世纪 50 年代初,美国情报机构针对中苏关系及中国政治状况的分析报告中,便很清楚地将中国与苏联视为两个独立的力量体,而非是同一"阵营"中的两个成员。而 1956 年"POLO"项目的建立,则更是体现了在美国情报体系中,从现实主义出发,对于中国作为独立政治力量的实际认可。一份 1951 年 1 月的报告指出,中国共产党人"显然在与苏联协调政策"并且"密切合作"。报告认为,中国与苏联在此刻的合作是出于"共同利益",其目的是"共同保卫两个政权的安全",同时也希望"合作清除西方在亚洲的影响"。[1] 朝鲜战争结束之后,另一份报告更加强调,中苏合作的基础是经济与军事协作。报告指出,如果苏联"干涉中国内政",或者"试图控制"中国共产党、警察及武装力量,则这种合作关系会被削弱。报告认为,中国国家利益与苏联彻底的帝

---

〔1〕 NIE – 10,January 17,1952,p. 2.

国主义政策与战略之间存在多种潜在危机。从长远看来，两者冲突不可避免。因此两者之间也不大可能联合起来，针对所谓的共同敌人进行任何军事行动。[1] 在美国情报报告中，中国一直被看作一支会对西方在亚洲的影响产生挑战的力量，特别是会对受西方支持的印度和日本成为亚洲领袖力量的野心提出挑战。[2]

1957 年，毛泽东在斯大林去世赫鲁晓夫发表著名的苏共二十大秘密讲话之后又一次访问苏联，期间发表了几次公开讲话，其中提到与苏联的密切友谊关系。毛泽东将这一关系描述为："我们同苏联和整个社会主义阵营共命运，同呼吸。"同时，他将"以苏联为首的社会主义各国的团结"看作"一切社会主义国家的神圣的国际义务"。[3] 在这次访问之后，中央情报局的报告中，便出现了将中国放在社会主义"阵营"中分析的倾向。但是，这时期的报告同样继续强调存在于中苏之间的较量。只是这种较量开始被看作一种苏联彻底否定斯大林以及出现波匈事件之后，社会主义阵营内出现的争夺领导地位的表现。1958 年的一份报告称，共产主义中国会同苏联紧密站在一起，也会承认苏联在全球共产主义运动中的领导地位。但是，随着其力量与地位的崛起，中国也许会在这一阵营中扮演更重要的角色。[4] 1958 年 5 月的这份报告称，中苏之间的联系基于共同的目标，以及中国对于苏联军事和经济力量的依赖。这与几年前的同类报告的观点并无太大差异。但是此外，这份报告还提到，两者的结盟还基于"共同的意识形态"，以及认同"阵营团结是迎击共同敌人的根本条件"。报告几乎是转述了毛泽东在莫斯科的讲话，使用了"团结"一词，并称"团结是清除西方，特别是美国在亚洲和非洲影响的关键"。[5]

对于今天的研究者来说，毛泽东与莫斯科的复杂关系，特别是与斯大林之间的"恩恩怨怨"却成了研究的重点。完全忽略了反帝这一建设新世界秩序的理想，在当时的历史环境下对中苏关系以及世界共产主义运动所产生的重要作

---

〔1〕 NIE 13 – 54, June 3, 1954, p. 2.

〔2〕 NIE 13 – 54, June 3, 1954, p. 7.

〔3〕 毛泽东：《在苏联最高苏维埃庆祝十月革命四十周年会上的讲话》，载《毛泽东文集》（第 7 卷），人民出版社 1999 年版，第 318 页。

〔4〕 NIE 13 – 58, May 13, 1958, p. 3.

〔5〕 NIE 13 – 58, May 13, 1958, p. 27.

用。1956年,毛泽东对参加中国共产党第八次全国代表大会的南斯拉夫共产主义者联盟代表发表讲话,他便明确提到:对斯大林"感情上说对他就不怎么样",认为他"站在别人的头上发号施令";而其第一次访苏时发表的文章,"不是出于内心意愿,而是出于需要"。[1] 对苏联的态度,代表了中国当时一种国际主义的意识形态认同,但并不代表在这一认同中,可以完全忽略国家个体的能动作用。毛泽东在莫斯科共产党和工人党代表会议上的讲话便能最直接地体现这一关系。中国对于阵营的态度来自所谓"团结一切可以团结的力量"这一战略思想。但是,阵营内部之间的关系,仍旧是受到矛盾关系和历史背景的制约。任何一种形式的霸权主义,无论是来自帝国主义还是来自苏联式的大国沙文主义,均是要斗争的对象。毛泽东在20世纪70年代成形的"三个世界"理论,将美国与苏联同划归为第一世界,便是这种对于霸权主义政治问题认识的体现。这一态度很大程度上基于中国对于世界革命及国际权利关系结构变化的战略性判断,其政治基础是中国革命中诞生的对于民族革命与国际主义关系的总结。

六、结　语

中华人民共和国在其政治实践过程中,形成了一整套的对于"世界和平"这一世界秩序重要问题的复杂理解。与苏联赫鲁晓夫时期在美苏战略平衡角度上所提出的"三和路线"不同,中华人民共和国在平等秩序框架下所推动的和平运动,其前提是在国际范围内,以大国与小国之间的平等为目标的和平秩序。因此,那种在以霸权为前提的两极体系中出现的"缓和"状态,则绝非是中华人民共和国所希望看到的新世界秩序。中华人民共和国对"和平"的理解,需要从其对战争,特别是广大第三世界独立解放进程中出现的战争的态度中去探求。

1960年6月21日,日本反战作家野间宏带领的一个日本民间文学家代表团在上海受到了毛泽东和周恩来的接见。会面时讨论的一个重要话题是1960

[1] 毛泽东:《吸取历史教训,反对大国沙文主义》,载《毛泽东文集》(第7卷),人民出版社1999年版,第126页。

年 1 月 19 日在华盛顿签订的《美日安保条约》。条约规定,若在日本管制领土上出现军事攻击,美日双方则将相互协助。并且,“美利坚合众国的陆军、空军和海军被允许使用日本的设施和地区”。[1] 条约草签之后,日本国内哗然,左派反对党领导下的抗议运动此起彼伏。毛泽东在会见时,将这场抗议运动表述为一场“要求民族独立和民主”的反帝运动,对“中国人民和世界人民反对美帝国主义侵略,维护世界和平的斗争”有重大贡献。[2] 在随后新华社发表的新闻通讯稿中,毛泽东还特别加写一段,将在抗议运动中牺牲的东京大学学生桦美智子称为“日本民族英雄”。[3]

在这次会见中,毛泽东谈到对抗日战争的认识问题。他提到,“假如日本不占领大半个中国,中国人民不会觉醒起来”。因此,在这一点上,“我们要‘感谢’日本‘皇军’”。[4] 这种对战争的表述与先前毛泽东提出的朝鲜战争对世界人民具有“教育意义”这一表述异曲同工。体现了战争在第三世界人民“争取和平”的历史进程中,所扮演的政治调动与整合作用。然而,这一表述后来被许多人断章取义地用来重述抗日战争的历史,将一场超越了宗派、民族、党派,甚至国界的反法西斯战争,简单化为一场党派斗争的附属品。而在这场战争中具有重要战略与政治价值的“抗日民族统一战线”,则在这种历史虚无主义与庸俗实用主义的视野下,沦落成为一种党争的工具。

但是,如果我们将毛泽东对抗日战争的这一表述放在支持日本人民反抗《美日安保条约》的背景下来看,便能发现其背后所体现的对世界政治格局的判断,以及在此基础上建立起的国际主义理想。这一政治理想的基础源于一种在民族解放运动进程中产生的对“民族”概念的全新理解,也基于毛泽东对于战争

〔1〕 Article VI,“Treaty of Mutual Cooperation and Security between Japan and the United States of America”,Database of Japanese Politics and International Relations,Institute of Oriental Culture,University of Tokyo,http://www.ioc.u-tokyo.ac.jp/~worldjpn/documents/texts/docs/19600119.T1E.html,2018 年 9 月 26 日访问。

〔2〕 参见《毛主席在接见日本文学家代表团时的重要谈话》,载《人民日报》1960 年 6 月 25 日版。

〔3〕 参见中共中央文献研究室:《毛泽东年谱(1949~1976)》(第 4 卷),中央文献出版社 2013 年版,第 425 页。

〔4〕 毛泽东:《美帝国主义是中日两国人民的共同敌人》,载《毛泽东外交文选》,中央文献出版社 1994 年版,第 438 页。

与和平关系的辩证叙述。这在1938年的《论持久战》中,毛泽东便有明确表述,在他看来,“占着五万万以上人口的中日两国之间的战争,在这个战争中将占着重要的地位,中华民族的解放将从这个战争中得来。将来的被解放了的新中国,是和将来的被解放了的新世界不能分离的。因此,我们的抗日战争包含着为争取永久和平而战的性质”。

从1938年的《论持久战》中对中国解放与新世界秩序关系的论述,到1960年“感谢”日本入侵对唤醒中国人民的作用,我们实际上可以看到一种在中国革命进程中形成并连续发展的国际主义以及永久和平的政治理想。这种政治理想超越了欧洲历史背景下形成的“民族主义”以及康德式的“自由和平”观念,也作出了完全不同于西方战争法体系下对“正义战争”的理解。在承认了由于社会经济发展阶段不同而形成的民族差异的基础上,希望通过个体、阶级、民族、国家之间辩证法式的互动(用毛泽东的话来说,便是“斗争”)来达到一种最终的解放。理解这种复杂的关系,便需要将“抗日战争”放在一个更广阔的中国革命历史现场中去进一步理解。毛泽东一直强调,中国革命这场民族解放运动,与世界革命是密不可分的。它一方面受到世界革命导致的政治变动的影响,另一方面也作为世界人民解放运动的有机组成部分,直接推动了世界革命的发展。脱离了世界人民解放这一政治理想便无法谈论民族解放运动。这种对战争行为正义性的判断,超越了简单的主权国家范畴,将战争行为看作一种斗争的形式,其历史意义与其反压迫的政治性质密切相关。在毛泽东看来,“正义战争”必须建立在反帝国主义、反压迫的平等目标上。从战争中得到的“解放”是和平的基础,并且这种在一个民族内进行的解放运动,也必须同世界范围内的解放运动相联系。这种在各个“民族”内自生的解放运动是世界人民解放的基础。

同时,这种解放运动无法遵循一种统一的指导模式,自上而下地展开。只能在承认了民族内部社会经济发展阶段差异的基础上,自下而上地进行。并且民族解放运动的斗争形式也是随着斗争本身而不断变化的。在1937年抗日民族统一战线形成之前,毛泽东便强调,1924年至1927年的民主革命任务并未成功,因此1927年之后的革命仍旧具有资产阶级民主主义革命性质。其主要任务仍旧是“反帝反封建”。而随着日本帝国主义对中国的军事入侵,在中国内部对“帝国主义”这种压迫性秩序的斗争已经产生了现实变化。其重要的表现,便是撕裂了民族资产阶级,使之分裂为反对日本侵略与投降日本侵略的两个阵营。这一变化,也进一步改变了中国内部各个阶级之间的关系,使联合中国民族资产阶级的抗日民族统一战线成为可能。这一统一战线,不仅包括了各个阶级的联合,也包含了中国境内各个民族的联合,以及来自“国际人民的援助”。毛泽东强调,也正是在这种广泛的互助联合下,才真正体现出了反压迫战争本身的正义性质。在这个意义上,无论是在抗日战争时期,苏联对中国人民对抗“日本帝国主义”的支持,还是在 1960 年,中华人民共和国对日本人民对抗“美国帝国主义”的支持,都必须在一个更加普遍的世界解放运动脉络下理解。由抗日战争带来的中国人民的联合,以及由支持世界各国人民解放运动而形成的“世界人民大团结”,则都是在这种反抗压迫的政治运动中才得以产生。

“主权者—国家”视野下规范法学的正确定位*

董静姝**

内容摘要:长久以来,围绕奥地利学者凯尔森规范法学的争论都将之限定在(分析实证主义)法学内部展开,然而,如果将之放置在政治学—法学的大框架中作出重新解读,将会对该理论作出更恰切的定位,而该理论的价值也将得到更大程度的释放。当我们审视西方政治法律思想中主权者—国家和例外状态—法律状态这一经典的双元结构时,对规范法学理论脉络的梳理将清晰起来。尽管存在一些缺陷,但规范法学对现代法治国家中的“规范政治”或“规则政治”实践提供了宝贵的理论资源。

关键词:规范法学　主权者　国家　例外状态　法律状态　政治　法律

奥地利学者汉斯·凯尔森(Hans Kelsen)的纯粹法学(pure theory of law)——因为将法律界定为规范(集合),并对规范作出了细致的解剖,因而又被称作规范法学——被认为是分析实证主义法学中一颗耀眼的明星。长久以来,它在对法律理论产生持续影响的同时,也不断遭到法学学者的批判,更遭到来自政治学者的猛烈攻击。然而,法学学者的批判通常是在实证主义法学内部或者从非实证主义法学与实证主义法学对抗的意义上展开;政治学者则是将规范理论视作对政治毫无观照或曰“非政治”的存在而予以攻击,这也同样是将规范法学限定在实证主义法学的领地内。尽管上述对规范法学的理解不乏真知

---

* 本文系受中国法学会法理学研究会青年专项课题“‘主权者—国家’二元结构中的纯粹法学研究”资助。

** 中国政法大学法学院讲师,法学博士。

灼见,但仅从实证主义法学视角来理解规范法学,眼界未免有些逼仄,或许也疏于把握凯尔森的深意。本文尝试跳出实证主义法学的圈子,将规范理论放置在政治学—法学的大框架中作一番重新解读,探求对该理论更恰当的定位。

在正式论述展开之前,有必要作一个限定。当讨论主权和基础规范时,主权可以在对内和对外两种意义上被理解——主权对内时,意味着其最高性;主权对外时,意味着其独立性。与此类似,基础规范也包括国际法层面的基础规范和国内法层面的基础规范,前者构成国际法律秩序的最终效力理由,后者构成国内法律秩序的最终效力理由。而在本文中,为避免被讨论的问题范围过分膨胀,仅收缩在对内意义以及国内法律秩序层面上展开论述。

一、规范法学概述及相关解读的误区

通常认为,规范法学致力于回答"法律(实在法)为什么是有效力的"[1]或曰"将法律认知为客观有效的规范,如何可能"[2]这一根本法学问题。对此,凯尔森的思路是沿着实在法低级规范向高级规范回溯,直至追问到屹立于实在法规范体系顶层的宪法规范。因此效力理由问题也可以被化约成"为什么宪法是有效力的?"或者说,为什么某种以强力事实面目呈现的意志行为能够被解释为具有规范性的制宪行为?为什么这种意志行为的主观意义能够被赋予客观性?而由于对现代理性精神"祛魅"的信念,完成这种从实然到应然的范畴转换不能借助形而上学的超验概念——在凯尔森看来就是必须排除道德、政治、宗教考量,以避免意识形态对法律认知的干扰和侵蚀。

为了完成上述理论目标,凯尔森诉诸一个被预设的先验规范——"预设"意味着该规范是思维行为的产物而非意志行为的产物,"先验"意味着该规范既非经验的实在法规范,也非超验的自然法规范。该规范即作为规范法学灵魂概念

---

〔1〕"效力"或"有效性"这个词,在规范法学中至少有三重含义。当我们说,一项法律规范是有效力的,这意味着:(1)该规范是有约束力的,或者说,是有规范性的;(2)该规范隶属于一个特定的法律体系;(3)该规范是被另一项规范所授权的主体创造出来的。

〔2〕规范法学作为康德理论理性批判的法学版本,正如康德在追问认知世界何以可能时必须追溯至一个先验预设,凯尔森在追问法律效力理由时也必须追溯至一个基础规范。

的基础规范。正是基础规范赋予意志行为以规范性,使意志行为得以被解释为制宪行为,也使意志行为的主观意义得以客观化。同时,如上所述,基础规范并非超验规范,因此它并不承担对包括宪法规范在内的实在法规范进行政治、道德、宗教证成的职能,而只是充当着"法律逻辑意义上的宪法",为实在法效力提供(纯粹形式上的)终极理由。

如果把上述从低级规范到高级规范再到宪法和基础规范的追索方向颠倒过来,就呈现出一幅法律创造的图景:基础规范授权"宪法之父"创造宪法,宪法又授权某级立法主体创造某级法律,某级法律又授权低一级的立法主体创造低一级的法律……这样,以基础规范为起点,逐级向下辐射,实现"规范调整自我的生成",立法主体的人格性因素被实在法规范的非人格性或曰去人格化特征所吸收,就仿佛是"法律机器自己动起来了"——对于那些憧憬和讴歌法治的人来说,这大概是极具蛊惑力和吸引力的理想图景。

由于对实在法效力理由的要求十分苛刻——如上所述,既不能混同于单纯的强力事实,又必须保持严格的价值无涉(相应地,凯尔森也主张在研究法律时,一方面必须采用有别于因果—事实视角的归责—规范视角,另一方面必须拒绝沾染政治、道德、宗教色彩)——并且在法律创生上又刻意消解人格性因素,所以规范法学自问世至今便始终深陷毁誉参半的旋涡。称誉者赞其为作为一门科学的法学正名,使得法学自身的阵地得以明确化。毁谤者则或贬其关于法律本质和基础规范的理解存在逻辑缺憾;[1]或贬其压缩对法律进行超越性反思的空间,企图以合法性(legality)吞噬正当性(legitimacy);[2]或贬其以基础规范作为回避真正问题的挡箭牌,对真实的政治生活漠不关心,只能蜷缩于"法理学的休息室";[3]或贬其冒用划定学科界限的名义,实际上将法学的地盘不适当地扩张而侵入政治学领地,酿成将政治去政治化的荒诞。

对于这些正反评价,如果单从正面(力挺规范法学)看或单从反面(抨击规范法学)看,都道理充分。然而,笔者认为,这些评价都是片面的、不准确的,或

---

〔1〕 参见哈特(H. L. A Hart)的《法律的概念》一书以及《凯尔森之会》《凯尔森的法律统一学说》等论文。

〔2〕 这是来自自然法学/非实证主义法学的批判。

〔3〕 这是卡尔·施米特(Carl Schmitt)对凯尔森规范法学的嘲讽。

者说,没能对规范法学作出真正恰当的定位——上述称誉之词也好,毁谤之词也罢,都习惯于仅仅站在分析实证主义法学视角看待规范理论,于是如上所述或者欣赏其为法律科学大厦奠定坚实的基础,或者出于实证主义法学自身理论建构上的考虑批评其存在逻辑上的弊病,或者站在非实证主义的立场斥责其罔顾道德反思的实证主义做派,或者将规范法学圈定在被定性为"非政治"的实证主义法学之内进行攻讦。

诚然,规范法学确乎属于分析实证主义法学阵营,[1]其对法律概念的界定,既对分析实证主义法学开山鼻祖奥斯丁(John Austin)的"法律命令说"有所传承与回应,又基于新康德主义哲学作出自己的全新解读,并对命令说作出了重要的修缮改造;同时,对后来的新分析实证主义法学大师哈特、拉兹(Joseph Raz)等人产生了深刻的影响——规则理论中或多或少可以看到规范法学的色彩。[2] 但是,如果仅仅以分析实证主义法学来定位规范理论,未免有些眼界逼仄了。纵观凯尔森生平论著及这些论著之间的相互关系,还有他和其他学者的论战,乃至他在政治法律实践上的建树,都不难发现,这位学者的抱负并非止步于以研究实在法为己任的"法律科学",而是蔓延到政治学或国家学。就论著来看,无论是凯尔森学术生涯早期的《公法的若干问题》(1911 年初版,1923 年第 2 版)、《主权的问题》(1920 年),还是中期的《纯粹法理论》(1934 年初版),都不仅限于对法律的探索,也涉及对国家的思考;1945 年问世的《法与国家的一般理论》,更是囊括篇幅相当的"法论"与"国家论"两编,并在"国家论"中,对法律与国家的关系、国家要素、国家权力、政府形式(民主/专制)、组织形式(集权/分权)等问题作出了详尽而体系化的论述;晚期的《纯粹法理论》(1960 年第 2 版)也没有放弃对国家理论的关注。就与其他学者的论战来看,除了在法学界内部对老分析实证主义法学、法社会学和自然法学的"三线抗战",[3]也不乏与国家学者、政治学者的交锋,其中最为人津津乐道的就是和作为"决断论"代表的施

[1] 凯尔森自己还专门撰文阐述纯粹法学对分析实证主义法学的从属关系,参见 Hans Kelsen, "The Pure Theory of Law and Analytical Jurisprudence", *Harvard Law Review*, pp. 44 – 70。

[2] 英美和欧陆各有其不同的哲学脉络与背景,欧陆哲学土壤中的规范法学与英美哲学土壤中的法律命令理论和法律规则理论存在重要区别,但彼此之间的影响和渗透也是毋庸置疑的。

[3] 凯尔森在法学界内部的"三线抗战",可分别参见《法与国家的一般理论》第一编第一章第三节、第四章第五节、第五章第三节,第一编第十二章,以及附录。此外亦可见于《纯粹法理论》等论著。

米特关于“谁是宪法的守护者”的论战,[1]以及有关如何审视政治法律理论和实践中的宗教色彩的论战。[2] 就政治法律实践上的建树来看,凯尔森领衔建立了世界历史上第一个宪法法院,拉开了欧陆违宪审查的序幕。

在这些论著、论战与实践中,都可以看到凯尔森并非像其本人或其拥趸所宣称的那样,仅仅出于纯粹的智识兴趣而进行理论研究;毋宁是,凯尔森的思考跨越了分析实证主义法学,甚至跨越了法学,渗入国家学和政治学,而这些思考又是以规范理论为前奏、基础或核心的:由于将国家概念重合于实在法规范概念,凯尔森的国家观能够被肯綮地冠名为规范国家观;对政治学的“祛魅”也最终导向实在法规范统摄下的“法治国”,拒绝任何突破实在法的“法律神迹”;有关民主政治和自由主义政治[3]的讨论也扎根于规范思维;等等。故而,或许将规范理论放在政治学/国家学—法学的坐标系内分析将使我们更加清晰而准确地把握该理论的地位和价值;同时,该理论的一些缺陷也将在政治学/国家学—法学的大框架中得到更透彻地审视。[4]

然而,如何验证或者说牢固这个设想呢?当我们不仅揣摩凯尔森的用心,也对西方政治学—法学脉络作出考察时,或许会得到更多的启示。在接下来的两章中,笔者就将对西方政治法律中经典的双元结构作出论述,以求深入探索对规范法学的恰当定位,并尝试对该理论的价值进行重估。

二、主权者与国家

卢梭(Jean-Jacques Rousseau)在其不朽的著作《社会契约论》中写道:“这一

---

〔1〕 相关论文参见[奥]汉斯·凯尔森:《立法的司法审查——奥地利和美国宪法的比较研究》;[德]卡尔·施米特:《宪法的守护者》等。

〔2〕 参见凯尔森论文《上帝与国家》与施米特论文《政治神学》。

〔3〕 凯尔森认为:“民主就其本质而言意味着自由。”参见[奥]汉斯·凯尔森:《何谓正义?》,载《纯粹法理论》,张书友译,中国法制出版社 2008 年版,第 164 页。

〔4〕 近些年,一些西方学者也认识到将规范法学局限在法学领域理解或许是存在问题的。“如果把凯尔森的纯粹法学理论限定在政治理论的范围内——与他自己的意图相反,也与凯尔森研究者们的理解相反——反而会使该理论得到最恰当的理解。”参见[加]大卫·戴岑豪斯:《合法性与正当性:魏玛时代的施米特、凯尔森与海勒》,刘毅译,商务印书馆 2013 年版,第 1 ~ 2 页。

由全体个人的结合所形成的的公共人格……当它是被动时，它的成员就称它为国家；当它是主动时，就称它为主权者。”这一经典的主权者—国家公式就概括了西方政治法律中的双元结构。而卢梭之后的学者不过是对这个公式进行不断丰富、充实和发展，但基本骨架屹立如初。政治学—法学中几组经典的概念，例外状态—法律状态，制宪权—宪定权，权威—权限等，都反映着这一双元结构并在该结构中获得深入阐释。

卢梭政治法律才华卓绝之处恰在于其对主权者与国家两个概念之关系的深刻洞察：主权者和国家是同一指称对象的两个面向，而其所谓“主动”和“被动”可以由不同视角进行解读。当从其各自对应的典型政治法律状态来理解，大致上可以说：作为被动面向的国家对应于实在法有序运转的正常状态或曰法律状态（state of law），作为主动面向的主权者则对应于实在法缺位的非常状态或曰例外状态（state of exception）。或者说，在法律状态下，主权者隐退，公共生活与私人生活都在被给定的法律框架中有条不紊地安放和展开，国家治理依法而为，是所谓“法治国”；而在例外状态降临时，主权者显圣，此时，既有法律秩序要么被悬置（实在法规范虽有效力却未被实际遵守和适用，表现为规范效力与实效之间的断裂），要么被彻底推翻而由新的法律秩序取代（表现为制宪权对宪定权的“爆破”）。

有一种获得众多支持的观点——凯尔森由于反复强调“划界”的必要性也被认为是这种观点的忠实信徒——主张政治学和法学应当各自圈定己方的阵地。那句著名的基督教格言“让上帝的归上帝，凯撒的归凯撒”完全可以被贴切地改写为政法版本：“让法律的归法律，政治的归政治。”然而，政治和法律即使在概念逻辑上泾渭分明（但这个假定仍然是值得商榷的），在实践中也不可能始终彼此无涉。(1)对处于正常状态下的现代法治国家来说，政治是“规则政治”或“规范政治”，即政治权力的分配和运作都不是恣意或任性的，而是被规约在客观有效的法律轨道之中，被限定在某个规范性边界之内，任何越轨或越界的权力行为都是不被允许的。并且，（在一个真正的法治国家中）这种对权力的规约并不只是停留在规范文本层面，而是在相当程度上也获得践行。没有规范驾驭或“驯化”的政治权力，对于文明世界而言是不可想象的，它最终只会沦为单纯的强力，乃至触发并陷入以暴制暴的恶性循环。(2)对例外状态来说，相当数量的法学学者似乎倾向于将之视为一个事实问题而非法学问题(其格言是“必要性无法可循”[1])因此不予理会,或者将之视为关于“何谓政治地行动”的问题因而完全抛给政治学。然而,果真如此吗?当意大利哲学家阿甘本(Giorgio Agamben)发出那句震撼人心的考问“你们法律人为何对那与你切身之事保持沉默”[2]的时候,他正是在提醒我们,例外状态恰恰是一个在其中政治和法律(以及其他相关的几组概念,譬如权威与权限、制宪权与宪定权、失范与规范)相互间的关系暴露无遗且张力达到峰值的状态,也是法学学者绝不能盲视或忽视的“法律秘密且更为真实的生命”。[3] 换言之,例外状态作为一个临界性概念,恰好坐落在通常所认为的政治与法律的交界上,而这也正是人类处境与命运中最值得严肃思考的。对政治学而言,例外状态中充斥着决断、制宪、敌我斗争等激发高度理论兴趣的概念,因此一直被视为政治学研究的黄金地带。对法学而言,例外状态也是一个不容回避的门槛性概念,因为无论是从悬法恢复到法治,还是生成(新的)宪法及立基于其上的法律秩序,都必须以例外状态为重要的考察起始点。或许以下这种说法听上去像一个荒诞的悖论,但它却在相当程度上揭示了例外状态的拓扑结构:例外状态在法律之外却仍属于法律。[4] 如何理解这个乍看吊诡的结构?

在例外状态下,主权者从沉睡中苏醒而开始行动,这往往伴之以程度或轻或重的法律缺位。不过此时,主权者的行动既无所谓合法(legal),也无所谓非法(illegal),而是直接显示一种“元法律”(meta-law)的特征,或者说主权者就是“活的法律”——那种以实在法约束主权权力的企图必然是会破产的,因为主权权力在本质上迥异于被法律圈养的去人格化的权限,而是具有鲜明人格性色彩

---

〔1〕 这句格言可以有两种解读:“必要性不承认任何法律”和“必要性创造它自己的法律”。在本文此处,是指既存法律在一定时期内的缺位。

〔2〕 [意]吉奥乔 · 阿甘本:《例外法学》,薛熙平译,西北大学出版社 2015 年版,题记。

〔3〕 [意]吉奥乔 · 阿甘本:《例外状态》,薛熙平译,西北大学出版社 2015 年版,第 110 页。

〔4〕 在此,可以对例外状态和正当防卫作一个类比:“正如每个公民在那些共同体不再能够提供保障的紧急情况中,获得了正当防卫的权利,同样的,对于国家和对于每一位公民本身而言,当共同体陷入险境而官僚系统失去功能时,也都产生了正当防卫的权利。纵然在某个意义上,正当防卫权位于法律之外,但是仍有必要使其本质与适用能够具有理解的可能,至少能够达到以理论阐示的程度。”[德]蒙森:《罗马国家法》,转引自[意]吉奥乔 · 阿甘本:《例外状态》,薛熙平译,西北大学出版社 2015 年版,第 67 页。

的、超越法律的权威(这在制宪—建国行为中表现得尤为突出,此时宪定权被封印,而作为"立法"主权核心权能的制宪权启动,突破既有宪法及其厘定的法律框架,通过创造新的宪法而将新的政治权力的分配和组织"定型"下来,这一行为显然不能从严格或"纯粹"意义上的法律角度来界定——否则会跌入"制宪权非法"的逻辑圈套〔1〕——而只能从主权者作为"活的法律"来理解)。不过,主权者不能一直处于行动之中,否则公共生活和私人生活就将一直处于不确定和不安宁的状态,因此最终必然会导回法律脉络中,即将被悬置的法律恢复实施,或者创造出(新的)宪法及立基于其上的法律秩序。换言之,例外状态本身并非人们所希求的,它的意义在于肇启法律状态;主权者的行动是非常的,目的却在于为正常的规范之治铺平道路——人民的幸福寓于安定的常态,而不在动荡的狂欢。当完成法律的活化与重建后,主权者便退回"神龛"之中,国家(法治国)继之登堂,政治权力被重新收纳于法律框架内,其人格性因素被客观有效的规范所稀释和弱化,以权限的面目呈现出来——法律既为其保驾护航以使其充分发挥功能,也将其收服圈养以使其不致堕为膨胀的政治野心的爪牙。而这种法律状态在此后的某一个时间或空间坐标又将遭遇来自社会情势变迁的强烈冲击,于是再度跌入例外状态。如是往复。〔2〕

在此,我们看到,(1)主权者—例外状态正是理解法律的命门所在,因为当我们仅仅在法律状态下审视国家与法律(二者由"法治国"得以结合)时,始终无法回答"为什么应当遵守法律"或"为什么应当服从国家统治",毕竟问题不能从其本身之中寻找答案。此时就必须追溯到那个"临界点"或"门槛",在法律缺位(悬置或颠覆)的例外状态中,作为"元法律"或"活的法律"的主权者展开行动,并最终重新活化或建立了法律。鉴于此,在主权者和上帝之间作类比是完全恰切的:〔3〕正如超越性的上帝从混沌中创造世界并规定秩序,超越性的主权者也从例外状态中赋予法治国以生命;正如上帝赋予其制定的因果法则和

---

〔1〕 "制宪权不是法律赋予的,也无须遵守任何法律。"陈端洪:《一个政治学者和一个宪法学者关于制宪权的对话》,载《制宪权与根本法》,中国法制出版社2010年版,第13页。

〔2〕 然而,诚如阿甘本所言,或许在现代世界,例外状态在某种意义上已经变成了"常态"。不过,这又是另一个复杂的政治法律问题了,在此不作讨论。

〔3〕 事实上,无论是凯尔森还是施米特都认识到了这一点,只不过,施米特欣然承认,凯尔森则将之作为传统国家—法律二元论的糟粕予以抨击。

伦理规范以真实性和有效性,法律效力理由也从主权者权威中获得回答;正如上帝能够在某些场合悬置或颠覆因果法则和伦理规范而行神迹,主权者也能够在剧烈的社会情势变迁发生之时,有针对性地悬置或颠覆法律而展开行动。(2)从例外状态到法律状态(或者相反)的转换显示为被两股相互纽结却又背道而驰的张力所穿越和贯通的力场:一股力量具有"破坏性",从规范走向失范;一股力量则具有"治愈性",从规范缺位返回规范之治。"一方面,有一股严格意义上的规范化倾向,其朝向将自身结晶化为严谨的规范体系……(一种法的完美状态,其中一切事物都由规范控制);另一方面,则有一股失范的倾向,其导向例外状态,或是主权者作为活的法律的构想。"[1] 只有同时把握上述两股张力,才能理解人类行动领域的完整呈现(而非只是被阉割的"某一半"),也才能理解法律的完整面貌。[2]

综上所述,在小节最后,以表 1 直观清晰地呈现西方政治法律中的双元结构,呈现"主权者—例外状态"与"国家—法律状态"这两组某种程度上敌对、但在功能上却又相互连接的元素之间的辩证关系,以便转入下一章对规范法学作出正确定位的讨论。

表 1

结构线路	面向	状态	法律	权威/权限
1	主权者	例外状态	法律缺位(悬置/颠覆)	权威
2	国家	法律状态	法治(被悬置的法律被活化/被颠覆的法律被重建)	权限

---

〔1〕 [意]吉奥乔·阿甘本:《例外状态》,薛熙平译,西北大学出版社 2015 年版,第 116 页。

〔2〕 此外,在政治法律实践中,我们有时会面对一些并不那么清晰的、或曰难以确切归类的状态。比如改革,此时,"'改革时期'在宪法学上介乎立宪时刻和常态之间。它的时间特性是在不打断整体的时间之流的前提下,又把自身单独开辟出来,然后逐渐回归常态的时间之流。它具有'例外状态'的某些特性,但又不是完整意义的'例外状态'"。陈端洪:《制宪权与根本法》,中国法制出版社 2010 年版,第 28 ~31 页。

三、规范法学的正确定位

当我们明白了西方政治法律中的双元结构,再回头审视凯尔森的规范法学,将看到该理论大致可以被归入结构线路2中。不过,作为该理论灵魂概念的基础规范又恰恰骑跨在双元结构的交界处。另外,之所以说“大致”,是因为如果完全按照凯尔森自己对规范法学的阐释,将会发现一些无心疏漏或有意缺陷,而这些疏漏或缺陷也正是规范法学招致口诛笔伐的重要原因所在,如果能对此作一些必要的修正,以求得理论内在的连贯性与融通性,那么不仅有助于正确定位规范法学,也能使规范法学的价值获得最大化地释放。

首先,如第一章所述,凯尔森并没有将自己的理论兴趣局限在分析实证主义法学内——甚至没有局限在法学内——而是对国家学和政治学也倾注了相当的热情,不过其国家学和政治学理论又依托于规范法学。规范法学视野中的国家观迥然有别于传统的国家—法律二元论,前者将国家理解为法律秩序的人格化,最终对国家和法律这两个概念作了同一化处理。[1] 在此,可以探究凯尔森的理论用心:“国家 = 法律”是对以纯粹暴力或意识形态流沙摧毁或湮没法律地基的高度警惕,是对任何权力越轨或越界行为——无论它们竖着什么样的道德旗号——的彻底否定,是对现代法治理论中被奉为圭臬的“国家统治必须在法律框架中展开”或“国家权力自我规约”作出的强有力的证成和支撑,并足以对“权限”概念作出明朗而充分的解释。

可见,当国家作为政治人格被动面向的时候,以及当我们把问题放在正常状态中——在此,“法律神迹”正是应当被高度警惕的人治的话语模式——进行思考的时候,对国家和法律作一元化处理的规范法学其实并没有什么可以被指摘的。甚至,它为“法治国”提供了非常理想(如果不是最理想的话)的理论图景。真正需要澄清和梳理的是规范法学(尤其是基础规范)与结构线路1究竟处于怎样的关联之中,而这又是怎样和线路2连接在一起的,凯尔森在其苦心

---

〔1〕 “国家作为一个法律上的共同体不是一个和它的法律秩序分开的东西……我们称为‘国家’的那个共同体就是‘它的’法律秩序。”[奥]汉斯·凯尔森:《法与国家的一般理论》,沈宗灵译,中国大百科全书出版社2003年版,第204~205页。

经营中又存在什么样的缺憾。

当凯尔森将神学中的上帝—世界与传统国家学中的国家—法律作类比,并最终站在“现代理性”的高度摧毁神学命题——在他看来,“上帝—世界”关系命题不过是一个伪命题,“国家—法律”关系命题亦然——将国家概念和法律概念缝合为一时,[1]他其实存在一个令人遗憾的盲视,即他只看到了作为政治人格被动面向的国家,而没有看到作为政治人格主动面向的主权者,更确切地说,他用国家概念吞噬了主权者概念,这就至少存在如下两个问题:

(1)凯尔森在神学与传统国家学之间作的类比发人深省然而却是失当的。上帝—世界的关系并非对应于国家—法律的关系,而毋宁是对应于主权者—国家或主权者—法律的关系(如果把国家等同于法律的话),作为政治人格主动面向的主权者才是那个上帝一般的存在,正如上帝创造世界、凌驾于世界、行因果律神迹一样,主权者也创造法律、凌驾于法律、行法律神迹——如果说因果律神迹是上帝对世界正常秩序的一次“打断”(而非否定),并且上帝借此宣告自己的显圣;法律神迹也是主权者对法律状态的一次“打断”,并且主权者借此宣告自己的显圣。至于被凯尔森嘲讽的神学式的“自我规约”概念,如上所述,指向的是作为政治人格被动面向的国家,而非主权者。

(2)当凯尔森抹杀国家概念和主权者概念之间的重要区别时,他也就是在以片断式的目光看待人类行动领域,或者说是出于某种“学科划界”的鹄的(但如上所述,我们看到这种“划界”宣称似乎并不令人信服,并且似乎反而存在“越界”的嫌疑)和作为现代理性精神忠实信徒的操守,刻意不采用完整的视角。然而,法律状态或曰规范状态虽说是人类社会——尤其是现代世界——的常态,却并不可能涵盖完整的人类行动领域,“实在法规范—法律事实—法律结论”的三段论推理也不可能填补生活世界的所有空隙。只要人类是并且仍然是有限的理性存在,例外状态就不仅在人类的过去发生过,在人类的现在和将来也都有出现的现实性和可能性。在这种状态下,作为政治人格主动面向的主权者“复出”并行动,此前规范状态下运行良好的法律遭遇一定时间内的实效丧失,

---

[1] 参见[奥]汉斯 · 凯尔森:《上帝与国家》,载刘小枫:《施米特与政治法学》,华东师范大学出版社 2002 年版,第 301 ~327 页。

但并不能据此否定主权者行动的合法性,因为主权者本身就是“元法律”或“活的法律”,或者说,主权者具有超越(规范状态中)法律的权威——根本不同于被既有法律赋予规范性并圈定行动界限,同时也被既有法律抹去人格性的权限。但同时,又正是这种超越法律的权威,通过活化被悬置的法律或建立新的宪法及立基于其上的法律秩序,将人类的生活重新导回规范状态——主权者决断法律秩序的存在基础,例外状态则是法律状态的发端。

然而,当我们审视基础规范理论时,又发现凯尔森似乎对主权者与国家、例外状态与法律状态之间的重要区别了然于心:基础规范恰恰作为一块界碑屹立在法律状态与例外状态之间,或者说是作为政治人格两个面向之间的转换阀。比如,当我们谈到革命[1](更确切地说,一场成功的革命),它体现为两个阶段,前一个阶段是从法律状态(不妨将称为法律状态 A)转入例外状态,后一个阶段则是从例外状态又返归法律状态(不妨将称为法律状态 B)——但这一“返归”不是状态 B 对状态 A 的单纯还原或重复,因为此时发生了凯尔森所谓“基础规范的重新预设”,[2]这意味着,主权者的行动最终导向制宪并在此基础上建立新的法律秩序。在此,制宪并非一个单纯的事实,而是一个具有规范性的意志行为,并昭示着一个创生性原理。[3] 对这一点,凯尔森恰恰是看得很明白的(不像某些法学学者,在提到制宪时,便鸵鸟一般采用移植革命史的单纯叙事方法),他的基础规范正是用以表达这个创生性原理,并用以“推定”制宪者或主权者的权威——当他说基础规范承担着向制宪者或主权者“授权”的功能时,这显得多少有些矫饰,因为说一个“思维行为的产物”或“逻辑的产物”对一个实在主体“授权”,这似乎让人有些费解。毋宁说,基础规范只是在“宣示”主权权威——当基础规范表达出“宪法是有效力的”,它也就是在宣示制宪者或主权者

---

〔1〕 对革命概念的解释可以有不同版本,凯尔森的理解是新的法律秩序对旧的法律秩序的颠覆,而这种颠覆是旧法律秩序所不能允许和未曾意料的。

〔2〕 [奥]汉斯·凯尔森:《法与国家的一般理论》,沈宗灵译,中国大百科全书出版社 2003 年版,第 134 页。

〔3〕 用陈端洪教授的类比来说,制宪就像是宗教里的上帝创世,“我们在读《创世纪》时不要把上帝开天辟地、创造万物当作纯粹的故事,而要将其当作原理,只有这样,上帝才能成为信仰的对象”。陈端洪:《一个政治学者和一个宪法学者关于制宪权的对话》,载陈端洪:《制宪权与根本法》,中国法制出版社 2010 年版,第 15 页。

超越宪法的最高权威——由此铺展主权者绘制的、革命成功以后“规范之治”的画卷。而之所以诉诸这样一个“被预设的先验规范”,也足见凯尔森的用心:出于连接其间高悬“休谟铡刀”(Hume’s lever’s knife)的应然概念与实然概念这一逻辑执念,凯尔森必须诉诸基础规范;相应地,出于将单纯强力事实转换为具有规范性的立宪/立法行为,从而对强盗集团与法治国家作出根本性区分的理论用心,凯尔森必须诉诸基础规范。此外,作为一个现代理性精神的坚定拥趸,凯尔森排斥非理性的事物,而(不被纳入法律规约的)政治以及例外状态中爆发的能量恰恰存在脱离理性缰绳的可能性与现实性。因此如上所述,他有意回避对人类行动领域采取一个完整的视角,故而声称以基础规范来划定所谓政治与法律、例外状态与法律状态的界限,然后将研究领域收缩在实在法规范作为大前提而统摄的理性推理中——一个(仿佛)不会遭受任何来自非理性的摩擦阻力的世界。然而,也是如上所述,凯尔森的理论宏图并不止步于法学,而是延伸到政治学和国家学,但他又令人费解地以国家—法律概念消解主权者概念,彻底否定“法律神迹”存在于人类行动的任何领域,致力于将严酷的政治情势供奉于实在法规范抽象化的祭坛之上。这种分裂和摇摆也就是规范法学内在的深层困境。

现在,在经过上述分析后,我们可以在“主权者—国家/例外状态—法律状态”的双元结构坐标系中,对规范法学作一番“澄清”,并予以定位了:例外状态与法律状态绝非横亘天堑——若有,那也是人为制造的概念鸿沟,为的是求取纯粹理论上的泾渭分明——在例外状态中恰恰喷薄着回归法律状态的力量(因为“人民的幸福寓于常态政治中”[1]),而在法律状态中也时时涌动着冲向例外状态的力量(因为人是并且将一直是有限的理性存在),从失范—规范这两股彼此相悖又彼此激发的力量之交锋中,完整的人类行动领域才得以收入视野。因此在政治学—法学之间划出截然界限乃是在忽视真正的政治—法律问题所具有的无界性或曰跨界性。就规范法学而言,其灵魂概念基础规范正是对例外状态—法律状态之连接的精准把握:基础规范一面朝向例外状态及其中的主权者

〔1〕 陈端洪:《一个政治学者和一个宪法学者关于制宪权的对话》,载《制宪权与根本法》,中国法制出版社 2010 年版,第 16 页。

行动，朝向超越实在法的权威；另一面则朝向法律状态及其中安定的国家治理，朝向法律框架内的权限。而屹立在基础规范这一支点上的规范法学乃是着重面对“国家—法律状态—权限”这一朝向而作出的苦心经营，为现代国家政治的理性化、规范化和常态化提供重要的理论支撑。而假如凯尔森希望保持其论证的逻辑连贯性与融通性，那么，面对“主权者—例外状态—权威”这一朝向，我们最好理解为，规范法学作出的姿态是搁置，而非否定。这样，所谓“规范法学对政治漠不关心”的斥责即使不是错误的，至少也是不准确的，因为凯尔森只是没有（过多）涉足例外状态下脱离实在法评价体系的政治，却始终对法律状态下摆脱人治阴影的规范政治和法治国理论与实践倾注了十足的心血（见表2）。

表2　规范法学的定位

结构线路	面向	状态	法律	权威/权限	研究领域侧重性
1	主权者	例外状态	法律缺位	权威	政治学—法学的逻辑起点
2	国家	法律状态	法治	权限	法学—规范政治研究（规范法学）

四、结　　语

如果法学家只见法律不见政治，政治学家只见政治不见法律，二者之间就难以展开真正有效的沟通和对话，也只能对人类行动领域作出片断式的关注。在政治人格兼具主权者—国家双重面向、存在例外状态—法律状态双元状态这一西方政治法律视域下，当凯尔森坚持以规范作为法律的本质并主张国家—法律一元化时，他其实是在为正常状态下的国家治理奠定规范性根基，并使人们理性而自由地安顿自己的生活（包括公共生活和私人生活）成为可能——只有在既定的客观有效的法律框架中，人们对自己行动的后果才有可预期性，而不致陷入行动紊乱或行动萎缩——政治获得规范化，而非单纯强力无边无际的横冲直撞。在正常状态下拒绝“法律神迹”的出现，正是稳固国本而不被政治野心家颠覆的重要保证。因此，在法律状态—国家这一意义上，凯尔森不应当为其国家—法律一元论背负沉重的骂名。不过，也应当看到，人类作为有限的理性存在,总会遭遇既定规范无法涵摄的空间,在此空间中对所有事实的应然判断都将脱离实在法范畴。而主权者开始行动,作为“元法律”或曰“活的法律”纵横捭阖,并最终结束例外状态,返归法律状态,重新沉寂而“化作”国家。规范法学中的基础规范则恰恰是沟通例外状态—法律状态的桥梁,并宣示主权者超越实在法的权威,由此回答实在法的效力理由问题。不过,由于备受现代理性精神的宰制,规范法学对基础规范朝向规范政治的一面投入更多的理论兴趣,而对例外状态—主权者—权威,终究言之寥寥。

“抽象危险犯/具体危险犯 + 情节加重犯/结果加重犯”立法模式解读与司法适用问题研究*

——以“食品安全”“环境污染”两个司法解释为中心

周啸天**

内容摘要：鉴于生产、销售有毒、有害食品罪与污染环境罪的高社会危害性与“取证难、鉴定难、认定难”，有必要将两罪置于一起研究。而两罪经《刑法修正案(八)》修改之后，分别呈现出“抽象危险犯 + 情节加重犯”“具体危险犯 + 结果加重犯”的立法模式。这体现出立法者根据风险发展不同阶段，分层级规制风险的刑法理念。这一理念对于公害类犯罪的风险防范，有着重大的理论与实践价值。就两罪司法解释中的兜底条款，应当遵循其立法模式加以解释并进行司法适用。

关键词：具体危险犯　抽象危险犯　立法模式　兜底条款

一、问题的提出

现代社会正在从“工业社会”向“风险社会”转变，“风险社会”是现代社会发展的一个阶段。[1] 与传统犯罪不同，有两类犯罪属于风险社会中的新兴犯罪类型，其社会危害性高，且具有很大的“隐蔽性”。一是食品犯罪，代表性罪名为生产、销售有毒、有害食品罪；二是环境犯罪，代表性罪名是污染环境罪。这两类犯罪的“隐蔽性”在司法实践中的表现为对其侦破之际的取证难、鉴定难、认

---

* 本文系 2014 年最高人民检察院应用理论研究重点课题“‘抽象危险犯/具体危险犯 + 情节加重犯/结果加重犯’立法模式解读与司法适用问题研究”的最终研究成果。

** 山东大学法学院副教授，法学博士。

〔1〕 [德]乌尔里希·贝克：《风险社会》，何博闻译，译林出版社 2003 年版，第 13 页。

定难,但是,以刑法规制食品安全风险与环境污染风险却刻不容缓。正是该“三难”以及刑法规制的必要性,促使《刑法修正案(八)》(以下简称《修正案》)对生产、销售有毒、有害食品罪与污染环境罪作出了修正。

《修正案》对两罪的修正有一个共通之处,即不再将危害行为与对人身法益造成的实害结果之间的因果关系作为成立、加重处罚犯罪的前提条件。例如,《修正案》将生产、销售有毒、有害食品罪第二刑档中的“造成严重食物中毒或者其他严重食源性疾患,对人体健康造成严重危害”修改为“对人体健康造成严重危害或者有其他严重情节的”,将污染环境罪的犯罪成立要件——“造成重大环境污染事故,致使公私财产遭受重大损失或者人身伤亡的严重后果的”——修改为“严重污染环境的”。此一修改分别导致两罪加重处罚与入罪的门槛大为降低。其后,为了使司法工作人员在犯罪审查之际有具体标准可依,最高人民法院、最高人民检察院于 2013 年先后出台了《关于办理危害食品安全刑事案件适用法律若干问题的解释》(以下简称《食品安全解释》)、《关于办理环境污染刑事案件适用法律若干问题的解释》(以下简称《环境污染解释》)。

应当看到,以上修法以及司法解释的颁布在解决既有问题的基础上,又带来了新的问题:一是如何准确把握修法背后所体现出的刑法理念;二是怎样厘定两个解释的司法适用问题。这主要表现为如何解决《食品安全解释》中第 6 条和第 7 条,《环境污染解释》中第 1 条和第 3 条两条兜底条款的司法适用问题。本文力图围绕这两个问题意识,揭示出修法背后所体现出的刑法理念,并初步解决两个司法解释中兜底条款的司法适用问题。[1]

---

[1] 从现有我国研究资料来看,我国既往研究都是在将食品犯罪与环境犯罪相分离的基础上进行。的确,环境犯罪属于污染水、大气、土地等生活环境与生态环境的公害犯罪,而食品犯罪则不是严格意义上的公害犯罪。但是,食品犯罪与环境犯罪存在一定程度上的共性,即两罪都属于伴随着社会发展而来的一种风险,且在现代社会有愈演愈烈之势。此外,在司法实践中,两罪都存在取证难、鉴定难、认定难的问题,要说区别,只不过是从表面上看来,食品犯罪污染的对象是食品,而环境犯罪所污染的对象是环境而已。但是从实质上来看,食品与环境是与我们生命、健康所休戚相关的人类赖以生存的基本要素。正是这种共性,导致已被人们所公认的“世界八大公害事件”中,有着属于食品犯罪的“米糠油事件”。在该事件中,某日本企业在生产米糠油的过程中,因多氯联苯发生泄漏进入米糠油,继而导致人们在食用了含有多氯联苯的米糠油后,5000 多人患病,16 人死亡。参见宫克:《世界八大公害事件与绿色 GDP》,载《沈阳大学学报》2005 年第 4 期。另外,日本学者也将《食品卫生法》中规制食品犯罪的具体罚则作为与化学物质有关的环境刑法来加以讨论。参见[日]中山研一、神山敏雄、齐藤丰治、浅田和茂:《环境刑法概说》,成文堂 2003 年版,第 268 ~270 页。据此,基于上述食品犯罪与环境犯罪之间的共性,本文将两者置于一起进行研究。

二、"抽象危险犯/具体危险犯+情节加重犯/结果加重犯"立法模式解读

"一个以实害为基础的实然刑法体系,是无法满足风险社会对刑法的应然保护要求的",[1] 为了充分应对风险,提前防卫社会,犯罪的标准得以前移。"古典刑法处罚的是实害犯,以对法益造成现实侵害作为既遂标准。在当代,基于对威胁公众生命与健康危险的预防需要,结果被扩张解释为对法益的侵害或危险。危险犯成为重要的犯罪形式大量地出现在公害犯罪中。"[2] 由于危险只是给法益造成实害结果的可能性,故而危险犯的出现大为提前了入罪时间。而根据危险的不同类型,危险犯可分为具体危险犯与抽象危险犯,两者都以对法益侵害的危险为处罚根据,但不同的是,"前者的危险是需要司法上具体认定的,后者的危险是立法上推定的"。[3] 根据危险犯理论分析《修正案》对生产、销售有毒、有害食品罪以及污染环境罪的修改可知,《修正案》分别以"抽象危险犯+情节加重犯"以及"具体危险犯+结果加重犯"的立法模式来应对食品安全问题、环境污染风险。

(一)"抽象危险犯+情节加重犯"立法模式解读

首先,行为犯的处罚根据是法益侵害,行为犯的概念可分解到实害犯与抽象危险犯之中。我国传统刑法理论认为,行为犯"指以法定犯罪行为的完成作为既遂标志的犯罪。这类犯罪的既遂并不要求造成物质性的和有形的犯罪结果,而是以行为完成为标志,但是这些行为不是一着手即告完成的,按照法律的要求,这种行为要有一个实行过程,要达到一定程度"。[4] 典型的行为犯包括脱逃罪,强奸罪,传播性病罪,偷越国边境罪,[5] 窝藏、包庇罪,[6] 非法制造、买

---

〔1〕 陈晓明:《风险刑法之刑法应对》,载《法学研究》2009年第6期。

〔2〕 劳东燕:《公共政策与风险社会的刑法》,载《中国社会科学》2007年第3期。

〔3〕 张明楷:《刑法学》,法律出版社2011年版,第167页。

〔4〕 高铭暄、马克昌:《刑法学》,北京大学出版社、高等教育出版社2011年版,第148页。

〔5〕 参见高铭暄、马克昌:《刑法学》,北京大学出版社、高等教育出版社2011年版,第148页。

〔6〕 参见马克昌主编:《刑法学》,高等教育出版社2003年版,第69页。

卖、运输、邮寄、储存枪支罪;[1]等等。

其一,行为犯并非仅因行为而受到处罚,其处罚根据在于法益侵害结果。"我国《刑法》第 2 条的规定表明,刑法的目的是保护法益。因为各种犯罪都是侵犯法益的行为,运用刑罚与各种犯罪行为作斗争,正是为了抑止犯罪行为,从而保护法益。"[2]从司法实践的视角来看,所有的入罪审查顺序都是一个从结果出发来追溯行为以及行为人的过程,即"将一部记录片倒过来看,从结尾来回逆所发生的事件的全程"。[3] 从该意义上讲,舍去法益侵害结果(实害结果与危险)的行为是没有任何意义的。例如,故意杀人罪中对构成要件的描述仅仅是"故意杀人的",此处的构成要件行为——"杀",包含绞杀、烧杀、枪杀、棒杀、砍杀等方式,不一而足,难以定型,但是舍去行为方式的不同,我们不难发现一点,即具有导致人死亡的高度危险性是"杀"的本质要素。也就是说,我们必须联系结果(致人死亡的危险)来理解行为,行为都是蕴含引起结果危险的行为,舍去结果而单纯观察行为是没有意义的。事实上,立法者在制定法律之际想的是:"我描写的这些行为是社会无法忍受的,我要对这些行为进行谴责;所以我要通过构成要件规定这些行为并惩罚它们。"[4]而被社会所无法忍受的,正是行为所造成的法益侵害结果,立法者为了避免法益侵害结果的发生,才规范人们的行为,来达到回避法益侵害结果发生的目的。据此,行为犯就并非因为行为而受到处罚,其处罚根据应当是对法益造成了侵害结果(实害与危险),行为犯实为法益侵害犯。

从我国传统刑法理论所认可的行为犯概念也可以看出,行为犯必会侵害到法益。我国传统刑法理论认为,行为犯必须要实行到一定程度才告完成,这里的"一定程度"实际上就表征着立法者对法益侵害程度的要求。以被认为属于行为犯的脱逃罪为例,"脱逃罪以行为人达到脱逃了监禁羁押的状态和程度,作为犯罪完成和犯罪既遂成立的标志"。[5] 既然如此,我们就完全可以认为,并

---

[1] 参见阮齐林:《刑法学》,中国政法大学出版社 2008 年版,第 175 页。

[2] 张明楷:《刑法学》,法律出版社 2011 年版,第 26 ~ 27 页。

[3] 黎宏:《行为无价值论与结果无价值论:现状与展望》,载《法学评论》2005 年第 6 期。

[4] Vgl. Claus Roxin, *Offene Tatbestande und Rechtspflichtmerkmale*, Walter de Gruyter & Co. 1970, p. 171.

[5] 高铭暄、马克昌:《刑法学》,北京大学出版社、高等教育出版社 2011 年版,第 148 页。

非行为人一有脱逃行为就马上成立犯罪既遂,只有当行为人脱逃了监禁羁押状态,才是既遂。这里的既遂,显然是以行为造成对监管制度这一法益的侵害结果为标准来加以判断的,法益侵害结果,仍然决定着行为犯的社会危害性程度。

其二,行为犯可以分解入抽象危险犯与实害犯之中。既然犯罪行为的处罚根据是对法益的侵害,那么从这个层面上来看,所有行为都必须引起一定的结果才是可罚的,刑法中所有的犯罪都是结果犯。这里所言的结果,是广义的结果,即不仅包含实害(狭义的结果),也包含引起实害的危险。在广义的结果下,我们可以将犯罪分为实害犯(狭义的结果犯)与危险犯。实害犯是指以造成一定实际损害结果为构成要件的犯罪形态。这里的实害包括物理的、可测量的结果以及无形的、不可测量的结果,前者如故意杀人罪、故意伤害罪中致人死亡与伤害的结果,后者如侮辱罪、诽谤罪中他人名誉权受损的结果。危险犯则是以导致实害结果发生的危险或者说可能性作为犯罪构成要件的犯罪形态,如破坏交通工具罪、危险驾驶罪。

从法益侵害的角度来看,一部分行为犯显然是实害犯。例如,脱逃罪,其与引起物质的、可测量结果的犯罪形态之间的区别仅仅在于,脱逃罪所引起的结果是我们肉眼看不见的、无法测量的结果,但我们不能否认这一结果就不存在。既然如此,传统理论仅仅将结果犯中的结果限定为“物质性的、可以具体测量确定的、有形的损害结果”[1]就显然将无形的、不可测量的但却实际存在的结果排除出了结果的范畴。另外,还有一部分行为犯实际上是抽象危险犯。根据危险犯中的危险是否需要具体判断,危险犯可分为具体危险犯与抽象危险犯。具体危险犯中的危险是需要在司法实践中具体判断的危险,故而法条常以“引起……危险”“足以……危险”的规定来提醒司法工作人员对危险作出具体判断。与此不同,抽象危险犯中的危险是抽象的危险,也就是立法者推定,一经实施行为就会引发的危险,故而从抽象危险犯的法条表述上来看,法条只描述了行为。例如,非法制造、买卖、运输、邮寄、储存枪支、弹药、爆炸物罪,便是被立法者推定,一经实施行为,就会对公共安全造成抽象危险的抽象危险犯。[2] 以

---

〔1〕 高铭暄、马克昌:《刑法学》,北京大学出版社、高等教育出版社 2011 年版,第 148 页。

〔2〕 参见张明楷:《刑法学》,法律出版社 2011 年版,第 621 页。

实害犯与危险犯考察行为犯,除去上述属于实害犯的行为犯之外,被传统理论所认为的非法制造、买卖、运输、邮寄、储存枪支、弹药、爆炸物罪就属于抽象危险犯。

如此一来,行为犯就可以分解入实害犯与抽象危险犯之中。正如付立庆教授所言:“刑法是在法益保护的范围之内来达成保护社会目的的,只有造成现实法益侵害或者有侵害法益危险的行为,才能被认定为犯罪。就此而言,行为犯的概念没有存在空间。”[1]

其次,生产、销售有毒、有害食品罪的基本犯属于抽象危险犯,加重犯则属于情节加重犯,其属于“抽象危险犯+情节加重犯”的立法模式。

生产、销售有毒、有害食品罪的保护法益应当是公共安全。对于“生产、销售有毒、有害食品罪”的保护法益,或者说犯罪客体,我国学界历来主张该罪保护的犯罪客体是复数客体,即“国家对食品卫生的管理制度和不特定多数人的健康、生命安全”。[2] 对于通说的这种主张,笔者仅能有限地表示赞同。因为“国家对食品卫生的管理制度”很难称得上是一种独立的法益:一是因为“国家对食品卫生的管理制度”本身仅是一种手段,仅具有工具理性的价值。规范的根本目的则指向“不特定或者多数人的健康、生命安全”。二是对于其他违反相关行政法规的犯罪行为,尤其是涉及公共安全的犯罪行为,通说并未因为这些犯罪行为同时违反了行政法规,就认定这些犯罪侵害的客体是复杂客体。例如,“交通肇事罪”“危险驾驶罪”“盗窃枪支、弹药罪”等行为,虽然同样违法了相关的行政管理法规,但通说并不因此就认为相关的管理制度是独立的法益。[3] 因此,“生产、销售有毒、有害食品罪”的保护法益只是不特定或者多数人的健康和生命安全,而并不包括抽象的制度性利益。

生产、销售有毒、有害食品罪系“抽象危险犯+情节加重犯”的立法模式。《修正案》将生产、销售有毒、有害食品罪第二个刑档中的“造成严重食物中毒事故或者其他严重食源性疾患,对人体健康造成严重危害”修改为“对人体健康造成严重危害或者有其他严重情节”,将第三刑档中的“致人死亡或者对人体健康

[1] 付立庆:《应否允许抽象危险犯反证问题研究》,载《法商研究》2013 年第 6 期。

[2] 高铭暄、马克昌:《刑法学》,北京大学出版社、高等教育出版社 2011 年版,第 380 页。

[3] 参见高铭暄主编:《刑法专论》,高等教育出版社 2006 年版,第 615 ~617 页。

造成特别严重危害"修改为"有其他特别严重情节"。根据上述对抽象危险犯的论述可知,立法者对该罪基本犯的描述,即"在生产、销售的食品中掺入有毒、有害的非食品原料的,或者销售明知掺有有毒、有害的非食品原料的食品的",显示出该罪属于一经实施行为,就被推定为具备法益(公共安全)侵害抽象危险性的抽象危险犯。当然,随着危险的扩大与发展,有些抽象危险会进一步升级为具体危险(紧迫的危险),有些甚至最终现实化为实害结果,为了分层级应对风险,立法者在生产、销售有毒、有害食品罪的第二个、第三个刑档即加重刑档中,以"其他严重情节""其他特别严重情节"的方式创造出了情节加重犯,并最终形成了"抽象危险犯+情节加重犯"的立法模式。

最后,"抽象危险犯+情节加重犯"的立法模式,代表着立法者规制食品安全犯罪的新理念。立法者将生产、销售有毒、有害食品罪的基本犯定为抽象危险犯,[1]代表着立法者对食品安全风险进行了最为严厉的管控。结果是危险的实现,从抽象危险(一般性危险)到具体危险(紧迫的危险)再到结果,是整个因果关系的发展流程。而立法者之所以要规定抽象危险犯,则是出于对食品安全风险的提前管控。在现代社会,人们面临着环境风险、经济风险、文化风险、技术风险等风险,这些风险一旦转变为现实损害,将造成不可估量的、延续性的、难以恢复的实害后果。与传统刑法注重惩治对个人生命、健康、财产造成实际损害的行为不同,在风险刑法中,倘若等到风险转变为实害之后才对行为进行处罚显然为时已晚。为了避免这种情形,行为人实施具有一般性危险(抽象危险)的行为时,刑法就应当介入进来,此时,抽象危险犯就代表着刑法的提前介入,即"抽象危险犯的构成要件设置是一种对于法益的提前而周延的保护,也可以说是对法益保护的前置化措施"。[2]

应当注意的是,这种提前介入是以最为严厉的措施——刑罚为后盾的,可以说,这既是为了提前保卫法益,也是为了实现积极的一般预防,即"将预防的重点转移到普通民众,旨在通过刑罚来增强民众对规范的信赖与忠诚。刑法之所以规定抽象危险犯,在于以最为严厉的制裁方式促成一般民众信赖规范、遵

---

〔1〕 参见张明楷:《刑法学》,法律出版社2011年版,第653页。

〔2〕 王皇玉:《论贩卖毒品罪》,载《政大法学评论》2005年第84期。

守规范的意识”。[1]

实际上,风险越有可能引起严重的实害后果,立法者对风险的管控就越提前。生产、销售假药罪的基本犯原被规定为“生产、销售假药,足以严重危害人体健康的”,《修正案》将其修正为“生产、销售假药的”,这意味着,与生产、销售有毒、有害食品罪一样,立法者都采取抽象危险犯的方式来管控假药与有毒、有害食品所带来的风险。与此不同,生产、销售不符合安全标准的食品罪的基本犯却仍然是“生产、销售不符合食品安全标准的食品,足以造成严重食物中毒事故或者其他严重食源性疾病的”,即以具体危险犯的方式来管控不符合安全标准食品所带来的风险。显然,立法者是基于与不符合安全标准的食品相比,假药与有毒、有害食品能够给公共安全造成更大损害的考量,将生产、销售假药罪与生产、销售有毒、有害食品罪规定为抽象危险犯,以期在风险尚处于抽象状态之际就施以控制,从而最大限度地保护法益。

立法者将生产、销售有毒、有害食品罪第二刑档的后果改为情节,省去了检察机关对因果关系的证明责任,在起到便利诉讼作用的同时,也加大了对食品风险的规制力度。应当看到,近年来,劣质奶粉、“苏丹红”辣酱、毛发酱油、石蜡火锅底料、瘦肉精、毒大米、地沟油等“问题食品”之多、涉及范围之广、造成恶果之重,已到了令人谈“食”色变的地步。而在三鹿奶粉案件[2]之中,之所以对田文华论以生产、销售伪劣产品罪,主因便是自其有犯罪故意后,检察机关无法证明其与实害后果之间的因果关系。但是,以生产、销售伪劣产品罪加以处罚,由于其最高刑罚是无期徒刑,故而与生产、销售有毒、有害食品罪的最高刑罚死刑相比,对于犯罪的震慑力度显然有所减弱。正是在这一背景下,立法者用“其他严重情节”“其他特别严重情节”这一情节加重犯的立法方式,将给人身法益带来的实害后果,转化为案中情节,从而省却了公诉机关对因果关系的证明责任。

应当说,情节犯是立法基于对现实的关注而诞生的一种犯罪类型,其最大的特点就在于该制度是对现实的关注——社会生活的复杂性和多变性与法律

---

〔1〕 苏彩霞:《“风险社会”下抽象危险犯的扩张与限缩》,载《法商研究》2011年第4期。

〔2〕 相关案件简介与分析,参见方勇:《评析“三鹿奶粉系列案”中田文华等人犯罪行为》,载《四川警察学院学报》2009年第4期。

局限性和稳定性之间存在某种不可调和的矛盾。[1] 我国著名刑法学家高铭暄教授在解释为何刑法中存在大量的情节犯时说道,这"主要是考虑到条文规定得过细过死,缺乏必要的灵活性,反而容易发生偏差。因此,某些条文不得不规定得原则一些,概括一些,这样适应性就可大一些,运用起来可灵活一些,便于因地制宜,因时制宜"。[2]

根据《食品安全解释》,"其他严重情节"都属于对人身法益的具体危险,只要证明行为人实施了《食品安全解释》中的行为,就可以证明该行为所引起的具体危险。从成立基本犯所要求的抽象危险,到成立情节加重犯所要求的具体危险,再到实害结果,体现出分层规制风险的司法新理念。具体而言,《食品安全解释》第6条第1项是有关生产、销售金额的规定,而之所以要求一定的金额,是为了划定对具体危险的判断标准。显然,鉴于实践中有毒、有害食品在生产、销售环节的成本的低廉性,生产、销售达到20万元以上不满50万元的有毒、有害食品,就足以给人身法益带来具体危险;同条第2项虽然调低了数额,但是"时间较长"的要件仍然象征着对具体危险的要求;同条第3项中的"婴幼儿食品"这一特殊的犯罪对象则征表着该行为对人身法益的具体危险;同条第5项对"毒害性强"与"含量高"的要求,同样是对具体危险的征表。

这表明,与基本犯属于抽象危险犯不同,情节加重犯中的"加重情节",形式上属于省却因果关系证明责任的"案中情节",但是实质上却属于由抽象危险升级而来的给人身法益所造成的具体危险。在司法实践中,只要检察机关证明了行为人实施了《食品安全解释》第6条中的行为,就证明了该行为所造成的具体危险,其举证责任即告完成,也就是说,该解释第6条是实践中赖以判断具体危险的标准。显然,相较于证明行为与实害结果之间的因果关系,检察机关的证明责任大为减轻。一方面,如此规定更有利于管制食品安全风险,另一方面,也体现了规制风险的新理念,即从抽象危险,到具体危险,再到实害结果三层级的理念设计,体现出对风险在各个发展阶段的有效管控,从而使刑法规范更加机动而灵活地在每个风险发展阶段起到保护法益、保卫社会的作用。这一司法理

---

〔1〕 参见李翔:《形势政策视野中的情节犯研究》,载《中国刑事法杂志》2005年第6期。

〔2〕 高铭暄:《中华人民共和国刑法的孕育和诞生》,法律出版社1981年版,第134页。

念无疑具有很大的价值,从而值得引起我们的注意。

(二)"具体危险犯+结果加重犯"立法模式解读

首先,《修正案》对污染环境罪作出修正后,污染环境罪的保护法益应当是独立的生态法益(也称环境法益)以及人的生命、健康、财产。旧条文要求"环境污染罪"的成立需要"造成环境污染事故,致使公私财产遭受重大损失或者人身伤亡的严重后果",但修改后新的条文只要求"严重污染环境"即可成立"污染环境罪"。对"公私财产遭受重大损失或者人身伤亡的严重后果"则并未提及。这里首先便带来了一个疑问——"污染环境罪"的保护法益是否已经由公共安全转变为纯粹的环境法益自身?这直接关系到环境犯罪的本质。对于这个问题,曾在大陆法系的德国和日本引起较大的争议,最近在我国也有学者展开了讨论。在大陆法系国家,围绕环境犯罪的本质或者说是环境犯罪的保护法益主要有三种观点:

第一种观点是生态的法益论。该观点认为,生态学意义上的环境本身,即空气、土壤、水、植物本身就是环境犯罪的保护法益。该观点背后的伦理思想是环境本位主义。第二种观点是人类中心的法益论。该观点认为,环境本身不是法益,只有当对环境的侵害间接侵害到人的生命、健康、自由、财产等利益之时,环境才被赋予保护的必要。该观点背后的伦理思想是人类中心主义。第三种观点是生态学的人类中心的法益论。这种观点是对以上两种观点的折中。[1]

以上关于环境犯罪的本质或者说环境犯罪保护法益的立场,是一种应然的立场,是作为立法者在进行立法决策时的参考。对于实证法秩序而言,更重要的是对具体规范的分析。结合我国的立法以及相关司法解释,可以认定"环境污染罪"的保护法益既包括独立的生态法益也包括人类的生活利益。可以说我

---

〔1〕 关于生态法益、人类中心主义,环境法益、环境本位主义,以及生态学的人类中心的法益论及其背后的伦理观念变迁,参见侯艳芳:《环境刑法的伦理基础及其对环境刑法新发展的影响》,载《现代法学》2011 年第 4 期;贾济东:《环境犯罪立法理念之演进》,载《人民检察》2010 年第 9 期;王勇:《环境犯罪立法:理念转换与趋势前瞻》,载《当代法学》2014 年第 3 期;蒋丽霞:《生态刑法的价值理念》,载《黑龙江生态工程职业学院学报》2008 年第 2 期;杨华:《生态环境的保护与刑法功能完善》,载《云南民族大学学报》(哲学社会科学版)2008 年第 2 期;张明楷:《外国刑法纲要》,清华大学出版社 2007 年版,第 656 ~ 657 页;[日]中山研一、神山敏雄、齐藤丰治、浅田和茂:《环境刑法概说》,成文堂 2003 年版,第 11 ~ 16 页。

国的立法选择了上述折中的立场。

一是就时间先后上而言,发达国家业已将生态法益作为环境刑法中独立的法益加以保护,我国理论界也早已出现将独立的环境法益作为污染环境罪保护法益的呼声。自工业革命以来,人类社会的经济发展经历了由粗放式到集约式的转变,尤其是20世纪中叶以来,西方环境刑法发展的一个进步性标志在于,其将独立于具体个人利益却又关系人类生存以及可持续发展基础的生态法益作为独立的保护法益确立下来。例如,德国的罗克辛(Roxin)教授认为,“不仅是人的生命健康应当通过环境得到保护,使之免受危险的威胁,而且保护植物和动物的多样性,以及保护一个完整的自然,也都是属于一个符合人类尊严的生活内容的,因此是能够融入一个与人类需要相关的法益概念之中的”[1]理念。以之为指导,德国开始在刑法典中将保护生态学意义上的环境作为独立的法益加以保护,1980年与1994年德国《刑法典》关于环境犯罪的规定,即体现了环境法益新表达机制的要求,环境刑法实现了由人类为中心的环境法益向适度承认环境法益独立品性的变化。

但是,德国刑法也并未采取“一刀切”的方法,而是针对不同的环境要素(土地、水、大气)对人类的重要性以及自净能力,而分别规定了针对环境法益的抽象危险犯以及具体危险犯,并以此调节刑法介入的时间与对不同环境要素保护力度的层级。例如,德国《刑法典》第324a条第1项就是规制污染土地行为的抽象危险犯,而第325条第1项便是规制污染空气行为的具体危险犯,甚至有学者提出了积累犯(Kumulationsdelikte)的概念,并据此认为第324条属于积累犯。如德国学者库伦(Kuhlen)认为,水污染罪的罪状描述是“未经许可污染水域或对其品质作不利的改变”,这表明若将法益看作水体的生态机能,则无论是污染或者“非不显著”的不利变化,通常都不构成生态机能的实害,连抽象危险的程度都达不到。然而这些个别来看无危险的行为若不被制裁,就可能被大量实行,最终可能积累导致水体机能的破坏。因此,水污染罪创设了一个新的犯

〔1〕［德］克劳斯·罗克辛:《德国刑法学总论·犯罪原理的基础构造》(第1卷),王世洲译,法律出版社2005年版,第18页。

构成要件行为类型——积累犯。[1] 其观点得到了学者黑芬德尔(Hefendehl)的认同。[2] 这表明,重视对生态环境法益的保护,是德国环境刑法的一个特征。

此外,采取附属刑法模式的英美国家,也在部分附属刑法中突出了对环境法益的保护。例如,英国《污染控制法》第 31 节第 7 条规定:“任何人引起有毒、有害物质进入水体,引起水污染的,应判处不超过二年的监禁或罚金,或二者兼有”。显然,英国也将环境法益作为独立的法益保护。[3] 可以说,“各个国家尽管在立法视点及层次上还存有差别,但均已不同程度地摒弃传统的保护人类法益的立法模式,开始把环境法益提高到与人类利益同等重要的高度加以刑法的调整”。[4]

在以上背景下,早在 2001 年我国刑法学家王世洲教授就已经明确,应当“以‘生态环境’的观念来考虑环境犯罪问题,就可能在人的生命健康和财产还没有直接受到侵害的时候,对危害自然环境的污染采取刑法措施。很明显,把‘生态环境’作为刑法保护的法益,一方面提高了生态环境的法律价值,另一方面可以避免环境污染发展到给人的生命健康和财产安全造成损失的程度上加以惩治的无奈,从而提高环境保护的水平”。[5]

二是我国立法顺应世界潮流,在修正之际,在仍然保留生命、健康、财产这些法益的基础上,明确将生态法益作为污染环境罪所独立保护的法益。先从立法上来看,“严重污染环境的”表述,已经确立了独立于人的生态学的环境法益是本罪所保护的法益这一点。因为,《刑法》分则条文对具体犯罪的规定,或明或暗、或直接或间接地揭示了其保护的法益内容,而通过对行为对象的分析,则有助于我们确定法益。例如,《刑法》第 221 条规定:“捏造并散布虚伪事实,损害他人的商业信誉、商品声誉……”显然,该罪所保护的法益是商业信誉与商品

---

〔1〕 Lothar Kuhlen, Der Handlungserfolg der Strafbaren Gewässerverunreinigung(§ 324 StGB), in: GA 1986, S. 395.

〔2〕 Roland Hefendehl, *Kollektive Rechtsgüter im Strafrecht*, Carl Heymanns Verlag KG · Köln · Berlin · Bonn · München 2002, S. 182.

〔3〕 参见钱小平:《环境刑法立法的西方经验与中国借鉴》,载《政治与法律》2014 年第 3 期。

〔4〕 杨春洗、向泽选、刘生荣:《危害环境罪的理论与实务》,高等教育出版社 1999 年版,第 98 ~ 99 页。

〔5〕 王世洲:《德国环境刑法中污染概念的研究》,载《比较法研究》2001 年第 2 期。

声誉。再如,《刑法》第254条规定:"国家机关工作人员滥用职权、假公济私,对控告人、申诉人、批评人、举报人实行报复陷害的……"从其中的行为对象也可以看出,该罪保护的法益是控告人、申诉人、批评人与举报人的民主权利。[1] 据此,"严重污染环境的"表述中,通过行为对象"环境"二字,我们完全可以认为,立法者关于环境犯罪的立法理念已经从过去的人类中心主义价值观,转变为环境本位价值观。人类赖以生存的生态环境是人类长期繁衍生存、可持续发展的基础,"也就是说,环境资源本身成为了刑法所要保护的对象,具有刑法上独立意义与价值,之所以设立环境犯罪,在于保护环境本身"。[2]

司法解释也将生态法益作为污染环境罪的独立保护法益看待。《环境污染解释》第1条第1项规定,"在饮用水水源一级保护区、自然保护区核心区排放、倾倒、处置有放射性的废物、传染病病原体的废物、有毒物质的",构成"严重污染环境"。在这款司法解释中,"自然保护区核心区"的规定可以说是明确肯定了独立的环境法益需要受到保护这一点。另外,该解释第4项规定利用"溶洞"排放污染物的,成立犯罪,其中的"溶洞"也属于自然生态中独立于人的重要的资源型环境要素。

三是污染环境罪的保护法益明显不限于"环境法益"自身。这可从司法解释的态度中一窥端倪。在最高人民法院、最高人民检察院《环境污染解释》第1条第6项到第13项关于"严重污染环境"的认定中,明显是围绕着人的生活、生产以及一般公众的生命健康和财产展开的。而且根据该司法解释第3条的规定,在污染环境罪中的"后果特别严重"的认定中,除第11项"其他后果特别严重情形"外,剩下的第1项到第10项同样是关涉人的生活、生产以及一般公众生命健康和财产的规定。结合司法解释的相关规定,应当说,虽然我国污染环境罪的保护法益包括独立的环境法益自身,但是总体上环境污染罪仍然以人的利益为最终导向。[3]

其次,作为污染环境罪基本犯的规定——"严重污染环境的",应当被理解为具体危险犯,原因如下:

---

〔1〕 参见张明楷:《刑法分则的解释原理》,中国人民大学出版社2011年版,第351~352页。

〔2〕 王勇:《环境犯罪立法:理念转换与趋势前瞻》,载《当代法学》2014年第3期。

〔3〕 参见钱小平:《环境法益与环境犯罪司法解释之应然立场》,载《社会科学》2014年第8期。

一是修改后的污染环境罪并非狭义的结果犯(实害犯)。我国刑法学者侯艳芳博士认为:“较之于 1997 年刑法规定,《刑法修正案(八)》调整了污染环境罪的犯罪构成要件,不要求行为‘造成重大环境污染事故,致使公私财产遭受重大损失或者人身伤亡的严重后果’,只要行为‘严重污染环境’即成立犯罪。该规定将环境法益作为独立的法益进行保护,降低了入罪门槛。必须明确的是,污染环境罪要求具备‘严重污染环境’要件,其既遂形态为结果犯。”〔1〕首先可以明确的是,上述学者所称的结果犯就是狭义的结果犯,即实害犯。但是,如果此罪果真为结果犯,那么不可能是针对人身法益的结果犯,因为立法者在修改条文之际,明确删除掉了致使人身法益、财产法益受损的结果要件,那么,此处的结果犯,理当是针对环境法益的结果犯。但是,如果要求造成环境污染的结果,则会过于加重公诉机关的证明责任,这不仅与降低入罪门槛,省却公诉机关证明责任的修法初衷相违背,也直接与司法解释相背离。因为《环境污染解释》第 1 条第 1 项到第 5 项都仅规定行为实施到一定程度即告完成犯罪,而并不要求给环境法益造成了实害结果。例如,根据该解释第 1 条第 1 项,只要在饮用水水源一级保护区内排放有毒物质,哪怕该有毒物质被自然降解而未形成对环境的实害,也将构成污染环境罪。显然,将修改后的污染环境罪理解为结果犯的观点直接与司法解释相抵触。

二是修改后的污染环境罪也并非行为犯。如上所述,我国传统刑法理论中的行为犯,一部分属于未造成物质性、有形性结果的实害犯,一部分属于抽象危险犯。据此可知,我国大多数学者将污染环境罪理解为行为犯,实际上指的就是抽象危险犯,即一实施司法解释第 1 条第 1 项至第 5 项所规定的行为,犯罪就告完成的犯罪形态。〔2〕但是,《环境污染解释》中第 1 条第 1 项至第 5 项,并非

---

〔1〕 侯艳芳:《风险社会中环境犯罪既遂形态的立法思考》,载《山东大学学报》(哲学社会科学版)2013 年第 2 期。另外认为污染环境罪属于结果犯的相关论述,参见李劲:《重大污染环境事故罪构成要件新探》,载《渤海大学学报》2011 年第 5 期;汪维才:《污染环境罪主客观要件问题研究——以〈中华人民共和国刑法修正案(八)〉为视角》,载《法学杂志》2011 年第 8 期。

〔2〕 认为污染环境罪属于行为犯的学者,请参见李岸曰:《新“重大环境污染罪”属结果犯、危险犯还是行为犯》,载《环境保护》2011 年第 11 期;王勇:《从〈刑法〉修订看中国环境犯罪立法观转变》,载《环境保护》2011 年第 7 期。此外,我国实务部门则倾向于将该罪理解为行为犯。参见徐隽:《两高发布司法解释,剑指环境污染案件取证难、鉴定难、认定难:污染环境入罪门槛降低》,载《人民日报》2013 年 6 月 19 日版;李凌翌:《环境犯罪:从“结果犯”变成“行为犯”》,载《成都日报》2013 年 8 月 26 日版。

抽象危险犯，因为通过其污染对象“饮用水水源一级保护区”“自然保护区核心区”，排放量以及排放手段等处可以看出，司法解释并非在产生对环境的抽象危险时就介入进来，而是在对环境法益产生了一定程度的危险，即具体的危险之际，才动用刑罚的手段加以规制。例如，根据《水污染防治法》及其细则的规定，饮用水水源保护区一般分为一级保护区与二级保护区，必要时还可增设准保护区。此外，国家还在河川上游的水源地区设置了水质影响区、水源涵养区，而司法解释在众多区域中摘选出一级保护区，这显然是因为向一级保护区投放污染物的，才能产生对环境法益紧迫而具体的危险。也就是说，司法解释并非只考虑行为而不评价对环境法益的危险程度，只有行为达到给环境法益造成具体危险的程度，刑法才会介入并加以规制。否则，会导致对环境法益的过度保护而遏制必要的经济发展，以及损害刑法的人权保障机能。又如，《自然保护区条例》将自然保护区分为核心区、缓冲区和实验区，从而按照环境要素的重要性形成层级，司法解释只选取核心区加以规定，也是因为只有向核心区投放污染物的行为，才会导致环境法益具体而紧迫的危险。

三是我们应当将污染环境罪的基本犯理解为具体危险犯。具体危险犯中的危险是需要司法机关具体判断的危险，但是鉴于环境污染问题的专业性与复杂性，《环境污染解释》在第1条之中，统一规定了判断具体危险的标准。这样一来，只要司法机关能够证明某行为符合该标准，便可证明其行为造成了具体的危险，从而成立犯罪。

如上所述，《环境污染解释》第1条第1项规定了污染物的排放地点，第2项规定了危险废物的排放量，第3项同样是对污染物排放量的规定，第4项则是对污染环境手段的要求，这些都是司法机关在判断行为对生态法益造成具体危险之际的具体判断标准。而第6项“致使乡镇以上集中式饮用水水源取水中断12小时以上的”规定，显然也并非对人身法益造成的实害结果，而是对人身法益的具体危险。因为我国乡镇往往较县城中心地区较远，某些偏远地区甚至与城市隔离度很高，而12小时断水意味着人体12小时之内无法得到水源补给，无论从医学上还是法学上来看，都会造成人身健康受损的具体而紧迫的危险。此外，就第7项所规定的“基本农田”而言，根据《基本农田保护条例》，是指满足一定时期人口和社会经济发展对农产品的需求而必须确保的耕地最低需求量,那么,使其永久性破坏的行为,也会导致使人因为无法得到食物补给而产生身体损害的具体危险;第8项对森林、林木或者幼树死亡数量的要求,也是为了让司法机关在判断行为是否给生态法益造成具体危险之际有标准可依;第10项对疏散人数的规定也是如此,因为疏散的人数达到一定数量之际,由于食物、饮用水补给压力增大,卫生防疫压力增大,很有可能导致被疏散群众无法得到及时的食物补给,且有可能出现疫情传播,从而对人身法益造成具体危险。

如此看来,对人的健康以及财产法益造成的实害结果只有第1条第9项、第11项、第12项、第13项,除去第1条第14项兜底条款之外,只接近整个第1条所规定项数的1/3。应当说,污染环境罪的基本犯在本质上仍然是具体危险犯而非狭义的结果犯(实害犯)或者行为犯。

需要补充说明的是,将"严重污染环境的"理解为具体危险犯,与刑法的文理并不抵触。因为行为是刑法的客观基础,我国刑法规制的是犯罪行为,基于法律用语的简明明确性,"……的"后面所修饰的"行为"二字被省略,但是这丝毫不妨碍我们按照"的行为"去理解法条表述。例如,"故意杀人的行为,处……""故意伤害他人身体的行为,处……""过失致人死亡的行为,处……"如果我们将"严重污染环境的"理解为"严重污染环境的行为",就可以明确一点,即污染环境罪规制的并非仅仅从事后来看对环境所造成的实害结果,而是完全能够包含从行为时来看,有可能导致环境受到严重污染的具体危险。既然如此,我们就完全可以将此罪的基本犯理解为具体危险犯。其实,"'严重'+动词+名词"的立法用语并非一定指的是实害结果,而完全可以指一种可能性,即危险。例如,《修正案》修改之前的第294条组织、领导、参加黑社会性质组织罪规定:"组织、领导和积极参加以暴力、威胁或者其他手段,有组织地进行违法犯罪活动,称霸一方,为非作恶,欺压、残害群众,严重破坏经济、社会生活秩序的黑社会性质的组织的,处三年以上十年以下有期徒刑",这其中的"严重破坏经济、社会生活"并不仅仅指该组织已经造成了经济与社会生活秩序严重破坏的结果,而是只要某组织有可能严重破坏经济、社会生活即具备给经济、社会生活的正常秩序带来具体危险的特征即可。这表明,我们不能僵化地理解"'严重'+动词+名词"的立法用语结构,而是要结合具体犯罪来加以理解。

值得注意的是,张明楷教授认为《环境污染解释》存在将结果犯擅自修改为行为犯的问题。其论述道,《刑法》第338条所要求的“严重污染环境”,并不是对行为本身的规定,而是对结果的要求。换言之,仅有“违反国家规定,排放、倾倒或者处置有放射性的废物、含传染病病原体的废物、有毒物质或者其他有害物质”的行为,并不直接构成污染环境罪,只有当这种行为造成“严重污染环境”的结果时,才能以犯罪论处。然而,《环境污染解释》的上述规定,将受过一次行政处罚后再次实施相同行为的情形,直接认定为“严重污染环境”的结果。这不仅没有区分行为与结果,而且直接取消了结果要素,显然不符合罪刑法定原则。[1] 但是,广义的结果显然包含具体的危险,如果我们将“严重污染环境的”理解为有可能导致环境受损的具体危险,继而将《环境污染解释》理解为供司法工作人员具体判断、并赖以证明该危险是否存在的证明标准(符合行为便具备具体危险),就既可以避免司法解释擅自将结果犯修改为行为犯的批判,又可以省去司法工作人员对环境污染实害结果与污染行为间因果关系的证明责任,从而大为便利诉讼。

最后,经修改后的污染环境罪属于“具体危险犯+结果加重犯”立法模式。污染环境罪的加重刑档是“后果特别严重的”,其应当被理解为结果加重犯。因为危险犯也可以有结果加重犯,即行为人基于危险基本犯行为而导致加重结果的情形,[2]这主要与危险犯的犯罪停止形态理论相关联。犯罪既遂的标准是犯罪构成要件的齐备,具体标志为法定危险结果的出现,[3]或者法定的危险结果的出现。[4] 那么,在危险犯既遂之后所进一步规定出现实害结果时的加重处罚的犯罪形态,就只能是结果加重犯。例如,《刑法》第114条规定了放火罪,其既遂形态就与实害结果无关,在行为人造成危险状态之后由于其意志以外的原因或者主动消除危险都只能构成既遂,而非未遂或者中止。[5] 由于《刑法》第114条规定的是具体危险犯,第115条规定的是实害犯,而造成具体危险后又避免实害结果出现的,只能成立第115条的犯罪中止,我们就应当认为,第115条是

〔1〕 参见张明楷:《简评近年来的刑事司法解释》,载《清华法学》2014年第1期。
〔2〕 参见王志祥:《论结果加重犯的构造》,载《北方法学》2009年第1期。
〔3〕 参见鲜铁可、周玉华:《试论危险犯的未遂犯》,载《法学杂志》1998年第6期。
〔4〕 参见叶高峰、彭文华:《危险犯研究》,载《郑州大学学报》2000年第6期。
〔5〕 参见马克昌:《犯罪通论》,武汉大学出版社1999年版,第202页。

第 114 条的结果加重犯。又如,我国《刑法》第 116 条、第 117 条、第 118 条分别规定了破坏交通工具罪、破坏交通设施罪、破坏电力设备罪、破坏易燃易爆设备罪,但都属于"尚未造成严重后果的"具体危险犯。与此相对,第 119 条所规定的以实害后果为构成要件的犯罪形态,就当然属于第 116 条、第 117 条以及第 118 条的结果加重犯。[1] 由此可知,"具体危险犯 + 结果加重犯"的立法模式完全可以存在于我国刑法之中,只不过第 114 条与第 115 条,第 116 条、第 117 条、第 118 条与第 119 条所分别规定的具体危险犯与结果加重犯分属两个立法条文,而污染环境罪中的具体危险犯与结果加重犯在一个条文中而已。

立法者之所以规定"具体危险犯 + 结果加重犯"的立法模式,是因为具体危险已经是侵害法益的紧迫危险,再往前发展一步,便是实害结果。既然如此,立法者如此规定,就体现出一个刑法理念,即针对环境污染的风险而言,从行为对生态法益或者人身、财产安全产生具体危险之际,刑法便开始介入。但是,从具体危险到实害结果是两个不同层级,在立法者为了提前预防具体危险而创制了具体危险犯之后,其为了对产生实害后果从而具备更高社会危害性的行为加大处罚力度以实现积极的一般预防,就进一步创设了结果加重犯。

三、生产、销售有毒、有害食品罪与污染环境罪的司法适用

由于我国采取的是"定性 + 定量"的立法模式,犯罪概念的定量因素是我国刑法的创新,[2] 即犯罪行为不仅需具备社会危害性,该社会危害性还必须达到严重的程度——值得用刑法加以规制的程度方,才成立犯罪。为了掌握这一"度"的要求,司法实践必须遵照司法解释来加以操作。正因如此,继《修正案》对生产、销售有毒、有害食品罪以及污染环境罪作出修改之后,最高人民法院、最高人民检察院于 2013 年相继出台了与食品安全、环境污染相关的两个司法解释。其中,《食品安全解释》第 6 条是对"严重情节的"解释(兜底条款为"其他情节严重的情形"),第 7 条是对"致人死亡或者其他特别严重情节的"解释,

---

〔1〕 参见阮齐林:《刑法学》,中国政法大学出版社 2008 年版,第 392 ~ 395 页。

〔2〕 参见储槐植:《我国刑法中犯罪概念的定量因素》,载《法学研究》1988 年第 2 期。

而《环境污染解释》第1条(兜底条款为“其他严重污染环境的情形”)以及第3条(兜底条款为“其他后果特别严重的情形”)是分别针对“严重污染环境”与“后果特别严重”的解释。至少在笔者看来,司法解释在解决问题的时候,也带来了亟须回答的两个问题:一是如何理解上述第6条与第7条,第1条与第3条之间的兜底条款。例如,生产、销售金额达到30万元,但是生产、销售时间特别长的,是属于“严重情节”还是“特别严重情节”?又如,非法排放废物100吨的,是属于《环境污染解释》第1条中的“其他严重污染环境的情形”,还是属于第3条的“其他后果特别严重的情形”?二是如何看待《环境污染解释》中的空档区。[1]

(一)两个解释中兜底条款的司法适用

首先,无论是立法还是司法解释,兜底条款的设置是必要的。兜底条款是指刑法对犯罪的构成要件在列举规定以外,采用“其他方式、方法、手段”这样一种立法方式所作的规定,以避免列举不全。因此,兜底条款在本质上属于概括性规定,亦被我国学者称为堵漏条款。[2] 在司法实践中,由于案件的复杂性、多样性,尤其在公害类案件中,随着经济社会的发展,犯罪手段也势必不一而足。故而,司法解释不可能以列举的方式穷尽所有值得处罚的情形,为了保障刑法的社会适应性,发挥其防卫社会的最后一道防线的作用,司法解释中也大量存在着兜底条款。既然如此,立法与司法解释中的兜底条款就既能实现刑法的社会保护机能,又可以发挥法官的自由裁量权,避免绝对明确的刑法规范所可能产生实质的不平等。因此,在一定条件下,兜底条款是明确性原则必不可少的内容。[3]

尤其在涉及食品安全类犯罪以及环境污染类犯罪之中,随着经济与科学技术的发展,一些有毒、有害物质以及污染物质不断增多,犯罪对象、时间、地点、

---

〔1〕 例如,有学者批判《环境污染解释》,其认为,该解释中的“后果特别严重”成为“受害人数的简单分配与累加,极有可能出现个人法益侵害加重下的空档区。参见钱小平:《环境法益与环境犯罪司法解释之应然立场》,载《社会科学》2014年第8期。

〔2〕 参见陈兴良:《刑法的明确性问题——以〈刑法〉第225条第4项为例的分析》,载《中国法学》2011年第4期。

〔3〕 参见丁华宇:《刑法中的堵截性条款研究》,载《河南师范大学学报》(哲学社会科学版)2009年第6期。

手段不断变化,司法解释很难穷尽列举所有的“其他严重情节”“其他特别严重情节”“严重污染环境的”“后果特别严重的”情形。因此,十分有必要以概括性条款代替列举式规定,从而兜底条款有着特殊的重要性。正是在这一背景下,《食品安全解释》第 6 条第 6 项存在“其他情节严重的情形”的兜底条款,第 7 条以生产、销售金额 50 万元以上以及援引同解释第 4 条作为“其他特别严重情节的”解释,而第 4 条第 5 项则存在“其他特别严重的后果”的兜底条款。同理,《环境污染解释》第 1 条第 14 项是“其他严重污染环境的情形”的兜底条款,第 3 条第 11 项是“其他后果特别严重的情形”的兜底条款。如此一来,在司法实践中如何适用以上两对四条兜底条款,就成为我们所面对的难题。

其次,生产、销售有毒、有害食品罪中的“其他特别严重情节”除去生产、销售金额 50 万元以上的情节外,应当仅限于导致人身损害的实害后果。

一是虽然情节的外延大于结果,但是我们应当对生产、销售有毒、有害食品罪第三个刑档中的“其他特别严重情节”中的“情节”作限缩解释。“情节犯中的‘情节’从内容上看,是一个包含诸多因素的综合指数,包括的范围比较广。一般而言,犯罪手段、犯罪时间、犯罪地点、犯罪环境、犯罪结果、犯罪对象、犯罪次数、犯罪动机、行为人主观恶性等,均可纳入其中。”[1]“情节”的外延远远大于结果,从文义上看,“情节”完全可以包含“结果”。但是,如上文所述,生产、销售有毒、有害食品罪属于“抽象危险犯 + 情节加重犯”的立法模式,而情节加重犯实质上属于对人身法益所造成的具体危险,从抽象危险到具体危险再到实害结果,体现出分层次规制风险的刑法理念。既然生产、销售有毒、有害食品罪的基本犯属于抽象危险犯,而隶属于第二刑档的“其他严重情节”实质上属于具体危险犯,那么,隶属于第三刑档的“其他特别严重情节”就理当属于已经给法益造成实害结果的实害犯。如此一来,我们就应当将第三刑档中的“情节”(除去生产、销售金额 50 万元以上)作限缩解释,即将其限缩解释为实害结果。

二是司法解释实际上也是将第三刑档中的“情节”限缩解释为结果。《食品安全解释》第 7 条援引同解释第 4 条加以说明“其他特别严重情节”,而同解释

---

〔1〕 叶高峰、史卫忠:《情节犯的反思及其立法完善》,载《法学评论》1997 年第 2 期。

第4条第1项、第2项、第3项、第4项都规定的是对人身法益所造成的实害结果。[1] 而第5项中的"其他特别严重的后果"中的"后果"两字业已表明,第5项只不过是对于"其他"对人身造成实害结果的兜底条款而已。不属于实害结果的情节,显然不再属于第三刑档中的"其他特别严重情节"。

据此,生产、销售金额只要未超过50万元,而又不属于《食品安全解释》第6条第1项至第5项的行为的,不论其行为生产、销售有毒、有害食品的时间多长,生产的非食品原料的毒害性再大、含量再高,都不再属于第三刑档中的"其他特别严重情节",而只能够按照第二刑档处罚。当然,处罚的前提是该行为符合《食品安全解释》第6项的兜底条款——"其他情节严重的情形"。值得注意的是,对于"其他"的解释,应当遵循同类解释规则,即"当刑法语词含义不清时,对附随于确定性语词之后的总括性语词的含义,应当根据确定性语词所涉及的同类或者同级事项予以确定"。[2] 根据同类解释规则,应当将概括式规定中的"其他",理解为与已列举行为"属于同一性质且危害相当的行为"。[3] 据此,倘若某行为并不具有与《食品安全解释》第6条第1项到第5项相当程度的社会危害性,则不能论以兜底条款加以处罚。

最后,不应仅将《环境污染解释》中第3条第11项"其他后果特别严重的情形"理解为对人身法益造成的实害结果,其还应当包括对生态法益所造成的实害结果。[4] 如本文已经揭示的,污染环境罪采取了"具体危险犯+结果加重犯"的立法理念,或许是为了顾及现阶段国情,平衡经济发展,该罪相较于生产、

---

〔1〕 最高人民法院、最高人民检察院2013年5月2日颁布的《食品安全解释》第4条规定:"生产、销售不符合食品安全标准的食品,具有下列情形之一的,应当认定为刑法第一百四十三条规定的'后果特别严重':(一)致人死亡或者重度残疾的;(二)造成三人以上重伤、中度残疾或者器官组织损伤导致严重功能障碍的;(三)造成十人以上轻伤、五人以上轻度残疾或者器官组织损伤导致一般功能障碍的;(四)造成三十人以上严重食物中毒或者其他严重食源性疾病的;(五)其他特别严重的后果。"

〔2〕 梁根林:《刑法适用解释规则论》,载《法学》2003年第12期。

〔3〕 张建军:《论刑法中兜底条款的明确性》,载《法律科学》2014年第2期。

〔4〕 在刑法上,对于生态法益造成实害结果的标准如何确定,是一个值得研究的问题。至今,认为污染环境罪属于结果犯的学者也并未说明什么才是对环境造成的实害结果,是以"不可逆""无法自然降解""永久性损害""治理成本巨大"等条件为标准,抑或者是别的标准?由于刑法所规制的行为都是具有严重社会危害性的行为,故而刑事违法性的程度高于行政违法性,在刑法中提出与行政法所不同的判断环境污染实害结果的独立标准十分有必要。但可惜的是,在笔者所查阅资料的范围内,尚未发现有刑法学者明确界定污染环境的实害标准为何。

销售有毒、有害食品罪所采取的“抽象危险犯 + 情节加重犯”的立法模式,在规制风险上而言,力度较弱,且法定刑较低。但毫无疑问的是,《修正案》已经彰显出了将独立的生态法益作为法益加以保护的理念,这可以说是一大进步。既然与人相对独立的生态法益以及与人有关的人身法益、财产法益都属于污染环境罪的保护法益,《环境污染解释》第 1 条在对“严重污染环境”进行解释之际,就自然会将引起对生态法益具体危险的行为,以及引起对人身法益、财产法益具体危险的行为都列入其中,从而提醒司法工作人员参照该标准来判断具体危险。这既使得司法实践中对具体危险的证明有标准可依(只要证明其实施了司法解释中的具体行为即可),又省却了修改前公诉机关对因果关系的证明责任。从这个角度来看,该司法解释有着重大的实践价值。

根据以上逻辑来考察《食品安全解释》第 1 条第 14 项的“其他严重污染环境的情形”与第 3 条第 11 项“其他后果特别严重的情形”可知,“其他后果特别严重的情形”理当包含对生态法益的实害结果。因为从给生态法益或者人身法益、财产法益所造成的具体危险,到给生态法益或者人身法益、财产法益所造成的实害结果,正体现了一个立法者规制风险的层级关系。况且,既然生态法益属于污染环境罪的保护法益,我们就不能将对其造成的实害结果排除出“其他后果特别严重的情形”的范围。如此看来,对“其他后果特别严重的情形”的理解,就应当按照同类解释规则,将其理解为与同条第 1 项、第 2 项、第 3 项具有相同社会危害性的情形。这样一来,如果排放危险废物数量巨大,严重超出国家标准排放污染物,在饮用水水源一级保护区倾倒有毒物质质量巨大,都存在超出该解释第 1 条第 14 项的范畴,从而按照第 3 条第 11 项兜底条款处罚的可能。

(二)《环境污染解释》中“空档区”问题的解决

相较 2006 年最高人民法院发布的《环境污染解释》,2013 年的《环境污染解释》第 1 条之中,除去第 1 项到第 5 项是完全新增的规定,其他规定均可以从 2006 年的解释中找到影子。例如,第 1 条第 7 项到第 9 项是直接沿用于 2006 年解释而来,第 6 项与第 10 项到第 13 项则是降低原有标准后而来。新解释第 3 条所规定的 11 种加重情节,有的与 2006 年解释第 2 条、第 3 条所列事项的标准一致,有的则降低了标准。正是对标准的修改导致新司法解释存在学者所认为的两个“空档区”。

例如,钱小平博士认为:其一,"受害人数的简单分配与累加,极有可能出现个人法益侵害加重下的空档区。假若在一起污染事故中,导致 34 人中毒的结果,且其中仅 3 人轻伤、1 人重伤,就同时符合了第 1 条第 11 项(致使 30 人以上中毒)、第 12 项(致使 3 人以上轻伤)、第 13 项(致使 1 人以上重伤)之要求,同时存在三项并列的人身法益侵害结果,此时法益侵害已明显加重,但却因无法达到第 3 条第 6 项(100 人以上中毒)、第 7 项(10 人以上轻伤)、第 8 项(3 人以上重伤)所规定的加重人数,而只能适用基本犯之规定"。[1] 其二,"从规范的形式来看,《解释》第 3 条第 9 项原本意在将第 1 条第 12 项之'致三人以上轻伤、轻度残疾或器官组织损伤导致一般功能障碍的'以及第 13 项之'致使一人以上重伤、中度残疾或器官组织损伤导致严重功能障碍的',合并为一项加重情节,即表明在同时具备致人轻伤与重伤时,存在加重的法益侵害,应当适用更高的法定刑,但第 3 条第 9 项却无端提高了轻伤人数,由 3 人升至 5 人以上,人为制造出在 1 人重伤且 3 ~ 4 人轻伤的加重法益侵害情形下仍适用基本犯法定刑的空档区"。[2]

首先,针对上述因为法益侵害人数增加所形成的人数空档,即不符合《环境污染解释》第 3 条第 6 项、第 7 项、第 8 项中的任何一项,但是却分别符合第 1 条第 11 项、第 12 项、第 13 项 3 项规定的,完全可以按照第 3 条的兜底条款加以处罚,但是只满足第 1 条第 11 项、第 12 项、第 13 项的其中两项的,就无法按照第 3 条的兜底条款加以处罚。

一是因为如上所述,《环境污染解释》第 3 条第 11 项"其他后果特别严重的情形"属于对人身法益、财产法益与生态法益造成实害后果的兜底条款。既然如此,就不妨碍我们将针对人身法益所造成的实害结果,纳入第 11 项兜底条款的范畴之中。

二是仔细分析《环境污染解释》中第 1 条与第 3 条之间的社会危害性差异的倍比关系,就可以发现,司法解释以 3 倍作为法定刑升高标准。"《刑法》第 13 条所称的社会危害性,就是指行为对法益的侵犯性,即《刑法》第 13 条所列

---

〔1〕 钱小平:《环境法益与环境犯罪司法解释之应然立场》,载《社会科学》2014 年第 8 期。

〔2〕 钱小平:《环境法益与环境犯罪司法解释之应然立场》,载《社会科学》2014 年第 8 期。

举的行为对国家法益、公共法益以及公民个人法益的侵犯性……行为对法益的侵犯性包括对法益的侵害性与威胁性(危险性)。"[1]由此可知,衡量社会危害性的最主要标准,便是法益侵害程度。如上所述,就污染环境罪而言,立法者采取了"具体危险犯+结果加重犯"的模式来保护生态环境与人身以及财产安全,而《环境污染解释》第 1 条主要规定了司法工作人员对具体危险(只有第 9 项、第 11 项、第 12 项、第 13 项是对财产与人身造成的实害结果)的判断标准。在诉讼过程中,只要证明行为人实施了司法解释所规定的行为,就可以证明其行为所造成的具体危险,从而完成公诉机关的证明责任。既然具体危险会演变为实害结果,轻的实害结果也可以加重,那么,立法者自然会根据一定的标准,来加以判断某行为何时已经超出"严重污染环境"的范畴,而应当属于"后果特别严重"的情形。

对比《环境污染解释》第 1 条第 7 项、第 8 项、第 9 项、第 10 项、第 11 项、第 12 项、第 13 项与第 3 条第 2 项、第 3 项、第 4 项、第 5 项、第 6 项、第 7 项、第 8 项可知,司法解释大体是按照行为所导致的财产损失、转移群众、受伤与中毒人数的 3 倍,来作为衡量社会危害性增高,从而以第二刑档加以处罚的标准。之所以说大体,是因为第 1 条第 9 项与第 3 条第 4 项、第 1 条第 11 项与第 3 条第 6 项、第 1 条第 12 项与第 3 条第 7 项之间的倍比数为 10∶3,即略大于 3。此外,考察稍稍先于《环境污染解释》颁布的《食品安全解释》,也可以发现以 3 倍作为刑档升高依据的线索。例如,《食品安全解释》第 2 条对"人体健康造成严重危害"的解释中,第 4 项的规定包含"造成 10 人以上严重食物",第 4 条第 4 项含有"造成 30 人以上中毒"的规定,而第 7 条正是援引第 4 条来解释"其他特别严重情节"的。

如果以财产损失、转移群众、受伤与中毒人数的 3 倍,[2]来作为衡量社会危

---

[1] 张明楷:《刑法学》,法律出版社 2011 年版,第 90 页。

[2] 值得注意的是,本文所提出的 3 倍只是判断社会危害性增高至加重刑档的一个量化标准,该标准仅限于污染环境罪的基本犯与加重犯之间,而不具有普适性,更非绝对,因为刑法学很难"量化"。例如,我们都知道,未遂犯与不能犯的区别在于有无客观危险的存在,当一个行为根本不具有导致法益侵害的危险之际,便是不能犯。据此,倘若子弹从被害人 3 米外擦过,我们认为危险是存在的,但是倘若子弹距离被害人 10 米、20 米、30 米、100 米,又有无危险呢?又如,德国法院在一起使用浓硫酸抢劫的案件中,认定浓硫酸可以被评价为凶器,我国法学界亦如此认为。但是,多大浓度的硫酸可以被评价为凶器呢?如果认为 90%、80%、70% 浓度的硫酸属于凶器,那么 65%、52%、47% 浓度的硫酸又如何评价呢?可见,刑法学中的概念很难"量化",这也就是本文只将 3 倍作为一个大体衡量标准的原因所在。

害性增高至第二刑档的标准的观点可以成立,那么,在一起污染事故中,如果导致34人中毒的结果,且其中仅3人轻伤、1人重伤,同时符合第1条第11项(致使30人以上中毒)、第12项(致使3人以上轻伤)、第13项(致使1人以上重伤)之要求,同时存在三项并列的人身法益侵害结果的话,虽然因无法达到第3条第6项(100人以上中毒)、第7项(10人以上轻伤)、第8项(3人以上重伤)所规定的加重人数,而无法适用第3条第6项、第7项、第8项,但是却完全可以根据3倍标准来对上述行为以第3条的“其他后果特别严重的情形”加以处罚。因为上述行为已经分别满足了第1条中的3项——第11项、第12项、第13项,其社会危害性已经翻了3倍,从而完全达到了应受加重处罚的程度。当然,需要指出的是,如果某行为只满足第1条中的两项,则因为其社会危害性并未达到翻3倍的要求从而无法按照加重刑档加以处罚。例如,倘若一起污染事故导致80人中毒,7人轻伤,或者9人轻伤、1人重伤的,就因为只分别满足第1条第11项、第12项以及第1条第12项、第13项而并不导致其社会危害性加重3倍,从而只能在基本犯的量刑幅度内加以处罚。

其次,《环境污染解释》第1条第12项与第3条第9项之间,存在1人重伤和3~4人轻伤的空档区,对于引起该后果的行为,只能按照基本刑档加以处罚。钱小平博士认为,第3条第9项是对第1条第12项、第13项的合并,“但第3条第9项却无端提高了轻伤人数,由3人升至5人以上,人为制造出在1人重伤且3~4人轻伤的加重法益侵害情形下仍适用基本犯法定刑的空档区”。[1]笔者认为,这一“空档区”并非无法解释,更非不合理的处罚漏洞。正如本文已经揭示的,在污染环境罪中,司法解释大体是按照3这一倍比数来划分基本刑档与加重刑档的,这从对“严重污染环境”的解释与对“后果特别严重”的解释的相关数字中可以看出。既然如此,制定司法解释的人也是大体按照这一倍比数来制定相关条文的,按照这一逻辑,既然第3条第9项已经规定了第1条第13项中的内容——“致使1人以上重伤、中度残疾或者器官组织损伤导致严重功能障碍”,为了保持社会危害性增高3倍的比例,在其并列内容之中,就理应将第1条第12项所规定的“致使3人以上轻伤、轻度残疾或者器官组织损伤导

---

〔1〕 钱小平:《环境法益与环境犯罪司法解释之应然立场》,载《社会科学》2014年第8期。

致一般功能障碍的"人数,大体再翻两倍。这便是"致使 5 人以上轻伤,轻度残疾或者器官组织损伤导致一般功能障碍的"规定的由来。如此一来,第 3 条第 9 项的社会危害性就相当于符合第 1 条第 13 项一次,再加上符合同条第 12 项两次的程度,从而完成达到相较于第 1 项中的单个一项,其社会危害性大体翻 3 倍的程度。

按照以上逻辑反观第 3 条第 9 项的规定,其并非"无端"将第 1 条第 12 项的轻伤人数由 3 提高到了 5,而是根据社会危害性程度加以计算得来的合理规定。既然如此,若某行为导致 1 人以上重伤,并 3 ~4 人轻伤的,就只能够按照基本犯的刑档进行处罚。当然,相较于仅仅导致 1 人以上重伤的行为,该行为的量刑应当加重。

最后,需要注意的是,《环境污染解释》中的上述两个"空档区",并非法律漏洞。法律漏洞的通常定义是:以整个现行法律秩序为标准的"违反计划的非完整性"。[1] 法律漏洞与立法目的相悖,其所导致的直接后果是处罚漏洞,即无法处罚应当受到处罚的行为。正因如此,我们才要通过解释来使法律变得更加合理。如果司法解释中的具体条文,导致应罚的某行为无法受到处罚,或者无法按照与其相应的社会危害性受到处罚,那么,该司法解释也便是不合理的,这或许可以称作"司法解释漏洞"。但是,上文已经证明,司法解释的制定者以 3 倍作为基本犯与加重犯社会危害性的倍比数。根据这一社会危害性程度的比例,如果某行为符合第 1 条之中的两项而又不满足第 3 条中的第 1 ~10 项,就无法按照第 3 条的兜底条款处罚;如果某行为符合第 1 条中的 3 项或者以上,而又不满足第 3 条中的第 1 ~10 项的,就完全可以按照第 3 条的兜底条款加以处罚;对于致使 1 人以上重伤,并使 3 ~4 人轻伤的行为,则只能够按照基本犯的刑档处罚。如此一来,上述"空挡区"就并不违背司法解释制定者的目的,更非不合理的存在,而是完全可以通过解释而分别适用于《环境污染解释》第 1 条、第 3 条的情形。

---

〔1〕 [德]伯恩 · 魏德士:《法理学》,丁晓春、吴越译,法律出版社 2003 年版,第 362 页。

四、结　　语

本文的基本结论有两个：一是就立法模式而言，为了发挥刑法保护法益的机能，以便提前规制风险，保卫社会，《修正案》针对生产、销售有毒、有害食品罪与污染环境罪分别创设出了“抽象危险犯＋情节加重犯”“具体危险犯＋结果加重犯”的立法模式，从而分别在加重犯与基本犯之中，省却了公诉机关对危害行为与实害结果之间因果关系的证明责任。随后跟进的司法解释也给司法工作人员提供了判断具体危险的标准（只要证明其有司法解释所规定的行为，即可证明其行为所带来的具体危险），并以兜底条款的方式概括规定了未穷尽之事项。这一套“组合拳”不仅彰显出在公害犯罪中，以风险发展不同阶段，分层级抗制风险的刑法理念，也给司法实务提供了明晰的可操作标准，继而大为便利诉讼，有效解决了“取证难、鉴定难、认定难”的问题。

二是应当分别遵循上述立法模式，并以同类解释规则对司法解释中的兜底条款进行解释。《食品安全解释》第 6 条第 6 项“其他情节严重的情形”包含与前列举项具有相当社会危害性的，征表对人身法益造成具体而紧迫危险的行为。生产、销售有毒、有害食品罪中的“其他特别严重情节”除去生产、销售金额 50 万元以上的情节外，应当仅限于导致人身损害的实害后果。我们应当对此处的“情节”作限缩解释。《食品安全解释》第 1 条第 14 项“其他严重污染环境的情形”应当解释为征表对生态法益或者人身安全造成具体危险的行为，其第 3 条第 11 项“其他后果特别严重的情形”不仅应理解为对人身法益造成的实害结果，还应当包括对生态法益所造成的实害结果。《环境污染解释》中因人数不同所形成的“空档区”可以通过合理解释而得到解决。

本文虽尝试性地将两罪结合起来进行研究，并在总结出两个立法模式的基础上，围绕着两个司法解释对两罪的司法适用问题提出了自己的见解，但是如何更为合理有效地规制食品安全与环境污染风险，仍然是风险刑法中所未竟的课题。另外，鉴于不同环境要素的自净能力以及不同污染物的降解机制都不相同，如何合理界定污染环境罪中对生态法益所造成的实害结果，因尚属理论空白从而亟待研究。

书评

结构—制度分析还是关系/事件分析？
——读《调解、法制与现代性：中国调解制度研究》*

丁　轶**

内容摘要：关系/事件分析是学界为了克服结构—制度分析的内在缺陷而提出的一种研究中国调解制度的新路径。这种研究路径以事件为中心、以叙事为手法，具有动态性的特征。但是，由于该路径深受后现代主义的影响，它既无法有效回答事件背后的诸多结构性问题，又无法为具体的研究提供确定性和方向性，大体上仍然属于社会科学中的"解读传统"，只能在微观层面的经验研究中发挥作用。进而，在认清关系/事件分析之内在限度的基础上，唯有将结构—制度分析与关系/事件分析加以有机结合和有效互补，才有可能正确认识当代中国的调解制度及其实践，为法律社会学的健康发展提供必要的方法论支持。

关键词：关系/事件分析　结构—制度分析　后现代主义　局限性

一、引　言

一个无法否认的事实是，调解这一旨在化解纠纷的制度设置长期以来就被看作中国法律所特有的一项传统。为此，围绕该制度的演变和实践所生产出来的知识成果可谓数不胜数。尤其当我们考虑到，在当代中国，执政党曾一度将

---

* 本文系教育部人文社会科学研究青年基金"制度创新视野下的地方社团立法试验机制研究"（15YJC820008）、中国法学会课题"立法主体扩容背景下的地方立法重复及其规制问题研究"（CLS2017D06）、东北财经大学校级课题"辽宁社团管理体制创新中的制度化保障问题研究"（DUFE2017Y19）阶段性成果。

** 中国海洋大学法学院副教授。

这种制度实践奉为圭臬,在司法领域中极力推崇所谓的“大调解模式”时,对于这项制度的研究似乎就在通常的学理之外,又被赋予了更多的现实意义。

然而,无论我们赋予这项制度以何种色彩,也无论我们围绕哪个方面来研究它,有一个问题却是任何一个研究者都无法回避的,这便是我们到底应该选择什么样的视角或者切入点来认识它? 换言之,通过何种路径,我们才能够更好地理解、研究中国的调解制度? 相比于围绕调解所展开的其他争论,上述问题理应具有更大的关注度和重要性,因为研究工具在逻辑上毕竟是先于研究对象的。也正是在这个意义上,一本十多年前出版的论文集《调解、法制与现代性:中国调解制度研究》(以下简称《调解》),就在这个知识大爆炸的时代,又重新赢得了人们的眼球。

本文并不旨在对《调解》一书做整体性的评论。毋宁是,针对该书编者强世功所提出的一种不同于文化解释和功能解释的研究中国调解制度的替代性路径——关系/事件分析,本文将首先考察这种分析路径的产生背景及其理论特点,进而通过与结构—制度分析路径的一系列对比,来合理把握关系/事件分析在具体应用中的局限性,从而在这个基础上对中国的调解制度能够形成一种更为深入的认识与洞察。

二、“文化解释”与“功能解释”之间的调解研究

从性质上来看,调解无疑属于一种不同于审判的纠纷解决模式。如果说后者侧重于严格制度约束(这主要体现为刑事、民事、行政领域内的实体法和诉讼法)下的规则化运作,以“建立在由国家垄断并最终由国家暴力保障实施的行政权力的基础上,从沟通过程的外部植入或强加的,与沟通或交往不具有构成性联系”为特征,[1]继而体现出了某种典型的“强制”色彩的话;那么,在后者中,尽管并非完全无章可循,但就基本的运行原理而言,实则赋予了当事人以极大的自由选择余地,因为“调解人只是将当事人召到一起并且用自愿和解的方式

[1] 参见张洪涛:《调解的技术合理性》,载《法律科学》2013 年第 2 期。

帮助他们调和争议"。[1] 而在这个过程中,当事人可以就争议的来龙去脉、适用规则、举证责任乃至于调解人的资格认定进行全方位的沟通与博弈,进而由于调解"通过人们对论辩过程的普遍、平等的了解和平等、对称的参与而确保在议题之选择和最好信息、最好理由之接纳这两方面的自由",[2] 它自然就被人们理所当然地视为一种充分体现出了"合意"本色的纠纷解决模式。

实际上,上述的审判与调解,即强制与合意的二分框架,是西方学界普遍采用的研究路径和理论视角。不过,一旦将纠纷解决的方式置于这样一个变化于两端的领域之中,我们就会发现,审判与调解间的二分法已经在不经意间预设了某种价值评判标准,借用季卫东先生的话来说,即"说起现代的审判,立刻会让人想起耶林(Rudolf von Jhering)所描绘的为权利而奋起斗争的当事人的形象,同时也会产生对作为其对立面的调解的批判图式"。[3] 换言之,由于法制现代化在本质上倾向于通过法律的不断再生产和实施来力图实现一种"规则之治"(rule of law),耶林意义上的那种"为权利而斗争"的口号和以法院、法官、法条为中心的司法审判模型自然便会格外深入人心。这是因为,正是通过以审判为核心的强制性解纷模式的有效运行,个体的权利和义务才会不断得到明晰和细化,法律的支配地位和法律人的统治局面亦才真正确认和稳固下来。相比之下,由于调解主要运行于当事人面对面的交往场合,以常理人情、伦理道德、实质正义、习俗民约为主,既不遵循法律程序的严格约束,又不以辨明是非为唯一宗旨,而是具有极大的裁断恣意性和自由裁量性,从现代化的角度来看,审判必然是要优位于调解的,如果一个国家的纠纷解决模式仍然以调解为主,那就证明这个国家的法制现代化水平仍然处于落后阶段。

然而,上述论断对于中国同样适用吗?实际上,将审判和调解置于如此二分的二元对立框架,本身就是一种特定的"文化解释"的产物,而这又涉及对于现代化理论的具体理解。诚如邓正来先生所言,所谓的"现代化框架",其实不

---

〔1〕 [美]E. 博登海默:《法理学:法律哲学与法律方法》,邓正来译,中国政法大学出版社 2001 年版,第 401 页。

〔2〕 [德]哈贝马斯:《在事实与规范之间》,童世骏译,生活·读书·新知三联书店 2003 年版,第 282 页。

〔3〕 强世功:《调解、法制与现代性:中国调解制度研究》,中国法制出版社 2001 年版,第 42 页。

外乎包含了两个假设:其一,当下世界的所有国家都可以根据西方现代化所取得的成就而被界分为传统社会和现代社会,这便是人所熟知的“传统—现代”两分观;其二,人类历史注定沿着单一轨道发展,此一轨道由前后相续、性质严格区别的阶段构成。而依据上述“传统—现代”两分观,这种发展就表现为由传统社会向现代社会的进化。[1] 显然,根据这种理解,现代化理论蕴含了明显的“西方中心主义”色彩,它其实是那些出身于西方文化的西方学者们,在预设了某些对他们而言不言而喻的概念框架和价值判准的基础上,试图对异质文化加以理解和建构时的一种辅助工具而已。由此出发,便会自然而然地把审判与调解做对立的二元处理,将前者视为现代社会的产物和法制现代化的终极目标,而将后者看作传统社会的标志和法制现代化的落后阶段。于是,按照这种套路,由于在中国的儒家文化中,“儒家的价值观强调的不是个人的权利而是社会秩序的调节、群体的存续”,而“诉讼代表着对人类事务中存在的自然和谐的破坏……使人好讼而无耻,只关注自身利益,从而有损于社会的利益”,[2] 自然,以“无讼”“和谐”为至高理想的中国社会,便被毫无疑问地归入到了传统社会的行列中,甚至于在1949年以后亦是如此,因为共产党的调解制度与实践,实际上不过是传统中国的调解技术及其理念的现代翻版,“纵然在儒教和‘毛泽东思想’之间存在重大差别,但两种主流意识形态显然都对诉讼没有兴趣,并且都高度倚重‘批评—教育’、自我批评和‘自愿’”,[3] 这便是以柯恩(Jerome A. Cohen)为代表的“文化解释”进路的基本结论,其论文题目《现代化前夕的中国调解》,其实已经在不经意间流露出了这种文化上的自信与偏见。

与“文化解释”不同,“功能解释”反倒对中国的调解制度给予了同情的理解。比如,在郭丹青(Donald C. Clarke)看来,有关纠纷解决的理论建构不一定要围绕强制与合意的二分框架展开,除此之外,“外部解纷方式”和“内部解纷方式”也是一条值得关注的理论线索。根据他的界定,在“外部解纷方式”中,介入

---

[1] 参见邓正来:《中国发展研究的检视——兼论中国市民社会研究》,载《中国社会科学季刊》1994年第8期。对于现代化理论的谱系学分析,参见丁轶:《徘徊于学术与政治之间——政治发展理论的知识社会学分析》,载《云南行政学院学报》2012年第1期。

[2] 强世功:《调解、法制与现代性:中国调解制度研究》,中国法制出版社2001年版,第95页。

[3] 强世功:《调解、法制与现代性:中国调解制度研究》,中国法制出版社2001年版,第116页。

其中的第三方“除了起到纠纷解决者的专门作用外，与双方都没有特殊的关系”，换言之，“纠纷解决者对双方个人或集体的财富没有自己的利益”；相比之下，在“内部解纷方式”中，“纠纷解决者具有权威并不是因为其作为纠纷解决者的专门作用，而是因为其与纠纷双方有某些特殊的关系”，换言之，“双方的利益直接对纠纷解决者的利益产生影响”。〔1〕

于是，按照“功能解释”的思路，我们可以发现，无论是在传统时期还是在毛泽东时代，调解都更近似于一种内部解纷方式而非外部解纷方式，因为从事调解活动的第三方，无论是传统时期的乡绅、长老、保长、里正还是毛泽东时代的警察、官员、共产党员、共青团员、工会积极分子、劳动模范，由于与当事人要么处于相同的同质化社群中，要么在计划经济下的单位社会里具有潜在的等级命令关系，这就导致在大量的调解案件中，文化解释想当然地所预设的那种纯粹的“合意”模式其实并非广泛存在，相反，“争执双方在否决‘调解’的解决方案时并不完全自由，而纠纷的解决者在强加一个‘裁断’的解决方案时也不是完全自由的”。〔2〕 这种内部解纷方式的一大优点便在于，由于在合意机制中嵌入了一定程度的强制性因素，它可以有效避免外部解纷方式容易产生的对社会净损失最小化缺乏考虑，最终带来高额交易费用的缺陷。相反，通过对于适用规则和标准的灵活选择，以及对于个人成本与社会成本的恰当考虑和平衡，它反倒可以带来节约交易费用、提升社会总体资源配置效率的良好功效。显然，在文化解释看来与现代社会格格不入的调解制度及其实践，反倒在功能解释的透视镜下焕发出了巨大的经济学优势。

三、为什么要诉诸于关系/事件分析？

实际上，无论是文化解释还是功能解释，在性质上均属于结构—制度分析的范畴之内。所谓的“结构—制度分析”，其实就是一种试图将对于社会事实的因果解释还原为客观结构与制度发生作用的理论路径。自然，这种路径就与以

---

〔1〕 强世功：《调解、法制与现代性：中国调解制度研究》，中国法制出版社2001年版，第378～379页。

〔2〕 强世功：《调解、法制与现代性：中国调解制度研究》，中国法制出版社2001年版，第380页。

行动者为核心的研究进路形成了鲜明的对比——如果说后者将研究重心集中在了个体的主观判断、选择、决策和博弈上,更为关注具体的策略使用和偏好表达,更为重视行动者之能动性的话;那么,前者则更为关注外在于主体的结构性和制度性因素的作用,将个体的行为选择看成是他在既有的社会结构与制度的约束和影响之下所必然采取的某种反应和应对,换言之,"不同的制度运作体系影响行动'策略'的选择和其有效性,策略的变化方向和幅度遵循一定的制度逻辑"。[1] 在结构—制度分析的意义上,我们就可以更好地理解文化解释和功能解释在研究中国调解制度时的共同思路:一方面,在文化解释中,人们之所以青睐调解而不是审判作为纠纷解决的首要选择,其根本原因就在于不同于现代价值观的儒家文化仍然构成了中国社会的基本结构,它使任何人都无法摆脱"无讼""和谐"等价值观念的支配性作用,从而导致了迥异于合意机制的强制机制(审判)迟迟无法成为主流的纠纷解决方式。另一方面,在功能解释中,尽管调解受到了更为温和的对待,但结构—制度分析的影子仍然清晰可见——作为内部解纷方式的调解之所以值得肯定,完全是由全能主义的政治结构和计划经济的制度安排所决定的,因为只有在这种客观结构和制度的影响和支配下,看似平等主体之间的私人联系才会带有浓厚的命令色彩和强制意味,才能保证私人纠纷合意解决的个人收益会与社会收益大体相等。

不过,当时针悄然拨动到后毛泽东时代时,新的问题似乎又产生了。暂且不论文化解释与功能解释孰优孰劣的问题,这两种理论进路能否对新时期的调解活动给出合理的解释呢? 一方面,这个时期无疑是一个拨乱反正、全面改革的时代,屡受政治运动冲击的人民法院及其司法审判活动开始逐渐恢复,相应的法律人共同体亦在迅速成长中,而随着立法的不断完善和普法的逐渐深入,以权利话语为中心的诉讼活动呈现出了井喷式的增长之势;另一方面,随着意识形态的世俗化和经济改革的市场化,组织化调控的单位社会模式开始日渐解体,那种试图将所有关系化约为指令计划的社会整合手段早已退出历史舞台,代之以契约式的人际关系和多元化的观念体系。文化解释和功能解释得以各自立论的前提显然均遭到了严重的侵蚀,而正是在这个基础上,一种不同于上

[1] 张静:《基层政权:乡村制度诸问题》,上海人民出版社 2007 年版,第 12 页。

述两种解释、更不同于结构—制度分析的新研究框架——关系/事件分析便粉墨登场了。

那么,何谓关系/事件分析?在强世功看来,所谓的"关系/事件分析",就是"将'事件'和围绕事件、构成事件的一系列权力关系结合起来分析,这种方法具备了'谱系学'的某种特征。正是通过对权力关系的分析,使得'事件'与总体权力关系的'配置'发生了关联"。[1] 详言之,这种理论认为,无论是将中国的调解制度看成为一种文化传统还是一种政治意识形态,都没有对调解本身给出合理的理解。相反,只有将作为研究对象的调解理解为一种特殊的、处于权力关系中的"历史事件"才能真正回答与之相关联的一系列问题。比如,在后毛泽东时代的调解实践中,国家与社会之间是怎样产生具体关联的?这种相互作用的过程又对调解实践的参与者产生了什么样的影响?他们又使用了何种资源来进行回应?显然,对于上述问题,传统的文化解释和功能解释都无法给出满意的回答。究其具体原因则有如下两点:

首先,虽然传统的文化解释进路和功能解释进路也预设了国家与社会的二分,但是这种框架却具有比较大的限度,即"我们将国家与社会仅仅理解为制度和组织结构及其运作逻辑,从而在研究转型中的社会秩序时,如果用吉登斯(Giddens)的话来说,用'制度分析'遮蔽了'策略的行为分析'"。[2] 这里就涉及一个更为关键的问题:如何理解国家?文化解释和功能解释进路在研究中国调解制度及其实践时往往预设了一个宏大的总体性国家,这样一来,无论是政府官员还是地方精英都成了某个固定制度的代表者,而这样的分析最终都将落入静态的结构分析中。相反,深受后现代思潮影响的关系/事件分析则主张通过"策略分析"来解构国家:"我们甚至可以说根本就不存在'国家'这样的实体,存在的只是微观的策略性权力关系,'国家'不过是这种微观的策略性权力关系所形成的'权力技术'或'支配策略'显示出来的'总体效果'而已,这些策略性权力构成了福柯(Foucault)所谓的流变的、弥散的'毛细形式的权力'。这种'策略'分析所要否定的恰恰是隐含在'国家与社会的互动关系'中的总体

[1] 强世功:《调解、法制与现代性:中国调解制度研究》,中国法制出版社 2001 年版,第 208 页。

[2] 强世功:《法制与治理——国家转型中的法律》,中国政法大学出版社 2003 年版,第 340 页。

性、中心化的权力观”。[1] 这样,调解中原本处于支配一方的总体性国家就被解构为在具体事件中由各种权力技术和策略所显示出来的“总体效果”,而通过这种解构,现实生活中与制度密切相关的种种更为真实和鲜活的实践、关系就可以被揭示出来。

其次,关系/事件分析的主张者们还认为,由于文化解释和功能解释进路都将注意力集中在了对于制度规则的关注上,因此,在它们的阐述中就完全忽视了一个重要的因素:人。那么,这是一种什么样的“人”呢?“当然,我们所说的‘人’并不是法律所建构的、作为一个客观标准的、模式化了的‘人’,比如公法理论中的‘公民’、私法理论中的‘民事主体’和司法实践中所强调的‘理性人’。而是处于现实社会中的具体的人,在具体事件中灵活多变的、有血有肉的且永远不可能完成的社会行动者。正是由于这些人在每一个事件中的种种策略性选择,我们的法律,无论是国家法还是民间法,才不再简单地是约束社会行动的规则,而是人们在进行选择时可供利用的资源。”[2] 在某种意义上,这是关系/事件分析最重要的一个特点:正是通过对于“人”的关注,它才能够将注意力集中在“事件”“策略”这样的焦点上。由此我们就发现了传统的分析进路(文化解释和功能解释)与关系/事件分析间的一条重要分界线:前者认为既定的制度、结构约束了社会行动者的选择和策略;而后者则主张制度是被处于既定场域中、具有一定惯习具体行动者所选择的权力资源,并且,结构也非固定的,相反,它时刻都处在不断地解构、建构和再生产过程中。

因此,我们可以说,关系/事件分析致力的目标就在于,通过扬弃国家与社会二分框架中预设的那种根深蒂固的制度与知识的结构性力量,来力争还原一个更为真实的制度实践图景。在这幅图景中,占据主体地位的将不再是惯常意义上的制度规则,而是处于权力关系网络中、使用各种权力策略并将制度作为选择资源的社会行动者。

---

[1] 强世功:《法制与治理——国家转型中的法律》,中国政法大学出版社 2003 年版,第 340 ~ 341 页。

[2] 强世功:《调解、法制与现代性:中国调解制度研究》,中国法制出版社 2001 年版,第 555 页。

四、作为叙事对象的调解事件

如果我们把关系/事件分析放在一个更为广阔的理论背景下来看待就会发现，这种研究进路的提出，事实上是当代中国法律社会学研究者试图重新认识当代中国社会转型（以及国家转型）过程，而在研究方法层面所采取的一次有意义的理论尝试。而这种研究工具实际上取自于社会学界，尤其是在关系/事件分析与李猛早年提出的权力技术分析以及孙立平等人近几年所倡导的、以过程—事件分析为核心的“实践社会学”[1]之间存在紧密的亲和性。

以过程—事件分析为例，事实上，这种分析框架指的就是这样一种社会分析方法，“它试图摆脱传统的结构分析或制度分析方法，从社会的正式结构、组织和制度框架之外，从人们的社会行动所形成的事件与过程之中去把握现实的社会结构与社会过程”。[2] 换言之，针对结构分析或者制度分析中所存在的静态、僵化等缺陷，过程—事件分析将焦点集中在了若干事件上，并通过对这些事件过程的动态分析来力图揭示被结构所遮蔽了的某些实践的独特逻辑，“是在把实践弄死的地方重新激活它，让实践真正成为一种实践的状态”，而通过对于事件及其过程的综合关注，事件性过程就把“实践状态浓缩和集中了，因而包含了更多的信息”。[3] 可以说，这种理论的产生是中国社会学最近30年发展的必然结果。我们注意到，自20世纪80年代社会学重建以来（甚至可以说自20世纪初期社会学被引入中国以来），在中国社会学界长期占据主流地位的研究框架基本上都是些结构—制度取向的框架，如历史唯物主义、功能主义（或结构功能主义）、新制度主义、社会系统论、社会协调运行论，非结构—制度取向的研究框架（如社会交换论、理性选择理论、现象学社会学）只是在近年来才逐渐得

---

〔1〕 对于这种“实践社会学”的具体阐述，参见孙立平：《实践社会学与市场转型过程分析》，载《中国社会科学》2002年第5期；孙立平：《社会转型：发展社会学的新议题》，载《开放时代》2008年第2期。另见郭于华：《转型社会学的新议程——孙立平“社会断裂三部曲”的社会学述评》，载《社会学研究》2006年第6期。

〔2〕 谢立中：《结构—制度分析还是过程—事件分析？》，社会科学文献出版社2010年版，第239页。

〔3〕 孙立平：《实践社会学与市场转型过程分析》，载《中国社会科学》2002年第5期。

到了人们的特别关注和探讨。[1] 正是建立在这种理论背景下,过程—事件分析的提出就具有了格外重大的理论意义。同时,在上述基础上,我们也同样可以发现关系/事件分析与过程—事件分析间的联系以及这种路径对于研究中国调解制度的独特意义。

首先,关系/事件分析的运用者们也都高度重视事件对于理解研究对象的重要性。我们看到,无论是强世功、杨柳还是赵晓力,他们都将"调解"理解为一系列的历史事件而非某种既存的结构。究其根源,这实质上是源于当代中国社会转型的特殊性与复杂性。众所周知,1978 年以来中国社会的转型是在一个独特的背景下展开的:这种转型一方面是在国家的主导下进行的,另一方面社会在某些领域又自发产生了诸多重要的变化;同时,这种转型又是在政体和意识形态均没有发生重大断裂的情况下开始的,为了规避原初制度结构的约束,在转型过程中势必存在诸多非正式规则运作的空间,尤其是在实践层面。[2] 这样,在对中国社会转型的分析中,国家与社会间的互动是如何进行的就成为了一个重要的研究课题。尤其当我们考虑到,当代中国的调解制度既不同于美国的 ADR 运动,又不同于中国传统的民间调解,而是在国家的强势介入下具有很强的公权力色彩时,分析国家与社会间关系的具体运作过程似乎对于中国调解制度研究而言就显得尤为必要。这也正是将调解研究转化为"事件"研究的重要原因。

确实,现在看来,1996 年 11 月 18 日发生在陕北沙河镇一个地处沙漠边缘村庄中的这起看似再平常不过的民事调解案件,早已被强世功、赵晓力等人建构成了当代中国法律发展史上一起极为重要的"历史事件"——这几篇论文被不断评论和转引,以至于成为了了解当代中国民事调解制度的一扇重要窗口。不过,这起著名"事件"的意义或许还不在于此。在他们对这样一个案件的"深描"[借用格尔兹(Geertz)的术语]中,我们可以发现,先前流行的文化解释和功能解释所呈现出来的调解形象已经发生了巨大的改变:常规意义上的官与民、国家法与民间法、法律与道德乃至于合法与非法间的二元对立及其界线均变得

[1] 参见谢立中:《结构—制度分析还是过程—事件分析?》,社会科学文献出版社 2010 年版,第 266 页。

[2] 参见制度与结构变迁研究课题组:《作为制度运作和制度变迁方式的变通》,载《中国社会科学季刊》1997 年冬季号。

异常模糊；不同行动者都处在一个权力关系网络中，情、理、法被他们作为特定的权力资源而随时使用；法律的逻辑在这样的事件中并不占据主导地位，相反，事件的逻辑有时却压制了甚至取代了法律的逻辑；进而，法律文化、意识形态乃至于国家与社会间的抽象关系就仅仅是这个事件展开过程中的一个片段而非主宰。因此，对于中国调解制度研究而言，关系/事件分析的一个首要意义或许就在于，它通过把注意力聚焦在“事件”上，从而第一次将这项中国传统的纠纷解决制度的运作过程及其实践逻辑展现给了我们，并使我们认识到，基于权力关系的策略分析是可行的。因为它的目的就在于打破文化解释和功能解释中所预设的那种平面化的国家与社会的二分（不是国家压制社会，就是社会对立于国家），以及这种二分背后所隐含着的“内部视角与外部视角、客观主义与主观主义、宏观与微观、系统整合与社会整合、制度与策略、秩序与冲突等的二元对立”。[1]

其次，一如过程—事件分析那样，关系/事件分析的运用者们也十分重视“叙事”研究的重要性。而所谓的“叙事”研究，就是指“研究者将自身的体验转化为在时间上具有意义的情节片段的一种基本方式”。[2] 事实上，如果没有叙事的介入，关系/事件分析本身也无从谈起。正是在叙事中，研究者才有可能将自己观察到的事实转化为一种针对事件运作逻辑的动态分析，才有可能洞察到“话语”背后的权力策略和文化符号。当然，叙事并不意味着单纯的“讲故事”，相反，叙事研究要求研究者充分发挥想象力，将事件中那些偶然的、但对于揭示实践逻辑而言却又十分重要的因素揭示出来，“展现行动与制度之间复杂的、‘适合’的因果关系，由此去体味中国社会的独特滋味”。[3]

而对于这样一件普通的民事调解案件而言，“法律是如何实践的”无疑是法律社会学所关注的重中之重，引入叙事研究就可以为我们提供一个动态的、流动的视角来一窥法律实践过程中的种种“隐秘”之处。就像强世功等人所指出的那样，法律的形态在这起事件中已经悄然间发生了转化：为了在“法律不入之地”建立起权威，法律本身的实践策略已然从“阵地战”变成了“游击战”——它不再依赖于法典、法袍和法庭，相反，它自降身份，很快地融入到了乡土社会中，成

〔1〕 强世功：《法制与治理——国家转型中的法律》，中国政法大学出版社2003年版，第341页。

〔2〕 应星：《村庄审判史中的道德与政治》，知识产权出版社2009年版，第186页。

〔3〕 应星：《村庄审判史中的道德与政治》，知识产权出版社2009年版，第189页。

了基层法官所使用的一套与被告所使用的日常权力技术相对应(而非相对立)的权力技术;原来人们眼中根深蒂固存在的那种法律与情理间相冲突的矛盾已经消失了,因为"这种矛盾恰恰源于我们将法律本身建构为一种国家的制度。事实上,法律与其说是一项被规定的制度,还不如说是一种被实践的权力技术,法律不仅被思考,法律本身就在思考"。[1] 可见,正是在叙事中,法律丰富多彩的实践形态才有可能被展示出来,而这一切都源于叙事研究本身所具有的动态特征。进而,通过关系/事件分析,我们也得以窥见在理论上被建构为宏观制度安排的法律是如何通过微观的权力技术实践而渗透到乡村社会中的,并完成了国家合法性的再生产。而在这个过程中,调解也成为了一项特殊的权力技术——它实际上是国家与社会多次互动博弈后的妥协,"它是实施权力的有效工具"。[2][3]

---

〔1〕 强世功:《调解、法制与现代性:中国调解制度研究》,中国法制出版社 2001 年版,第 457 页。

〔2〕 强世功:《调解、法制与现代性:中国调解制度研究》,中国法制出版社 2001 年版,第 517 页。

〔3〕 限于主旨和篇幅,本文不拟对过程—事件分析与关系/事件分析之间的具体关系再进行详述。不过,为了避免不必要的误解,对此问题加以简要交代还是必须的。总的来说,我们可以把过程—事件分析与关系/事件分析看作大致相同类型的理论路径,二者间不存在重大的分歧和区别——除了前文所述的对于"事件"和"叙事"的关注和偏爱之外,更重要的地方在于,二者无疑都是结构—制度分析进路的反对者,均认为只有通过对于具体事件的过程分析才能有效把握真实世界中的实践及其机制、技术和逻辑,均试图以动态的过程分析来替代静态的结构分析。也正是因为此,在谢立中主编的名为《结构—制度分析还是过程—事件分析?》一书中,编者就不加区别地将强世功、赵晓力二人的关系/事件分析文章一并收入,作为过程—事件分析的代表作。当然,细微的差别还是存在的,在笔者看来,差别主要有二:首先,从思想渊源上来看,过程—事件分析的主张者(如孙立平)受布迪厄(Bourdieu)的实践社会学、比较资本主义研究中的布达佩斯学派以及社会学马克思主义流派的影响较大,其中,布迪厄的研究直接指出了实践的重要性及其隐秘特征(实践的紧迫性及其时空问题),而布达佩斯学派[如塞勒尼(Szeulenyl)、伊亚尔(Eyal)等人]与社会学马克思主义流派[如布洛维(Burawoy)等人]的影响则更多是反面的,因为他们的研究均具有典型的结构性色彩。正是通过正反两方面的吸收和反思,才为过程—事件分析的出场奠定了必要的理论基础。相比之下,诚如下文所述,关系/事件分析的主张者(如强世功、赵晓力以及早期的李猛等人)更多受到了后现代主义尤其是福柯(Foucault)的微观权力学说和谱系学分析的影响,反对结构化的宏大理论建构和历史目的论解释。其次,恰如过程—事件分析与关系/事件分析所表明的那样,尽管都关心事件,但前者在关注事件时更多地采取过程分析和历史视角,借鉴了社会学中的符号互动论、现象学社会学等理论框架,而后者在关注事件时的研究思路主要是一种权力分析和谱系学分析,试图通过对于关系背后的微观权力的在场及其运作的揭示,来有效表明不同行动者所采用的权力资源及其使用逻辑。不过,恰如麦考密克(Mccormick)和魏因贝格尔不约而同地提出了制度法理学的共同思想一样,在过程—事件分析与关系/事件分析之间虽然存在细微的、局部的差别,但由于它们彼此之间在总体思想上存在极大的共鸣性,这就决定了过程—事件分析与关系/事件分析并非是截然不同的两种路径,而是一种路径下面的两种相似主张。

五、后现代主义与确定性

无可否认,关系/事件分析的引入确实意味着当代中国的法律社会学研究已经在方法论层面实现了重要的范式转换,即从结构—制度分析向关系/事件分析的转换。但在肯定的同时,我们却无法回避这种分析路径的内在缺陷,而这种局限性又是由它的后现代主义立场所决定的。通过对于局限性的考察,我们可以洞识到关系/事件分析与结构—制度分析之间的内在张力。

通过前述分析不难发现,关系/事件分析在思想渊源上似乎更多地受到了后现代主义思潮的影响,因此,福柯的微观权力学说和谱系学就成为了关系/事件分析最重要的理论工具。然而,福柯也同样告诉过我们,任何话语实践和书写都必然要受到作者所身处其中的话语规则和权力关系的约束。因此,在书写的过程中,话语与作者间的关系就会在潜移默化中发生不经意的转换,最终演变成了德里达(Derrida)意义上的"文字既构造主体又干扰主体"的结果。这种论断也同样适用于强世功等人的中国调解制度研究。

如果我们对陕北沙河镇这起民事调解案进行再分析就会认识到,由于作为调查者的强、赵等人是随信用社主任、法官、民警等人一起进入调解"事件"中的,因此在本案的另一方当事人老王看来,调查者就势必与代表国家的信用社和法庭处于同一联盟中。而且,我们还注意到了这样一些事实:比如,庭长就明确指出了强、赵等人是从北京来的调查者,而老王听后立刻感到自己"大跌面子";另外,出于调查的目的,强、赵等人在"炕上开庭"过程中还不时拍摄照片。尽管调查者们试图避免卷入这起"事件"中(如,当老王给他们递烟的时候,几位调查者都委婉拒绝了),但是上述种种细节恰恰表明了,关系/事件分析的写作主体已经在不知不觉间卷入了他们所调查的"事件"中,并对最终的结果产生了可能的影响:一方面,庭长有关调查者身份的介绍本身就是一种特定的权力技术,它意图使国家在这个"法律不入之地"建立起暂时性的权力支配关系,在这个意义上,调查者已然成为了国家精心操控的工具;另一方面,调查中的某些必不可少的行为(如记录、拍照)也增加了"依法收贷"事件的严肃性和正式性,这却在无意间重塑了法律的权威,在这个意义上,调查者又成了国家的共谋者。

从上述分析中我们可以发现,关系/事件分析也是有其局限性的,而这种局限性就根源于后现代主义(尤其是权力技术分析)的内在特性中:事实上,书写者同样处于特定的权力关系中——他们固然可以根据权力技术分析来解构调解中各方的策略选择,但是我们也可以根据同样的技术来解构书写者的文本和话语。[1] 通过这样的解构,我们会看到,虽然关系/事件分析以动态的方式展示出了事件运作的独特逻辑,但是这种展示并非是唯一可能的话语表达,相反,我们完全可以根据关系/事件的分析逻辑再重新建构出另一套有关这起民事调解案的文本。比如,如果不是站在国家法如何在乡村社会实现有效治理的角度(这或许和写作者的调查课题“中国农村基层司法制度及其运作”有极大的关系),我们完全可以将这个事件建构为一个普通的农民老王在村支书的帮助下,运用各种日常权力技术来有效化解国家法的过程。否则,我们就无法理解为什么国家大动干戈“依法收贷”(租面包车、请民警、找村支书以及在前往老王家途中的坎坷路途)最终却只收来了贷款与利息(而诉讼费和交通费却被村支书自作主张地给免了),为什么最初的起诉在制作案卷的时候竟然变成了调解。

与此同时,在我们运用同样的方法解构了关系/事件分析的同时,另一个问题却又接踵而来:在关系/事件分析这种后现代色彩颇浓的框架中,我们能够寻求到确定性和意义吗?强、赵等人的分析无疑是精彩的,他们的论述似乎为我们编制了一个事件之网,在这一层层的网络中,我们看到了各种各样的关系和层出不穷的策略、技巧。但是,这种努力似乎只能有助于我们理解调解制度的具体实践,而无法回答我们心中的一系列疑问:为什么在这起依法收贷案中,法官在一开始就完全站在了信用社的一边?为什么在强调司法专业化的 20 世纪 90 年代,这种“炕上开庭”的司法实践仍然广泛存在?这种实践对于中国法制未来的发展究竟是利大还是弊大?进而,流行于乡村社会的调解实践是否需要向更具专业化的审判实践加以转变……如果我们并不否认法制现代化(并非在全盘西化的意义上)对于当代中国的重要意义,那么,这些问题就绝非可以被简

---

〔1〕 有意思的是,时隔多年以后,强、赵等人针对收贷案件的关系/事件分析本身,又被他人进行了再解构,参见张洪涛:《法律洞的司法跨越——关系密切群体法律治理的社会网络分析》,载《社会学研究》2011 年第 6 期。

单忽略掉。遗憾的是，在关系/事件分析看似华丽词藻般的话语背后，上述问题都被有意无意地给回避掉了。事实上，类似的问题还可以拓展到新世纪这10多年：为什么在强调程序化、职业化的司法改革已经取得了部分成效的今天，调解又成为了司法领域的主流话语？如果说在强世功等人的研究中，调解是作为国家法渗透到乡村社会的一种权力实践而被理解的，那么，在主张"能动司法"和"大调解"的今天，调解实践的范围似乎已经远不止限于中国农村了，关系/事件分析还能否对这种新型的调解实践给出合理的解释？

正是在这一系列的诘问中，我们看到了关系/事件分析与结构—制度分析之间的内在张力。实际上，在这起依法收贷案中，在强、赵等人所揭示出来的权力关系和策略的背后，依然有某些结构性的因素在起作用，而在本文看来，调解与审判之间的上述矛盾和张力主要是由当代中国独特的"国家形态"[1]所决定的，借用达玛什卡(Damaka)的概念，便是"能动型国家"(activist state)[2]——不同于所谓的"自由民主政体"，在这类国家中，政治合法性往往并非来自制度化的投票和选举，而主要是通过历史传统和治理绩效来加以保障的。合法性来源的上述独特性就决定了，在这类国家的日常治理中，任何司法机构及其工作人员都必须将社会矛盾和纠纷的有效化解当作一切工作的出发点和最终归宿，强调"案结了事"而不是"规则之治"。[3] 因为唯有如此，方能保证政绩的稳定生产和历史传统的长期延续，也正是在这个意义上，这类国家才被称作"能动的"——对那些影响到自身合法性稳定生产的社会问题，国家必须积极、主动地发现和介入，并且无论通过何种方式，迅速地、有效地加以解决。具体到这起"依法收贷案"中，我们可以发现，实际上，无论是调解还是审判，是"坐堂办案"

---

〔1〕 这里所谓的"国家形态"，并不是我们先前熟悉的那种规范性国家类型，"而是指一个国家在特定时期所形成的治理结构以及由此治理结构而产生的行为特征和治理绩效"。因此，不同于主流理论所规定的那些稳定的、绝对的国家类型(如资本主义国家、社会主义国家)，根据国家形态概念所界定出来的国家类型更具有阶段性、周期性和相对性的色彩。参见杨光斌、郑伟铭：《国家形态与国家治理——苏联—俄罗斯转型经验研究》，载《中国社会科学》2007年第4期。

〔2〕 当然，本文使用的"能动型国家"概念不同于达玛什卡，因为在达氏看来，"能动型国家"一词具有特定的含义，它实际上是全能主义国家的代名词。参见米尔伊安·达玛什卡：《司法和国家权力的多种面孔》，郑戈译，中国政法大学出版社2004年版，第120~131页。

〔3〕 参见苏力：《送法下乡：中国基层司法制度研究》，中国政法大学出版社2011年版，第129~143页。

还是“送法下乡”,这些看似在西方法律教科书中泾渭分明的法律实践模式,其实在中国都只是为了有效实现纠纷解决(在更大意义上,是实现治理绩效的稳定生产)这个唯一目的的不同手段和工具而已,自身并不具有独立的存在价值和意义。由这个结构所决定,无论是法官还是村支书(假如村支书也是一个“官”),都必须在实践中灵活运用手中的权力、资本和身份,从而在国家法与习惯法、法律与道德、熟人与陌生人、国家与社会乃至于调解与审判的交替转换中,实现“案结了事”这一根本性的目的。如果我们能够把眼光看得再远一些,同样可以发现,之所以最近几年“调解”实践又成为了国家青睐的纠纷解决模式,其原因同样可以归结为“能动型国家”形态的结构性作用,即国家为了保证绩效合法性的稳定生产,往往会随着时代背景、国际形势和阶段性任务的变化而灵活地调整治理手段和工具。尤其当社会矛盾加剧、群体性事件频发时,“工具箱”中的“调解工具”便成为了一种相对于“审判工具”而言的更优选择,因为前者可以在很大程度上有效避免建立在科层制基础上的审判模式的不足——比如只强调被动接案、坐堂办案,只关心法律事实的确定和法律规范的取舍,不太关心法外的情理因素和政治大局等,更能够在某个特定时期为国家的合法性维持与再生产提供帮助。[1]

就此而论,当代中国调解实践的未来走向,显然在很大程度上取决于能动型国家的绩效合法性生产状况以及合法性来源方面的可能变化。不过,通过上述分析已经清楚地表明,虽然结构—制度分析存在着固态的、静止的缺陷,但是对于很多问题,相比于关系/事件分析,结构—制度分析似乎更能够给出合理的回答。换言之,就像关系/事件分析具有了结构—制度分析所没有的动态特征一样,结构—制度分析也同样能够提供关系/事件分析所不具有的确定性和方向性,而且关系/事件分析本身似乎无法成为一种独立自足的分析框架,在它的背后,一个表面上看不见的决定之手,实质上却仍是存在的,这便是结构—制度

---

〔1〕 当然,本文不排除在未来,审判实践又会成为国家更为青睐的纠纷解决手段。实际上在最近几年,尤其是在政治高层换届以后,审判实践又开始逐渐成为法院工作的重心。但万变不离其宗,这里想强调的是,无论是审判优先还是调解优先,在能动型国家中,都不具有绝对的价值和重要性,相反,二者都必须服从于绩效合法性的稳定生产,而合法性是否稳定生产,往往又受制于特定的时代背景和执政党的政治决断。

分析。正是在这个意义上,我们可以认为,从结构—制度分析向关系/事件分析的转换是必要的,但绝不是后者完全取代了前者,二者间仍然存在极大的互补性。对此,诚如张静所言,正确的态度应该是:"研究应进行'因果'分析还是'过程'分析,是'结构'分析还是'事件'分析,应交由研究者根据他关心的问题及所得到的资料性质去决定"。[1] 否则,单纯的关系/事件写作过程就"最终会变成一种无力的私人活动,一种自我技术或者自我伦理,自由很自然地从政治领域退回到隐秘的私人生活领域"。[2]

六、暂时的结语:关系/事件分析的得与失

不可否认的是,《调解》一书的确为我们重新认识当代中国的调解制度及其实践,提供了一扇不可多得的窗户,它更使我们认识到,针对任何个案的经验研究,都不能仅仅关心那些既定的结构性要素,更要看到这些要素在个案中是如何运作、转化的,唯有如此,方能全面地把握、捕捉到事件的真实逻辑。然而,就像任何事物都不可能十全十美一样,通过对于关系/事件分析的上述讨论,我们可以对这种研究路径的得与失形成下列看法:

一方面,法律社会学研究既需要重视"国家"问题,又需要避免在研究中将国家"实体化"处理。由于当代中国的法律实践主要由国家所主导,这就决定了,在很多个案中,国家的潜在影响是无法消除和忽略的。因此,在具体的经验研究中,研究者必须将国家纳入考察范围之内,通过"过程"分析的方式,细致地把握和分析国家的微观策略、逻辑和技术。而这样一来,那种通常意义上的"总体性国家观"势必需要修正,即避免将国家理解成一种高高在上、铁板一块、密不透风的主权实体;相反,国家既可以表现为一种观念,又可以体现为一套实践——在观念层面,国家是一种垄断了合法暴力的总体性、实体性存在,但在实践层面,国家却表现为"一系列松散联系的实践碎片",[3]是"由制度、程序、分

---

〔1〕 张静:《基层政权:乡村制度诸问题》,上海人民出版社2007年版,第16页。

〔2〕 强世功:《法制与治理——国家转型中的法律》,中国政法大学出版社2003年版,第11页。

〔3〕 [美]米格代尔:《社会中的国家》,李杨等译,江苏人民出版社2013年版,第23页。

析、反思、计算和策略所构成的总体”。[1] 换言之,必须将国家“碎片化”“松散化”处理,方能真正把握体现在个案中的国家因素。就此而论,通过适当引入关系/事件分析,法律社会学可以有效提升自身研究的说服力和可信度,帮助人们认识到隐藏在事件、实践、话语、行为、过程背后的权力技术与权力策略。

然而,另一方面,在法律社会学的具体研究中,又要认识到关系/事件分析的内在限度,慎用关系/事件分析,切勿陷入到“关系/事件分析帝国主义”的迷潭中而无法自拔。首先,关系/事件分析深受后现代主义思潮的影响,而后现代主义的一个最令人诟病的地方莫过于,它仅仅从某个批判性的视角出发来解构宏大叙事,却丝毫没有注意到自身也具有极强的相对主义色彩,然而,“视角一词意味着每个人的视点或分析框架不可能完全如实地反映现象,它总是有所取舍,总是不可避免地受到观察者本人先有的假设、理论、价值观及兴趣的中介作用。视角这一概念同时也意味着没有哪个人的视点能够充分地说明任何一个单一现象的丰富性和复杂性,更不用说去完全地说明一切社会现实的无穷的联系和方面了”。[2] 因此,在运用关系/事件分析路径的同时,研究者必须要注意到自己对于个案的“解读”仅仅是一家之言,同时还会存在着其他解读的道路和可能性,甚至于自己的解读本身都有可能会被别人“再解读”。其次,研究者需要划清关系/事件分析与结构—制度分析之间的必要界限,合理使用不同的研究工具。大体上,关系/事件分析属于社会科学中的“解读传统”(interpretation tradition),而结构—制度分析则属于“解释传统”(explanation tradition),前者的目的“不在于寻找事物内在的逻辑关系,而在于理解和厘清特定人类活动在特定文化条件下的内在含义或意义”。相比之下,后者的目的“则是寻找具体事物或事件的内在机制以及与之相应的因果、辩证、对话性或历史性关系”。[3] 这就决定了,不同于结构—制度分析,基于关系/事件分析所得出的研究结论本身是无法证伪的,它只有解读上的优劣之分,而没有真假、对错之别,而且,一如前述,关系/事件分析的具体展开还要在很大程度上受制于既有的结构性因素,这

---

〔1〕 [法]米歇尔 · 福柯:《安全、领土与人口》,钱翰等译,上海人民出版社 2010 年版,第 91 页。

〔2〕 [美]道格拉斯 · 凯尔纳、斯蒂文 · 贝斯特:《后现代理论——批判性的质疑》,张志斌译,中央编译出版社 2011 年版,第 293 页。

〔3〕 赵鼎新:《社会与政治运动讲义》,社会科学文献出版社 2006 年版,第 7 页。

就决定了，关系/事件分析不但无法取代结构—制度分析，而且只能在微观层面来展开研究，相比之下，结构—制度分析主要是一种中层理论，可以在宏观性的公理与微观性的描述之间发挥作用，进而对于个案中具体的"因果机制"加以合理探究。[1]

总而言之，研究者只有在具体的研究中将关系/事件分析与结构—制度分析有机结合起来，方能对现实世界中丰富多彩的法律现象和经验问题加以合理透视与分析，而通过这样一种理论上的分工与合作，当代中国的法律社会学研究才有可能在现有的基础上更上一层楼，而不是停留在因果分析与过程分析、结构分析与事件分析的二元对立框架中做理论上的无用功，这也是《调解》一书所带给我们的最大启示。

---

〔1〕 参见周雪光：《组织社会学十讲》，社会科学文献出版社 2009 年版，第 15～17 页。

差异政治的边界与民主社会的团结*

——《正义与差异政治》

王进文**

如果承认正义是政治哲学的首要研究对象,那么,正义的论域与政治的概念便具有相当程度的重合性。一方面,作为学问或知识的政治是研究国家、政府和公共事务如何运作的科学;另一方面,作为实践智慧的政治则是以处理国家、政府及公共事务的经验与技巧为对象的技艺。而无论关涉理论或实践,政治必然与权力的行使相关。相应地,讨论正义问题,便离不开对政治品性与权力运作的检讨。黑格尔(Hegel)便明确说过:“我一向对政治有一种偏爱。”大哲诚不我欺。如果抽空了政治而去讨论正义,则无异于文字游戏,毫无意义。

一、“差异”作为政治话语的登场

抛开对“政治”的本体论意义上的探讨,从现象角度切入,我们大概会发现一个有趣的事实,即正义问题的凸显往往随着人们对具体政治运作的批判而具有阶段性,相应地,正义类型或范式的变化则折射出政治实践的时代性。如果说20世纪70年代是以罗尔斯(Rawls)为代表的基于自由主义立场的普遍性分配正义把持了正义论述的话语权,之后的10年是阿马蒂亚·森(Amartya Sen)基于能力平等的分配正义主导了正义的论述讨论框架,那么,在逐渐进入后工

---

* 本文系国家社科基金一般项目“‘人的尊严’理论发展与本土化建构研究”(17BFX164)、法治湖南建设与区域社会治理协同创新中心平台建设阶段性成果。

** 中南大学法学院副教授,法学博士。

业社会的西方世界,面临不断涌现的新型群体和抗议主题,分配范式的正义首当其冲地遭受质疑,差异正义的论述便以强有力的姿态登上政治舞台,并使我们今天在思考正义问题的时候仍然感受到它所带来的持续性冲击。由此,艾丽斯·M.杨(Iris Marion Young)的名著《正义与差异政治》便值得我们认真对待了——它一方面论述了“差异”这一特定时代的正义的关键词,开启了正义范式的转化;另一方面则连接了“包容”这一民主政治在本世纪前20年的时代强音,扩展了民主实践的空间——至少在目前,没有任何一本讨论差异与包容的著作可以无视或跳过该书的论述。

按照杨对该书的定位,“本书讨论、辨析正义问题,但无意建构一套正义理论”。[1] 该书以历史性的和社会性的规范性反思即批判理论对正义进行论述,使我们感到略显遗憾的同时又引起深深地共鸣——没有本体论关怀的正义理论很难称为经典,杨对正义的讨论是具象化的,甚至是肤浅的,局限于西方尤其是美国福利资本主义社会,既不中立,也不全面,更不是为所有人而写的,换言之,“吾人”也并非其预设的读者;但是,又有谁能说对于那些在“压迫”和“宰制”下的因阶级、种族、性别、年龄、能力和文化等差异而被体制性地不正义对待的社会群体,我们可以视而不见,可以无动于衷,甚至习以为常?高岸为谷,深谷为陵,那些被边缘化的、无力的、被剥削和歧视的人们的社会处境难道就没有“吾人”自己的身影?正是在这一意义上,该书作为他山之石,更具启发。

二、何为差异?何种差异?

在差异政治所主张的正义论述之前占据主导地位的是分配范式的正义,而其底蕴则是源远流长的自由主义。不过,随着20世纪中后叶(美国)女性主义运动、少数族裔反歧视运动等兴起,政治的议题或诉求已不再限于福利国家的物质性补偿,而是防范主流文化对差异性弱势社会群体的生活方式的侵蚀式同化;相应地,社会冲突便不再由或不再主要由物质分配问题引起,而是为承认并保护特定的社会地位与生活方式这种新型权利以及由此而来的集体性身份认

---

〔1〕 [美]艾丽斯·M.杨:《正义与差异政治》,李诚予、刘靖子译,中国政法大学出版社2017年版,第2页。

同的诉求所导致。这既是对正义的时代性诉求,也是对政治的本源性拷问。

显然,传统的旨在关注国家或社会如何分配财富、机会与资源的分配范式的正义无可避免地遭受质疑。以罗尔斯的正义理论为例,他所强调的社会正义的主题在于社会的基本结构,即社会政治结构与主要的经济及社会安排中对基本权利与义务的分配,以及利益的划分。但是,他"并未意识到分配落实的适用是有局限的",原因在于,将正义局限于分配,"这隐含着将社会物品的分配逻辑应用到那些非物质的、无法量化的物品上,由此导致了一个相当具有误导性的正义概念"。[1] 分配尤其是对资源的分配固然是正义的问题域,但仅仅是社会正义问题的一个组成部分,无法代替因个人分属于不同的"社会群体"而带来的宰制与压迫。而如果缺乏对后者的关注,便必然无法克服这种社会非正义。那么,"差异"与"社会群体"概念的重要性便凸显出来。

何为差异?按照自由主义的每个人都拥有平等的政治权利和机会的预设,人人在法律面前都被平等对待,不因阶级、种族、民族、性别或信仰等不同而被差别对待,岂非已然足矣?而在该书中,杨所关注的并非个人之间个体或个性上的差异,而是每个人因属于不同的社会群体的差异——这与森的旨趣完全不同,后者将之视为"幻象"——按照作者的界定,"社会群体并非人们的简单集合,而是与人们认为属于自己的身份存在一种更基础性的勾连。它们是一种特定的集体性,人们对他人及自身的理解产生了特定的后果"。[2] 无疑,这是理解差异政治的关键概念。而事实上,如果杨再进一步向着本体论意义的方向进行努力的话,笔者认为将会使其对正义的探讨更具有深度,至少在政治学—国家理论方面是如此。支持笔者这一解读的理由在于,社会群体必然与"身份"这个受到了越来越多学科和学者重视的概念相连,理解和促进人类的合作正是 21 世纪人类政治的主题,而身份则是我们理解人类合作秩序的关键。不把身份概念和规则引入社会研究与分析当中的话,包括政治学、法学等在内的任何一门社会科学都会严重地脱离实际。由身份而产生的身份权源于人类必须以社会

---

[1] [美]艾丽斯 · M. 杨:《正义与差异政治》,李诚予、刘靖子译,中国政法大学出版社 2017 年版,第 28 页。

[2] [美]艾丽斯 · M. 杨:《正义与差异政治》,李诚予、刘靖子译,中国政法大学出版社 2017 年版,第 50 ~ 51 页。

形式生存的本性,源于共同体对其成员身份的认同和确认,即便是在没有财产观念的原始社会,人也会有对身份权利的意识,具体而言,即作为某一社会群体(在此借用杨的概念)的人有权对其所属与所在的共同体索取安全保护,而共同体也有义务对成员提供保护。没有这种权利意识,人类社会就不可能存在。那么,杨所说的社会群体概念及因社会群体差异而产生的权利是否为身份权呢?至少就杨在该书中的具体论述而言,我们可以发现两者具有异曲同工之效。

复杂之处在于,在杨的差异政治之论述当中,一个人必然同时属于多种社会群体,而不是局限于一种社会身份,无论是白人、女性、母亲、劳工、同志者,还是及无力抗争的居民,都可能是一个具体的个人所同时具备的身份。就此而言,杨所论述的身份权必然是立体的而非平面的,即具有诸多重叠身份属性的人所建构与被建构起来的群体才是其作为研究对象的社会群体。显然,这是一种具体的、形而下的研究对象,这同时也决定了启蒙以来的平等观念以及在该观念影响之下建构的制度的局限或"非正义"——平等的理想剔除了所有人格特征,代之以抽象的平等,造就了统一的、普适的道德观,其后果便是:一方面,滋养了文化帝国主义,将特权群体的个别经验和观点妆扮成普遍性;另一方面,则使官僚和专家自信能够以一种平等的方式运用决策制定权,由此合法化了威权主义的等级制度。[1] 平等对待的原则原本是公平的、包容的对待,但在形而上的建构过程中反而对某些社会群体带来了宰制和压迫。只有注意到人属于不同的社会群体的差异,才能够看到即便是在民主的自由的社会中仍然并持续地存在对不同的人进行的不同的宰制与压迫。这可能是杨对正义与政治研究领域最深刻的洞见,因为她超越了规范理论止步于规范"教义学"研究的局限,返观正义与政治的上游问题,就此而言,差异政治无疑具有建构性的实证性的品性。

三、建构社会群体:差异政治的实践品性

对差异的承认意味着对无法被普遍制度所穷尽的人的特殊性的承认,对宰

---

〔1〕 参见[美]艾丽斯·M.杨:《正义与差异政治》,李诚予、刘靖子译,中国政法大学出版社 2017 年版,第 10 页。

制与压迫的积极抗争。何为宰制?它指的是将人们排除在决定其自身行动或者其行动条件过程之外的结构性或系统性的现象。何为压迫?它指的是一些群体所遭受到的往往因无意识假定、日常交流、媒体、文化印象、科层制和市场机制等结构性日常生活过程而产生的巨大的、深刻的不正义。杨通过社会群体概念的运用,向我们展现了在启蒙和自由的社会中,差异仍然是理解正义议题的关键词语。

杨讨论差异的路径似乎缺乏哲学甚至政治哲学的意味,而是更具体地就我们自身的切身经验进行分析,因为她"个人的政治激情发端于女性主义",正是来自参与当代女性主义运动的经验使其认识到"压迫",进而思考正义——在绝大多数的社会中(甚至包括杨所处的特定时代的美国),女性生活在经济剥削、文化歧视、社会边缘化、无权、文化帝国主义(被标签为与正常人所对立的"他者")和暴力威胁之中,而这五种面孔也构成了压迫的具体内涵。在过去,这些压迫被正当化、私领域化和去政治化,从而被包括女性在内的社会整体所接受。正是身为"女性"对宰制与压迫的切身体验,使其意识到前述去政治化的政治所产生的社会不正义。因此,将女性运动赋予政治意义,将自身主体化而非他者化,不但使各种被去政治化的政治呈现出来,而且蕴含了积极行动—政治团结的命题:政治无处不在,而不限于公共领域或政府;"个人及政治",被宰制与被压迫的社会群体(而非个人)必须团结起来,以积极参与的姿态投身到政治当中,以集体的面目改变政治。这对于其他的社会群体尤其是弱势群体同样适用。从女性运动中所总结出来的正义特别是社会正义便意味着解除对个人自我发展的制度约束,换言之,即消除压迫;取消对个人自我决定的制度约束,易言之,即清除宰制。此处需要注意的是,个人的自我发展与自我决定恰恰是康德关于人的自由与尊严的论述。只不过,康德显然是在具有理性的个人的意义上论述政治的,而杨的着眼点则在于社会群体。如果说康德是以具有理性的个人建构起践行绝对律令的共和国这一政治共同体的话,我们可以推测,杨所想象的是以社会群体为基本单位建构一个实现社会正义的共同体,或者可称为社会群体的共同体——当然,在不满于自由主义的同时,杨也似乎对社群主义颇有微词,原因在于,后者不能为民主政体提供一个恰当的替代(自由主义的)愿景,本质上仍是一种同一性逻辑的运作,排斥了不为群体所认同的人们,否认和抑制了差异。如果我们说得更具有学术性一点的话,便是自由主义具有开放的封闭性,自由主义的自由限于自由主义者本身,而社群主义具有封闭的开放性,其边界森严,难以包容他者。那么,杨的差异政治的理想便超越了自由主义与社群主义,人不是以原子化的个人或均质化的集体中的机械组织分子的面目出现,而是作为社会群体的集体行动者参与政治;进而,社会正义便意味着一种真正的平等,即个人不仅拥有作为自然人的平等的政治权利,也拥有作为社会群体成员的追求个人发展的平等权利。沿着这一论述逻辑,差异政治所设想的社会正义便指向了一种实践性或建构性的议程,即创设一种可以确保人的自我决定与自我发展的制度条件。杨为这一制度条件设定了两条标准,即发展和运用人的潜力,并表达其经历;参与决定其行动,以及行动所需的条件。

这时候,我们便需要审视差异政治这一概念。"差异政治时或意味着,为了消除显示的和潜在的压迫,在公共政策和经济制度的政策和程序上,承认群体差异要比公平对待更加重要……承认群体差异也需要一项政治决策原则,用以鼓励社会群体在公共领域中成立自治组织。这就有必要设定程序,确保每个群体都能通过群体代表制度,让公众听到他/她们的声音。"[1]既然在差异政治的视域中,"正义不仅关系到分配,还涉及个体发展与实现其潜能、开展集体交流与合作所必须的制度条件",[2]那么,为了达到正义,差异政治便需要完成三个任务,即消除制度化(结构性)的宰制与压迫、发展异质公共性和群体代表性权利、赋予差异群体尤其是弱势群体以特殊待遇(差异正义)。其间的逻辑在于:首先,宰制与压迫都是在社会结构、社会关系与社会过程中以体系化的形式出现的,这就决定了分配正义无有用武之地;其次,无处不在的政治决定了以往社会和文化多样性局限于私领域而无法进入公共领域会导致社会的持续去政治化,坚持异质公共性和群体代表制度有助于对"政治"展开完整的讨论;最后,差异而非自由主义所坚持的是所有人都应在共有人性的基础上被平等地对待才能够更有效地实现社会正义——因为"将消除群体差异当作正义社会的理想,

---

〔1〕[美]艾丽斯·M.杨:《正义与差异政治》,李诚予、刘靖子译,中国政法大学出版社2017年版,第11~12页。

〔2〕[美]艾丽斯·M.杨:《正义与差异政治》,李诚予、刘靖子译,中国政法大学出版社2017年版,第46页。

是不现实的和不可取的。在一个存在群体差异的社会当中,正义要求各群体之间达成社会平等,以及对差异的彼此承认与肯定”。[1]

从差异政治的角度而言,无处不在的政治意味着我们对正义无所不在的责任。既然宰制和压迫产生于各种社会过程、社会关系和社会结构当中,那么,无视或忽视分配领域之外的政治便是不可取的。我们对正义的责任要求我们将注意力转向劳动分工、决策过程、相互交流与沟通的文化形式等,因此我们便必须以社会群体而非单独的个人为观察单元,去审视哪些社会群体享有更多的非物质性的权利,哪些社会群体享有较少的甚至被剥夺了权利,这些权利又是通过何种社会关系得以维系等问题。这一观察视角的转换使我们清晰地窥知,社会不平等不仅是个体之间基于出身或偶然情况而在社会资源的占有与分配层面呈现出差异——矫正正义所针对的恰恰是这种情况,更体现为群体之间基于压迫的社会关系所造成的群体间社会地位的不平等,这便需要消除蕴含在前述社会关系中的结构性压迫。因此,差异政治的社会理想即社会正义便是没有结构性压迫,而不仅是社会资源的分配正义。

我们甚至可以进一步推论,杨必然会赞同一种基于差异政治的团结政治——后者是差异政治正义之现实途径——“通过差异政治获得解放”以及“在政策中尊重差异”,以反映与尊重社会群体之间差异的方式赋予社会群体差异以应有的价值;在包容性的对话协商中提升民主,促进社会的团结。同时,这也意味着杨的差异政治将个人视为积极的行动者,“作为所有群体共同参与、相互包容的平等,有时需要对受压迫或处于弱势的群体予以不同的待遇”。[2] 显然,这表达的是一种异质公共性观念参与平等的群体权利诉求。那么,我们如何看待差异政治,又如何看待这一正义论述的范式呢?

---

〔1〕 [美]艾丽斯·M. 杨:《正义与差异政治》,李诚予、刘靖子译,中国政法大学出版社 2017 年版,第 231 页。

〔2〕 [美]艾丽斯·M. 杨:《正义与差异政治》,李诚予、刘靖子译,中国政法大学出版社 2017 年版,第 192 页。

四、差异政治之正义与自由主义之正义的亲缘性

笔者认为，如果我们仅将杨的差异政治看作对自由主义分配正义范式的挑战而产生的正义论述，便很有可能无法准确对其进行定位。视自由主义为差异政治的唯一论敌，既可能忽视了两者之间所存在的亲缘性，又可能造成对差异政治的问题域的窄化处理。因自由主义的正义观强调以同一性逻辑践行分配原则于所有人，将个人进行均质化处理，不过是启蒙以来的初衷原本在于"损有余以补不足"，而非相反，意在将强势者非人格化处理，使弱势者得到公平对待。就此而言，差异政治所揭櫫的被平等对待所忽视的社会地位、劳动分工以及个人能力中存在的实质性差异已然被差别对待，即赋予其与强势者相同的非人格特征。当然，至于被边缘化的少数群体的实质平等自然是不可回避的问题，这属于被形式正义所掩盖的实质不正义，而差异政治使得这种不正义得以凸显，我们未尝不可将之视为对自由主义正义观的一种矫正，如果联系到笔者前述康德哲学的理论关怀，则似乎可证明笔者此说大致不谬。

就杨的差异政治所秉承的"民主文化多元主义"而言，[1]虽然其与罗尔斯的自由主义的个体主义存在分歧——后者以著名的"无知之幕"将原初状态设定为一元化的同一性场域，较之康德而言，更是一种极端的平等状态，杨所主张的则是一种与之相反的"异质性公共空间的理想"，即"人们带着自己的差异性走上前来，尽管不能为他人完全理解，但仍然得到了承认与尊重"。[2] ——但差异政治似乎仍是基于自由主义的个体主义，"差异政治也促进了与自由主义、人道主义的个人主义相对照的群体团结概念"。[3] 不仅如此，"无论将争议的概念扩展到什么程度，自由主义对个人自由的信仰，以及由此而带来对善的多

---

〔1〕 参见[美]艾丽斯·M.杨：《正义与差异政治》，李诚予、刘靖子译，中国政法大学出版社2017年版，第198页。

〔2〕 [美]艾丽斯·M.杨：《正义与差异政治》，李诚予、刘靖子译，中国政法大学出版社2017年版，第144页。

〔3〕 [美]艾丽斯·M.杨：《正义与差异政治》，李诚予、刘靖子译，中国政法大学出版社2017年版，第202页。

元化定义都必须珍视”。〔1〕 事实上,差异政治的实践也必须以自由主义的宪制为前提,而不是建立在对后者的否定的基础上。也就是说,差异正义所倡导的异质公共性和群体代表性权利诉求等必须以“形成民主决策绝不能侵犯的基本权利,包括经济的、公民的和政治的权利”为前提。由此,我们大致可以将杨的差异政治界定为立基于自由主义的个体主义之上的社会群体政策,其旨趣在于矫正被后者客观上所阻碍的非物质方面权利与机会的平等。

职是之故,就最终旨趣而言,杨的差异政治是在正视自由主义的盲区的前提下分享了自由主义的理论资源。在杨看来,自由主义所蕴含的“同化”的观念与中立的个体主义恰恰造成了关注差异和忽视差异的两方面风险——关注则意味着标立“他者”,忽视则意味着系统性压迫。这种看似矛盾的差异困境应如何解决?答案在于前述的民主文化多元主义。杨认为民主文化多元主义需要一种双重的权利体系:一种对所有人都相同的一般权利体系,以及一种更特殊的群体意识政策和权利体系。〔2〕 民主文化多元主义的双重权利体系隐含着一个判断,即对进行差异政治干预的合法边界的确定。既然自由主义所秉承的同化和中立的个体主义使宰制与压迫在服从政治决定的表象下被结构化、去政治化,而差异政治欲使被结构化和去政治化的群体的偏好与生活方式摆脱政治决定,这无异于唤起了一个社会生活全面政治化的过程,而这个过程极有可能是危险的,因为它可能与杨所预设的(通过社会群体)对个体自由的保护相冲突。说得更直白一点,即社会群体在差异政治的建制化过程中演变为新的宰制与压迫体系,而个人在摆脱了自由主义的平等的同时,又渐次落入社会群体的窠臼。更有甚者,差异政治处理不当,则有可能上演借正义之名将政治革命转化为社会革命,导致玉石俱焚,一切荡然的情况。因此,杨的差异政治的激进一面在自由主义面前似乎并不是理直气壮的。

---

〔1〕 [美]艾丽斯·M.杨:《正义与差异政治》,李诚予、刘靖子译,中国政法大学出版社2017年版,第42页。

〔2〕 参见[美]艾丽斯·M.杨:《正义与差异政治》,李诚予、刘靖子译,中国政法大学出版社2017年版,第212页。

五、积极行动—政治团结悖论

差异政治确实戳中了分配正义范式在形而下层面的不足,不过将差异从分配正义的话语中抽离出来,其本身是否成为“他者”?是有助于还是阻碍社会正义?恐怕不无疑问。就前述双重的权利体系而言,如果落实为制度建构,特殊的群体意识政策和权利体系可能会越过边界,对一般权利造成否定,特别是前者在“特殊群体的特殊优待”这一政治正确的旗帜下,不但稀释了人们对分配正义的关注,也在一定程度上对后者造成了否定——如果我们联想到现实中的高考政策、民族政策等,这一关节便不难理解了。

差异政治蕴含了积极行动—政治团结的命题。需要指出的是,差异政治的社会群体之建构原本便具有反形而上的主张,其“哲学起点是存在于美国社会中的种种宰制与压迫”,[1]显然,社会群体作为行动者,是以一种非本质主义的方式建构出来的,与社群主义共享着一种“封闭的开放性”,就难免将其他非我群体排除在外。差异政治的(特别是弱势的)社会群体所关注的是通过发现群体的共同利益而形成认同,走向联合行动,那么,从逻辑上讲,差异正义便仍然是一种“认同政治”,其特殊之处只不过是以对特殊社会群体的身份认同取代自由主义的普遍个体的权利认同。然而,政治实践的过程不是单方面的,即不仅包括某一社会群体的内在行动,也必须与尽可能多的“他者”进行对话、协商与合作,在此意义上,差异政治以放弃包括自由主义在内的任何共同性与普遍性的诉求为前提,难道真的可以达到政治团结吗?即便差异政治下社会群体的群体性权利诉求顺利实现了内部团结,但是社会群体身份并不具有永恒性,而是暂时的、特殊的,这就决定了该社会群体的临时性,进而差异政治便成为一种非常态的、应对性的内部团结与外在斗争,它便不具有建构一种基于共同人性的普遍性的“永久和平”。换言之,差异政治预设了一种时刻处于内战状态的政治环境,无法逾越社会(以群体的形式)分裂,其境界较之自由主义,狭矣。

---

〔1〕[美]艾丽斯·M.杨:《正义与差异政治》,李诚予、刘靖子译,中国政法大学出版社2017年版,第6页。

当然,如果我们不做惊人之举或诛心之论,而是沿着杨的批判理论的规范性理想所根植的社会经验与反思的路径,对差异政治的团结命题进行反思之反思的话,可以发现其所主张的积极行动—政治团结乃是一种不同于自由主义的社会契约—利益交换范畴,是更接近一种伦理式的人际关系模式。政治行动不再是以物质分配为核心旨趣,而是以人为目的,关注人的特殊地位与需要,尊重人的主观感受,聆听人与人之间的对话。也正是在这一意义上,如果不是笔者对杨的理论的有意简化或断章取义,则她所表现出来的对哈贝马斯的交往行为理论的重视与(不完全地)赞同,[1]恰恰是一种对自由主义正义观的再诠释。我们甚至可以说,杨所倡导的差异政治旨在实现差异团结,即在社会体系和社会结构的框架下,通过差异性社会群体之间的互动来阐释社会政治得以实现的制度条件,进而在多元社会中寻求团结的可能性。取代自由主义的原子化的和社群主义的淹没在均质化国家中的个人的是多元的、异质的社会群体,如此一来,杨的差异政治不同于认同政治,由差异而带来团结、分享和力量,远黑格尔而近马克思,其批判理论与新左派底蕴于此显露无疑——人,只有通过社会群体的抗争来获得自身的解放。

由上可知,尽管杨的差异政治不乏可商榷、可质疑之处,甚至就其理论本身而言,亦显粗糙与仓促,但差异政治对社会群体身份认同的强调,促使甚至迫使我们放下形而上学的玄思,转而关注实实在在的社会不公与不义。晚近以来,特别是冷战结束后迄今,随着种族身份和民族身份在全球范围内的急速扩张,差异政治已然跃出了杨所讨论的"局限于西方福利资本主义社会——尤其是美国"的范围,而成为国际正义诉求中反抗普遍性、同一性,争取特殊族群权利的理论武器。那么,放宽视野,作为并非《正义与差异政治》的预设读者的我们,于内而言,虽然当下吾邦并未将差异政治提上日程,甚或对其立论与价值不无疑虑,但从某种意义上讲,作为差异政治之"哲学起点"的宰制与压迫无时无刻不体现为"组织"这个庞然怪物对你我的"制度性羞辱"和"日常性羞辱",这使我们不能无动于衷。与其筑室道谋,不若善积跬步。于外而论,一个和而不同的

---

[1] 参见[美]艾丽斯 · M. 杨:《正义与差异政治》,李诚予、刘靖子译,中国政法大学出版社 2017 年版,第 128 页。

世界是否可期,“世界公民”是否具有现实性,而建构“人类命运共同体”又何以确保不是一场虚幻的冒险之旅,均值得我们深思。至少我们从经验层面得到的教训便是,在对差异性的尊重提升了某些群体的地位的同时,社会生活的全面政治/宗教化和身份政治的优越/狂热也应引起我们足够的重视与警醒。

审慎是政治的首要美德,这一点一定要记住。

近代中国自我理解与世界认知的实相和幻象

——《万国竞争:康有为与维也纳体系的衰变》书后

王　锐*

一

梁启超昔日论中国历史分期认为:"自乾隆末年以至于今日,是为世界之中国,即中国民族合同全亚洲民族,与西人交涉竞争之时代也;又君主专制政体渐就湮灭,而数千年未经发达之国民立宪制体,将嬗代兴起之时代也。"[1]诚如斯言,自鸦片战争前后中国与西方列强遭遇,中国被卷入了由近代西方资本主义国家所构建的世界体系当中,这一过程并非温情脉脉的文化交流,中国自身的一套政治制度、思想学说、价值体系遭受亘古未有的全盘性冲击,中国被迫在惊涛骇浪的历史环境下努力救亡图存,悠悠万事,唯此为大。在此背景下,何谓中国?中国传统的正当性基础何在?中国的制度如何变革?中国在此一世界体系里如何自处?凡此种种,构成了中国近代思想史的主要议题。而在梁启超看来,当世人物最能体会此变局者,非乃师康有为莫属。他相信:"他日有著二十世纪新中国史者,吾知其开卷第一叶,必称述先生之精神事业,以为社会原动力之所自始。"[2]

百余年来论述康有为生平思想者甚夥。或赞其鼓吹变法之先,或诋其立志

---

* 华东师范大学历史系讲师,法学博士。

〔1〕 梁启超:《中国史叙论》,载吴松等点校:《饮冰室文集点校》(第3集),云南教育出版社2001年版,第1627页。

〔2〕 梁启超:《南海康先生传》,载姜义华、张荣华主编:《康有为全集》(第12集),中国人民大学出版社2007年版,第423页。

保皇之顽,或称颂其追求禹域富强之宏愿,或阐微其重诂西京大义之孤诣。犹有进者,正如康氏自称继承董、何遗业,重拾今文经学统,今世一二私儒,[1]虽生于红旗下,却别具怀抱,另辟蹊径,以康子教外别传自任,扬其帜,明其道,长素昔日唇焦舌敝而止诸空言者,希图于今日一一践行。与之相对,则将康有为(包括许多思考近代中国道路的思想家)左右采获构建自己思想体系的艰辛过程,去政治化地解构为一种近乎“想象”与“制作”的“国族论述”,一面坐享全球化果实,一面十分隐晦地以史论为政论,套用一二西洋理论,煞有介事地书写前人由于固执传统,故未能抛下前见,拥抱新知,导致对新事物的理解与感知时常体现矛盾与错愕,以此呈现“国族建构”的荒诞与徒劳。总之,长素身后,歧见迭出,知人论世,岂为易乎?

在《万国竞争:康有为与维也纳体系的衰变》(以下简称《万国竞争》)一书里,作者希望在全球史的视野下,重新审视康有为在清末民初对世界图景的认知,以及在此基础上对中国未来的探索。同时以史为鉴,“我们或许可以更加深切地体会到更为全面把握一个国际体系内部主要矛盾的重要性”。[2] 欲达此境,窃以为需要注意两点:一是全面把握近代中国的历史语境与康有为本人思想的变迁之迹;二是将近代西方从长期以来静止的普世图景(或历史终点)转化为一个自身也处于兴衰起伏的历史过程。前者能更为入乎其内地理解分析康有为言说行事的心路与思路,后者能摆脱巧于包装、带有特定政治诉求的西方中心论,将中国作为一个能动的历史主体,而非被动的他者来与西方并列讨论。就此而言,在笔者看来,本书对更为深入地理解近代中国与世界极有助益,提供了许多引人深思的视角。

二

《万国竞争》一书首先论述 19 世纪的国际格局。作者指出,当时居于主流的国际体系,乃 1814 年奥、普、英、俄四国同盟击败拿破仑后,欧洲各王朝在奥

---

〔1〕 章太炎曾区分“达儒”“类儒”“私儒”三类“儒”群体。具体含义参见章太炎:《国故论衡 · 原儒》,上海古籍出版社 2003 年版,第 104 ~ 106 页。

〔2〕 章永乐:《万国竞争:康有为与维也纳体系的衰变》,商务印书馆 2017 年版,第 23 页。

相美特涅(Metternich)的主持下,于奥都维也纳召开会议,重划欧洲政治版图之结果,实现英、俄、奥、普、法五强共治,此即"维也纳体系"。其特征为民族国家建设与帝国主义膨胀同步展开,欧洲列强纷纷整军经武,增进国力,内部同质,海外殖民,制造横贯宇内的新帝国。此外,在殖民帝国建立的过程里,以源自西方历史经验的"文明"为放诸四海的标准评判世界各邦,满足条件者视为同道,否则便被看做低于西方列强的野蛮群体,不能共享西方的法律体系,有待于西方文明的担当者们前去教化开导,因此被殖民、被开化为"落后地区"的必然命运。作者指出:"一旦将国际体系纳入情境,我们可以对思想家展开思考的背景形成更为全面的认识,从而更深入地理解他们所处的历史进程,观察信息不充分的当事人如何对这个体系作出观察和回应,进而描述和反思他们'看'世界的方式。"[1]

康有为正是在这样的全球历史背景下登上时代舞台。戊戌前后,康有为鼓吹变法改制的同时,苦心思考如何让中国在列强环伺的局面下得以保全、自立。康有为在万木草堂讲授学术源流时强调:"纵横家之'权事制宜','受命不受辞',此其长也。"[2]康氏坐言起行,盱衡时势,在国际问题上,也扮演了一回"纵横家"之角色。他利用均势之理,希望分化列强,防止其在瓜分中国问题上步调一致。犹有进者,他力倡中、美、英、日成为"合邦",抵抗俄国;戊戌之后,效申包胥秦廷之哭,怂恿日本出兵解救光绪,挽回变法败局。庚子之变,面对东北被俄国侵吞之危,康有为甚至建议八国联军中的其余七国共治东北,以夷制夷。如此这般,既体现出他对国际情势有初步了解,又显示这种了解片面而不深刻。

在 20 世纪的前 10 年里,康有为周游列国,更为全面地认知世界图景,更为系统地思考中国问题。在其中,他对德国青睐有加,视威廉二世为一代英主,认为德国的立国之道,有许多方面值得身处"国竞"时代的中国学习,特别是制度严肃整齐、物质蒸蒸日上、军备威武雄壮、教育普及甚广。他甚至将德国从分裂到统一的过程,视为全球日后臻于"大同"之境的前奏或预演,即在以强国为主导的全球政府下,将各个国家整合起来,这一方案看似光明,实则势利,否定了

---

〔1〕 章永乐:《万国竞争:康有为与维也纳体系的衰变》,商务印书馆 2017 年版,第 13 ~ 14 页。

〔2〕 康有为:《康南海先生讲学记》,载姜义华、张荣华主编:《康有为全集》(第 2 集),中国人民大学出版社 2007 年版,第 118 页。

弱小国家存在与生存的动力,这实与19世纪帝国主义逻辑相似,异曲同工。且征诸史实,德国统一的过程绝非温情脉脉的联合,而是充满了血腥与权谋,威廉二世继承俾斯麦之遗产,处事乖张,胸无城府,最终导致德国在一战中一败涂地,第二帝国寿终正寝。由此可见,康有为的以德为师,一厢情愿多于客观分析。[1]

康有为周游列国之际,中国的革命与立宪之争也日趋激烈。康有为担心中国若行革命,鼓吹单一民族的民族主义,不但会导致列强干涉瓜分,而且让边疆少数民族地区离心离德。他通过对奥匈帝国、奥斯曼帝国的实地考察,认识到制度之良莠,应视能否真正克服国内离心力,促进国家整合而定。在他那里,君主立宪加上制定孔教,此乃中国最佳的振衰起微之道。之所以如此,并非康有为对西洋政法学说知之甚浅,恰恰相反,在他所处的历史环境下,维也纳体系式的君主政体乃时代主流,而法国大革命则饱受19世纪的保守主义与历史主义者抨击,认为乃滥用理性的致乱之方。他与严复一样,正是因为对西方有深入了解,因此才青睐君主立宪,视革命为洪水猛兽。面对时代潮流,康有为的所见与不见之间,需仔细分疏。

最后,辛亥革命的成果,某种意义上宣告康有为政治主张的失败。但民国建立之后军阀混战、民不聊生、乱象频仍,使康氏相信,他自己的那一套学说虽暂时挫败,但终将被证明实属正确。他在民初屡屡以中南美洲为例,证明共和制度会带来混乱,除去学理层面的论证,更有他自己在彼处经商失败的切身教训,故言之尤显深切著明。他认为,既然中国已选择共和,那么等而下之,就应当大力发展交通、电信等基础设施建设,为国家创造实质统一的物质基础,这样庶几有朝一日,国人醒悟,重新欢迎君宪与孔教,那时中国便可真正走向富强。康有为以大儒自任,军阀割据,称霸一方,俨然季氏八佾舞于庭,但康有为对待彼辈,却仿佛孔子不弃公山不狃,希望地方军阀能接受自己的政治主张。维也纳体系既给予了康有为了解世界格局的相关知识,又遮蔽了他与时俱进,思考何为新的政治实践主体的可能性。面对“十月革命”,康有为以乱党暴徒视之,

〔1〕 中国近代史上第二次“以德为师”的,是20世纪30年代南京国民政府。蒋介石聘请德国军事顾问,希望建设完善的工业体系,国防组建一支强大的军队,甚至效仿法西斯主义,成立“蓝衣社”等特务组织,宣传领袖至上。参见[美]柯伟林:《德国与中华民国》,陈谦平等译,江苏人民出版社2006年版。

但恰恰是在战争年代借鉴后者组织与动员形式的中国共产党,完成了康有为渴望多年却未曾实现的愿望:整合国家、组织民众、捍卫主权、发展经济,最终走向独立自主、繁荣富强。萧瑟秋风今又是,换了人间!

三

在中国近代史上,康有为对中国的理解与对世界的认知,虽独树一帜,但并非毫无共性。中国古代有一套自成体系的处理周边关系的法则,即儒家学说中以差序格局为基础的天下体系,在这其中,文教与礼仪的地位至为关键。长期以来,虽然具体实践上需要变通调整,但这一套思想学说却依然被大多数士人奉为圭臬。近代列强叩关而来,中国人面临的是另外一套处理国家关系的准则,在这一认知过程中,有人深闭固拒,有人格义比附,还有人在深创剧痛之后尝试慢慢接受。

在《万国竞争》一书中,作者以郭嵩焘为例,说明近代中国士人如何默认西方的"文明等级论"。陆宝千在《清代思想史》一书当中认为,"循理"为郭嵩焘洋务思想的根本。郭氏与曾国藩、刘蓉、罗泽南等湘军将领一样,深受湖湘地区重视理学的风气影响,他认为应依理来面对洋人,"以道御之,以言折之",本廓然大公之心,用圣人的忠恕之道来与之交涉。因此他反对视西洋为夷狄,努力去理解并欣赏后者的治国之道,希望人同此心,心同此理,西方列强亦能与中国平等相处,不要为难中国。[1] 究其实,此乃数千年天下观所塑造的认知方式,是"远人不服,修文德以来之"的另一种表现形式。但陆先生同时指出:

> 吾人今日视之,郭氏之洋务思想,正而不谲,持之以肆应于'无理性'之国际社会之中,实嫌不足。苟中国而富强,循理以处国交,固可以无恙;不幸而国势孱弱,则循理必流于玄谈。郭氏本人于烟台条约之交涉,即已技穷。于喀什噶尔、伊犁、琉球、越南诸案,判断不能无误,可为明证。此由郭氏个人之缺陷乎?

---

〔1〕 参见陆宝千:《清代思想史》,广文书局 2006 年版,第 373 ~ 395 页。

抑儒家思想本身之不足乎？是则大可深思者也。[1]

反观今日，依然有视郭嵩焘为近代以来中国外交官之典范者，更有所谓海外钜子，宣扬真有儒家背景的人不会敌视西方“普世价值”。但由郭嵩焘之例可见，并非儒家思想排拒“普世价值”，而是“普世价值”背后的鼓吹者——近代西方列强，从不以忠恕之道对待中国，是“普世价值”要不断瓜分掠夺中国这一儒家学说的创生之地。而真正能在国际间践行儒家所宣扬的忠恕之道与讲信修睦理想的唯一条件，正如陆先生所言，是中国自身先要独立富强。否则，儒学只能是“普世价值”眼中的劣等之物，可以作为聊备一格的风月谈资，却决不能与之平起平坐、平等对话。

维也纳体系随着“一战”的结束而寿终正寝。美国在“一战”当中乘势崛起，“二战”后更成为世界两大霸主之一。20世纪90年代，苏联解体，东欧剧变，美国地位更是无人撼动。与康有为深受维也纳体系影响一样，美国及其治国之道也深为影响新文化运动以来名望扶摇直上的胡适。胡适在哲学层面服膺他所理解的富于美国特色的杜威思想，在政治主张上称赞美式民主白璧无瑕。“二战”结束后，冷战风云笼罩全球，当时美国决定经济上扶持日本，保留日本的天皇体制，这一行为引起了深受日本侵略之苦的中国人的警惕。国际法专家周鲠生撰写《历史要重演吗？》一文，警告国人提防日本军国主义死灰复燃。可胡适却就此致信周氏，强调“因为根本不许德日两国重行武装，所以西方国家决不要扶持德日两国来抵制苏联……我可以武断地说，武装德日是英美法与澳洲、加拿大诸国的人民绝对不肯允许的”。同时他声称：

德国民族有七千多万人，日本民族也有七千多万人。谁也不能毁灭这一万五六千万人。可是谁也不能长期掏腰包来养活他们。所以西方民主国家不能不考虑如何替他们保留一部分的工业生产力，使他们可以靠生产来养活他们自己。这不是过分的宽大。为了根本消灭将来循环报复，为了根本维持比较久远

〔1〕 陆宝千：《清代思想史》，广文书局2006年版，第412页。

的和平,这种政策是不能避免的。[1]

从日后的冷战格局之演进来看,胡适的这番看法可以说是异常天真。自从短暂的认可苏联之后,长期以来,胡适对苏联充满警惕与批评,认为苏联时刻都在处心积虑地发动侵略战争,搅乱全球和平。但以胡适学识之高,涉世之深,为何从不把这种对苏联的“深刻分析”,拿来同样思考一下美国的全球战略呢?特别是 20 世纪 50 年代,鼓吹自由民主的美国,却在台湾扶持威权统治的蒋介石政权,并且长期豢养海外台独团体,从不明确否认所谓“台湾地位未定论”,凡此种种,就笔者所阅史料,也未见胡适有何反思。这其中的玄妙,或许是理解现代中国知识分子心态史的一个绝好切入点。就此而言,摆脱既有的国际权力格局,思考未来新的可能性,不但行不易,知亦难矣!

四

最后,谈及康有为,不得不一并讨论一下他最主要的论敌章太炎。当康有为周游列国思考列强的富国强兵之道时,章太炎正一面全盘性地阐释中国传统,一面广泛阅读东西典籍,开始反思由近代西方所形塑的现代性诸面向。与康有为服膺近代文明论不同,章太炎对这套理论背后的权力本质洞若观火。他指出:

今之言文明者,非以道义为准,而以虚荣为准。持斯名以挟制人心,然人亦靡然从之者。盖文明即时尚之异名,崇拜文明,即趋时之别语。[2]

后来在《齐物论释》里,章太炎又进一步论证:

志存兼并者,外辞蚕食之名,而方寄言高义,若云使彼野人,获与文化,斯则

---

〔1〕 胡适:《致周鲠生》,载《胡适来往书信选》(下册),社会科学文献出版社 2013 年版,第 1038 ~ 1039 页。

〔2〕 (清)章太炎:《复仇是非论》,载《章太炎全集》(第 4 册),上海人民出版社 2014 年版,第 281 页。

文野不齐之见,为桀跖之嚆矢明矣……今之伐国取邑者,所在皆是。[1]

这些看法,无疑是对西方列强文明论的突破。正是在这样的基础之上,章太炎开始思考新的国际关系可能性。1907 年,章太炎与张继、刘师培等人在日本发起“亚洲和亲会”,旨在联合亚洲各个被帝国主义侵略或干涉的国家,“反对帝国主义,而自保其邦族”。规定凡入会者的义务为“互相扶助,使各得独立自由为旨”。“若一国有革命事,余国同会者应互相协助,无论直接间接,总以功能所及为限”。同时强调会员应“互相爱睦”,以期“感情益厚,相知益亲”。[2] 可见,较之康有为,章太炎似乎更清楚地看到了未来国际关系变化的契机,即全球性反帝运动的兴起。在《万国竞争》一书里,作者展望未来,强调“如果中国只是捡起美国扔在地上的新自由主义全球化旗帜,继续老霸主过去的实践,无论在发展中国家,还是发达国家,其感召力都是非常可疑的”。[3] 对此笔者亦深以为然。在今天全球局势发生深刻巨变的时刻,我们对于中国近代史需要从新的角度进行梳理,挖掘其中宝贵的思想资源。就此而言,作为“有学问的革命家”,章太炎一身兼及中国传统与中国革命两种内涵,后来中华人民共和国独立自主外交政策的实践,也与清末章太炎等第一代本土革命家“亚洲和亲”的理想一脉相承。诚如作者所言,象征着维也纳体系的康有为时代已成为历史,中国何时能重拾如今已渐渐被人遗弃的旗帜,顺着前人已取得的成就,继续去探索并实践一条构建更美好未来的道路呢?

前人思考的终点,正是我们今天再思考的起点。

---

〔1〕 (清)章太炎:《齐物论释》,载《章太炎全集》(第 5 册),上海人民出版社 2014 年版,第 46 ~ 47 页。

〔2〕 汤志钧编:《章太炎年谱长编(增订本)》(上册),中华书局 2013 年版,第 141 页。

〔3〕 章永乐:《万国竞争:康有为与维也纳体系的衰变》,商务印书馆 2017 年版,第 200 页。

法律东方主义：中国法律史的美国故事*

——络德睦《法律东方主义：中国、美国与现代法》述评

颜丽媛**

内容摘要：络德睦的《法律东方主义：中国、美国与现代法》从历史的角度反思美国对于中国法的观察。这种观察隐含着美国法的优越感甚至自负，常以美国法定义中国法的缺失呈现，即所谓的"法律东方主义"。而法律东方主义另一面则是中国法彰显美国法的失效。如何最低限度地控制法律东方主义造成的这种尴尬局面的思考贯穿于该书的始末。而络德睦的思考本身亦属于法律东方主义的范畴，因为这只是讲述中国法律史的美国故事的另一个版本。

关键词：东方主义　中国法　实践

引　言

20世纪末的萨义德(Edward W. Said)的《东方学》[1]所呈现的是没有中国的、文学文本的东方主义。而本世纪初的络德睦(Teemu Ruskola)的《法律东方

---

* 重庆市社会科学规划项目"清末民初中国国际法的进阶(1871～1922)"(2016BS094)阶段性成果。

** 重庆大学人文社会科学高等研究院讲师，法学博士。

[1] [美]爱德华·W. 萨义德：《东方学》，王宇根译，生活·读书·新知三联书店2007年版。该书在前言中明确表明："将问题再次限定到英法美对阿拉伯和伊斯兰——它们在长达千年的时期内共同代表着东方的经历上……做此限定之后，东方有相当大的一部分——印度、日本、中国以及其他远东地区——似乎被排除在外，这并不是因为这些地区过去不重要(它们显然一直很重要)，而是因为人们在讨论欧洲在近东或伊斯兰的经历时完全可以不考虑其在远东的经历。"这样萨义德在其研究中凸显了近东、中东，而将包括中国在内的远东置于边缘地位。

主义:中国、美国与现代法》[1]则聚焦于中国的、法律实践的东方主义。络德睦非常明确地在观念层面上指出,法律不具有独特的普世性又不具有普世的独特性,法律仅仅存在于具体的历史与政治情形中,中国法存在与否完全取决于观察者对于法律的界定。同时他也在事实层面上告知,有两种皆声称具有普世性的传统,即罗马帝国规范与中华帝国的规范。正是在上面观念与事实的两个前提下,络德睦认为法律的矛盾是不可解决的,法律东方主义恰恰是应对这些矛盾的一种话语与物质实践。

《法律东方主义:中国、美国与现代法》主体部分的四章[2],按照络德睦自己的话来说,前两章是认识论实践、后两章是物质性实践,这两种实践都是理解法律东方主义话语的实践。从认识论实践可以看到络德睦如何破解中国的"无法非主体"的构想,以及将家族与公司二元对立的建构。物质性实践则还原了中美历史上真实存在的治外法权与排华法案,以及美国法对于在华美国人失效的情形。这些都完美展示出了法律东方主义以彼之矛攻彼之盾的自相矛盾的局面。而东方法律主义成为最低限度的控制法律东方主义造成窘迫局面的一种途径。

一、中国人是无法律非主体的生成

东方主义是通向中国的通道,那么法律东方主义的历史就是通往中国法的通道。最早铺就这条道路的有米歇尔·福柯(Michel Foucault)[3]、孟德斯鸠(Montesquieu)[4]等学术巨匠,就如同病夫、黄祸与睡狮[5]等一系列不好的隐

---

〔1〕 参见[美]络德睦:《法律东方主义:中国、美国与现代法》,魏磊杰译,中国政法大学出版社2016年版。

〔2〕 参见[美]络德睦:《法律东方主义:中国、美国与现代法》,魏磊杰译,中国政法大学出版社2016年版。本书共有如下六章:第一章,引言:法律东方主义;第二章,在历史中创制法律主体与非法律主体;第三章,讲述公司与家族的故事;第四章,广州不是波士顿;第五章,中国辖区不是哥伦比亚特区;第六章,结论:没有殖民者的殖民主义。其中,第二章至第五章为主体部分。

〔3〕 参见[法]米歇尔·福柯:《词与物——人文科学考古学》,莫伟民译,上海三联书店2001年版。

〔4〕 参见[法]孟德斯鸠:《论法的精神》,张雁深译,商务印书馆1995年版。

〔5〕 参见杨瑞松:《病夫、黄祸与睡狮:"西方"视野的中国形象与近代中国国族论述想像》,台北,政大出版社2010年版。

喻,皆建立在东方主义寓言的基础之上。中国成为被观察的客体,中国法被负面界定。法律的东方主义表现的东方主义层面:美国法 = 进步的历史 + 个性化的普世→美国人是法律主体;中国法 = 僵化的历史 + 独特性的特殊→中国人是“无法非主体”(Nonlegal Nonsubjects)。[1]

络德睦认为中国人无法非主体的生成非常值得探究,中美法之间的这种比较也同样需要引起注意。比较法学的功能比较作为一种方法论,迫使人们去发现在比较的客体中存在或不存在可比性。比较法学科除了两种法律体系之间明确的比较以外,也注重对外国法的法律体系单纯的表述。但是,无论西方法还是中国法,皆非彼此孤立存在的。两者皆是法律现代性全球话语的组成部分。这就好像中国最初接触西方时,仍沿用“华夷秩序”的话语,将西方归于“夷”,[2]直到中英《天津条约》规定“不得提书夷字”后,才慢慢的由“洋”代替了“夷”。正如后来在中国“洋”与“土”相对应,“洋”成为“现代时尚”的代名词一样。中国法与西方法同时存在于中国人与西方人的想象中,两者以一种交互主体性的方式彼此相连。也就是说,中国人作为“他者”也参与其中。

文化语境和历史语境越不相同,功能比较越有局限性。就法律主体而言,中世纪的欧洲出现过动物审判,而类似的事情在中国则没有任何观念的支持。若是认为法律是国家独特文化本质的体现,那么法律就是美国政治秩序卓越的核心,“无法”则是中国文化构成的组成要素。这纯粹是一种文化本质主义的体现。事实上,法律的主体是创制出来的,主体由法律界定,法律成为人之所以为人的认同的一部分。在创制与维持中美两国国家认同以及各自国家认同的过

---

〔1〕 [美]络德睦:《法律东方主义:中国、美国与现代法》,魏磊杰译,中国政法大学出版社 2016 年版,第 31 页。

〔2〕 夷目,即“英国驻华商务总监”(Chief Superintendent of British Trade in China),直译为“A Barbarian Eye”,即“野蛮人的眼睛”,这种直译算是一种误译,而这种误译也被 1834 年 8 月的英文报纸《中国丛报》(*Chinese Repository*)采纳,同时也被律劳卑(Napier)采信,进一步加深了中英之间的争执。参见[美]刘禾:《帝国的话语政治:从近代中西冲突看现代世界秩序的形成》,杨立华等译,生活 · 读书 · 新知书店 2009 年版,第 63 ~ 74 页。

程中,法律话语扮演了重要角色。[1]

美国人是崇尚法律的民族,美国普通民众信仰法律的程度可以与启蒙运动的哲学家相媲美,诸如此类的说法表明美国人对法律的认同异常强烈。[2] 中国人的情形则恰好相反,无论是古典欧洲东方主义还是美国反移民东方主义,无论是持有正面观点还是负面观点,大多数东方主义者都倾向于认为中国人是无法律的非主体。孟德斯鸠、黑格尔、马克思和韦伯等古典欧洲东方主义者的著作只是为了确认西方文明和法律的优越性。美国启蒙时代的思想家对儒家政治智慧的敬佩倾向很快被反移民东方主义所取代。尽管乔治·托马斯·斯当东(George Thomas Staunton)早在1810年就较为系统地翻译了《大清律例》[3],比1864年丁韪良(M. P. Martin)翻译惠顿(Henry Wheaton)的《万国公法》(*Elements of International Law*)[4]早了半个世纪。这种时间差并不妨碍至今中国仍然是一个表意符号。甚至呈现出,根本不考虑证据,而径直假定中国纯粹就是无法且专制的。[5]

实际上,这种东方化不可避免,某种程度上也出现中国人"自我东方化",而美国人"自我美国化"。许多中国的历史学家已将马克思对世界的某些东方化理解为他们自我理解的一部分。中国与其他东亚经济体提出亚洲价值以挑战西方法治话语。[6] 美国人的理想自画像是:美国=法律管理+民主+变动+美国人是有个性的人。与之相衬托的是:中国=道德管理+专制+静止+中国人

---

[1] 参见[美]络德睦:《法律东方主义:中国、美国与现代法》,魏磊杰译,中国政法大学出版社2016年版,第39页。

[2] 参见[美]络德睦:《法律东方主义:中国、美国与现代法》,魏磊杰译,中国政法大学出版社2016年版,第41~42页。

[3] See George Thomas Staunton, *Ta Tsing Leu Lee*, London, Printed for T. Cadell and Davies, Strand, 1810.

[4] 1865年,日本万屋兵四郎翻刻了丁韪良版中文的《万国公法》,现藏于东京大学·史料编纂所,维新史料引继本。

[5] 参见[美]络德睦:《法律东方主义:中国、美国与现代法》,魏磊杰译,中国政法大学出版社2016年版,第50页。

[6] 参见[美]络德睦:《法律东方主义:中国、美国与现代法》,魏磊杰译,中国政法大学出版社2016年版,第52~53页。

是盲目的从众者。[1] 20 世纪甚至更早以来中国法不断地在调整自己适应现代世界并且取得了较为显著的突破。法律东方主义话语的考察,其意义既不普世化中国亦不普世化美国,而是将两者皆解中心化。[2]

二、中国公司法源于亲属法拟制

根据法律东方主义,中国公司法没有历史,中国的商事公司是舶来物,中国原有的企业是家族企业。历史上占据中国主导地位的家族也往往被解释为亲属法,这也造成了财产法与契约法或者直接说是法律在中国缺失的故事。络德睦试图将中国亲属法解读为某种公司法,同时将美国公司法的某些方面解读为某种亲属法。这种比较的基础是公司是法律拟制的产物,同理亲属关系也是一种法律拟制。

络德睦采纳家族人类学与法律史学的汉学研究成果,将传统中国的公司法的历史用宗族[3]公司(Clan Corporations)进行讲述。宗族公司具有公司的形式特征,家户特别适合作为宗族公司的模型。家户有着所有权与管理权之间的初始区分,父亲扮演着其继承人的一个信托人的角色。也就是说,只要儿子在同一家户中为分割家产,与集体所有权区隔,父亲(家长)拥有管理权,成为代理人。当分割财产时,契约法优先适用于亲属关系法,采用诸子平分的做法。同时,衍生出祭祀公业制度。由于规模的扩大,祭祀公业要提供给家族的是一种永久所有权的方式,其在选择相应的经理人的时候,更体现逐利性并不由宗谱地位直接决定。[4]

---

[1] 参见[美]络德睦:《法律东方主义:中国、美国与现代法》,魏磊杰译,中国政法大学出版社 2016 年版,第 56 页。

[2] 参见[美]络德睦:《法律东方主义:中国、美国与现代法》,魏磊杰译,中国政法大学出版社 2016 年版,第 60 页。

[3] 参见《白虎通义 · 卷八 · 宗族》云:"宗者,何谓也? 宗者,尊也。为先祖主者,宗人之所尊也。……族者,何也? 族者,凑也。谓恩爱相流凑也。"

[4] 参见[美]络德睦:《法律东方主义:中国、美国与现代法》,魏磊杰译,中国政法大学出版社 2016 年版,第 73 页。

宗谱关系本身可以拟制,宗族公司具有商事公司的特点。例如,位于“宗”与“家”之间的“房”[1],作为支系,可以几支结合,从大的宗族中分裂出来创制一个祭祀公业。“宗”、“家”与“房”这三者是以自己为中心,说来就像同心圆似的重叠的形态,是以男系主义为中心带有一定特性的在同一家族概念之中的三个阶段。[2] 但这三个阶段并不是僵化的,而是具有弹性的。收养、婿养子(赘婿)等用来招募男性劳动力,妻妾、童养媳等更类似于买卖。这些都可以看作为求私人获利而自愿结合的联合体,更像是个人的契约关系,符合公司的特征。宗族公司也从事谋求物质利益的事业,士绅的宗族活动包括农村土地、城市不动产、金钱借贷、制造业以及贸易活动等。宗族公司由于管理权威不同于祭祀权威,在宗族事务管理中,管理者的权威优于宗谱上长者的权威,从而使管理权与所有权分离得以实现。因为家族是儒家人本思想的普世主体,宗族公司某种程度上也获得了法律认同的家族人格。至于所有权的可转让性以及宗族份额,虽然只有微小而有限的市场,但是仍旧存在。所以,可以将传统中国的亲属法视作一种公司法。[3]

宗族公司在实际运作中也是通过公司章程细则、习惯法、行政管理规章以及制定法来实现公司的治理。章程被包含在宗教宗谱的记录中,习惯法是传统中国公司法的一个组成部分。需要注意的是公私二分,对于理解中国儒家的家国一体治理方式没有意义。在本质上,宗族经理人不仅对宗族公司成员承担信义义务,而且对它们最终的母公司——中央王国也承担此等义务。[4]

结合《大清律例》的概括性禁令以及有关宗族的祭祀公业收益纠纷的案件可以看到,中国宗族内部共同财产管理中的信义义务已经构成了一种法律义务。宗族成员之间也就是亲属之间的买卖也避免使用买卖的字眼,而采用回赎

---

〔1〕 族与房是宗族机构的二级机构,分别行使大小不同的宗族事务管理权。一族常包括数房,各房有自己的一级管理组织,统归族机构领导。族房二机构的名称,因地而异。有称族、户,家、户,户、房,户、支的,但分级原则基本相同。参见朱勇:《清代宗族法研究》,湖南教育出版社 1987 年版,第 66 页。

〔2〕 参见[日]滋贺秀三:《中国家族法原理》,张建国、李力译,法律出版社 2003 年版,第 46 页。

〔3〕 参见[美]络德睦:《法律东方主义:中国、美国与现代法》,魏磊杰译,中国政法大学出版社 2016 年版,第 74 ~ 87 页。

〔4〕 参见[美]络德睦:《法律东方主义:中国、美国与现代法》,魏磊杰译,中国政法大学出版社 2016 年版,第 91 页。

等词语。其实导致了“有产者”优于“无产者”的结果。在最坏的情况下,宗族公司由绝对的专制者统治;在最好的情况下,他们这种专制主义被掩饰为仁慈与关爱。儒家亲属关系意识形态合法化了公司内部的不平等。正像规范性法律主体的不同观念(家族和个人),产生了公司等级制度的不同意识形态。[1]

公司到底是一种个体成员组成的人造聚合体,还是自然形成的集合实体,本身就存在理论争议。实际上,作为集体看待的中国宗族公司也有契约与个人逐利行为。公司法同样规定信义义务与强制性披露条款。美国公司法的多数内容在字面意义上也是一种亲属法,家族与公司并不是彼此对立而是相互补充的。[2] 法律东方主义自我反复的世界中,法律乃是一种将自身界定为“法律的”一种叙事。家族公司皆为家族和公司,并不存在非此即彼的问题。[3] 若是采用“亲属法类推”,那么东亚国家之间的法律也在儒家亲属法关系模式上展开,这便进入了法律东方主义的有关国际法的核心叙事。

三、真实的治外法权与排华法案

国际法的东方主义叙事逐渐被用来证成美国应当在中国以及亚洲其他地方享有广泛的治外法权。治外法权意味着美国人不受当地法律管辖,而由美国领事等进行审判。美国在中国的治外法权由 1844 年的《望厦条约》(《五口通商章程:海关税则》)规定,直到 1943 年的《中美关于取消美国在华治外法权及处理有关问题条约》才予以废止。1903 年中美《通商行船续订条约》沿用 1902 年中英《续议通商行船条约》的相关条款,其规定,若是中国的律例与审检办法等相关事项参照西方各国得以完善,美国就放弃治外法权的条约允诺。但是,这并不妨碍美国在中国的治外法权存在了整整半个世纪的事实。

美国是在亚太地区的治外法权帝国,这一点需要予以注意。作为新大陆的

---

〔1〕 参见[美]络德睦:《法律东方主义:中国、美国与现代法》,魏磊杰译,中国政法大学出版社 2016 年版,第 99 ~ 100 页。

〔2〕 参见[美]络德睦:《法律东方主义:中国、美国与现代法》,魏磊杰译,中国政法大学出版社 2016 年版,第 105 页。

〔3〕 参见[美]络德睦:《法律东方主义:中国、美国与现代法》,魏磊杰译,中国政法大学出版社 2016 年版,第 107 ~ 108 页。

美国人渐渐认为,相较于欧洲,新大陆更好地体现了真正的欧洲普世价值。由于与旧大陆之间的系谱关系,美国很快就加入了由“文明国家”[1]组成的国际社会,拥有了完全的主权。介于“文明”与“野蛮”之间的中国,相应地必然要产生治外法权。随着美国从英国独立,中国市场向美国开放了。但是中美早期,特别是1839年中英鸦片战争爆发以前交往的文献表明,美国愿意服从中国的管辖,也将中国描述为一个拥有主权的国家。

这些早期的友好征兆并没有阻止美国在1844年将治外法权的相关条款写进中美条约中。关于中英之间马嘎尔尼使团的外交惨败已经有了很多讨论。直到1842年鸦片战争后中英《南京条约》签署,解决了双方的外交难题。但是,这场结果展现的是英国以平等名义谴责东方中心主义,确定的却是英国人的优越感以及欧洲中心主义的普世标准。[2] 法律层面上,则确立了不屈从“野蛮”的中国司法实践的治外法权。

美国相较于欧洲列强,在亚洲事务上是迟到者,但最终由于门户开放政策的实行得以领先。尽管美国拒绝了英国领土式的帝国主义,也曾谴责英国是披着非法的帝国主义主权外衣的国家,但是仍采纳了英国非领土式的帝国主义。这种非领土式的帝国主义就是开始于1844年的《望厦条约》的治外法权的规定。

顾盛(Caleb Cushing)作为促成《望厦条约》签署的美国代表有着一整套的法律东方主义的逻辑。欧美国家与生俱来就是平等的,并且生来就拥有自身主权。所有其他国家则需要争取主权,并证明自己值得拥有主权。美式的治外法权代替英式的治外法权,成为随后数年来其他欧洲国家与中国签订类似条约的范本。不久,美国成为与日本、韩国首个签约的列强。国际法本身成为了一种法律东方主义的话语。[3]

这一法律东方主义的扩散也影响了美国国内法的制定。首当其冲的就是

---

〔1〕 See Koskenniemi, Martti, *The Gentle Civilizer of Nations – The Rise and Fall of International Law 1870 – 1960*, Cambridge, Cambridge Law Press, 2001.

〔2〕 参见[美]络德睦:《法律东方主义:中国、美国与现代法》,魏磊杰译,中国政法大学出版社2016年版,第127页。

〔3〕 参见[美]络德睦:《法律东方主义:中国、美国与现代法》,魏磊杰译,中国政法大学出版社2016年版,第140~142页。

宪法、移民法以及行政法的交叉领域,即1882年一系列排华法案[1]的出台。排华法案显然是违反了1868年《蒲安臣条约》中关于两国人民可随时自由往来、游历、贸易或久居的规定。最高法院在排华判例中的立场表明了法律东方主义不仅侵蚀了中国的主权,而且进一步强化了欧美国家的主权。中国人生来就是专制君主的奴隶,不能理解个人权利的概念,欠缺“文明”标准。按照类似的逻辑推演,美国对待领土内的不同族群也实施宪法排除,给出的理由也是“文明”标准。

实际上,美国的商贸话语继续了旧大陆的列强的宗教话语、文明话语,是一种帝国主义的法律东方主义的历史延续,可以说是美国盎格鲁—萨克逊种族主义的发展。[2] 19世纪的历史告诉我们,法律的认识可以不限定于由领土界定的主权民族国家的范围内。

四、美国法在中国的失效

通过驻华法院,美国法在域外的中国得以运作。由于美国驻华法院的档案已经遗失,络德睦根据美国法院出版的案例、国家档案馆中的国务院档案、同时期的新闻报道以及学者著作的相关描述展开研究。就美国驻华法院的管辖范围而言,因为上海的美国人社区由大批商人、传教士、流浪汉以及其他人组成,美国的治外法权在中国达到了精细化的极致。几乎所有列强在中国都拥有治外法权、殖民地、铁路特权及其他准殖民特权。美国的驻华法院正是在这样的情境下,承担着多种矛盾的角色。它既要为中国提供一个法治的模式,但是依赖最多的却是阿拉斯加领地与哥伦比亚特区两部调整国家内部殖民地的法典;同时,又要治理殖民在华的美国人,但是在上海的美国人多数是为了逃避美国法管辖的罪犯。

最初美国在中国设立领事法庭时,就遭遇合宪性的质疑。美国驻华法院到

---

[1] 参见[美]琼·菲尔泽:《驱逐:被遗忘的美国排华战争》,何道宽译,南方出版传媒、花城出版社2016年版。

[2] 参见[美]络德睦:《法律东方主义:中国、美国与现代法》,魏磊杰译,中国政法大学出版社2016年版,第150~152页。

底有没有能力让在华美国人与归化美国的中国人适用美国法也是一个问题。美国驻华法院常常以“联邦地区法院”自居,其适用的法律自然包括国会制定的一般性法律。但是,规制美国人一般生活的法律事项不是由联邦法调整的而是由州法调整的。美国驻华法院由于不是州也缺乏对应美国历史的州,就面临选择哪个州的法律这样的难题。美国驻华法院最终选择了阿拉斯加领地与哥伦比亚特区两部调整国家内部殖民地的法典。到了后来,美国任何地区及美属领地的所有联邦法规都有可能成为在中国适用的法律。美国驻华法院从最初的缺乏“适当的适用法”进入“适用法过剩”时期。当过剩的法律相互冲突时,如何确定法律位阶成为法院必须面临的问题。实际上,美国宪法并没有被适用于美国驻华法院。所以美国在华法院并没有陪审团制度,但是制定了专门适用于驻华法院的程序法典。除了美国法,公共租界的市政章程也被适用。中国法中的牙行惯例等在涉及不动产的案件中也被适用。综合起来,便产生了“一种中国的美国普通法”。〔1〕 美国驻华法院由于没有明确的领土或法理指向,使该法院用异乎寻常的领事裁判权在无法的中国创制了一套法律拟制,采用了一种特殊化的特殊形式,放弃了其看似最普世的美国公民的宪法权利。

美国驻华法院的核心任务是对在华美国人当中不守规矩的分子进行规训。从形式上来看,美国驻华法院延续领事裁判权的原则,对所有案件,中国人只能依照中国法在中国法院中起诉,美国人只能根据美国法在美国法院起诉。而事实上,只有美国人进入中国不会遇到法律障碍,且大多从事非法的冒险活动。美国驻华法院首先针对是在中国的律师、卖淫者以及流浪者等美国人。据闻,在华美国律师的律师资格考试通过率非常低;被称为“美国女孩”的妓女可以通过选择迅速嫁给外国人而逃脱美国法的管辖;在华的美国流浪者则被送出中国接受刑罚。这样,何种人构成在华美国人的界定,成为驻华法院有无管辖权的关键。驻华法院出于严格控制在华从事非法行为的美国人的目的,倾向于让在华菲律宾人等不具有美国公民资格的属民接受驻华法院的管辖。同时,主张放弃华裔美国人的美国公民资格。一方面,存在美国罪犯为了逃避驻华法院的管

---

〔1〕［美］络德睦:《法律东方主义:中国、美国与现代法》,魏磊杰译,中国政法大学出版社 2016 年版,第 173 页。

辖而伪装成其他国籍的人等现象,使法院遗漏了许多在华美国人;另一方面,美国人的配偶得以获得美国国籍等情况的存在,使法院又管辖了更多的非美国人。而美国法本身就是一个非常复杂的制度体系,美国不仅有联邦法、州法,还有自由邦法、属领地法;等等。由于驻华法院的法律体系与领土管辖观念相脱离,可以理解为其既是美国法全球史又是法律东方主义全球史的一部分。[1]

公共租界的会审公廨(1864 ~ 1926 年)作为中国法院,在涉及中国被告以及通常的中国原告的纠纷中只适用中国法。由于在法律东方主义的话语建构中的中国的无法性,最终上海的外国领事们接管了该法院的运作。由外国人控制这所中国法院以后,《大清律例》被搁置一旁,中华民国的立法也只是有选择的适用。上海的公共租界,由工部局承担政治职能,巡捕房实施相关的市政章程,使它既独立于中国的主权,也摆脱了英国、美国或任何其他国家的直接控制。会审公廨法院混合了中西的程序,表面上是只授权适用中国法的中国法院,但是在法律东方主义的话语下,由于中国法的肆意与专制,则会审公廨法院不能是纯粹的中国法院。所以会审公廨法院适用的中国法是经过外国陪审法官裁剪界定的,即欧美对于中国法的表达成为中国法。这样,美国驻华法院使美国法被治外法权化,会审公廨法院使得中国法在公共租界中被去疆域化了。这种实践成为中国法现代化的开端,也是现代法全球化的关键时期。

余　论

20 世纪的中国法律史无疑是中国自我东方化的法律史。1978 年以来,中国的法律体系接续上了清末民国的立法成果,仍然根植于大陆法系基础上,或多或少的带有中国化或者社会主义改造的特征。美国法对中国的影响主要来自经济法律领域。美国法域外强力也体现在经济法律领域,其最重要的方式是确立一套跨国机构,即世界银行、国际货币基金组织、关税与贸易总协定、北大西洋公约组织以及联合国,这些机构与世界贸易组织一起致力于自由贸易的全

---

〔1〕 [美]络德睦:《法律东方主义:中国、美国与现代法》,魏磊杰译,中国政法大学出版社 2016 年版,第 185 页。

球共同体。2001 年,中国加入世界贸易组织时,经过了史无前例的谈判,并签定了入世议定书,市场经济的转换成为中华人民共和国的一项国际法义务。中国法传统与现代性之间的转型,一直都处于不稳定的状态,西方提供一个现代法律秩序的蓝图,而中国单纯加以执行,更是加固了这种不稳定性。

面对当代中国人生活的世界已经法律化的事实,若是推定中国的所有法律话语只是自我东方化,却是一个重大的理论与事实错误。比如,贯穿着儒学与共产主义的国有企业正在依据公司法改造成公司。乡镇企业仍旧体现着宗族—公司的亲属关系。这些都超越了国家与单一个人的简化的公私二分。

同时,中国存在超越合法与非法的二元的行为规则,可以被归纳到第三类范畴,即非合法、不法、没有法律规定、超出法律规定等情形。比如,个体户等相关法律规定。要求美国学者不仅将中国视作一个经验基准而且作为一种理论来源,听上去可能不切实际。

事实上,中国正在生产自己的理论。例如,当代中国商事企业是混合式主体类型,是社会主义、自由主义以及儒家思想的结合体。中国关于政党理论的探讨、法治本土资源的说法、儒学与自由主义相结合的新儒学等相关法律理论颇有见地。当今美国的宪法、行政法有关移民的规定却仍残存着法律东方主义的遗产。

梁启超的《新大陆游记》[1]与伍廷芳的《一个东方外交家看美国》[2]都既感慨美国的繁荣,也批评美国人的自负与傲慢,表述同样充满矛盾。络德睦告诉我们产生矛盾是不可避免的,这使中国法律史的美国故事更加有趣,也促成了在实践[3]中讲述法律东方主义。

---

〔1〕 参见梁启超:《新大陆游记》,商务印书馆 2014 年版。

〔2〕 参见伍廷芳:《一个东方外交家看美国》,李伯宏译,南开大学出版社 2009 年版。(Wu Tingfang, *America Through the Spectacles of an Oriental Diplomat*, New York, Frederick A. Stokes Company, 1914.)

〔3〕 关于"实践"的内涵,参见[法]皮埃尔·布迪厄(Pierre Bourdieu):《实践感(Le Sens Pratique)》,蒋梓骅译,凤凰出版传媒集团、译林出版社 2009 年版。

论坛

刑法思维的主要维度*

孙国祥**

近年来,一些刑事案件的司法处理成为社会广泛关注的热点。从前几年的李昌奎杀人案、大学生掏鸟窝案,到近2年检察机关撤案或者法院改判的“药神”贩卖假药案(陆勇销售假药案)、天津“大妈”气枪案(赵春花持有枪支案)、内蒙古“玉米”案(王力军非法经营案)以及山东“辱母杀人”案(于欢防卫过当案)等,可谓一波未平一波又起。又如,最高法院今年人民再审改判的张文中诈骗案等大案,罪与非罪的转换也极富戏剧性,当事人命运的跌宕起伏着实让世人唏嘘不已。为什么一审与二审或者原审与再审判决会有这么大的差异?这些看上去并不复杂的案件,法院最初的裁判为什么会引起社会的广泛质疑?在我看来,这些案件的最初处理之所以会受到质疑,主要不是因为事实认定有误,而是因为法律适用存在着偏差。法律适用的偏差也往往不是由于法律本身有多奥妙、复杂,更不是因为司法人员不知道法律,而是明明知道法律,但在对法律的理解以及将事实与法律匹配的过程中,思维方法出现了偏差。陈旧机械的思维方式,导致在事实与规则、法律与道德、人生与人心、法律理性与世俗理性的诸多牵连缠绕中,无法运筹平衡。[1] 换句话说,刑法适用中存在的刑法思维偏颇,导致了对法律的误读误判,生产了不少实体意义上的错案。无论是法官、检察官抑或辩护律师,若要提升刑事办案能力,首先要有正确的思维方法。

思维,是人的主观认识活动,借助于已有的知识和经验,从已知的条件推测

---

* 本文由作者在相关司法机关和院校的主题演讲的基础上整理而成。

** 南京大学法学院教授,法学博士。

〔1〕 参见亓同惠:《道德的本源与终局——章太炎的“私德”及其批判》,载《读书》2016年第8期。

未知的事物。刑法思维就是运用刑法和刑法学的知识去观察、发现和分析遇到的各种现象,从中洞察、提炼出刑法问题,并运用刑法以及刑法学知识整理出解决问题的思路。维度,就是指视角、思路或者说方向。不同的思路、方向反映不同的实践水平,或者说反映了一个人刑法思维的能力。笔者认为,作为法律人,在复杂疑难刑事案件面前,首先要有正确的刑法思维方法。正确的思维有赖于规范性思维、理论性思维、形式与实质统一的思维和精确性思维这些基本的维度。

一、刑法思维是规范性思维

法律的本质属性之一就在于其"规范性",规范意识既是法律思维的基本特征和要求,同样也是刑法思维的出发点。检察官的犯罪指控、律师的刑事辩护以及法官的定罪量刑裁判,都是在发现事实的前提下根据刑法规范所作的判断。作为规范性思维的基本要求,刑事司法的参与者应当尊重和敬畏法律规范。例如,在一起容留卖淫案件的审理过程中,辩护律师提出了"卖淫嫖娼有利于减少强奸等恶性犯罪的案发,有利于维护社会稳定"的辩护意见。如果作为学术研究或者立法建议,容留卖淫行为是否需要加以非犯罪化,当然是可以研究的。但法庭审理,依据的是实定的法律规范,应当对现行刑法规范有基本的尊重。挑战现行法律的辩护,除了有充足的理由证明现行法律是恶法,通常起到语出惊人的效果外,对当事人并无实益。

(一)规范性思维基本要义是罪刑法定意识

罪刑法定原则是刑法思维的基石。法治社会,基于社会保护与人权保障并重的刑法机能理念,强调法律在社会生活中的刚性作用。刑法规范保护何种法益、规制何种行为,均通过条文作了明确的规定和定型,司法应当依据刑法作严格的判断。一个行为即使表现出一定的危害或者为社会绝大多数人所不容,只要法律上没有明文规定,就不得对其进行处罚。这与民法的思维多少存在差异。民法上,法官不得以法律没有规定或者规定不明确为由而拒绝裁判。只要确实存在民事上的纠纷,即使法律没有明确规定,法官也应当作出裁判,没有明文的法律规范可循,也可以根据习惯、先例、公序良俗等作出裁判。刑法的适用则不一样,只要法律上没有明文规定某一行为为犯罪,司法就不得自行另立标准将该行为认定为犯罪。

现代社会生活越来越复杂,刑法规范也越来越细,刑事司法解释、各种司法文件也越来越多。在复杂的刑事案件面前,将某种现象与刑法规范联系起来,从而敏锐地捕捉到真正的刑法问题,直接反映并检验了一个人的刑法水平和对刑法的忠诚度。今天,尽管罪刑法定原则已经是人们耳熟能详的了,但罪刑法定原则的司法化仍不太理想,司法中显性或者隐性背离罪刑法定原则的情况仍时有发生。典型的就是一些司法人员在裁判过程中,往往游离于刑法规范之外任意扩大刑法的保护对象从而导致刑罚处罚范围的不当扩张。例如,刑法中的骗取贷款罪,其保护的对象是金融机构的贷款安全,通常是给金融机构造成了损失才能构成犯罪。如果行为人虚构了贷款用途,取得了贷款,因到期不能归还,由担保人归还了贷款,行为人能否构成骗取贷款罪?有法院以被告人的行为给担保人造成了损失为由将其作为骗取贷款的后果并据此入罪判刑。这明显偏离了刑法关于骗取贷款罪的规范。担保人的担保财产安全不属于骗取贷款罪规范所保护的对象,不能将金融机构的贷款安全置换成担保人担保财产的安全。如果行为人骗取了担保,给担保人财产造成损失的,符合合同诈骗罪条件的,应构成合同诈骗罪。将担保人的财产安全纳入骗取贷款罪的保护对象,这直接背离了罪刑法定原则,不是现代刑法的思维方法。

(二)刑法司法应具有裁判性规范思维

法律规范有行为规范和裁判规范之分。刑法既是裁判规范,大多数情况下,也是行为规范。例如,《刑法》第232条规定:故意杀人的,处死刑、无期徒刑或者10年以上有期徒刑;情节较轻的,处3年以上10年以下有期徒刑。对司法人员而言,刑法的上述规定实际上是故意杀人案定罪和裁量刑罚的标准与准绳,被告人行为符合刑法规定的故意杀人的条件的,就应当对被告人定罪量刑。对公民而言,刑法规范实际上是行为规范,发挥的是一般预防的警戒作用,是行为的边界,警示人们不应为或者应为某种行为。刑法上述关于故意杀人罪的规定背后意味着刑法不准杀人、禁止杀人,这种禁止性的规定反映了其对公民行为规范的要求。所以,我们说一个人犯罪,从行为规范的角度来看,可以说是因为行为人触犯了刑法。但从裁判规定的视角来看,一个人被定罪,不是因为触犯了刑法,而是符合了刑法的相关规范。

行为规范与裁判规范的内容大体上是一致的,但侧重有所不同。行为规范侧重于对行为模式的事前否定,面向的是全体国民,发挥的是规范对行为的导向作用,因而要严一些、简单一些,便于人们遵守。对公民而言,盗窃就是盗窃,不存在小偷小摸的概念,所以在国外,在他人院子里偷摘一朵花,其行为性质也是盗窃犯罪,即使不被司法定罪,也是刑法禁止的行为模式。而裁判规范是刑法规范的司法适用,规范约束的是司法人员,是对行为的事后评价规范,其适用要受多种因素影响,因而要复杂得多。例如,谦抑性的刑法理念、一定时期的刑事政策对其产生的影响,都会反映到刑法规范的司法适用中。因此,裁判规范可能细得多,需要应对司法的各种复杂情况。裁判规范既是封闭的,又是开放的。说其封闭,是指对定罪而言,裁判规范是封闭的,只要刑法没有明文规定,就不得定罪量刑。说其开放,是对出罪而言的,即裁判规范对司法出罪具有富有弹性的灵活性。《刑法》第 13 条在规定了什么是犯罪以后,同时规定"情节显著轻微的,不是犯罪"。也就是说,司法在坚守法无明文规定不为罪之时,不能将其倒过来,只要刑法有明文规定的,就必须定罪量刑,这不应是罪刑法定的精神。为了实现被告人的人权保障,司法行使一定的自由裁量权予以出罪,符合罪刑法定、人权保障的理念,体现司法的宽容和谦抑以及宽严相济的刑事司法政策。例如,醉驾案件,凡醉驾都是犯罪,这是从行为规范的角度说的,但从裁判规范的角度,醉驾是否一律定罪,就不能一概而论。对醉驾案,尽管一律定罪的呼声很高,但在我看来,是否定罪,还是应该充分考虑情节因素。如对刚刚达到醉驾标准的醉驾行为,对行为人刚坐上车并发动机动车后突然醒悟而随即停车的,或者是醉驾的距离不长的,又或者是在夜深人静之时醉驾的,一般不需要动用刑罚处罚。因为违法的"量"不足,不具有可罚的违法性,在偏僻的道路上摩托车手的醉驾,就不一定具有可罚的违法性。对此,最高人民法院 2017 年印发的《关于常见犯罪的量刑指导意见(二)(试行)》也有明确的规定:"对于醉酒驾驶机动车的被告人,应当综合考虑被告人的醉酒程度、机动车类型、车辆行驶道路、行车速度、是否造成实际损害以及认罪悔罪等情况,准确定罪量刑。对于情节显著轻微危害不大的,不予定罪处罚;犯罪情节轻微不需要判处刑罚的,可以免予刑事处罚。"又如,按照刑法规定,凡生产、销售假药的,都是犯罪。但根据最高人民检察院、公安部 2017 年印发的《关于公安机关管辖的刑事案件立案追诉标准的规定(一)的补充规定》,销售少量根据民间传统配方私自加工的药品,或者销售少量未经批准进口的国外、境外药品,没有造成他人伤害后果或者延误诊治,情节显著轻微危害不大的除外。国家工作人员不得利用职务上的便利收受他人财物,对腐败要"零容忍",这是行为规范的要求,作为行为规范没有"小额受贿"的概念,但司法定罪则需要腐败达到一定的程度后才予以定罪量刑。国家工作人员接受与其有行政隶属关系的下级的礼金,无论价值几何,都是腐败行为,都应该被禁止,但如果数额没有达到3万元,根据新的司法解释,尚不构成犯罪,属于党纪政纪处理的范围。

(三)从裁判规范的角度,司法所适用的刑法是广义的刑法

刑法规范不仅是刑法典,还包括刑法的立法、司法解释甚至司法文件。因此,裁判规范要比行为规范复杂得多。刑法典不过7万~8万字,但加上各种解释,李立众教授编撰的《刑法一本通》有近70万字,实际上还不太全。对刑事司法参与者而言,要将所有的刑法规范烂熟于心、倒背如流确实不是一件容易的事情,但需要熟悉刑法规范,这是从事和参与刑事司法的最起码要求。熟悉不是要求大家死记硬背,虽然在数字化时代,刑法规范的内容随手可得,但仍需要记住大概的内容,否则,规范即使在你手边,你也未必能够发现。例如,被告人因行贿被立案侦查,后在侦查中被告人又主动交代了向非国家工作人员行贿的犯罪行为。检察机关由此指控被告人构成行贿罪和向非国家工作人员行贿罪,并认定被告人向非国家工作人员行贿系自首,可以从轻或者减轻处罚。实际上,关于被告人自首的认定并不符合刑法的规定。因为针对行贿人立案前主动交待行贿行为,刑法有异于一般自首的特别规定。《刑法》第164条第4款规定,"行贿人在被追诉前主动交待行贿行为的,可以减轻或者免除处罚"。因此,被告人主动交待对非国家工作人员的行贿,应适用该款的特别规定,而不是刑法关于自首的一般规定。可见,无论是学习还是应用刑法,手头一本内容齐全的刑法规范文本是必不可少的。

二、刑法思维是刑法理论思维

规范固然是解决刑法案件的依据,但立法从来都是一门遗憾的艺术,立法

一经公布就可能存在诸多不足和遗憾。《刑法修正案(九)》实施时间不长,人们就发现其存在不少漏洞和不足。而且,立法所确定的规范本身具有抽象性,简约的文字虽然能让人望文生义地知道个大概,但实务中延伸出的问题往往比答案还要多。换句话说,读通了某个条文的文字,但不一定知道该文字表达的意思到底是什么、涵摄到底有多宽。事实上,每个规范背后都有精深的刑法理论学说支撑,对其正确的理解常常需要借助一定的刑法理论指导。刑法理论是关于刑法的知识体系,实际上就是已经被抽象、归纳出来的理解和解决刑法问题的思维框架及模式。刑法理论是我们将普遍抽象的刑法变成具体个案适用的刑法、静态的刑法变成动态的刑法、文本中的刑法变成生活和裁判中刑法的桥梁。如果仅就解决一般刑事案件(可以说 90% 以上的刑事案件)而言,只要看得懂刑法,即使没有系统学过刑法理论也能根据自己天然的刑法意识作出判断,如对典型的故意杀人、盗窃等案件,普通国民大概都不会产生性质判断上的困惑,关键是那不到 10% 的非典型疑难案件的处理,没有刑法理论的指导,就无法妥当解决。例如,对一些非典型的受贿案件,如果没有相应的贿赂犯罪的理论基础,就难以作出正确的认定。所以,刑法理论就是为那些非典型案件的处理所准备的解决方案。刑法学理论发展到今天,由犯罪和刑罚两个核心概念延伸出犯罪构成、违法性、客观要件、主观要件、责任能力、正当行为、犯罪形态、共同犯罪、罪数、刑罚目的等共识性的概念体系,提供一整套的解释和认定犯罪的框架和路径,就精细复杂程度而言,是其他学科所不能及的。以罪数认定为例,疑难案件的罪数分析离不开对罪数理论的掌握,这些理论不仅累积了古今中外的刑事裁判的智慧,而且许多理论已经被实践反复检验,是相对成熟的被称为具有教义性质的内容。刑法理论对于刑法思维的形成至少有以下作用:

第一,为裁判提供理论依据。刑法是一个概念体系,同一概念,不同的主体完全可能作出不同的理解和解释。对概念的理解,不能依赖直觉,精通刑法,就必须掌握这些深奥的刑法理论含义。法庭上,控辩双方围绕刑法实体问题展开的争辩,实际上就是在对刑法概念作不同的解释。在不同解释的博弈过程中,谁的解释能够成功,取决于解释的论据,理论支撑是其中重要的砝码。一种解释能够达至理论上的自洽,往往就更具有说服力,因而胜出并被法庭所采纳。法院裁判也一样,如果不能体现理论的力量,裁判中的法律适用就会停留在低层次的水平上。我曾经在德国法院旁听一个故意伤害案,法庭上,检察官、法官和律师的桌子上除了案卷外,就是厚厚的刑法教科书,看上去多少有点书卷气。但在他们看来,“法官之所以有资格裁决输赢,是因为他们能够提供判决理由”。[1] 或者说,“审判工作并不只是判一个刑就好,而是也要让人知道,行为人错在哪里。犯罪宣告本身,也就是在宣示行为人犯错的地方”。[2] 理由从何而来?需要从理论中汲取。所以,“法官也寻求同学界的联系,州高等法院以及联邦最高法院的刑事判决不仅大量引用刑法学界出版的著作的内容,而且还吸取其中的精华。高等法院的法官与学界代表的联系非常紧密,很多大学教授在州高级法院担任兼职法官,而联邦最高法院的法官也经常被大学法学院聘为编外讲师或名誉教授”。[3] 这是值得称道的理论界与实务界的良性互动。理论可以帮助我们分析传统的处理是否站得住脚、经得起质疑。例如,在对犯罪数额的认定中,销赃价格高于赃物市场价的,司法解释曾要求按照就高原则处理。理论界对这一计赃原则早有异议。因为在理论上,犯罪的本质是侵害法益,对财产犯罪而言,不管行为人销赃数额多高,被害人的财产损失数额并不会因此增加,既然如此,就只能按照被害人的实际损失数额计算行为人所获得的数额。进言之,当赃物的销赃价格高于市场价格时,采取所谓“就高原则”是没有依据的。销赃价格的形成原因是多方面的,如销赃选择的对象、时机,与犯罪已经形成的结果并没有多少关系,否则,是否构成犯罪或者罪轻罪重就完全建立在那些不确定的偶然的因素上,这显然缺乏严肃性。换句话说,犯罪所造成的危害并不因为行为人事后销赃数额的高低而增减。

第二,刑法理论有助于提升判决的公信力。长期以来,我们的一些司法裁判被认为是不注重说理的裁判,只有简单的结论,看不到详细的论证,更缺乏法理的支撑。跟其他一些国家判决的详细论证相比,有些粗糙,这种结果影响了判决的权威性。实际上“判决结果本身不能证明其正当性,其正当性需要判决

---

〔1〕 方流芳:《罗伊判例中的法律解释问题》,载梁治平(编)《法律解释问题》,法律出版社 1998 年版,第 274 页。

〔2〕 黄荣坚:《刑法问题与利益思考》,中国人民大学出版社 2009 年版,第 208 ~ 209 页。

〔3〕 [德]埃里克·希尔根多夫:《德国刑法学:从传统到现代》,江溯、黄笑岩等译,北京大学出版社 2015 年版,第 169 页。

理由来支撑。法官在庭审中是否充分地关注和认真倾听当事人的主张和辩论，是否采纳了当事人的意见，是否随意地将一方或双方当事人的意见排除于定案考虑的因素之外，都要靠陈述判决理由来阐述，判决书是否考虑了不应该考虑的因素，也需要通过法院陈述的判决理由来检验”。[1] 比如说，被告人或者辩护人以被告人是法盲，不知道自己行为的违法性作为不构成犯罪的辩护理由，能否成立？我曾经浏览了一下法院裁判文书网上的判决，凡以不知法律为由提出的抗辩，判决大都一句话，不知法律不能作为辩护理由，辩解不予采纳。问题是，哪个法律说，不知法律不可以作为辩护理由的？实际上，虽然曾经有不知法律不免罪的传统格言，但现代社会，法律变化越来越频繁，尤其是法定犯时代的到来，人的认识是有可能跟不上法律的变化的，在强调责任主义的今天，考虑行为人有无法律认识的可能性逐渐成为人们的共识。最高人民检察院2017年印发的《关于办理涉互联网金融犯罪案件有关问题座谈会纪要》指出，在处理互联网金融犯罪案件过程中，“犯罪嫌疑人提出因信赖行政主管部门出具的相关意见而陷入错误认识的辩解。如果上述辩解确有证据证明，不应作为犯罪处理”。所以，处理疑难案件，形成一个好的富有说服力的判决，不仅要有法律依据，也要有法理的依据，不是说给出一句“被告人或者辩护人的辩护理由没有事实与法律依据”的回应就完了，这样的裁判仅仅是依据拥有裁判权力的优势而不是掌握知识的优势而作出的，没有说服力。任何裁判都应该讲道理，只有讲道理才能使人心服口服。道理就是法律的原理能够起到弥补成文法不足的作用。什么时候司法中知识优势能够取代权力优势，则人们所期待的裁判公信力必将有大的提升。

刑法理论也是在不断发展，在实践中得以检验和校正的，因此需要关注理论的发展，掌握最新的刑法理论。例如，共同犯罪是刑法中最复杂的问题之一。我国《刑法》第25条只是简单地规定：“共同犯罪是指二人以上共同故意犯罪。”看似简单的共同犯罪规定，面对司法实务中形形色色的共同犯罪案件，衍生出许多异常复杂疑难问题，刑法理论界围绕着共同犯罪的建立基础以及一些特殊

---

[1] 宋英辉：《从刘涌案件改判引起的社会反响看公开裁判理由的必要性》，载《中国政法大学学报》2003年第5期。

形式的共同犯罪性质,展开深入探讨,形成了丰富且复杂的共同犯罪理论。关于共同犯罪的性质,有犯罪共同说、部分犯罪共同说和行为共同说等理论。有一个案件,张某是某银行的一个部门负责人。张某的父亲需要资金,但又不符合贷款条件,张某就找到李某,让李某帮忙以其经营的公司的名义向银行贷款,但所贷款项转由张某的父亲使用。张某的父亲得到 1000 多万元款项后,用于清偿债务,贷款到期后无力归还。案发后,张某被认定为违法发放贷款罪,李某被认定为骗取贷款罪。按照传统的观点,两个罪名不一致,不构成共同犯罪。但李某确实是受张某指使而实施的行为,许多手续是张某参与制作的,取得的贷款也是由张某安排使用的,由于不构成共同犯罪,检察机关建议判处李某 4 ~5 年有期徒刑。辩护律师提出,按照部分犯罪共同说,则张某和李某虽然罪名不同,但在骗取贷款部分是相同的,张某与李某应是骗取贷款罪的共同犯罪,在共同犯罪中,李某是从犯。法院后来采纳了这一辩护意见,认定李某为从犯,判处有期徒刑 2 年,缓刑 3 年。又如,目前集资类案件比较多。往往一个非法集资案件,涉案人员很多,有决策者,也有具体的执行者,执行者中往往也有不同的层级,在这类案件中,就非法吸收公众存款而言,参与者往往具有共同的故意,但决策者决定集资款的用途,其去向往往反映了其又具有非法占有目的,依法应构成集资诈骗罪。由此,这些决策者既是非法吸收公众存款罪的主犯,又构成集资诈骗罪,应以集资诈骗罪追究刑事责任。而一般的参加者,未必知道集资款的真实去向,通常也就是在主犯的指使下参与了非法吸收公众存款的行为,由此,涉案人员大多承担的是非法吸收公众存款罪从犯的责任。

三、刑法思维应该是形式与实质统一的思维

在刑法司法中,事实上存在形式和实质两种定罪标准。刑法理论界,形式与实质的关系虽然各有侧重,但对其本身的内涵有着大体一致的理解。犯罪的实质标准,指代的是犯罪成立的内在根据,即犯罪的法益侵害性(传统的刑法理论称为社会危害性)。法益侵害性也称为犯罪的实质违法性、实质理性。犯罪的形式标准,则是指犯罪的刑事违法性,即从行为是否符合(抑或触犯)刑法规定的角度,评判行为是否成立犯罪,也称为犯罪成立的形式理性、形式的违法

性。就应然的理想状态而言,犯罪认定的实质标准和形式标准是互为表里的统一体。法益侵害性是犯罪成立的内在依据,刑事违法性则借助犯罪构成的外在定型成为实质标准的载体,反映实质标准的立法预设。是故,形式的刑法规范框架具有实质标准的推定机能,刑事司法大都只需要通过专业化的形式逻辑推演,形式要件与价值评判便可融为一体。但在动态的刑事司法活动中,犯罪的形式标准与实质标准常常处在紧张与冲突中。个中缘由也不难理解:一是因为刑法毕竟是人制定的,受限于立法者的认识能力、立法技术的局限、形式的规范存在不能及时且准确表现犯罪实质的情况。换句话说,形式标准所依赖的犯罪外在定型不会是圆满的,疏漏之处在所难免,但形式一旦成形,就有脱离实质的倾向,无法自在地弥补这种疏漏。二是法律文本的概念表达也有相当的局限性,概念的高度抽象性一定程度上牺牲了具体行为的特殊性,规范框架内的构成要件与具体发生的案件事实难以实现无缝对接,现实社会的复杂性无法被构成要件完全还原。由此造成了有危害性而无刑事违法性或者有刑事违法性而无社会危害性(或社会危害性显著轻微)的形式与实质冲突,司法由此常陷入应出罪而不能出(行为缺乏社会危害性,但却具有刑事违法性)、应入罪而不能入(某些行为具有严重的社会危害性,却未赋予其刑事违法性)之尴尬境地。

直面难以回避的形式与实质的矛盾,刑事司法以什么样的方法予以纾解,常反映了司法的价值取向。众所周知,中国古代刑事司法虽然也有"断狱之法,须凭正文"的要求,但同时强调"本其事而原其志","志善而违于法者免,志恶而合于法者诛"。秉承的是超规范实质判断优先的理念。中华人民共和国成立后的相当长一段时间,受法律虚无主义的影响,国家没有完备的刑法,定罪量刑大都依赖于司法部门和司法人员基于刑事政策的实质把握。由于实质标准的模糊性、易变性,导致司法自由裁量的空间无限,并被利用为任意出入人罪的最好借口,公民权利自然得不到有效和稳定的保障。历经周折后问世的中华人民共和国第一部刑法典,由于历史条件的限制,受国家本位与刑法工具主义的思维惯性的影响,仍秉承了实质标准优先的理念,对于法无明文规定的行为,立法授权司法机关可以通过实质标准的判断,经类推制度而入罪(1979 年《刑法》第 79 条)。改革开放极大推动了国家法治建设的进程,为了彰显现代社会刑法法治、人权保障的价值目标,1997 年修订《刑法》前后,学界不遗余力地倡导形式标准优先的理念，对形式理性的理论张扬终于得到了回报。随着修订刑法第3条罪刑法定原则的确立，延续几千年的实质标准优先理念渐次脱离，罪刑法定不但固化了定罪标准，使司法冲破了实质理性优先的钳制，而且反映了刑法机能的范式转换，即由过去强调刑法社会保护的单一机能观发展到社会保护与人权保障并重的刑法双重机能观，刑法机能不再是单一的抗制犯罪的工具，同时也是社会对抗司法专制、保障人权的武器。在此意义上，罪刑法定原则的确立，是国家刑事法治进步的标志性成果。

罪刑法定成为一个旗帜鲜明的刑事法治原则后，司法中的超规范实质判断受到"口诛笔伐"而成为司法专制的代名词，以严格的规则主义、法条主义为主导的规范专断的形式标准受到追捧并得以彰显。不过，对形式理性的张扬中，理论界一度也出现了理想主义的形式理性绝对化端倪，一些学者绝对地排斥实质标准在司法定罪中的作用，主张社会危害性这一犯罪的本质只是立法设定犯罪的依据，而进入司法领域，形式的犯罪概念具有优先性。受此种绝对形式理性的影响，司法单纯追求法律效果，脱离社会生活，脱离刑法本身的价值逻辑，热衷于对刑法文本的概念进行机械性解读，其结果常常受到质疑。而且，形式理性的张扬本意是为了充分发挥刑法的人权保障机能，但一旦机械地、简单地适用法律，片面强调法律秩序的存在要比法律正义更为重要，一些裁判完全不顾起码的事理、情理和法理，人们同样感到了司法不公、不由分说的专横以及自由空间被限缩的危机，只不过实质的不公正被蒙上了形式公正的面纱。例如，在办理贪污、挪用等案件中，对"名为国有、实为个人"的"红帽子"企业，只看形式，只要是被登记为国有集体企业的，就认定该企业的财产为公共财产，进而认定行为人构成贪污罪、挪用公款罪主体；在办理虚开增值税发票的案件中，只要形式上存在虚开发票的情况，不管目的是否是抵扣税款，有无形成增值税，也不问国家税收是否可能遭受实际的损失，一律认定为虚开增值税发票犯罪；在办理为注册公司而挪用公款的案件中，只要是挪用了公款，即使没有营利活动之实，也没有表现出比一般性使用的挪用案灭失风险升高，哪怕只用了2～3天，也一律认定为进行营利活动而作挪用公款罪认定。如此病象纷呈的非理性认定，就是在强调所谓"刑事违法性"背景下形成的。当下司法实务中对一些"热点"案件的处理之所以难以得到公众的认同，大都是缺乏实质评价的机械执法所致。理论上,形式刑法观与实质刑法观各执一端。但形式标准绝对化而形成的机械执法积弊,宣告了绝对形式标准神话的破灭,促使人们重新以客观的、理智的心态看待刑事司法中的超规范实质标准适用的作用,重新认识到,刑法的司法适用离不开实质判断,理性的司法应该是形式与实质的统一。

事实上,无论人们是否承认,定罪过程中的实质判断无论是在过去还是在今天,都在通过不同的方式影响司法。例如,在公诉人进行法庭辩论时、法官在陈述判决理由时,都经常借助于实质标准进行行为性质的判断。所以,人们也常说,刑法与其他法律不同,刑法更注重实质判断。只不过许多情况下,实质标准的考量是非自觉的,是作为"看不见的手"在起作用的。概念化的实质标准考量因素的梳理,是理论研究的任务。实质标准司法考量因素的梳理虽然存在一定的困难,但我以为,实质标准的把握,既要注意在规范内把握立法的目的性,必要时也需要在规范之外作实质的判断。

首先,对规范内在精神的把握,离不开对规范目的(保护法益)的分析。任何规范都是一定目的理性的体现。刑法之所以将某种行为贴上犯罪的"标签"并对犯罪者施以刑罚,其背后隐藏着一定的目的性。刑事司法作为一种实践,不应离开立法者的规范目的而自寻价值。立法者的价值追求通过刑法条文所描述的事实特征反映,通常不难发现。但由于形式表达的局限性和相对性,规范目的也可能被遮蔽、被压抑,形成了司法适用依据的犹豫。司法的合目的性判断,实际上就是打开形式理性形成的皱褶,是"解蔽"中的规范精神还原。诚如我国学者指出的,司法实际上是司法者与立法者的一种对话,在对话的过程中,法律的意义被凸显出来,并为当下的案件提供法律依据。[1] 例如,关于立法机关设立骗取贷款罪的目的是什么,理论上有不同的分析。立法机关解读认为设立该罪的目的是"保护银行等金融机构信贷资金的安全"。[2] 而银行的资金安全是否受到侵犯,一是看有无造成实际的损失,二是看有无形成贷款风险(潜在的损失)。据此,我曾认为,骗取贷款罪的法益就是贷款安全,其"最低的入罪标准应限定为形成贷款风险,危及贷款安全"。据此,即使在用途等方面有不实

〔1〕 参见王政勋:《违法的一元论和刑事违法的独特性——基于语境理论的考察》,载《刑事违法性理论研究》,北京大学出版社 2008 年版,第 121 页。

〔2〕 郎胜:《〈中华人民共和国刑法〉理解与适用》,中国民主与法制出版社 2015 年版,第 291 页。

内容,但提供了足额担保的情况下,其贷款行为不应构成骗取贷款罪。[1] 令人欣慰的是,我的这种认识正得到理论界和实务界越来越多的认同。又如,《我不是药神》男主角原型陆勇,因涉嫌销售假药案屡被提及。2002 年,被告人陆勇被查出患有慢粒性白血病,需要长期服用抗癌药品。国内对症治疗白血病的正规抗癌药品“格列卫”系列系瑞士进口,每盒需人民币 2.35 万元。之后,陆勇开始直接从印度购买抗癌药物,并通过 QQ 群等方式向病友推荐。随着病友间的传播,从印度购买该抗癌药品的国内白血病患者逐渐增多,药品价格逐渐降低,直至每盒为人民币 200 余元。为方便给印度公司汇款,陆勇网购了 3 张信用卡,用于帮病友代购药品。2013 年,湖南省沅江市公安局在查办一个网络银行卡贩卖团伙时,将陆勇抓获。2014 年 7 月 22 日,沅江市检察院以涉嫌妨害信用卡管理罪和涉嫌销售假药罪对陆勇提起公诉。2015 年 1 月 27 日,沅江市人民检察院向沅江市人民法院撤回起诉。检察机关释法说理书认为,陆勇的行为虽然在一定程度上触及了国家对药品的管理秩序和对信用卡的管理秩序,但其行为对这些方面的实际危害程度是难以与白血病群体的生命权和健康权相提并论的,故撤回了相关指控。该案检察机关是从利益平衡的角度予以出罪处理的。实际上,陆勇销售没有批准进口的境外药品,按照《药品管理法》的规定,可以认定为销售假药,应接受相应的行政处罚。但该药品确实具有治疗效果,不具有“危及不特定多数人的生命健康”的危险,则不具备刑法规定的销售假药罪的实质危害性,行为人的行为充其量仅具有行政不法的性质,而不具有刑法上的法益侵害性。

其次,需要分析犯罪行为所伴随的主观要素。就刑法评价而言,一个行为是否构成犯罪,不仅取决于其行为的客观态样和造成的实害结果,主观要素也是实质判断的重要基准,因为“行为人的意图、动机、目的,以及由这些主观要素所决定的行为态样(举止的异常性、手段的极端残忍性)对于违法性程度,也会产生重大影响”。[2] 刑法对某种犯罪明确设定的主观要素,司法定罪固然不可或缺。如果对某种犯罪的主观要素揭示不明确,但基于实质判断,应当包含主观要素,则司法定罪仍必须充实。例如,最高人民法院、最高人民检察院 2016

---

〔1〕 参见孙国祥:《骗取贷款罪司法认定中的三个问题》,载《政治与法律》2012 年第 5 期。

〔2〕 周光权:《违法性判断的基准与行为无价值论——兼论当代中国刑法学的立场问题》,载《中国社会科学》2008 年第 4 期。

年《关于办理贪污贿赂刑事案件适用法律若干问题的解释》第 16 条规定,国家工作人员出于贪污、受贿的故意,非法占有公共财物、收受他人财物之后,将赃款、赃物用于单位公务支出或者社会捐赠的,不影响贪污罪、受贿罪的认定,但量刑时可以酌情考虑。这一规定需要正确的理解,是否“为公而用”一律不影响定罪,值得研究。比如,行为人一开始就出于“为公而用”的目的,从单位套出公款,事实上也是为公而用,此种情况是否定贪污罪?理论上有观点认为,即使行为人非法取得财物之前即决定将财物用于冲抵公务支出,仍不影响构成贪污受贿罪。因为这只是犯罪动机问题,犯罪动机不影响定罪,而且,从司法导向上来看,将此种行为一律认定为贪污罪,有利于国家工作人员严格遵守财经纪律,依法依规进行公务支出。笔者认为,这种观点并不可取。“为公而用”不影响定罪,首先应该符合定罪的要素,即“国家工作人员出于贪污、受贿的故意”,行为人如果一开始就没有非法占有(自己占有或者他人占有)的目的,客观上也是为公而用,单位的公共财产所有权并没有受到实质性的侵害,可以阻却犯罪的成立。例如,《刑事审判参考》第 102 期“陈强等贪污案”中就存在这种情况,被告人陈某,原系一个国有企业的负责人,专门生产医疗器械。检察机关指控,2005 年年底,陈强伙同胡某等被告人为侵吞企业公款,并解决企业的业务费用支付问题,授意胡某成立 A 公司,A 公司由陈强、胡某实际控制。随后,陈某等利用职务之便,要求供货商先以与听力中心、假肢中心商定的供货价格将货物销售给 A 公司,A 公司再加价转售给听力中心等单位,获取差价。所获取的差价既有被数被告人占有的,也有用于销售器材时支付给医院或医生的回扣。属于个人占有的部分,构成贪污罪没有异议,但用于单位业务开支部分能否构成贪污罪则值得研究。检察机关全额起诉,法院审理后认为,国家工作人员套取公款以后,再将部分钱款用于原单位公务支出的,表明行为人并没有占有该部分款项的主观故意,客观上也没有造成原单位的财产损失,不属于贪污罪对象,不应计入相关被告人的贪污数额。

最后,规范内的实质判断还应该有系统性的思维。当我们面对一个刑事案件时,似乎找到一个表面文义清晰的法律条文,再应用形式逻辑的思维方法就可以解决这个案件的法律适用问题,很容易“到此为止”,难再深入。但表面清晰的法条究竟传递了什么样的信息和要求,法律的真正意义是什么,不能局限于对该条文本身的理解,只见树木,不见森林,还必须有系统性的思维。“使法律相协调是最好的解释方法”,这一自古就有的法律格言同样适用于刑法的解释。刑法思维同时也是系统思维、体系性思维。虽然在刑法学的概念体系中,在刑法学的教材中,刑法知识已经被切割成一个个具体的碎片化的知识点,在刑法典中,刑法规范也已经被分割成一个个具体的条文,但实际上,刑法知识也好,刑法规范也罢,本身都应该是一个整体,具有价值上的内在联系和协调性,是价值一致的整体。对刑法规范的理解不应局限于某个具体条文,而应该放到一个更大的范围内或者整个刑法框架里面予以考察。德国学者曾形象地指出,“文字——虽然它组成语词或语句,但本身并不代表什么。它本身不过是纸上的一行黑色的东西而已。只有当与上下文相联系,与具有特定内容指向的其他文字相联系,它才能获得意义”。〔1〕 对刑法学知识的掌握,尤其是在具体运用中,必须具有整体性的意识,将那些碎片化的知识点重新整合起来,在规范内部进行价值比较并接受价值逻辑的检验。所以,刑法适用不完全是刑法规范的简单注释,而是在刑法规范的基础上进行的体系性的梳理,将看似分散的规范梳理成内部紧密联系的整体,从而形成整体刑法的概念。只有在系统中,才能真正找到刑法并理解刑法,换句话说,我们要逐渐养成全体刑法思维。在刑事案件的处理中,要有刑事一体化的思维;在民刑交叉、刑行交叉案件处理中,还需要有民刑、刑行一体化的思维,在刑法之外找到刑法适用的根据。例如,《刑法》第 389 条第 1 款规定,为谋取不正当利益,给予国家工作人员财物的,构成行贿罪。第 389 条第 2 款规定,在经济往来中,给予国家工作人员财物的,应当以行贿罪论处。由于这一款(通常称为商业行贿)并没有规定以谋取不正当利益为条件,因而理论界、实务界中对“为谋取不正当利益”是否为商业行贿犯罪的必要要素,一直存在着争议。有代表性的观点认为,“适用本条款认定行贿罪不以‘谋取不正当利益’为必要要件。不论行为人谋取的利益是否正当,只要具备给被行贿人以数额较大的财物或者违反国家规定给被行贿人以回扣、手续费其中一行为的,即构成行贿罪”。但是在我看来,商业行贿是否应具备“谋取不正当

〔1〕 [德]扬·约尔登:《两种法律思维模式与罪刑法定原则》,载梁根林、[德]埃里克·希尔根多夫主编:《中德刑法学者的对话——罪刑法定与刑法解释》,北京大学出版社 2013 年版,第 163 页。

利益”的要件,需要从实质和逻辑上分析。社会危害性的轻重应决定构成要件的宽严。就发生的领域而言,公务行贿发生在公务活动中,危害的是国家机关的正常活动,侵蚀的是国家工作人员职务行为的廉洁性。商业行贿发生在经济往来中,是商业领域中的不正当竞争行为,其危害性应比前者小一些。从法律“举重以明轻”的逻辑解释来看,如果商业行贿无须以“谋取不正当利益”为要件,就会造成对社会危害性小的行为反而比对社会危害性大的行为的处理更严格的情况,刑法体系内的逻辑性就无法自洽。最高人民法院、最高人民检察院 2008 年颁行的《关于办理商业贿赂刑事案件适用法律若干问题的意见》指出,“在行贿犯罪中,‘谋取不正当利益’,是指行贿人谋取违反法律、法规、规章或者政策规定的利益,或者要求对方违反法律、法规、规章、政策、行业规范的规定提供帮助或者方便条件。在招标投标、政府采购等商业活动中,违背公平原则,给予相关人员财物以谋取竞争优势的,属于‘谋取不正当利益’”。这就明确了商业行贿犯罪,同样需要谋取不正当利益的犯罪要素。

除此之外,司法的裁判应符合社会一般观念(情理)。以往人们一提严格执法,就想到“法不容情”。在法庭辩论中,如果辩护人试图通过情理说服法庭网开一面,公诉人很可能以法律人应“在法言法”“法不容情”一句话“怼”回去——刑法的适用、司法的定罪与情理不涉,否则就斥之为缺乏法律人的思维(似乎法律人的思维就应该站在“法不容情”的严格的规范立场上)。然而,使司法陷入窘迫的是,一个案件处理的结果如果缺乏对情理力量的深度认知,忽视社会普通大众普遍的情理价值预期,挑战社会的常识,特别是“如果惩罚了社会普通成员都不认为有过错的行为,该法律就太苛刻了,社会将难以承受”。[1]正如有论者指出的,“近年来媒体报道的于欢案、老太摆气球射击摊案等,最终被改判,很大程度上都因为一审时没有妥善处理好天理、国法、人情的关系”。[2]

刑法规范与情理本源上并不矛盾,相对于成文的刑法规范,情理发挥的是前法律的作用,是“刑法之根”,是“元规则”,是制定法之上的法上之法。社会

---

〔1〕 [美]小奥利弗·温德尔·霍姆斯:《普通法》,冉昊、姚中秋译,中国政法大学出版社 2006 年版,第 45 页。

〔2〕 《法官办案,合法条也要合民情》,载《人民日报》2018 年 7 月 10 日版。

运行中,规范与情理具有相辅相成的互动功能。一方面,刑法规范植根于社会情理,司法应当将维护公共道德视为自己的基本功能,司法机关通过裁判证明其社会善良风俗的卫道士角色。另一方面,司法的情理性考虑也强化了人们的规范意识,具有道德可信赖性的法律会促进人们将规范内在化,能够塑造社会规范。可见,“情理”和“规范”都是为了维护社会的公平正义。

当然,本源上的一致性并不能否定它们在现实生活中可能存在某种冲突与紧张。一些案件,从专业的形式逻辑来看,行为人的行为已经具备了构成要件的符合性。但如果根据社会公众所重视的“情理”分析,就可能得出完全相反的结论。纾解这种紧张关系,司法应坚持只有同时悖逆实定法和社会伦理的情况下,才具有实质上的违法性。例如,镇江一个三轮车夫对一智障女产生了好感,在征得智障女养母同意后,将智障女接回家同居,并按照农村的风俗分别在双方老家置办了酒席。案发后。检察机关以强奸罪对其提起公诉。法院对此案审理中,辩护律师提出,被告人和女方在双方老家分别置办了酒席,是一种事实婚姻,智障女生活有了着落,对社会不具有危害,因而不构成强奸罪。公诉人认为,经司法鉴定,被害人属于智力缺损,根据法律的规定无论是醉酒或者由于精神病、弱智等原因导致妇女不能正常表达自己的意志时,与她们发生性行为,均构成强奸罪。法院经过走访当地群众和研究讨论,认为被告人和智障女的关系对社会不具有危害,从维护社会安定和当事人生活的目的出发,认定被告人的强奸罪名不成立。此类案件,形式上,被告人的行为符合强奸罪构成要件;但在情理上,被告人与女方在一起,目的是与女方共同生活,成家以后,女方也有了一个稳定的生活来源,无论是对社会,还是对女方本人,都是有利的,如果对被告人机械定强奸罪,最低刑为3年徒刑,将女方置于生活无着落的地步,显然不通人情。又如,丈夫与妻子因琐事吵架,妻子冲动下竟然割腕自杀,酒后的丈夫急忙驾车送医,中途被交警查个正着。交警帮忙代驾将伤者送往医院。因为抢救及时,伤者并无生命危险,但酒后驾车的丈夫被施以罚款、扣分和暂扣驾驶证的处罚。尽管只是一个行政处罚案件,但在妻子割腕、生命垂危之机,丈夫酒驾送医是否应被罚,还是引起了广泛的争议。类似的案件,一天深夜,镇卫生院接到一危重病人,急需转送县医院。若求助县医院救护车,单程需要四五十分钟。卫生院值班人员无人会开车,正在与朋友喝酒的院长李某被通知回医院。在病人家属请求下,已经醉酒的李某驾驶救护车载病人奔赴县医院。半途,车轮滑进水沟无法前行。交通巡警赶来,发现李某醉酒驾驶,及时将伤者送往县医院,患者从死亡线上挣扎过来,李某却因涉嫌危险驾驶罪被拘留。李某承认,自己非常明白酒后驾驶很危险,但他当时就想快点将伤者送到县医院。案件移送检察机关审查起诉中,检察机关认为李某酒后驾车是伤者需急救不得已而为之,系出于医生救死扶伤的职业本能,遂对李某作出绝对不起诉处理。我认为,检察机关的这一出罪处理合情合理,也符合利益平衡的基本法理,相对于风险防范而言,毕竟生命权高于其他权利。

不过,情理作为一种超规范的实质判断维度,其作用是单向的,即仅仅作为超规范的出罪事由而发挥作用。对司法入罪而言,应紧闭超规范实质标准的犯罪化之门。罪刑法定已经为罪与非罪划了一道明确的界限,故坚持罪刑法定原则,刑法适用的规则主义、文本主义仍应是刑事司法入罪认定的逻辑起点和终极标准。基于此,行为的刑事违法性缺失,就应直接能够阻却司法对该行为犯罪性作进一步评价,即所谓"不符合构成要件的行为没有刑法上的意义",也就没有必要启动实质标准的评价机制讨论该行为的犯罪性问题。《刑事审判参考》(第106集)有一个案例,2009年11月,某县国土局挂牌出让一地块的国有建设用地使用权。某公司法人代表杨某参与竞买,在这过程中,杨某指使被告人张某、刘某通过贿买参与竞拍的其他公司的负责人的方法,指使其他公司负责人串通报价,放弃竞拍,使杨某以低价获得国有建设用地使用权,杨某支付串通报价的公司250万元到450万元不等。另外,张某在看守所羁押期间,多次实施或指使他人殴打同监室在押人员,组织同监室人员绝食,并于开庭前指使他人自杀、袭警,然后由其实施抢救、制止,以骗取立功,严重破坏监管秩序。检察机关以被告人张某构成向非国家工作人员行贿罪、串通投标罪和破坏监管秩序罪为名起诉。法院审理后认为,张某、刘某采取行贿方式串通竞买,使杨某以低价获得国有建设用地使用权,该行为不符合串通投标罪的犯罪构成要件,不构成串通投标罪。关于张某在看守所羁押期间违反监规、破坏监管秩序的行为,法院审理后认为,刑法破坏监管秩序罪的主体是罪犯,罪犯应该是指被生效法律文书确定为构成犯罪的人,而不包括犯罪嫌疑人和被告人。张某实施上述违反监规行为时,属于未决犯,不属于破坏监管秩序罪的主体范围,不构成指控犯罪。例如,见死不救的行为应该受到情理上的否定评价,但现行刑法并没有将泛泛而论的见死不救行为规定为犯罪,则无法将该见死不救的行为作为犯罪认定。

四、刑法思维应该是精确性思维

人们常常将刑法学誉为最精确的法学。为什么刑法学是最精确的法学?一是由刑法本身的重要性所决定。刑法涉及和平时期对一个人的自由、财产的剥夺,乃至生杀予夺。一旦判断失误,无论是对国家、还是对公民个人都会造成难以弥补的损害。也就是说,刑法适用本身的重要性客观上要求来不得半点马虎;二是刑法相对完备,刑法理论也相对成熟和精细,具有精确化的条件。刑事司法人员应当自觉地养成精准化的思维方式和充分说理论证的裁判习惯。

精确性思维在定罪和量刑两个方面都应当体现。对定罪而言,除了罪与非罪界限外,此罪与彼罪的界限也应该精确厘定。刑法中,一些犯罪的界限实际上很细微,如财产犯罪中的罪名,往往只有手段上的差别;又如,受贿的共犯与利用影响力受贿罪的区别也非常微妙。这就需要司法对构成要件的要素进行精确把握。例如,国家工作人员逢年过节、婚丧嫁娶之机收受具有上下级关系的下属或者具有行政管理关系的被管理人员的财物,在没有请托事项的情况下,能否认定为受贿,庭审时常常引起争议,被告人或者辩护人常常以"收受礼金",不具备为他人谋取利益作无罪辩护。检察机关强调被告人在职期间曾经审批过某个文件等作为谋利益的证据,对此,各地判决结果也不一样。有将其作为违纪的礼金认定的,也有作为受贿事实将数额累计计算的,影响了法律的权威实施。最高人民法院、最高人民检察院2016年《关于办理贪污贿赂刑事案件适用法律若干问题的解释》规定了受贿罪应当认定为"为他人谋取利益"的几种情况,其中规定,"国家工作人员索取、收受具有上下级关系的下属或者具有行政管理关系的被管理人员的财物价值三万元以上,可能影响职权行使的,视为承诺为他人谋取利益"。也就是说,没有具体请托关系的情况下,所谓礼金也可以作为贿赂认定,但必须具备以下条件:(1)行为人索取、收受财物价值在3万元以上。(2)财物行送者只限于两种人:一是与行为人具有上下级关系的下属(或者下属单位);二是具有行政管理关系的被管理人。(3)收受财物的数额在 3 万元以上。不符合上述条件的收受礼金行为,只能作为违纪行为处理。

正因为刑法需要精确性的思维,所以刑法对某一事实的认定与民法可能是不同的。例如,民法中的死亡包括了自然死亡和宣告死亡,宣告死亡同样发生死亡的民事法律效果。但涉及刑事案件,致人死亡必须是自然死亡,民事上的宣告死亡不能作为刑法上的死亡后果认定,涉及故意杀人,不能以宣告死亡认定行为人杀人行为构成故意杀人罪的既遂。

量刑的精确在今天尤为重要。传统的刑事审判重定罪、轻量刑,定罪正确了,在法定刑幅度内量刑多一年少一年就完全是自由裁量范围,多少年来,形成的“估堆”粗放型经验性的量刑思维根深蒂固。量刑是否均衡公正,对社会而言,是刑事司法公正的重要一环,如何使每一个案件都能让人民群众感受到公平正义,公正判刑同样是重要的。同罪不同判,畸轻畸重,对司法公信力的损害同样是严重的。对犯罪人而言,判多少刑,他们的计时单位也许与司法机关的计时单位并不一样,法院判决以年、月为单位,是一年一年地判,而设身处地,犯罪人的计时单位是天,一天一天计算,所谓度日如年。所以,计算精确对犯罪人是至关重要的。精确量刑,尤其应关注以下两点:

(1)量刑情节应全面评价,防止评价不足。一个定罪没有异议的刑事案件,所附随的对量刑具有意义的情节千差万别。量刑情节的开放性,决定了案件的量刑都具有一定的裁量余地。法定的或者常见的酌定量刑情节对量刑的调节作用,在量刑中应当得到评价。应尽可能挖掘对被告人有利的从宽量刑情节,而对被告人从重量刑的情节应从严把握,不能将被告人行使权利的行为作从重情节认定。例如,在认罪认罚从宽制度下,被告人认罪认罚固然应该得到从宽处理,但一些司法机关同时将该情节的反面作从重情节认定,即对不认罪认罚予以“报复性”的从重处理,不但缺乏依据,而且也可能影响辩护权的行使。相类似的案件,这种把握不当的畸轻畸重现象并不鲜见。例如,受贿案件,受贿近 200 万元,法定刑为 3 年以上 10 年以下有期徒刑,实务中,在没有法定从宽量刑情节的情况下,因为被告人认罪认罚,从轻判处 3 年有期徒刑并适用缓刑;相反,被告人受贿 60 多万元,因为不认罪,在没有法定从重情节的情况下,法院以被告人没有认罪悔罪为由,从重判处有期徒刑 5 年。实际上,被告人没有认罪,只能说被告人没有认罪认罚的从轻情节,不认罪是被告人的辩解,这一辩解如果认为缺乏事实依据可以不采纳,但不能将被告人行使辩解权利的行为作为从重处罚的情节。按照一般的常态,没有从重情节的情况下,60 多万元也就是判个 3 年多、最多 4 年左右的刑罚,判 5 年无法体现罪责刑相当原则。尽管裁判人员可以理直气壮地称,该量刑是在法定刑的自由裁量权限的幅度以内,但司法本来应该是一种平和、理性的活动,如果裁判人员情绪化量刑,必然使量刑失去准绳。

(2)落实量刑指导意见,进行刑罚增减的相对精确计算。为了实现刑罚的个别化,法官对量刑不能没有自由裁量权,但自由裁量不能没有边界,不能"宽无边、严无度",从而影响量刑的均衡和公正。多年来,量刑规范化成为刑事司法改革的重要内容,2013 年,最高人民法院印发了《关于常见犯罪的量刑指导意见》。2017 年,最高人民法院又印发了《关于常见犯罪的量刑指导意见(二)》,明确将危险驾驶罪、非法吸收公众存款罪、集资诈骗罪、信用卡诈骗罪、合同诈骗罪、非法持有毒品罪、容留他人吸毒罪,以及引诱、容留、介绍卖淫罪 8 种罪名纳入量刑规范范围。一些地方司法机关也印发有《〈关于常见犯罪的量刑指导意见〉实施细则》,进一步细化了量刑指导意见。但在实践中,这些规范并没有完全起到指导作用,一些司法人员选择性地视而不见,在法定刑的幅度以内还是习惯于凭直觉、凭自己的好恶"估堆"量刑。而我国刑法中犯罪的中等量刑幅度一般都比较大。例如,3 年以上 10 年以下,判 3 年还是 10 年,如果没有章法的话,不但难以均衡和公正,也不能完全杜绝关系案、人情案、金钱案等腐败现象。

刑法思维的养成无法一蹴而就,需要刑法基础知识的积累,现代刑法理念的滋养,理论联系实际的学习以及对大量案例的剖析,提升刑法思维能力是"润物细无声"的过程,刑法思维养成的标志就是在复杂疑难的刑事案件面前能够发现刑法问题并有理有据地从容应对。

图书在版编目(CIP)数据

师大法学. 2018年. 第2辑 : 总第4辑 / 华东师范大学法学院组编 ; 张志铭主编. -- 北京 : 法律出版社, 2019

ISBN 978-7-5197-3801-3

Ⅰ. ①师… Ⅱ. ①华… ②张… Ⅲ. ①法学-文集 Ⅳ. ①D90-53

中国版本图书馆CIP数据核字(2019)第200802号

师大法学(2018年第2辑·总第4辑)
SHIDA FAXUE(2018 NIAN DI-2 JI·ZONG DI-4 JI)

华东师范大学法学院 组编
张志铭 主编

策划编辑 蒋 橙
责任编辑 蒋 橙
装帧设计 鲍龙卉

出版 法律出版社
总发行 中国法律图书有限公司
经销 新华书店
印刷 北京建宏印刷有限公司
责任校对 杨锦华
责任印制 吕亚莉

编辑统筹 法律应用出版分社
开本 710毫米×1000毫米 1/16
印张 24.25
字数 366千
版本 2019年9月第1版
印次 2019年9月第1次印刷

法律出版社/北京市丰台区莲花池西里7号(100073)
网址/www. lawpress. com. cn
投稿邮箱/info@ lawpress. com. cn
举报维权邮箱/jbwq@ lawpress. com. cn
销售热线/400-660-8393
咨询电话/010-63939796

中国法律图书有限公司/北京市丰台区莲花池西里7号(100073)
全国各地中法图分、子公司销售电话:
统一销售客服/400-660-8393/6393
第一法律书店/010-83938432/8433　西安分公司/029-85330678　重庆分公司/023-67453036
上海分公司/021-62071639/1636　深圳分公司/0755-83072995

书号:ISBN 978-7-5197-3801-3　**定价**:72.00元